■2025年度中学受験用

大宮開成中学校

3年間(＋3年間HP掲載)スーパー過去問

●収録内容一覧

入試問題と解説・解答の収録内容

2024年度　１回	算数・社会・理科・国語
2024年度　特待生選抜	算数・社会・理科・国語
2023年度　１回	算数・社会・理科・国語
2023年度　特待生選抜	算数・社会・理科・国語
2022年度　１回	算数・社会・理科・国語
2022年度　特待生選抜	算数・社会・理科・国語
2021～2019年度(HP掲載) 「カコ過去問」 (ユーザー名) koe (パスワード) w8ga5a1o	問題・解答用紙・解説解答DL **◇著作権の都合により国語と一部の問題を削除しております。** ◇一部解答のみ（解説なし）となります。 ◇９月下旬までに全校アップロード予定です。 ◇掲載期限以降は予告なく削除される場合があります。

～本書ご利用上の注意～　以下の点について，あらかじめご了承ください。

★**別冊解答用紙は巻末にございます。本書に収録している試験の実物解答用紙は，弊社サイトの各校商品情報ページより，一部または全部をダウンロードできます。**

★編集の都合上，学校実施のすべての試験を掲載していない場合がございます。

★当問題集のバックナンバーは，弊社には在庫がございません（ネット書店などに一部在庫あり）。

JN002480

合格を勝ち取るための

『スーパー過去問』の使い方

本書に掲載されている過去問をご覧になって，「難しそう」と感じたかもしれません。でも，多くの受験生が同じように感じているはずです。なぜなら，中学入試で出題される問題は，小学校で習う内容よりも高度なものが多く，たくさんの知識や解き方のコツを身につけることも必要だからです。ですから，初めて本書に取り組むさいには，点数を気にしすぎないようにしましょう。本番でしっかり点数を取れることが大事なのです。

過去問で重要なのは「まちがえること」です。自分の弱点を知るために，過去問に取り組むのです。当然，まちがえた問題をそのままにしておいては意味がありません。

本書には，長年にわたって中学入試にたずさわっているスタッフによるていねいな解説がついています。まちがえた問題はしっかりと解説を読み，できるようになるまで何度も解き直しをしてください。理解できていないと感じた分野については，参考書や資料集などを活用し，改めて整理しておきましょう。

このページも参考にしてみましょう！

◆どの年度から解こうかな　「入試問題と解説・解答の収録内容一覧」

本書のはじめには収録内容が掲載されていますので，収録年度や収録されている入試回などを確認できます。

※著作権上の都合によって掲載できない問題が収録されている場合は，最新年度の問題の前に，ピンク色の紙を差しこんでご案内しています。

◆学校の情報を知ろう!!「学校紹介ページ」

このページのあとに，各学校の基本情報などを掲載しています。問題を解くのに疲れたら息ぬきに読んで，志望校合格への気持ちを新たにし，再び過去問に挑戦してみるのもよいでしょう。なお，最新の情報につきましては，学校のホームページなどでご確認ください。

◆入試に向けてどんな対策をしよう？「出題傾向＆対策」

「学校紹介ページ」に続いて，「出題傾向＆対策」ページがあります。過去にどのような分野の問題が出題され，どのように対策すればよいかをアドバイスしていますので，参考にしてください。

◇別冊「入試問題解答用紙編」

本書の巻末には，ぬき取って使える別冊の解答用紙が収録してあります。解答用紙が非公表の場合などを除き，（注）が記載されたページの指定倍率にしたがって拡大コピーをとれば，実際の入試問題とほぼ同じ解答欄の大きさで，何度でも過去問に取り組むことができます。このように，入試本番に近い条件で練習できるのも，本書の強みです。また，データが公表されている学校は別冊の１ページ目に過去の「入試結果表」を掲載しています。合格に必要な得点の目安として活用してください。

本書がみなさんの志望校合格の助けとなることを，心より願っています。

株式会社　声の教育社　編集部

大宮開成中学校

所在地	〒330-8567 埼玉県さいたま市大宮区堀の内町1-615
電　話	048-641-7161(代)
ホームページ	https://www.omiyakaisei.jp
交通案内	JR各線・東武アーバンパークライン「大宮駅」東口6番乗り場より 東新井団地行き・中川循環バス約7分「天沼町」下車

くわしい情報はホームページへ

トピックス

★2019年2月に冷暖房を備えた新体育館が完成しました。
★登校日には大宮駅東口11番乗り場より，ノンストップ直行バスがあります。

創立年 平成17年　男女共学　高校募集あり

応募状況

年度	募集数	応募数		受験数	合格数	倍率
2024	第１回	男	1380名	1342名	696名	1.9倍
	約80名	女	979名	953名	499名	1.9倍
	特待生選抜	男	657名	514名	57名	9.0倍
	約50名	女	474名	368名	45名	8.2倍
	第２回	男	865名	554名	186名	3.0倍
	約20名	女	523名	332名	97名	3.4倍
2023	第１回	男	1207名	1175名	679名	1.7倍
	約80名	女	905名	884名	486名	1.8倍
	特待生選抜	男	580名	457名	69名	6.6倍
	約50名	女	449名	356名	35名	10.2倍
	第２回	男	796名	512名	194名	2.6倍
	約20名	女	554名	356名	95名	3.7倍

※特待生選抜の合格数はスライド合格(Ｔクラス合格・Ｓクラス合格)を含まない。

2024年春の主な大学合格実績

＜国公立大学・大学校＞

東京大，東京工業大，一橋大，東北大，北海道大，筑波大，東京外国語大，千葉大，横浜国立大，お茶の水女子大，埼玉大，東京学芸大，東京農工大，防衛大，東京都立大，埼玉県立大

＜私立大学＞

慶應義塾大，早稲田大，上智大，国際基督教大，東京理科大，明治大，青山学院大，立教大，中央大，法政大，学習院大，日本医科大

入試情報（参考：昨年度）

〔試験日程・入試区分〕

・2024年１月10日　第１回入試
・2024年１月12日　特待生選抜入試
・2024年１月14日　第２回入試

〔入試トピックス〕

・類型は「英数特科コース」に一本化
…2019年度入試から類型名称は「英数特科コース」に一本化されました。ただし，入試での合格ラインは特待Ｔ合格・Ｔ合格・Ｓ合格があり，入学時はそれぞれ英数特科コースＴクラスとＳクラスに編成されます。

・特待生の選抜について
(1)特待生選抜入試は，全日程のなかで最も特待生として合格しやすい入試です。正規合格者は，原則として中高６年間または中学３年間，授業料と同額が給付されます。　(2)第１回と第２回の入試でも，最上位層は３年間特待生となります。　(3)特待生は入学時，原則として英数特科コースＴクラスに配属されます。

・スライド合格
…特待生選抜入試において，特待Ｔ合格ラインに達せずとも一定の成績以上であれば，Ｔ合格(特待なし)・Ｓ合格(特待なし)にスライド合格となります。

・複数回受験者の優遇措置
…複数回受験者は，繰上合格があった場合に優先的に対象になります。

・得点状況を開示
…Webサイト上で合格発表時に得点状況が確認できます。

編集部注─本書の内容は2024年4月現在のものであり，変更されている場合があります。正式な情報は，学校のホームページ等で必ずご確認ください。

算数　出題傾向＆対策

◆基本データ(2024年度１回)

試験時間／満点	50分／100点
問題構成	・大問数…７題 計算１題(２問)／応用小問２題(６問)／応用問題４題 ・小問数…16問
解答形式	解答のみを記入する形式で，単位などは解答用紙にあらかじめ印刷されている。
実際の問題用紙	Ａ４サイズ，小冊子形式
実際の解答用紙	Ｂ４サイズ

◆出題傾向と内容

▶過去３年の出題率トップ３
１位：四則計算・逆算16%　２位：角度・面積・長さ15%　３位：仕事算など５%
▶今年の出題率トップ３
１位：角度・面積・長さ14%　２位：四則計算・逆算，計算のくふうなど７%

試験時間に対して問題の量は標準的で，基本的な問題から応用問題までさまざまな分野からはば広く出題されています。

１題めは計算問題で，計算のくふうや逆算もふくまれます。２題めは応用小問の集合題で，相当算，倍数算，過不足算，差集め算，つるかめ算，仕事算，旅人算(速さ)，年齢算などがはば広く出題されています。３題めは図形分野からの応用小問で，角度，面積，体積，回転体などが見られます。４題め以降はいくつかの小設問を持つ応用問題(食塩水の濃度，図形・点の移動)などです。

◆対策～合格点を取るには？～

まず正確で速い計算力を養うことが第一です。計算力は短期間で身につくものではなく，練習を続けることにより，しだいに力がついてくるものですので，毎日，自分で量を決めて，それを確実にこなしていきましょう。

次に，条件を整理し，解答への手順を見通す力を養うようにしましょう。基本例題を中心として，はば広い分野の問題に数多くあたることが好結果を生みます。数列や規則性，速さの問題などは，ある程度数をこなして解き方のパターンをつかむことと，ものごとを筋道立てて考えることが大切です。

分野＼年度		2024		2023		2022	
		1回	特待	1回	特待	1回	特待
計算	四則計算・逆算	○	○	●	●	●	●
	計算のくふう	○	○	○	○	○	
	単位の計算						
和と差	和差算・分配算	○					
	消去算						
	つるかめ算	○	○			○	○
	平均とのべ						
	過不足算・差集め算			○		○	
	集まり						
	年齢算			○			
割合と比	割合と比			○			
	正比例と反比例						
	還元算・相当算						○
	比の性質	○					○
	倍数算					○	
	売買損益						
	濃度	○	○	○	○	○	
	仕事算	○	○	○	○	○	○
	ニュートン算	○	○	○	○	○	○
速さ	速さ		○			○	
	旅人算					○	○
	通過算				○		
	流水算						
	時計算						
	速さと比	○		○	○		
図形	角度・面積・長さ	◎	◎	◎	◎	●	●
	辺の比と面積の比・相似		◎	○	○		○
	体積・表面積	○	○	○	○	○	○
	水の深さと体積						
	展開図						
	構成・分割						
	図形・点の移動	○		○	◎	○	
表とグラフ			○			○	
数の性質	約数と倍数						○
	N進数						
	約束記号・文字式						
	整数・小数・分数の性質					○	
規則性	植木算				○		
	周期算				○		
	数列	○	○				○
	方陣算						
	図形と規則						
場合の数			○		○		
調べ・推理・条件の整理				○	◎	○	
その他							

※　○印はその分野の問題が１題，◎印は２題，●印は３題以上出題されたことをしめします。

社会　出題傾向＆対策

◆基本データ（2024年度１回）

試験時間／満点	30分／50点
問　題　構　成	・大問数…４題 ・小問数…29問
解　答　形　式	記号選択と適語の記入（漢字指定あり）のほかに，50字指定の記述も出題されている。
実際の問題用紙	Ａ４サイズ，小冊子形式
実際の解答用紙	Ｂ４サイズ

◆出題傾向と内容

地理・歴史・政治の各分野からまんべんなく出題されています。なお，最後の大問は，環境問題や時事問題についての説明などを書かせる50字程度の論述問題となっており，成人年齢の引き下げや外国人観光客への対応，農家の人手不足，マイナ保険証など時事的な内容をふくむものがよく取り上げられています。

●地理…日本各地の地形や産業，都道府県や農産物を題材とした各地域の特色などがよく出されています。また，説明文にあてはまる川や山，半島などを選ばせる問いや，雨温図の読み取りに関する問いもよく見られます。

●歴史…史料や歴史上の人物を題材として，それらに関連するものごとについて問う形式のものや，特定の時代をテーマにした歴史年表を用いて，関連するできごとについて問う問題などが見られます。

●政治…憲法，三権のしくみ，経済，日本銀行についての問いや，国際連合についての問題などが出されています。

分野＼年度			2024		2023		2022	
			1回	特待	1回	特待	1回	特待
日本の地理		地図の見方			○		○	
		国土・自然・気候	○	○	○	○	○	○
		資源						
		農林水産業	★	○	○	○	○	○
		工業	○	○	○	○		
		交通・通信・貿易		○		○	○	○
		人口・生活・文化	○		○	○	○	
		各地方の特色	★		★	★	★	★
		地理総合		★				
世界の地理				○				
日本の歴史	時代	原始～古代	○	○	○	○	○	○
		中世～近世	○	○	○	○	○	○
		近代～現代	○	○	○	○	○	○
	テーマ	政治・法律史						
		産業・経済史						
		文化・宗教史						
		外交・戦争史					★	
		歴史総合	★	★	★	★	★	★
世界の歴史								
政治		憲法		○		○	★	
		国会・内閣・裁判所	○		★		○	○
		地方自治						
		経済		○	○	○	★	★
		生活と福祉				○		
		国際関係・国際政治	○		○	★		★
		政治総合	★	★	★	★		
環境問題							★	○
時事問題			○	★	○			★
世界遺産			○					○
複数分野総合								

※　原始～古代…平安時代以前，中世～近世…鎌倉時代～江戸時代，近代～現代…明治時代以降
※　★印は大問の中心となる分野をしめします。

◆対策～合格点を取るには？～

はば広い知識が問われていますが，大半の設問は標準的な難易度ですから，まず，基礎を固めることを心がけてください。教科書のほか，説明がていねいでやさしい標準的な参考書を選び，基本事項をしっかりと身につけましょう。

地理分野では，地図とグラフが欠かせません。つねにこれらを参照しながら，白地図作業帳を利用して地形と気候をまとめ，そこから産業のようす（もちろん統計表も使います）へと広げていってください。

歴史分野では，教科書や参考書を読むだけでなく，自分で年表をつくって覚えると学習効果が上がります。できあがった年表は，各時代，各分野のまとめに活用できます。本校の歴史の問題にはさまざまな分野が取り上げられていますから，この作業はおおいに威力を発揮するはずです。

政治分野では，日本国憲法の基本的な内容と三権についてはひと通りおさえておいた方がよいでしょう。また，時事問題については，新聞やテレビ番組などでニュースを確認し，国の政治や経済の動き，世界各国の情勢などについて，ノートにまとめておきましょう。

理科　出題傾向＆対策

◆基本データ（2024年度１回）

試験時間／満点	30分／50点
問題構成	・大問数…４題 ・小問数…30問
解答形式	記号選択と適語（または数値）の記入が中心で，作図問題などは見られない。
実際の問題用紙	Ａ４サイズ，小冊子形式
実際の解答用紙	Ｂ４サイズ

分野＼年度		2024 1回	2024 特待	2023 1回	2023 特待	2022 1回	2022 特待
生命	植物		★	○	★	★	○
	動物					○	
	人体			○		○	★
	生物と環境	★		★	○		
	季節と生物						
	生命総合						
物質	物質のすがた						○
	気体の性質				★	○	
	水溶液の性質		★	○		★	★
	ものの溶け方						
	金属の性質	○		★			
	ものの燃え方	★					
	物質総合						
エネルギー	てこ・滑車・輪軸	○				○	○
	ばねののび方	★		★			
	ふりこ・物体の運動		★				
	浮力と密度・圧力			○			
	光の進み方			○		○	★
	ものの温まり方						
	音の伝わり方				★		
	電気回路					★	
	磁石・電磁石						○
	エネルギー総合						
地球	地球・月・太陽系			○	○	○	○
	星と星座		★	○			
	風・雲と天候						
	気温・地温・湿度	★			★		○
	流水のはたらき・地層と岩石					○	
	火山・地震			★			★
	地球総合					★	
実験器具					○		
観察							
環境問題		○				○	
時事問題							
複数分野総合				★	★	★	★

※　★印は大問の中心となる分野をしめします。

◆出題傾向と内容

本校の理科は，各分野からバランスよく出題されているので，不得意分野をつくらないことが合格のカギとなります。また，１題めは小問集合となっています。

●生命…蒸散とくき・葉のつくり光合成，ヒトのからだのつくりとはたらき，血液の成分，せきつい動物の出現，群れをつくる動物，花のつくりとはたらき，生物どうしのつながりなどが取り上げられています。

●物質…金属の酸化と還元，気体の発生と性質，溶解度と水溶液の濃さ，水溶液の性質，中和反応などが出題されており，計算問題をメインにすえた大問も見られます。

●エネルギー…ばねののび方，てんびんのつり合い，物体の運動，光や音の進み方，電気回路，電磁石などが出されています。

●地球…マグマの性質と火山，気象・天体の観測，地層のつくりとでき方，気温・気圧・湿度と天気の変化，暑さ指数，地震などが取り上げられています。

◆対策～合格点を取るには？～

さまざまな題材をもとにつくられており，多くは実験・観察の結果を総合的にはあくしたうえで，筋道を立てて考えていく必要がある問題です。基礎知識はもちろんのこと，それらを使いこなす応用力もためされます。「生命」「物質」「エネルギー」「地球」の各分野からバランスよく出題されているので，かたよりのない学習が必要です。

なによりもまず，教科書を中心とした学習によって，基本的なことがらを確実に身につけることが大切ですが，教科書の学習以外に必要とされる知識も少なくありません。そのためには，身近な自然現象に日ごろから目を向けることです。また，テレビの科学番組，新聞・雑誌の科学に関する記事，読書などを通じて多くのことを知るのも大切です。科学に目を向けるふだんの心がけが，はば広い知識を身につけることにつながります。

基礎的な知識がある程度身についたら，標準的な問題集を解き，知識を活用する力を養いましょう。そのさい，わからない問題があってもすぐに解説・解答にたよらず，じっくりと自分で考えること。この積み重ねが考える力をのばすコツです。

国語　出題傾向＆対策

◆基本データ（2024年度１回）

試験時間／満点	50分／100点
問題構成	・大問数…３題 文章読解題２題／知識問題１題 ・小問数…25問
解答形式	記号選択や適語・適文の書きぬきが大半をしめるが，文章中のことばを使った記述問題なども出題されている。
実際の問題用紙	Ａ４サイズ，小冊子形式
実際の解答用紙	Ｂ４サイズ

◆出題傾向と内容

▶近年の出典情報（著者名）
説明文：鈴木孝夫　日高敏隆　内山　節
小　説：宮下奈都　三浦綾子　乾　ルカ

●読解問題…論説・説明文が１題，小説・物語文が１題という出題が定着しています。設問内容は，論説・説明文では論旨の展開を正しく理解しているかどうかを問うもの，小説・物語文では状況や行動，登場人物の性格などとからめて，心情を問うものが中心となっています。具体的には，内容の読み取りのほか，適語・適文の補充，指示語の内容，接続語の補充などがはば広く出題されています。

●知識問題…漢字の書き取り，熟語，文法，語句の意味のほかに，資料の読み取りが取り上げられています。

◆対策～合格点を取るには？～

入試で正しい答えを出せるようにするためには，なるべく多くの読解問題にあたり，出題内容や出題形式に慣れることが大切です。問題集に取り組むさいは，指示語の内容や接続語に注意しながら，文章がどのように展開しているかを読み取るように気をつけましょう。また，答え合わせをしたあとは，漢字やことばの意味を辞書で調べてまとめるのはもちろん，解説をしっかり読んでなぜまちがえたのかを正しく理解し，本番では自信を持って設問に答えられるようにしておきましょう。

知識問題については，分野ごとに短期間で集中して覚えるのが効果的です。ただし，漢字は毎日少しずつ学習するとよいでしょう。

分野＼年度			2024 1回	2024 特待	2023 1回	2023 特待	2022 1回	2022 特待
読解	文章の種類	説明文・論説文	★	★	★	★	★	★
		小説・物語・伝記	★	★	★	★	★	★
		随筆・紀行・日記						
		会話・戯曲						
		詩						
		短歌・俳句						
	内容の分類	主題・要旨	○	○	○	○	○	○
		内容理解	○	○	○	○	○	○
		文脈・段落構成					○	
		指示語・接続語	○	○	○		○	○
		その他						
知識	漢字	漢字の読み						
		漢字の書き取り	○	○	○	○	○	○
		部首・画数・筆順						
	語句	語句の意味	○	○	○	○	○	○
		かなづかい						
		熟語		○		○	○	
		慣用句・ことわざ	○		○		○	○
	文法	文の組み立て	○	○	○	○	○	○
		品詞・用法						
		敬語						
	形式・技法							
	文学作品の知識							
	その他							
	知識総合		★	★	★	★	★	★
表現	作文							
	短文記述		○	○	○	○	○	○
	その他							
放送問題								

※　★印は大問の中心となる分野をしめします。

2024年度 大宮開成中学校

【算　数】〈第１回試験〉（50分）〈満点：100点〉

注意　円周率は3.14とします。

1　次の □ にあてはまる数を求めなさい。

(1)　$11\times12+12\times13+13\times24-14\times36=$ □

(2)　$1\frac{2}{3}\times2.25\div3\frac{1}{6}-\frac{7}{12}\times\frac{6}{19}=$ □

2　次の各問いに答えなさい。

(1)　80個のももをAさん，Bさん，Cさんで分けます。AさんはBさんより３個多く，CさんはAさんより７個少なく分けました。Bさんのももの個数は何個ですか。

(2)　100点満点の国語と算数，50点満点の社会と理科のテストを受けました。国語と算数の得点の比は13：16で，社会と理科の得点の比は５：６でした。これら４科目の合計得点は211点でした。算数の得点は何点ですか。

(3)　Aは仕事全体の$\frac{1}{3}$を４日で終わらせ，Bは仕事全体の$\frac{1}{2}$を５日で終わらせます。Aが何日か１人で仕事をした後，Bが１人で残りの仕事をしたところ，11日間でちょうど仕事が終わりました。Aが働いたのは何日間ですか。

(4)　牧場に草がいくらか生えています。50頭の牛を放すと20日で草を食べつくします。65頭の牛を放すと15日で草を食べつくします。牛を30頭放すとき，何日で草を食べつくしますか。

3 次の各問いに答えなさい。

(1) 図のように，１辺の長さが６cm の正方形とおうぎ形が重なっています。アとイの斜線部分の面積の差は何 cm^2 ですか。

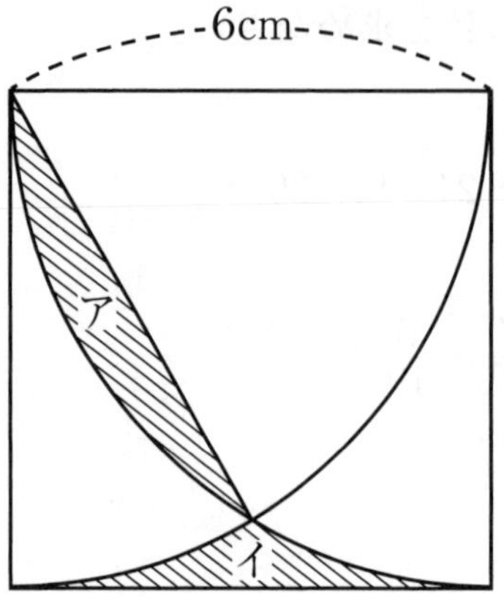

(2) 図のような三角柱ABC－DEFがあります。AGとGDの長さの比が１：５，BHとHEの長さの比が１：４，CＩとＩFの長さの比が１：３となるような３点G，H，Ｉを通る平面で三角柱を切りました。点Bを含む方の立体の体積は何 cm^3 ですか。

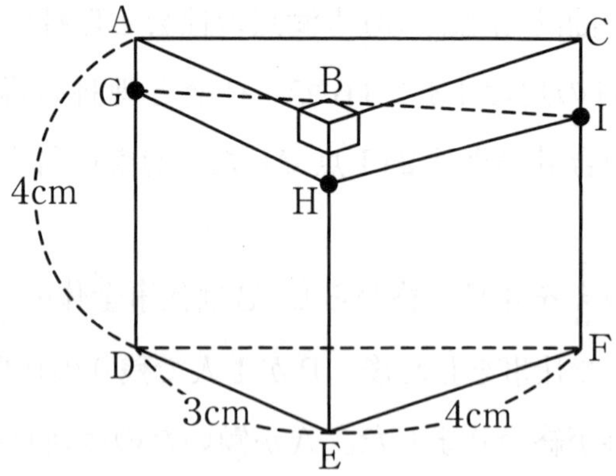

4 砂糖と食塩が溶けているＡとＢの溶液があります。Ａは砂糖の濃度が12％，食塩の濃度が８％です。Ｂは砂糖の濃度が18％，食塩の濃度が６％です。次の各問いに答えなさい。

⑴　Ａの溶液とＢの溶液を２：３の割合で混ぜたとき，食塩の濃度は何％になりますか。

⑵　Ａの溶液とＢの溶液をある割合で混ぜたとき，食塩の量は砂糖の量のちょうど半分になりました。Ａの溶液とＢの溶液をどのような比で混ぜましたか。最も簡単な整数の比で答えなさい。

5 数学の面白い規則性の１つにフィボナッチ数列というものがあります。フィボナッチ数列とは，直前の２つの数字を足した数字の列であり，以下のような数字の列です。

1，1，2，3，5，8，13，21，…

この数字の列について，次の各問いに答えなさい。

⑴　14番目の数字はいくつですか。

⑵　2024番目までの数字の中で，８で割り切れる数字は全部で何個ですか。

6 内側と外側の２本の環状《かんじょう》線に電車が反対方向に走っています。内側の電車が５周する間に，外側の電車は３周します。内側の線路と外側の線路の長さの比は２：３です。次の各問いに答えなさい。

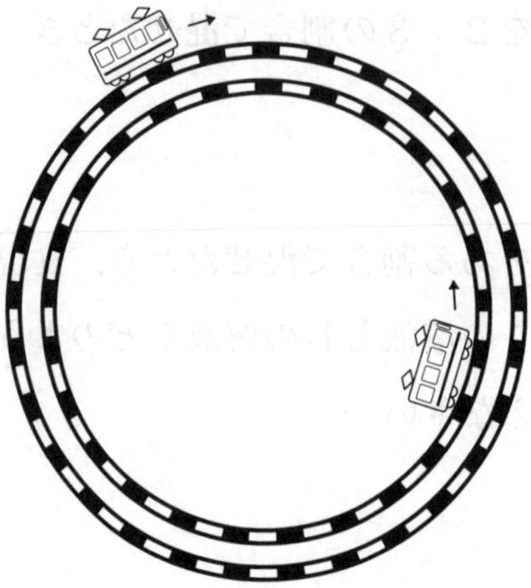

(1) 内側の電車と外側の電車の速さの比はいくつですか。最も簡単な整数の比で答えなさい。

(2) 内側の電車と外側の電車が１周するのにかかる時間の差は18分です。外側の電車が１周するのにかかる時間は何分ですか。

7 下の図のように１目盛りが１cmの方眼紙上にＯ（大宮）Ｋ（開成）のマークが描かれています。点Ｐを図の位置で固定して，点ＱはＫのマークの外側の周上を動かします。次の各問いに答えなさい。

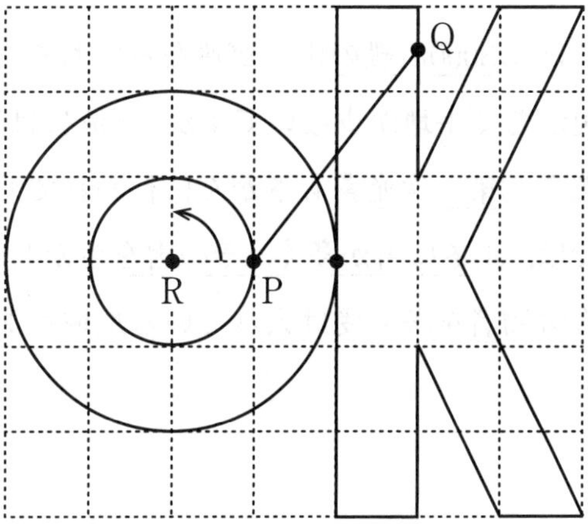

⑴　ＰＱが通過する部分の図形の面積は何 cm^2 ですか。

⑵　⑴でできた図形を点Ｒを中心に１回転させます。回転してできた図形の面積は何 cm^2 ですか。

【社　会】〈第１回試験〉（30分）〈満点：50点〉

注意　字数制限のある問いでは，句読点や符号（，。「」など）も１字と数えます。

1　次の 文章 と 地図 を読み，あとの問いに答えなさい。

文章

中部地方の中央には①3000m級の山々が連なっており，いくつかの火山もみられます。川の上流は山がちで平地が少ないですが，下流には②平野が広がっています。

また，第一次産業や③第二次産業もさかんに行われており，日本の中枢を担っています。北陸地方では，④冬に雪が多く，その雪を生かした産業も行われています。近年では，⑤外国人労働者を多く受け入れている地域もあり，グローバル化が進んでいます。

地図

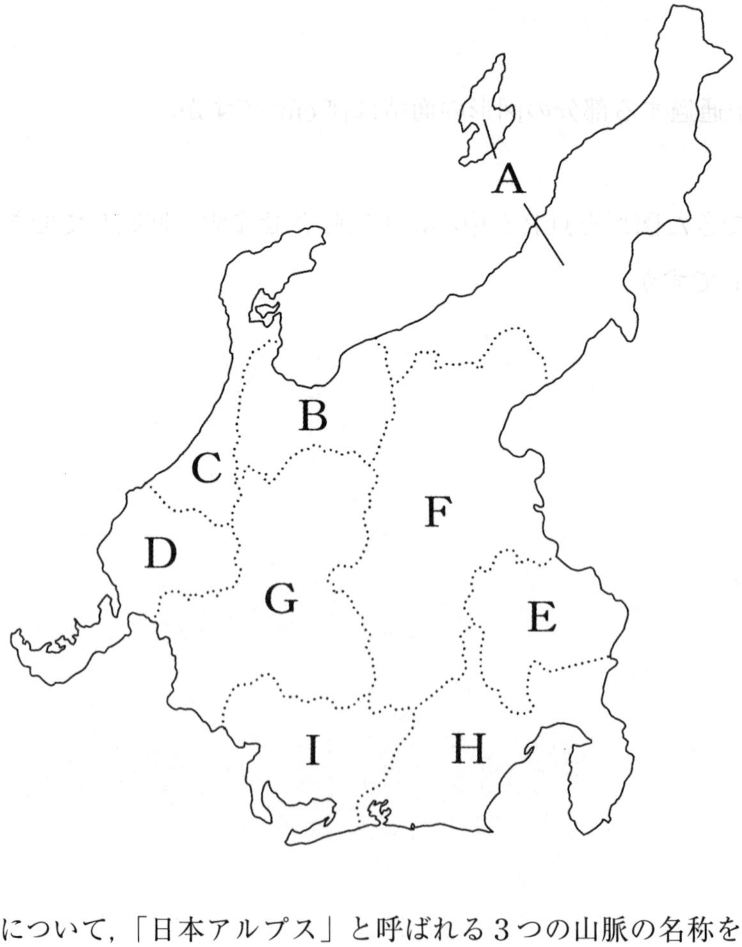

問１　下線部①について，「日本アルプス」と呼ばれる３つの山脈の名称を，解答欄に従ってそれぞれ漢字で書きなさい。

問２　下線部②について，次の写真は地図中Ｂで撮影されたものです。このような集落がみられる平野の名称を，解答欄に従って書きなさい。

（帝国書院『新詳地理資料 COMPLETE 2023』より引用）

問３　下線部③について，次のア～エのグラフは，日本のある工業地帯，および工業地域の産業別出荷額割合を示したものです。東海工業地域を示したものとして正しいものをア～エから１つ選び，記号で答えなさい。

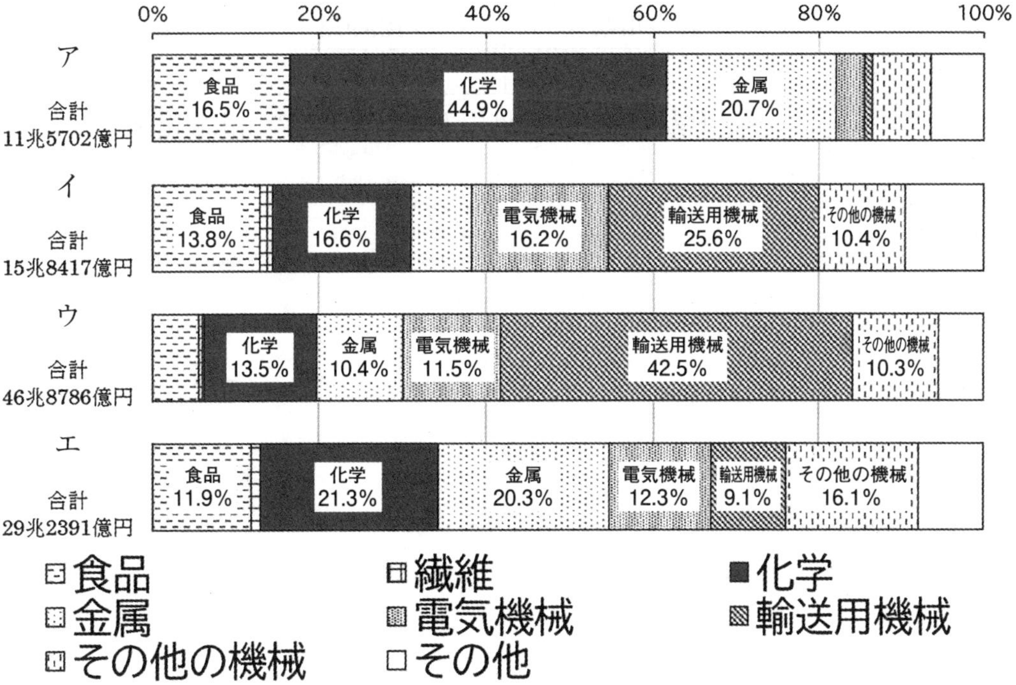

（「2020年工業統計調査」より作成）

問４　下線部④について，（１）・（２）の問いに答えなさい。

（１）特定の地域にある原料や古くから伝わる技術を利用して，特産品を製造する産業の名称を，解答欄に従って漢字で書きなさい。

（２）（１）の産業のうち，地図中Ｃの代表的な伝統的工芸品として正しいものを次のア～エから１つ選び，記号で答えなさい。

ア　西陣織　　イ　有田焼　　ウ　輪島塗　　エ　南部鉄器

問５　下線部⑤について，次の表は日本の都道府県別外国人労働者数の上位５都道府県を示したものであり，表中のア～エには埼玉県，東京都，大阪府，地図中Ｉのいずれかが当てはまります。地図中Ｉに当てはまるものをア～エから１つ選び，記号で答えなさい。

都道府県別外国人労働者数（2022）

都道府県	人数（人）
ア	500,089
イ	188,691
ウ	124,570
神奈川県	105,973
エ	92,936

（厚生労働省　「外国人雇用状況」の届出状況まとめより作成）

問６　地図中Ａの県庁所在地の雨温図として正しいものを次のア～エから１つ選び，記号で答えなさい。

ア

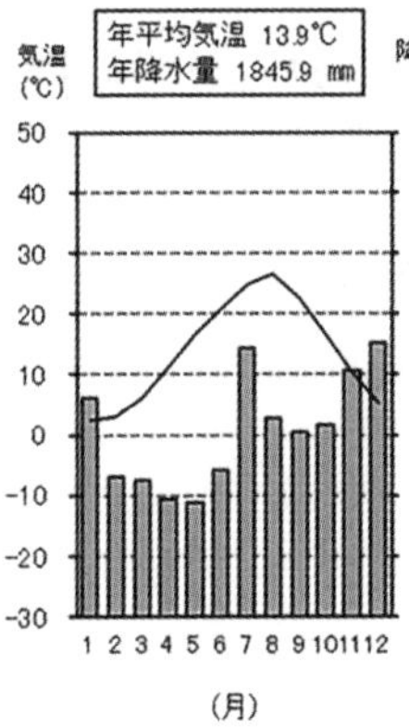

イ

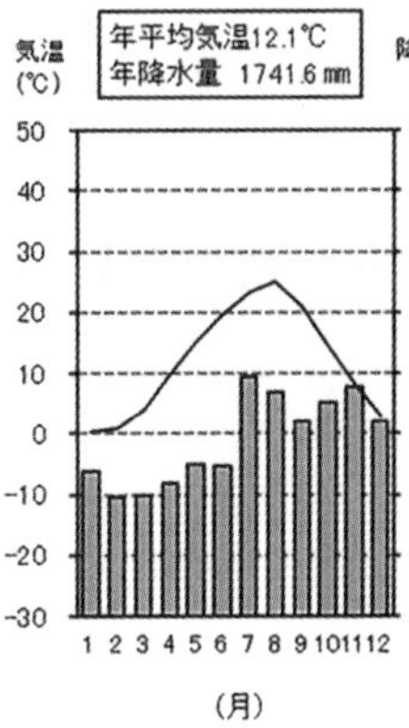

ウ

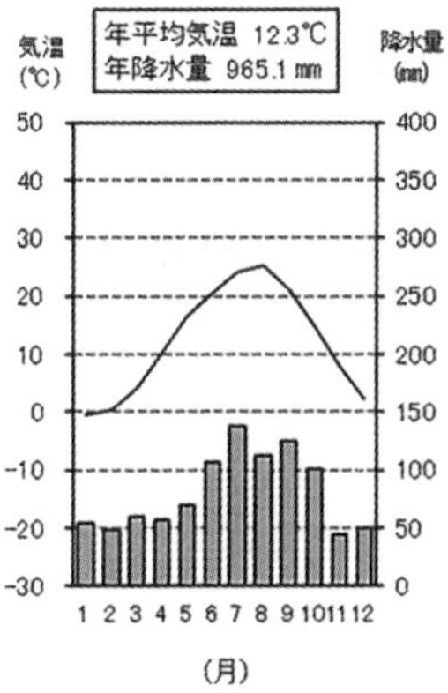

エ

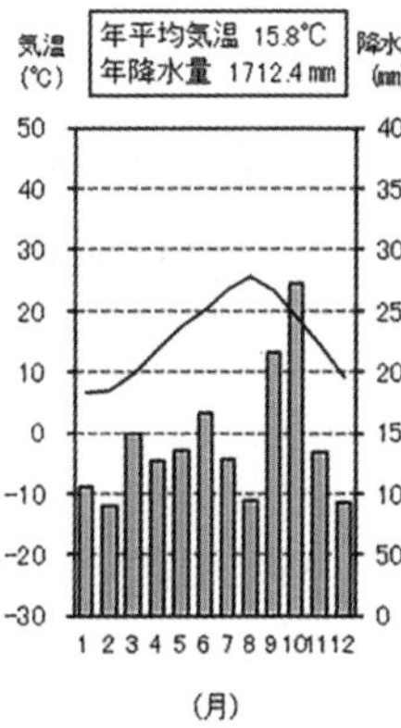

（『理科年表2022』より作成）

問７　地図中Ｉの西部にみられる「輪中」とはどのようなものですか，簡潔に説明しなさい。

問８　次の写真は世界遺産に登録された「合掌造り集落」です。この集落がみられる県を地図中Ａ～Ｉから２つ選び，記号で答えなさい。

（東京法令出版『新編フォトグラフィア 地理図説 2023』より引用）

問９　次のア～ウの文が説明している県を，地図中Ａ～Ｉから１つずつ選び，記号で答えなさい。

ア　扇状地の地形を利用した果物の栽培がさかんで，ぶどう・ももの生産量がいずれも日本一である。

イ　北部には豪雪地帯が，南部にはリアス海岸がみられ，その海岸沿いには原子力発電所が多く立地している。

ウ　避暑地として有名な軽井沢があり，毎年観光客が多く訪れる。

2　あとの問いに答えなさい。

問１　原始時代について説明した文として正しいものを次のア～エから１つ選び，記号で答えなさい。

ア　旧石器時代には，ナウマンゾウやオオツノジカなどの大型動物が絶滅したため，ニホンジカやイノシシなど中小動物が狩猟の対象となった。

イ　縄文時代には，木の実が多くとれるようになったが，収穫量が不安定なため，定住は行われなかった。

ウ　弥生時代には，大陸から水稲耕作とともに青銅器が伝わったが，鉄器は古墳時代に入ってはじめて伝わった。

エ　古墳時代には，渡来人によって土木や須恵器の製法などの技術だけでなく，漢字・儒教・仏教などの文化も伝わった。

問２　青森県には縄文時代前期～中期まで約1500年間続いた集落の遺跡があります。この遺跡には大型建造物の跡など，他の縄文時代の遺跡にはみられない特徴があることで有名です。この遺跡の名称を，解答欄に従って漢字で書きなさい。

問３　国風文化について説明した文として正しいものを次のア～エから１つ選び，記号で答えなさい。

ア　日本で最初の勅撰和歌集として『万葉集』がつくられた。

イ　清少納言が『源氏物語』を著した。

ウ　阿弥陀仏にすがり，極楽浄土に往生することをめざす信仰が流行した。

エ　藤原道長が別荘として中尊寺金色堂を建立した。

問４　ある天皇が自身の子に譲位をして，上皇として実権を握ったことから院政が始まりましたが，この天皇（上皇）の人物名を，解答欄に従って漢字で書きなさい。

問５　次のア～エを時代順に並べ替えたとき，３番目になるものを１つ選び，記号で答えなさい。

ア　観阿弥と世阿弥が将軍の保護を受けて，能を完成させた。

イ　平氏の焼打ちによって火災にあった東大寺の再建のために，源頼朝は資金提供を行った。

ウ　モンゴル軍が博多湾に侵攻してきたが，御家人たちの抵抗や暴風雨による損害を受けたため，モンゴル軍は引き上げた。

エ　千利休がわび・さびの精神を茶に取り入れ，わび茶を大成させた。

問６　次の 資料Ⅰ ・ 資料Ⅱ は，中世の畿内周辺のおもな関所・港の地図と室町時代に関所にかけられた税（関銭）に関する資料です。これらの資料について説明した文として適当なものを次のページのア～エから２つ選び，記号で答えなさい。

資料Ⅰ　畿内周辺のおもな関所・港

（「山川＆二宮ICTライブラリ」より引用）

資料Ⅱ 「近江朽木関関銭」

一，海藻　一駄《いちだ》[*1]七文，かちに[*2]三文

一，魚　一駄七文，かちに三文

一，鉄　一駄十文，かちに三文

一，銅　一駄二十文，かちに五文

一，苧《からむし》[*3]　一駄七文，かちに七文

＊1　馬で運ぶこと，ここでは馬1匹で運んだ際にかかる関銭を指す

＊2　1人が背負って運ぶ荷物のこと，ここでは1人で背負って運んだ際にかかる関銭を指す

＊3　衣服の原料となったもの

ア　加太（現在の和歌山県）から京都に荷物を運ぶ場合，関銭を一切払わずに到着することはできない。

イ　小浜（現在の福井県）から京都に荷物を運ぶ場合，関銭を一切払わずに到着することはできない。

ウ　朽木関（現在の滋賀県）を通る際の関銭は，3人で銅を背負って運ぶ場合よりも，馬を2匹もちいて魚を運ぶ場合の方が高い。

エ　朽木関を通る際の関銭は，3人で海藻を背負って運ぶ場合よりも，馬を1匹もちいて鉄を運ぶ場合の方が高い。

問7　次の絵画の作者名を書きなさい。

（浜島書店『新詳日本史』より引用）

問８　次のア～エが示す出来事を時代順に並べ替えたとき，３番目になるものを１つ選び，記号で答えなさい。

ア

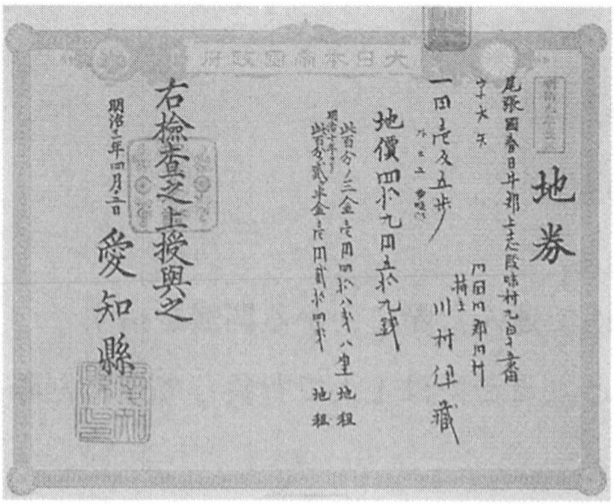

イ

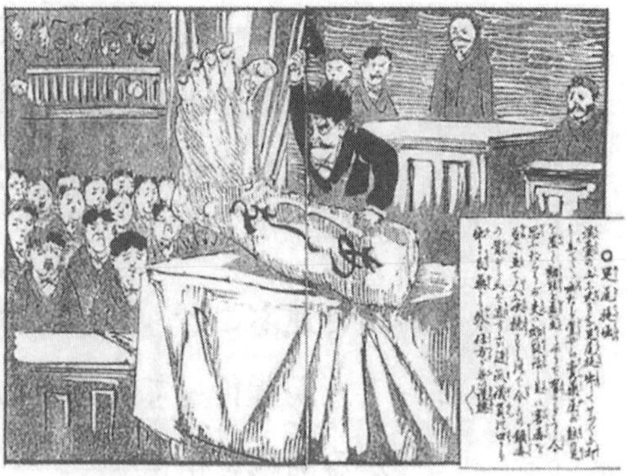

ウ

エ

（ア・ウ・エ：浜島書店『新詳日本史』，イ：清水勲『近代日本漫画百選』（岩波書店）より引用）

問９　明治維新後，天皇を中心とした中央集権国家の形成のために，薩摩藩・長州藩・土佐藩・肥前藩の四藩は朝廷（天皇）に人民と領地を返納しました。この出来事の名称を漢字で書きなさい。

問10　アメリカによる日本の占領政策のあり方は，1950年以降に大きく変化しました。なぜ変化したのか，またどのように変化したのか，軍事面や朝鮮半島の情勢に着目して，簡潔に説明しなさい。

問11　次の 資料Ⅰ ・ 資料Ⅱ を読み，これらの資料について説明した文として最も適当なものを次のページのア～エから１つ選び，記号で答えなさい。

資料Ⅰ

一，日本国とソヴィエト社会主義共和国連邦との間の戦争状態は，この宣言が効力を生ずる日に終了し，両国の間に平和及び友好善隣関係が回復される。

四，ソヴィエト社会主義共和国連邦は，国際連合への加入に関する日本国の申請を支持するものとする。

六，ソヴィエト社会主義共和国連邦は，日本国に対し一切の賠償請求権を放棄する。

九，日本国及びソヴィエト社会主義共和国連邦は，両国間に正常な外交関係が回復された後，平和条約の締結に関する交渉を継続することに同意する。

ソヴィエト社会主義共和国連邦は日本国の要望にこたえ，かつ日本国の利益を考慮して，歯舞群島および色丹島を日本国に引き渡すことに同意する。ただし，これらの諸島は日本国とソヴィエト社会主義共和国連邦との間の平和条約が締結された後に，現実に引き渡されるものとする。

(一部要約しています)

資料Ⅱ

一，日本国と中華人民共和国との間のこれまでの不正常な状態は，この共同声明が発出される日に終了する。

二，日本国政府は，中華人民共和国政府が中国の唯一の合法政府であることを承認する。

三，中華人民共和国政府は，台湾が中華人民共和国の領土の不可分の一部であることを重ねて表明する。日本国政府はこの中華人民共和国政府の立場を十分理解し，尊重し，ポツダム宣言第八項に基づく立場を堅持する。

五，中華人民共和国政府は，中日両国国民の友好のために，日本国に対する戦争賠償の請求を放棄することを宣言する。

(一部要約しています)

ア　資料Ⅰを調印した内閣のときに，教育基本法が制定された。
イ　資料Ⅱを調印した内閣総理大臣はノーベル平和賞を受賞した。
ウ　資料Ⅰ・資料Ⅱによると，日本はソヴィエト社会主義共和国連邦と中華人民共和国に賠償金の支払いを行った。
エ　資料Ⅰの調印のあとに日韓基本条約の締結が行われ，その後資料Ⅱの調印がなされた。

問12　冷戦の終結後，地域紛争の増加を受け，日本はある法律を定め，自衛隊をカンボジアに派遣しました。この法律の名称を，解答欄に従って３文字で書きなさい。

3

A　三権に関するあとの問いに答えなさい。

問１　日本の国会による，行政権と司法権への抑制の組み合わせとして正しいものを次のア～カから１つ選び，記号で答えなさい。

	行政権への抑制	司法権への抑制
ア	内閣不信任決議	弾劾裁判
イ	衆議院の解散	弾劾裁判
ウ	弾劾裁判	内閣不信任決議
エ	違憲立法審査	内閣不信任決議
オ	内閣不信任決議	違憲立法審査
カ	弾劾裁判	違憲立法審査

問２　日本の国会について，（１）・（２）の問いに答えなさい。

（１）日本の国会議員に占める女性の割合の少なさは大きな問題となっています。次の文中の□に当てはまる語句を書きなさい。

□ギャップ指数と呼ばれる独自の数値で評価された世界各国の男女間の平等についての調査（2023年６月）では，日本は政治参加の分野で格差が大きく，調査対象となった146か国中125位となりました。

（２）1946年４月に行われた衆議院議員選挙で当選した女性議員数は何人ですか。女性議員数として正しいものを次のア～エから１つ選び，記号で答えなさい。

ア　９人　　イ　19人　　ウ　39人　　エ　59人

問３　日本の行政権を担当する機関の仕事として正しいものを次のア～エから１つ選び，記号で答えなさい。

ア　法律や条約の公布　　イ　最高裁判所長官の指名

ウ　栄典の授与　　エ　国会の召集

B　次のサミット（主要国首脳会議）開催年表を見て，あとの問いに答えなさい。（なお，問題作成の都合上，一部省略しています。）

回	年	開催国	開催地
1	1975	A	ランブイエ
24	1998	イギリス	バーミンガム
26	2000	日本	B
34	2008	日本	C
38	2012	アメリカ	キャンプデービッド
40	2014	ベルギー	ブリュッセル
42	2016	日本	D
49	2023	日本	E
50	2024	F	プーリア州

問１　年表中Ａに当てはまる国名として正しいものを次のア～エから１つ選び，記号で答えなさい。

ア　イギリス　　イ　アメリカ　　ウ　フランス　　エ　カナダ

問２　年表中Ｂ～Ｅに当てはまる開催地の組み合わせとして正しいものを次のア～エから１つ選び，記号で答えなさい。

ア　B　沖縄県　　C　三重県　　D　大阪府　　E　広島県
イ　B　東京都　　C　沖縄県　　D　北海道　　E　長崎県
ウ　B　沖縄県　　C　北海道　　D　三重県　　E　広島県
エ　B　三重県　　C　沖縄県　　D　北海道　　E　長崎県

問３　年表中Ｆに当てはまる国名として正しいものを次のア～エから１つ選び，記号で答えなさい。

ア　イタリア　　イ　フランス　　ウ　ドイツ　　エ　スペイン

問４　1998年の第24回サミットから2013年の第39回サミットまではＧ８での開催でしたが，第40回からは１か国が外れてＧ７での開催となりました。この外れた国の名称を書きなさい。

4 次のグラフは，基幹的農業従事者数（農業を主な仕事としている人の数）の推移を示したものです。グラフから，日本では農家の人手不足が問題となっていることがわかります。その問題を解決するために，どのような取り組みが必要ですか，具体例を挙げて50字以内で説明しなさい。

基幹的農業従事者数

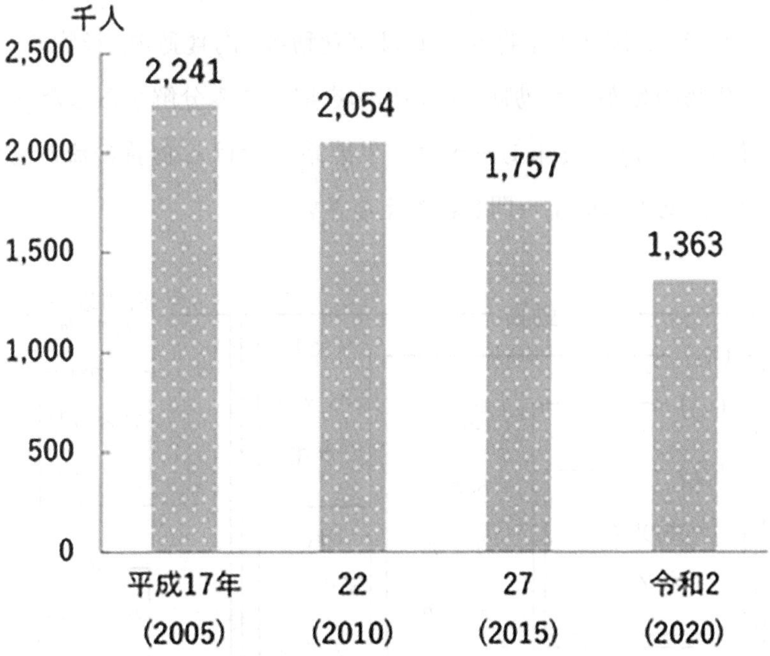

（農林水産省『令和３年度　食料・農業・農村白書』より引用）

【理　科】〈第１回試験〉（30分）〈満点：50点〉

1　生物は，他の生物やまわりの環《かん》境と関わり合いながら生きています。生物とそれらを取りまく環境を合わせて「生態系」と呼びます。

図１は，生態系内の身近な生物を，グループ（あ)～(き）に分けてまとめたものです。また，表の分類１～７は，図１のグループ（あ)～(き）のいずれかについて説明したものです。

図２は，生態系における生物どうしの関係性と，物質のじゅん環を模式的に示したものです。ただし，図２の生物Ａ～Ｃは草食動物，肉食動物，植物のいずれかであり，生物Ｄは，生物の死がいや動物のはい出物を取りこみ分解するはたらきをもつ生物を示しています。また，矢印①～⑲は，生態系における物質の流れを示しています。これについて，あとの問１～問８に答えなさい。

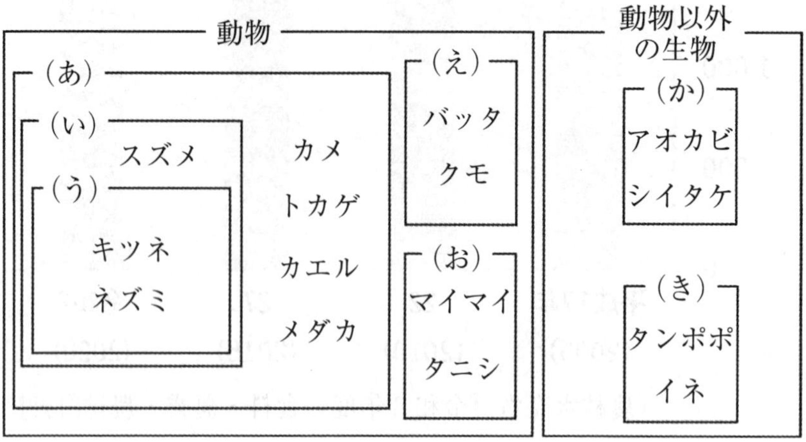

図１

分類	説明
1	種子で増える。
2	ほう子で増える。
3	背骨がある。
4	外とう膜《まく》という膜で内臓を包んでいる。
5	子のうまれ方がたい生である。
6	からだが外骨格でおおわれていて，からだと足に節がある。
7	体温をほぼ一定に保つしくみをもつ。

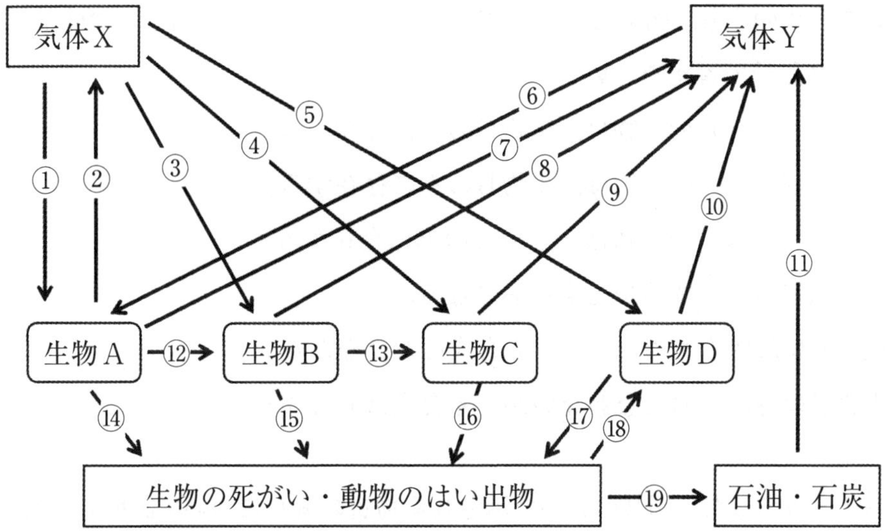

図２

問１　図１のグループ（あ）の動物の分類を何といいますか。名称を答えなさい。

問２　表の分類１～７のうち，グループ（い）の説明として最も適当なものはどれですか。１つ選び番号で答えなさい。

問３　次のア～カのうち，図２の気体Xと気体Yの組み合わせとして最も適当なものはどれですか。１つ選び記号で答えなさい。

ア．X：酸素　　　　　Y：ちっ素
イ．X：酸素　　　　　Y：二酸化炭素
ウ．X：ちっ素　　　　Y：酸素
エ．X：ちっ素　　　　Y：二酸化炭素
オ．X：二酸化炭素　　Y：酸素
カ．X：二酸化炭素　　Y：ちっ素

問４　図２の生物A～Dのうち，ウサギがあてはまるものとして最も適当なものはどれですか。１つ選び記号で答えなさい。

問５　次のア～カのうち，図１，２について説明したものとして適当なものはどれですか。すべて選び記号で答えなさい。

ア．グループ（う）の生物は，生物Ｃのみに存在する。

イ．グループ（え）の生物は，生物Ｂのみに存在する。

ウ．グループ（き）の生物は，生物Ａのみに存在する。

エ．生物Ａは呼吸，光合成ともにおこなう。

オ．生物Ｂは呼吸をおこなうが，光合成はおこなわない。

カ．生物Ｃは呼吸をおこなわないが，光合成はおこなう。

問６　次のア～カのうち，図２の矢印で示される物質の流れについて説明したものとして適当なものはどれですか。すべて選び記号で答えなさい。

ア．矢印①は，光合成により吸収される気体の移動を示している。

イ．矢印②は，呼吸により放出される気体の移動を示している。

ウ．矢印⑥は，呼吸により吸収される気体の移動を示している。

エ．矢印⑦は，呼吸により放出される気体の移動を示している。

オ．矢印⑫は，えさや栄養分として使われる物質の移動を示している。

カ．矢印⑲は，えさや栄養分として使われる物質の移動を示している。

問７　グループ（あ)～(き）のうち，生物Ｄにあてはまるものとして最も適当なものはどれですか。１つ選び記号で答えなさい。

問８　次の文は，地球温暖化とその原因となる物質の移動について説明したものです。次のア～カのうち，文の（　　　）に入る語句の組み合わせとして最も適当なものはどれですか。１つ選び記号で答えなさい。

> 近年，地球温暖化が問題となっており，これは，温室効果ガスと呼ばれる気体が原因となっている。地球温暖化は，図２の矢印①～⑪のうち，（　ｉ　）の物質の移動量が減り，（　ⅱ　）の物質の移動量が増えることが大きく関係している。

ア．	ｉ：矢印①	ⅱ：矢印⑨	イ．	ｉ：矢印①	ⅱ：矢印⑪
ウ．	ｉ：矢印②	ⅱ：矢印⑨	エ．	ｉ：矢印②	ⅱ：矢印⑪
オ．	ｉ：矢印⑥	ⅱ：矢印⑨	カ．	ｉ：矢印⑥	ⅱ：矢印⑪

2　重さの無視できるばねＡ～Ｅと重さの無視できる棒を用いて，次のような実験をおこないました。表は，ばねＡ～Ｅにさまざまな重さのおもりをつるしたときのばねの長さをまとめたものです。これについて，あとの問１～問８に答えなさい。

	おもり10 g	おもり30 g	おもり50 g	おもり70 g
ばねＡの長さ[cm]	9	11	13	15
ばねＢの長さ[cm]	10	14	18	22
ばねＣの長さ[cm]	9.5	10.5	11.5	12.5
ばねＤの長さ[cm]	10	10.5	11	11.5
ばねＥの長さ[cm]	10	12	14	16

問１　ばねＡのもとの長さ（おもりをつるしていないときの長さ）は何cmですか。

問２　図１のように，２本のばねＡと棒を用いて，40 gのおもりをつるしたとき，ばねＡの伸びは何cmですか。ただし，おもりは２本のばねの中心にくるようにつるしたとします。

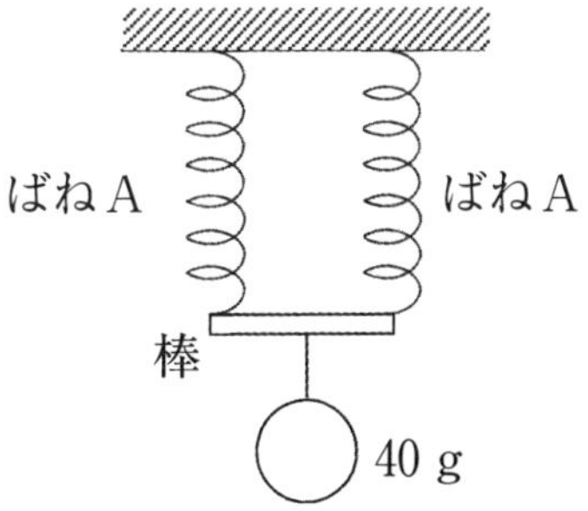

図１

問３　ばねＢ～Ｅのうち，１本のばねを用いて40 gのおもりをつるしたときに，問２でばねＡが伸びた長さと同じ伸びの長さになるものとして正しいものはどれですか。１つ選び記号で答えなさい。

問４　図２のように，２本のばねＡを縦につなぎ，40 gのおもりをつるしたとき，２本のばねＡの全体の長さは何cmですか。

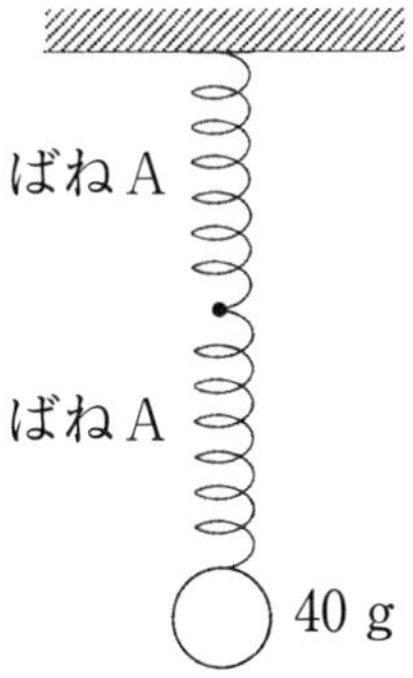

図２

問５　ばねＣとばねＥを縦につなぎ，おもりをつるしたところ，２本のばねの全体の長さは問４の２本のばねＡの全体の長さと同じになりました。このときつるしたおもりの重さは何gですか。

ばねＡ，Ｂ，Ｃを切って長さを半分にし，それぞればねa，b，cとしました。

問６　ばねaに20 gのおもりをつるしたとき，ばねaの長さは何cmですか。

問７　図３のように，ばねa～cを縦につなぎ，60 gのおもりをつるしたとき，ばねa～cの全体の長さは何cmですか。

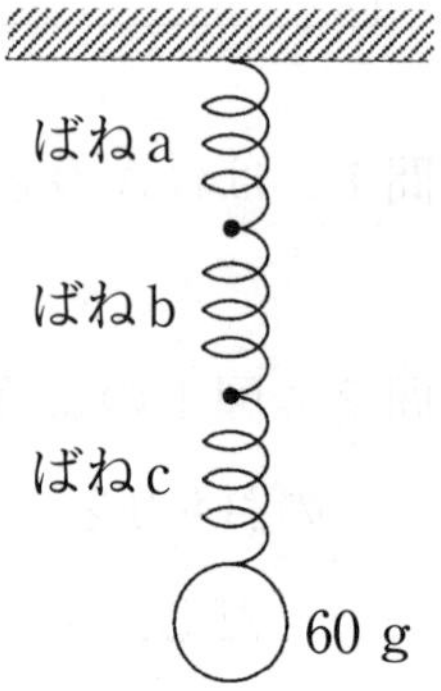

図３

問８　図４のように，ばねa，bを，長さ30 cmの棒の両端につけ，天井につるし，点Ｏにおもりをつるしたとき，ばねa，bの長さはともに6 cmとなりました。このときつるしたおもりの重さは何gですか。また，棒の右端から点Ｏまでの距離Ｘは何cmですか。

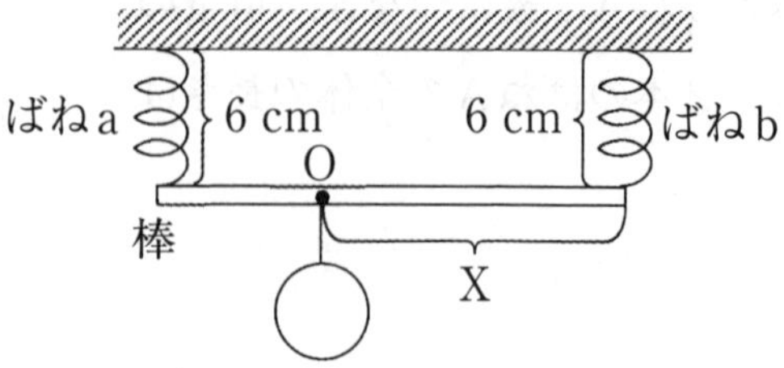

図４

3 熱中症《ねっちゅうしょう》のリスクを表すための指標として，暑さ指数（WBGT）というものがあります。現在では世界中の事業者，学校，スポーツ活動等で利用されています。暑さ指数（WBGT）は人体と外気の熱のやりとりに注目した指標で，「気温」，「しつ度」，「日射などの周囲からの熱」の３つの要素が取り入れられています。

屋外での暑さ指数（WBGT）は，次の式によって求められます。

暑さ指数（WBGT）＝かん球温度 × 0.1 ＋ しつ球温度 × 0.7 ＋ 黒球温度 × 0.2

かん球温度：特に加工していない温度計で観測した温度。気温と同じ。

しつ球温度：水でしめらせた布で温度計の計測部を包み観測した温度。しつ度と関係があり，この値と気温の差が小さいとしつ度が高い。

黒球温度　：黒色にと装された直径15 cmのうすい銅製の球の中心に温度計を入れて観測した温度。この温度が高いほど，日射などの周囲からの熱は大きい。

この式からわかるように，「気温」「しつ度」「日射などの周囲からの熱」の３つの要素が暑さ指数（WBGT）におよぼす割合は，

気温：しつ度：日射などの周囲からの熱＝１：７：２

となっています。

表１は，日本生気象学会による日常生活における熱中症予防指針を環《かん》境省がわかりやすく編集したものです。また，表２は，日にちＡ～Ｄにおける12時のさいたま市の天気をまとめたものです。これについて，あとの問１～問７に答えなさい。

暑さ指数（WBGT）	注意事項
31以上（危険）	外出はなるべくさけ，すずしい屋内に移動する。
28以上31未満（厳重警かい）	外出時はえん天下をさけ，屋内では室温の上昇に注意する。
25以上28未満（警かい）	運動や激しい作業をする際は定期的にじゅう分に休息を取り入れる。
25未満（注意）	危険は少ないが，激しい運動や重労働時には熱中症が発生する危険性がある。

表１

日にち	A	B	C	D
気温[℃]	35	28	34	30
しつ度[%]	44	92	87	50
しつ球温度[℃]	25	27	32	22
黒球温度[℃]	52	42	41	46
暑さ指数（WBGT）	X	30.1	Y	Z

表２

問１　熱の伝わり方は放射の他に伝導があります。次のア～エのうち，熱が伝導により伝わりやすい順に並べたものとして正しいものはどれですか。１つ選び記号で答えなさい。

ア．銀，銅，アルミニウム，鉄

イ．アルミニウム，銀，銅，鉄

ウ．銀，鉄，銅，アルミニウム

エ．銅，銀，アルミニウム，鉄

問２　次のア～エのうち，しつ球温度を観測するときに，水でしめらせた布で計測部を包む理由を説明したものとして最も適当なものはどれですか。１つ選び記号で答えなさい。

ア．温度計に直接空気がふれるのを防ぐため。

イ．水が蒸発するときに周りの熱をうばう効果をみるため。

ウ．水によって直接温度計を冷やすため。

エ．周囲のしつ度を上げるため。

問３　表２の日にちＡでは，日中の最高気温が35℃以上でした。次のア～エのうち，最高気温が35℃以上の日を示すものとして正しいものはどれですか。１つ選び記号で答えなさい。

ア．夏日　　イ．真夏日　　ウ．もう暑日　　エ．こく暑日問４　表２の日にちＤの12時において，空気１ m^3 に含まれる水蒸気の重さは何gですか。ただし，30 ℃におけるほう和水蒸気量は30.6 g/m^3 であるとします。

問５　表２のＸ～Ｚのうち，暑さ指数（WBGT）が最も大きいものはどれですか。１つ選び記号で答えなさい。また，その記号に入る数値を答えなさい。

問６　次のア～エのうち，表２の日にちＡ～Ｄの12時における熱中症の危険性について説明したものとして最も適当なものはどれですか。１つ選び記号で答えなさい。

ア．日にちＡは，日にちＡ～Ｄの中では熱中症の危険性が最も高い。

イ．日にちＢは，気温が30℃を超えていないので，熱中症の危険性は低い。

ウ．日にちＣは，日かげなどで過ごしていれば，外出をしても熱中症の危険性は低い。

エ．日にちＤの暑さ指数（WBGT）は，警かいを示しており，熱中症の危険性がある。

問７　次のア～エのうち，文の（　　　）に入る語句の組み合わせとして最も適当なものはどれですか。１つ選び記号で答えなさい。

> 暑さ指数（WBGT）は（　①　）がおよぼす影響《えいきょう》が大きく，（　②　）が低くても（　①　）が高いことによって熱中症事故が起きた，というケースは少なくない。これは（　①　）が高いと，（　③　）からである。

ア．①：気温　　②：しつ度　　③：汗が蒸発しづらく，体温が下がらない

イ．①：気温　　②：しつ度　　③：汗の蒸発により，だっ水症状になる

ウ．①：しつ度　　②：気温　　③：汗が蒸発しづらく，体温が下がらない

エ．①：しつ度　　②：気温　　③：汗の蒸発により，だっ水症状になる

4　マグネシウム，銅およびドライアイスを用いて，次のような実験をおこないました。これについて，あとの問１～問７に答えなさい。

【実験１】

①　さまざまな重さのマグネシウムと銅の粉末を用意し，反応しなくなるまでそれぞれ加熱した。

②　加熱後，残った酸化マグネシウムと酸化銅の粉末の重さをそれぞれはかった。

③　結果を表１，２にまとめた。

マグネシウム[g]	0.6	1.2	1.8
酸化マグネシウム[g]	1	2	3

表１

銅[g]	0.4	0.8	1.2
酸化銅[g]	0.5	1	1.5

表２

問１　次のア～カのうち，銅と酸化マグネシウムの色として最も適当なものはどれですか。それぞれ１つずつ選び記号で答えなさい。

ア．黒色　　イ．白色　　ウ．黄色

エ．緑色　　オ．青色　　カ．赤色

問２　実験１より，マグネシウムも銅も加熱すると重さが増えました。次のア～エのうち，マグネシウムや銅を加熱したときに，重さが増えた理由として最も適当なものはどれですか。１つ選び記号で答えなさい。

ア．金属がふくらんだから。

イ．金属が熱を吸収したから。

ウ．金属が二酸化炭素を出したから。

エ．金属が酸素と結びついたから。

問３　7.2 gのマグネシウムの粉末を反応しなくなるまで加熱したとき，残った酸化マグネシウムの重さは何gですか。

問４　３gの銅の粉末を加熱したところ，銅と酸化銅の混ざった粉末が3.2 g残りました。反応せずに残った銅の重さは何gですか。

【実験２】

①　図１のように，ドライアイスをくりぬいた中にマグネシウムの粉末を入れて火を付け，すばやくドライアイスでふたをした。

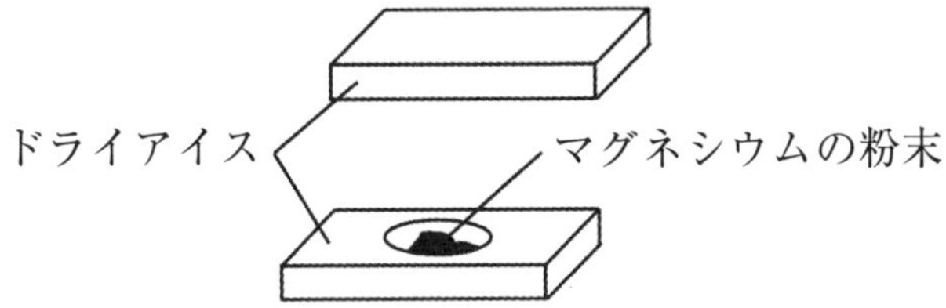

図１

②　①のマグネシウムの粉末が完全に反応したあと，中に残った粉末の重さをはかったところ，5.75 gであった。

③　図２のように，②で残った粉末をすべて試験管に集め，加熱すると気体が発生した。発生した気体を石灰水に通じると，白くにごった。

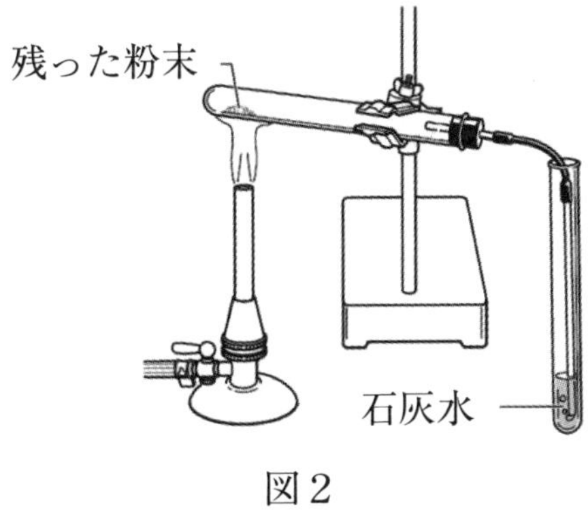

図２

④　気体が発生しなくなるまで加熱したあと，試験管内に残った粉末の重さをはかったところ，５gであった。

問５　ドライアイスはある気体を固体にしたものです。その気体の名称を答えなさい。

問６　実験２の②で残った粉末は酸化マグネシウムと黒色の粉末が混ざったものでした。次のア～エのうち，この黒色の粉末として最も適当なものはどれですか。１つ選び記号で答えなさい。

ア．炭素　　イ．酸化銅　　ウ．マグネシウム　　エ．ドライアイス

問７　実験２の①で用意したマグネシウムの重さは何ｇですか。

し合いました。これを読んで後の**ア**～**ウ**の□に当てはまることばを、※６を参考にしながら本文からぬき出しなさい。

大場さん　ひかりは「春の背中」が「まだ見えない」って言っているね。「春の背中」って何だろう。

宮沢さん　本文の最後で「春の先にあるのは、夏なんだな。」ってあるよ。「春の背中」を追い越した先には夏があるんだよね。

大場さん　じゃあ、「春の背中」は春の終わりのことだね。今ひかりは「春のまっただ中」にいるんだ。いったい、いつからひかりは「春のまっただ中」にいたんだろう。

開藤さん　級友の気持ちが一つになるきっかけのマラソン大会は**ア**□（一字）に行われていたんだよね。

成田さん　でも、三月の発表に向けた練習では、御木元さんの指示もあって、歌い終わった後のあたりの雰囲気を**イ**□□□□（四字）が残るような明るいものだったと表現しているよ。これはもう春なんじゃないかな。

大場さん　そうだね。ひかり自身その合唱を**ウ**□□□（三字）が開いたくらいだとたとえているもんね。みんなと三月の発表に向けた練習を始めたころから、ひかりは「春のまっただ中」にいたんだね。

問十　本文に関する記述として、正しいものを次の**ア**～**エ**の中から一つ選んで、記号で答えなさい。

ア　ひかりだけでなく千夏やあやちゃんなどの登場人物それぞれの視点から物語が描《えが》かれることで、それぞれの心情が分かりやすくなっている。

イ　「秋に備えて、準備してた」のように、季節を隠《いん》ゆとして表現することで、登場人物の置かれた状況を表現している。

ウ　「家に帰ると、めずらしく父がもう食卓についていた。」以降、親子の交流と級友との交流とを比較《ひかく》することで、それぞれの特《とく》徴《ちょう》を明示している。

エ　「マラソン大会」や「合唱コンクール」のような学生になじみ深い行事を描くことで、登場人物たちの複雑な人間関係を分かりやすくしている。

んと一緒に頑張《がんば》ろうと思ったから。

エ　合唱を頑張った御木元さんを泣かせてしまったので、今度こそみんなで笑おうと決意したから。

問五　――部④「こんなふうに指示を出せる」とありますが、御木元さんの指示の出し方を説明したものとして最も適当なものを、次の**ア**～**エ**の中から一つ選んで、記号で答えなさい。

ア　級友に改善をうながそうと、自ら手本を示すことで、級友がついていきたくなるような雰囲気を作っている。

イ　自分の実力を示すことで、級友に尊敬の念を抱《いだ》かせ、自分についてこざるを得ない状況《じょうきょう》を作っている。

ウ　合唱へのこだわりを捨てて、級友を笑わせることで、級友が緊張《きんちょう》せずに歌えるよう工夫をしている。

エ　曲の音程やリズムだけではなく、作曲者の思いをわかりやすく解説することで、クラスに一体感をもたせている。

問六　――部⑤「春」と⑥「春」の表す内容の違いを「⑤は～、⑥は～という違い。」という形で、自分のことばで二十五字以上三十五字以内で答えなさい。なお、「⑤」「⑥」はそれぞれ一字として数えます。

問七　――部⑦「お姉ちゃんはずっと春みたいな人だと思ってた」とありますが、この表現について大宮開成中学校の先生と生徒が話し合いました。これを読んで後の**ア**～**エ**の□に当てはまることばを、本文中からぬき出しなさい。

先生　本文のひかりはなぜ姉であるきらりを「春みたい」とたとえているのか考えてみましょう。

大場さん　短大を出て、就職をした時の様子を母は**ア**□□□□（四字）って表現しているから、春の**ア**□□□□（四字）した雰囲気の人っていう意味じゃないかなあ。

宮沢さん　だからひかりもきらりが**イ**□□（二字）のことをしっかり考えていたことに驚いているんだね。

開藤さん　これって、ひかりとは対照的だよね。だって、ひかりは自分の将来について、いったい**ウ**□□□□□□□□□□□□□（十三字）と思っているよ。

宮沢さん　本当だ、対照的だね。楽しい春が終わり辛《つら》い秋のような季節が来ることを恐れるひかりとは全く逆だ。

成田さん　しかも、ひかりは自分と違って**エ**□□□□□□□□□（九字）で春のように笑うきらりを妬んでもいるよ。

大場さん　ひかりが、きらりを「春みたいな人」っていうのは、自分と対照的なきらりへの劣等感《れっとうかん》があらわれているんだね。

問八　――部⑧「だいじょうぶかもしれない」とありますが、ひかりがそう感じたのはなぜですか。その理由を説明したものとして最も適当なものを、次の**ア**～**エ**の中から一つ選んで、記号で答えなさい。

ア　卒業生を送る会の後には、自分たちが最上級生となって級友たちと勉学にはげむ日々が待っているから。

イ　たとえ自分に才能がなくても、自分を支えてくれる級友がいることを信じられるようになったから。

ウ　今の自分には明るい未来は見えないが、時間は流れていくのでいつか楽しい時が来ると思えたから。

エ　友達との輝《かがや》かしい日々はいつか終わってしまうのだが、その先にも輝かしい未来が待っていると思えたから。

問九　――部⑨「うん、まだ見えないみたいだよ、亮太郎。いつかこの春の背中が見えてきたら、追いついて、追い越してやればいい」とありますが、この表現について大宮開成中学校の生徒が話い。だって、春の先にあるのは、夏なんだな。私たちは、まだ、これからだ。

（宮下奈都『よろこびの歌』による
問題作成のために本文を一部変更《へんこう》したところがあります）

※1 サボタージュ…なまけること。

※2 千夏…原《はら》千夏。ひかりの級友。後に登場する「早希」「あやちゃん」「史香」も同じクラスの友人。

※3 肝煎…心を配って、熱心に世話を焼くこと。

※4 声のピッチ…声の高さ。

※5 折…薄《うす》い木の板などで浅く箱型に作った、料理や菓子《かし》などを詰《つ》める容器。

※6 亮太郎…ひかりの幼《おさな》なじみ。高校入学後、心がおどるような素敵な時間はいつか終わってしまうことをおそれるひかりに「まだ見えねえだろ」「春の背中だよ」と話していた。

問一 ＝＝部**a**「眉をひそめる」・**b**「不敵な」・**c**「屈託のない」の本文中での意味として最も適当なものを、それぞれ後の**ア**～**エ**の中から選んで、記号で答えなさい。

a「眉をひそめる」

ア 他人の発言や行動にだまされないように、用心する
イ 他人のわがままな行動に気分を悪くして、苦しい顔をする
ウ 他人の顔色をうかがって、雰囲気《ふんいき》を壊《こわ》さないようにする
エ 他人のいやな言動に対して、不快な顔をする

b「不敵な」

ア 恐《おそ》れることを忘れたような
イ 何かをたくらむような
ウ 勝ちほこったような
エ 場にそぐわないような

c「屈託のない」

ア おびえる心がなく大胆《だいたん》な
イ へりくだることのないような
ウ 心配事がなくさっぱりした
エ 他人の思いを気にしない

問二 ——部①「春もなく夏も秋も冬も無視して、歌うことで何の迷いもなく進んでいける御木元玲」とありますが、実際の「御木元玲」は、級友との関係をうまく築《きず》けず、「冬」のようなつらく苦しい時を過ごしていました。そのことが比ゆを用いて示されている部分を本文中から九字でぬき出しなさい。

問三 ——部②「私は一生冬のまま、春から目を逸らして生きていかなければならない」とありますが、これを説明した次の文の、**ア**～**ウ**の□に当てはまることばを、それぞれ本文中からぬき出しなさい。

ひかり自身、**ア**□□□（三字）になろうと**イ**□□□□□（五字）になることもせずに、**ウ**□□（二字）なふりをし続けなければいけないということ。

問四 ——部③「私の気持ち。クラスのみんなの気持ち。そして御木元さんの気持ち。ほんの何か月か前のあの頃とは変わっている」とありますが、「クラスのみんなの気持ち」が「変わっ」た理由を説明したものとして最も適当なものを、次の**ア**～**エ**の中から一つ選んで、記号で答えなさい。

ア 合唱コンクールの結果に絶望した御木元さんが、級友の歌のおかげで、マラソンを完走できたから。
イ 合唱を必死に導こうとした御木元さんの、級友の励《はげ》ましに涙する姿にクラスのみんなが感動したから。
ウ 再び合唱を発表しようと先生に言われて、今度こそ御木元さ

うにしている。

「やだ、お姉ちゃん、結婚《けっこん》決まったの？」

やだ、じゃない。ぎょっとすることもない。姉はきっと早いうちに結婚するだろうと思ってはいたのだ。今年、二十四になる。もういつ結婚してもおかしくない歳《とし》だ。

「違《ちが》うわよ」

母が笑う。

「ほら、ちゃんと自分でいいなさい」

促《うなが》されて姉が口を開いた。

「やっと進路が決まったの」

「進路ぉ？」

思わず大きな声を出してしまった私に、姉が小さくうなずく。

「看護師になりたかったんだ。でも今さらいえなくて、こっそり看護学校を受験してたの。その合格通知が今日来たのよ」

そういって分厚い封書《ふうしょ》を取り出してみせた。隣《となり》で母が大きくため息をつく。

「この子ったら短大出てもふわふわ、お勤めしてもなんだかふわふわふわふわしてて、いったいどうするつもりなのかずっと心配だったんだから」

「あれ、学生の頃に看護師になりたいっていったら、そんな大変な仕事、きらりには無理だっていったのお母さんでしょ」

「そういわれたくらいであきらめるようじゃ、反対したくもなるわよ」

やんわりと応酬《おうしゅう》を続けるふたりを見くらべながら、なんだか新しい風に吹《ふ》かれたような気がしている。持って生まれた資質でいつも春のように笑っている姉のことが、自慢《じまん》でもあり心配でもあった。ほんの少し、妬《ねた》みもあったのかもしれない。でも、その姉がきちんと春以降を見据《みす》えていた。

「おめでとう」

姉はにこにこと私を見た。

「ありがとう。あたしはひかりみたいに頭がよくないから、試験に落ちたらどうしようってほんとどきどきしてた。この歳だから、もうあとがないしね」

あとはある。何度でもチャンスはめぐってくる。今の私にはそう思える。

「でも、ぜんぜん気づかなかったよ。仕事のあとに勉強してたの？えらいね。あたし、⑦お姉ちゃんはずっと春みたいな人だと思ってた。春のまんまずっと行くんだと思ってたよ。秋に備えて、準備してたんだね」

「あー、ばかにしてるー」

姉が笑った。そしてC屈託《くったく》のない声でいった。

「でもさ、春のあとには、秋の前に、夏が来るんじゃない？」

「いいなあ、おまえたちはこれから夏か」

それまで黙《だま》っていた父が口を挟《はさ》む。

これから夏、といわれて一瞬《いっしゅん》ぽかんとした。考えたこともなかった。春でさえまぶしいのだ。夏なんて私には想像もつかない。

「まだ見えねえだろ」

※6亮太郎《りょうたろう》の声が耳によみがえる。春の背中、と彼《かれ》は続けた。

⑧だいじょうぶかもしれない。じたばたもがきながら、このまんまで生きていけるかもしれない。私にはなんにもなくても、たくさんの声が聞こえる。ひかり、ひかり、と呼ぶ明るい声たち。

「まだ見えねえだろ」

⑨うん、まだ見えないみたいだよ、亮太郎。いつかこの春の背中が見えてきたら、追いついて、追い越《こ》してやればいい。怖《おそ》れることはな

そういって自ら明るい笑顔をつくってみせた。そうして、こちらを見渡《みわた》して、

「明るい顔ってわかる？　頬骨《ほおぼね》を上げて。そう、そして目の奥《おく》を開けて。はい、各自十回、目の奥を大きく開けて、閉じて、開けて」

えー、どうやってー、とあちこちから声が上がった。

「目の奥に扉《とびら》があると思ってみて。そこを大きく開くイメージ」

御木元さんは大きく目を見開いている。くすくす笑い声が聞こえる。

「あれって扉じゃなくて目そのものじゃん」

早希《さき》が小声でいい、それでも真似をして大きく目を開いている。

すごいなあ、と私は素直に感心している。御木元さんが④こんなふうに指示を出せる。みんながそれに従っている。音楽というのは、お互《たが》いの親密さと信頼《しんらい》があって育っていくものらしい。マラソン大会のゴール前で芽を出した私たちの歌は、時間をかけて、今、ゆっくりとふた葉を開いたところくらいだろうか。

「そうそう、いいね、そんな感じ。みんないいかな、顔の明るさを忘れないで。これで※4声のピッチが揃うよ」

御木元さんの右手が挙がり、千夏のピアノが弾《はず》む。

よろこびの歌がはじまる。ほんとうだ、みんなの声が明るくなっている。

御木元さんが指揮の腕を大きく振るその軌跡《きせき》から音楽があふれ出す。私たちの声が伸びていく。重なっていく。弾《はず》み、広がり、膨《ふく》らんでいく。

歌が終わっても、まだ光のつぶがそこかしこに残っているような感じがする。汗《あせ》ばむような熱気を逃《のが》したくて、窓を開けに立つ。重いサッシを開くと、さっと風が入り込《こ》んできた。頬に受ける風が気持ちいい。もうすぐ、⑤春だ。

三月に入れば卒業式がある。その前日、卒業生を送る会で歌うのがこの合唱のゴールになる。

「ものすごく楽しみにしてるからね」

浅原は教師らしからぬb不敵な笑みで私たちを挑発《ちょうはつ》する。のるよ。受けて立つよ。クラス委員はクラスの気持ちを代表して胸を張る。

「ひかり、それじゃ浅原の思うツボだって」

「合唱は気合いで歌うものじゃないってわかってるよね、ひかり」

意気込む私にあやちゃんが、史香《ふみか》が、みんなが口々に声をかける。

ああ、こういうとき、⑥春なんじゃないかな、と思う。今、もしかすると私は春のまっただ中にいるんじゃないか。

御木元さんが一度、手を大きく打った。

「じゃあ今日の仕上げ。最後にもう一度、通していってみよう」

その声で、音楽室の中がしんとなる。

「さあ、明るい気持ちを忘れないでね。あ、待って、ひかり、背筋を伸《の》ばそう」

はい、と姿勢を正しながら、小さな驚《おどろ》きとよろこびに打たれてしまった。今、御木元さんが、ひかり、と呼んだ。佐々木さんから、昇《しょう》格《かく》だ。

家に帰ると、めずらしく父がもう食卓《しょくたく》についていた。

「おかえり。ひかりはけっこう遅《おそ》いんだな」

「うん、今、クラスの合唱の仕上げ。いつもはもうちょっと早いよ」

テーブルの上にお赤飯の※5折がちょこんと載《の》っていた。

「どうしたの、このお赤飯」

どこかでお祝い事でもあったのかと思いながら取り箸《ばし》に手を伸ばすと、

「きらりのお祝い」

母がうれしそうにいうのでぎょっとした。姉を見ると、照れくさそ

今さら自分にも何かほしい、何者かになりたいなんて、いったい何をどうすればいいのだろう。べつにいちばんにならなくたっていい。ただ一所けん命になれる何かがほしくてたまらなくなった。

合唱コンクールの前後、無口になってしまった私を友人たちが気遣《きづか》ってくれた。どうかしたの、とか、ひかりらしくないよ元気出してよ、とか、たくさんの子が声をかけてくれた。やりにくいよね御木元さんて、なんて a 眉《まゆ》をひそめる子もいた。

「なんか、わかるよ、ひかりの気持ち」

そうつぶやいたのは※2千夏《ちなつ》だった。千夏は合唱コンクールでピアノを担当していた。お気楽そうな千夏に何がわかるのかと思ったけれど、意外に真剣《しんけん》な目を見たら何もいえなくなってしまった。

「御木元さんを見てると、自分にはなんにもないんだな、ってつくづく思うよ」

千夏はいい、それからにっこりと笑った。

「それなのに、不思議なんだ、見ていたいんだよ。御木元さんにはどんどん進んでいってほしいし、それをずっと見ていたい気持ちになるんだ」

半分くらい、同じ気持ちだ。でもあとの半分では、羨んでいる。①春もなく夏も秋も冬も無視して、歌うことで何の迷いもなく進んでいける御木元玲と、なんにもない私。

「なんにもないって思わされて、平気？」

聞くと、ちょっと考えてから千夏は答えた。

「……これからじゃないかな。なんにもないんだから、これからなんじゃないの、あたしたち」

のんきだな、と思う。あたしたち、と一緒《いっしょ》にされたのもなんだか面白くない。ただ、これから、という千夏の言葉に賭《か》けてみたい気もした。そうでなければ、②私は一生冬のまま、春から目を逸《そ》らして生きていかなければならない。

あのときから、何が変わったのだろう。

クラス替《が》えを目前にして、このクラスでもう一度合唱コンクールの歌を歌わないかという提案が担任の浅原《あさはら》から出されている。また御木元さんの力を見せつけられることになる。わかっていたけれど、はい、と答えた③私の気持ち。クラスのみんなの気持ち。そして御木元さんの気持ち。ほんの何か月か前のあの頃《ころ》とは変わっているのがわかる。

冬のマラソン大会で、私たちはもう一度あの歌を歌うことになった。合唱コンクールではさんざんな出来に終わった『麗《うるわ》しのマドンナ』を、マラソン大会で走る御木元さんの応援《おうえん》歌《か》として歌ったのだ。そのときに思いがけず見た彼女の一粒《ひとつぶ》の涙が私たちの胸を濡《ぬ》らした。彼女を固めていた雪が溶《と》けかけているのがわかった。

たったそれだけで、だ。私たちは変わった。毎日、昼休みや放課後に十五分ずつ続ける練習にほとんどクラス全員が揃《そろ》うようになった。

本番直前となった今日からは、浅原の※3肝煎《きもいり》で終礼の時間から音楽室を使わせてもらっている。ただし、浅原本人は顔を出さない。先に見ちゃったらつまんないじゃない、と彼女はあくまでも陰《かげ》から楽しむつもりらしい。

「ここは明るく歌うところなの。もう歌詞も覚えたでしょ？　できるだけ楽譜《がくふ》は見ないで、顔を上げて」

御木元さんの指示で三十の顔が上がる。

「じゃあ四十八小節、出だしから」

千夏のピアノが鳴り、みんなが歌い出すとすぐにまた御木元さんが腕《うで》を振《ふ》って歌を止めた。

「もうちょっと明るく歌おう。マドンナたちの華《はな》やいだ気持ちになって。さあ、明るい顔をして」

問九　――部⑥「文化の主要な部分を占める言語」とありますが、「言語」にはどのような役割がありますか。本文中のことばを用いて、五十五字以内で答えなさい。

問十　――部⑦「言語は『ある人々の暮らしの概略を示す見取り図である』」とありますが、なぜそう言えるのですか。最も適当なものを、次の**ア**～**エ**の中から一つ選んで、記号で答えなさい。

ア　人間が厳しい自然環境に対応していく中で言語は多様化していったため、語彙の意味や文法の違いを調べれば、人々がどのように自然を克服《こくふく》してきたのかが想像《そうぞう》できるから。

イ　その地に住む人々が思いを共有するために言語は生み出されてきたため、その地域の言語の語彙の意味を調べれば、どのように相互理解を深めていったのかが分かるから。

ウ　言語が持つ語彙の種類や性質は、その言語を使う人々の住む環境と密接に関係しているため、使用されている言語を調べることで、その地域の人々の暮らしぶりを想像できるから。

エ　言語は文化も宗教も違う人々同士の交流の中で生み出されてきたものであるため、語彙の意味を正確に調べていけば、どのような交流をしていたかが分かるから。

問十一　――部⑧「『文化』のもつ調節機能」とありますが、これについて大宮開成中学校の先生と生徒が話し合いました。これを読んで後の**ア**～**エ**の□に当てはまることばを、それぞれ本文中（10～14段落）からぬき出しなさい。

大場さん　人間は『文化』のもつ調節機能のおかげで、生物としては特殊例外的な存在になると筆者は言っているけど、『文化』の調節機能ってどういうものなんだろう。

先生　それについては、10～14段落を読んでいくと分かりやすいと思うので、皆で読んでみましょう。

宮沢さん　そもそも『文化』は、人間それぞれが**ア**□□□□□□□□（八字）の下に住んでいたとしても、自然環境からの影響を直接受けないようにするために、外界からのあらゆる刺激や衝撃を**イ**□□□□□□□□□□（十字）する役目を果たすものだよね。

開藤さん　だから、人間はどんな場所に住んでいたとしても、自分自身の体を変えることなく、**ウ**□□□□□□□□□□□□（十二字）ことができたわけだね。

成田さん　そうだね。人間を**エ**□□□□□□（六字）ために、『文化』が自然環境の違いを受け止めて、『文化』自体が変化変容してくれている。その変化している機能を、筆者は『文化』のもつ調節機能って表現したんだね。

三　次の文章を読んで、後の問いに答えなさい。

高校二年生の佐々木《ささき》ひかりは、クラスをまとめるクラス委員である。秋の終わりにあった合唱コンクールでは、音楽一家に生まれた御木元玲《みきもとれい》が指揮をしたが、クラスはまとまらず、さんざんな結果になってしまった。

彼女《かのじょ》の歌声に、そして合唱を導こうとする情熱に圧倒《あっとう》されて、すごい、すごい、この人はすごい、と涙《なみだ》が出そうだったのだ。御木元さんのことが猛烈《もうれつ》に羨《うらや》ましかった。敵《かな》わない。敵わない。歌ではもちろん、人間としてぜんぜん敵わない。勉強そのものが好きなわけでもないのに勉強してクラス委員をやっているだけじゃ、だめだ。それは勤勉ではなく、むしろ※1サボタージュなんじゃないか。初めから春を捨ててしまうのは、逃《に》げているってことなんじゃないか。

でも、どうすればいいのかわからなかった。ずっと人のまとめ役で、

ア　硬《かた》い木の実の多いガラパゴス諸島にたどりついた小さな鳥のくちばしが、木の実を砕《くだ》いて食べやすくするために、太くて硬いものに進化した。

イ　強風が吹《ふ》くことが多い富士山において、カラマツの幹や枝が風を避《さ》けるために、上方向ではなく横方向へ伸びていくようになった。

ウ　アフリカの乾燥地帯に咲《さ》く菊《きく》の一種が、水分蒸発を少なくするために皮を厚くし、少ない水分を求めて根を地下深くまで広げていった。

エ　木がまばらに生える熱帯の草原で生活をしているヌーが、水や食糧《しょくりょう》を得るために、乾季と雨季の切り替《か》えに合わせて、大移動をした。

問三　Ⅰ～Ⅳ に当てはまることばとして適当なものを、それぞれ次の**ア**～**オ**の中から一つずつ選んで、記号で答えなさい。ただし、同じ記号を二回以上選ぶことはできません。

ア　だから　　イ　ところで　　ウ　つまり
エ　ただし　　オ　さらに

問四　A に当てはまることばとして最も適当なものを、次の**ア**～**エ**の中から一つ選んで、記号で答えなさい。

ア　原始的　　イ　必然的　　ウ　理想的　　エ　本質的

問五　――部③「言語や風俗習慣、そして宗教までが、住む場所の環境によって違わざるを得ない」とありますが、それはどういうことですか。最も適当なものを、次の**ア**～**エ**の中から一つ選んで、記号で答えなさい。

ア　人間を環境の影響から守るために、各地域の環境が持つ様々に異なる特徴に応じて、異なる言語や風俗習慣、宗教が生まれてきてしまうということ。

イ　人間は環境に合わせて進化していくため、人間が住むそれぞれの環境に応じて、新たな言語や風俗習慣、宗教を生み出してしまうということ。

ウ　人間の住む自然環境が厳しくなると、人間は絶滅《ぜつめつ》しないようにするために、住んでいる環境に合った言語や風俗習慣、宗教を生み出さなくてはならなくなるということ。

エ　人間は環境が変わると、精神的に影響を受けやすいため、心の状態を細やかに表現できるように、さらに言語や風俗習慣、宗教を発達させなくてはならなくなるということ。

問六　二カ所の B に当てはまる共通したことばとして最も適当なものを、次の**ア**～**エ**の中から一つ選んで、記号で答えなさい。

ア　相互性　　イ　親和性　　ウ　多様性　　エ　同一性

問七　――部④「水は方円の器に従う」とありますが、このことわざに近い意味のものとして最も適当なものを、次の**ア**～**エ**の中から一つ選んで、記号で答えなさい。

ア　所変われば品変わる
イ　火のないところに煙《けむり》は立たぬ
ウ　朱《しゅ》に交われば赤くなる
エ　青は藍《あい》より出《い》でて藍より青し

問八　――部⑤「これと同じような仕組みを持つ特殊な装置」とありますが、ここでいう「自動車の車輪」と「文化」はどのような点で同じですか。最も適当なものを、次の**ア**～**エ**の中から一つ選んで、記号で答えなさい。

ア　どこにいても人間を人間らしく存在させる点。
イ　外界から受ける衝撃を和らげる点。
ウ　人間がそばにいないと存在できない点。
エ　地球上の至るところに存在している点。

間が地球上の、環境条件を甚だしく異にするどんな場所に住んでも、ほぼ同じ人間であり続けることを担保する重要な役割を果すものなのです。

14 **Ⅳ** 人間の言語が持つ様々な音声や文法の違いを、直ちに人々の住む環境や風土条件の違いに結びつけて、明快に説明することは現段階では残念ながらできません。しかし用いられる語彙《ごい》の種類や性質に限れば、これらの違いは人々の住む環境と密接に関係し、その違いを反映していることはよく知られている事実です。

15 たとえば北極圏で雪と氷に一年中囲まれて生活している狩猟《しゅりょう》民族の使う言語には、それぞれ違った性質や特徴《とくちょう》を持っている氷や雪の、部外者の目には僅《わず》かな違いとしか映らない性質の相違《そうい》が人々の暮らしの安全や必要に大きく関わっているため、このような細かな違いは非常に多くの短い独立語で正確に言い分けられています。

16 ところが日本では冬だけ寒く時々雪が降るような場所でも、雪や氷についての独立語は、氷、つらら、雪、みぞれなどに限られていて、さらに細かい違いを表現したいときは、粉雪、綿雪などの複合語を用いたり、べとべとした雪とか、さらさらした雪といったように説明したりします。このような言い方で用が足りるということは、たくさんの短い独立語ですべてが区別できる言語の場合に比べて、雪が持つ暮らしにおける切実さが少ないと言えるのです。

17 ですから文化人類学者は、ある言語の語彙のすべてを※7概観《がいかん》すれば、その言語を用いている人々がどのような風土条件のもとで、何をどのように食べ、家畜《かちく》にどの程度依存《いそん》して暮しているかといったようなことを、大雑把《おおざっぱ》ではありますが、頭に描《えが》くことができるのです。このことが、⑦言語は「ある人々の暮らしの※8概略を示す見取り図である」などと言われたりする理由です。

18 以上述べたような⑧『文化』のもつ調節機能のおかげで、人間それ自体は、どのような自然環境に置かれようとも、互《たが》いに同じ人間であり続けるという、生物としては極めて特殊例外的な存在となっているのです。

（鈴木孝夫『日本の感性が世界を変える』による
問題作成のために本文を一部変更《へんこう》したところがあります）

※1 平衡…物事の釣《つ》り合いが取れていること。
※2 以上のことを簡単にまとめると…1段落以前の、人間以外の生物と環境に関する記述を受けての表現。
※3 風俗習慣…ある一定の集団社会の上で、広く一般に行われているしきたりやならわし。
※4 緩衝…対立している物などの間にあって衝突《しょうとつ》や不和などを和らげること。
※5 先に述べたように…※2と同じ。
※6 生態学…生物と環境の間の相互《そうご》作用を扱《あつか》う学問分野のこと。
※7 概観…物事の全体を大まかに見渡《みわた》すこと。
※8 概略…物事のおおよその様子。

問一 ――部①「どこでも同じ人間としてあまり変化せずに生きていくこと」とありますが、「人間」が「どこでも同じ」ように生きていられるのは、なぜですか。次の文の、**ア**～**ウ**の□に当てはまることばを、それぞれ本文中からぬき出しなさい。

人間は、環境と自分の間に言わば**ア**□□□□（四字）としての**イ**□□（二字）を存在させることで、**ウ**□□□□□□□（七字）による影響を、直接受けずに済んでいるから。

問二 ――部②「常に自分を取り巻く環境の変化に巧く適合する」とありますが、「環境の変化に巧く適合」している例として**合っていないもの**を、次の**ア**～**エ**の中から一つ選んで、記号で答えなさい。

俗《ぞく》習慣、儀礼《ぎれい》や宗教など様々なものが含まれますが、これらが生物としての人間を言わばすっぽりと包んで覆い、自然環境との間にあって環境の直接の影響《えいきょう》から人間を守っていると考えるのです。したがって③言語や風俗習慣、そして宗教までが、住む場所の環境によって違わざるを得ないのです。

[8] この文化という中間地帯（あるいは領域 domain と言ってもよいと思いますが）は視点を変えると、人間と自然環境との間に介在して、環境の影響を人間が直接まともに受けないようにするための、言わば外界からの衝撃《しょうげき》を※4緩衝《かんしょう》したり吸収したりする一種の装置（ショック・アブソーバー）の役目を果たしていると考えることができます。そしてこの装置のおかげで、全生物の中で人間という生物一種だけが、自分自身の体の性質や形をそれほど変えずに、地球上のあらゆる異なった自然環境、たとえばすべてが凍《い》てつく極北の地から炎熱酷暑《えんねつこくしょ》の熱帯まで、さらには極度に乾燥《かんそう》した草木のほとんどない砂漠《さばく》地帯から、すべてが正反対の熱帯雨林にまで分布を広げながら、それでも種としての　B　を失うほどの性質や形状の変化を示さずに済んでいるのです。

[9] ※5先に述べたように、人間以外の一般の生物は、環境が変化すればそれに適応するために、自分の体を新しい環境に合わせて変えることで、生き残りを図ります。〈④水は方円の器に従う〉と言われるように、水は注ぎ入れられた容器の形を素早く自分の形としますが、これと同じように一般の生物はまさに新しい環境に出会うと、それにピタッと合うように自分の体や性質を変えることで、生き残りを図るのです。これに対し人間だけは自分を変えずに、〈自分を取り巻く文化〉を新しい環境に合うように変化させることで対応します。その結果として地球上の様々な異なる環境の下に、人間は自分自身の体や性質をあまり変えることなく、結果としてどこでも同じ人間として生き残ってきたのです。

[10] このように※6生態学的に文化をとらえる考えは今まで提出されたことのない、文化がもつ人間にとっての働きの新しい解釈ですから、もう少し詳《くわ》しく説明しましょう。

[11] たとえば自動車の車輪は、一般には空気を詰《つ》めたゴムのチューブが中に収められている弾力のあるタイヤが、路面の凹凸《おうとつ》などから受ける衝撃をうまく吸収して、車に乗っている人の体に衝撃がもろに伝わらないように作られた装置です。そして更《さら》にこの車輪そのものまでが、さらに強力な板バネ（またはコイル・スプリング）やダンパーと呼ばれる、油圧を利用した衝撃吸収装置との組み合わせを介して、車体に取り付けられているので、道路条件がいろいろと変化しても、車内の人は常に快適な状態を保つことが出来るのです。

[12] ⑤これと同じような仕組みを持つ特殊な装置を、人間は体の周りに張り巡《めぐ》らしているのだと考えてください。このような、自然環境からの様々な刺激や衝撃を和らげたり吸収したりして、それを人間の体に直接に伝えず吸収してくれる一種の衝撃吸収・緩衝装置に包まれ守られているからこそ、人間は他の動植物とは違って、大きく異なった環境条件の下に広がって住むようになっても、それぞれが人間として元々持っている、生物の種《しゅ》としての　B　を失うことがないのです。

[13] その代わり、このような役目を担うことになった『文化』は、人間が異なる自然環境に住むようになれば、それに対応して人間を変化から守るために、それ自体が常に変化変容せざるを得なくなります。そして⑥文化の主要な部分を占《し》める言語も、当然自然環境の違いを受け止め処理すべく変貌します。ですから人間の言語のもつ驚《おどろ》くほどの多様性とは、住居や衣服の違いや風俗習慣、そして宗教の違い、また食べ物の種類や調理法の違いなどと組み合わさって、人

（例　二十％　三十五％　二〇一〇年　二〇一六年）

二　次の文章を読んで、後の問いに答えなさい。

1　我々人間は、現在南極大陸を除くすべての大陸の、あらゆる異なった環境《かんきょう》条件の下で生活しています。極寒の北極圏《ほっきょくけん》にも人間は住んでいますし、灼熱《しゃくねつ》の砂漠《さばく》という極度の乾燥《かんそう》地帯や、それとは反対の極めて雨量の多い雲霧林《うんむりん》にも人類は分布しています。また周りを海で囲まれた絶海の孤島《ことう》に住み着いている人々もいるのです。それなのに一体どうして人間という生物だけは、このように極端《きょくたん》に異なる環境の下に広がっても、①どこでも同じ人間としてあまり変化せずに生きていくことが出来るのでしょうか。もしかしたら人間という生物は体のどこかに、他の生物には見られない、体や性質が変化変容することを妨《さまた》げる、何か独特な※１平衡維持《へいこういじ》（ホメオスタシス）を司《つかさど》る器官でも持っているのでしょうか。

2　そうではありません。私の考えでは、人間だけが他の生物とは違《ちが》って、自分の体を環境に直接さらしていないから、が答えです。人間は他の全ての生物のようには、環境に密着して生きていないからなのです。

3　※２以上のことを簡単にまとめると、一般《いっぱん》の生物は環境との関係が直接であるために、②常に自分を取り巻く環境の変化に巧《うま》く適合するようにと、自分の体や性質を少しずつ変化変形させて生きているのだということになります。ところが人間という生物だけは、他の生物のように自分の体や性質を環境の変化に応じて変化させることをせずに、環境と自分との間に『文化』という名の言わば中間地帯を介在《かいざい》させ、この中間地帯を自然環境の変化に応じて変化変形させる、［Ⅰ］自然環境の変化をそれに吸収させることで、自分自身は環境の変化を直接には受けずに生き延びていく生物なのです。［Ⅱ］人間は甚《はなは》だしく異なった環境に分かれて住むようになっても、体や性質はそれほど変化せずに済んでいるのです。

4　その代わり人間を取り巻くこの文化という中間地帯の形状や性質は、住む地域の様々な条件に応じて変化変貌《へんぼう》しなければならないために、結果として世界には、多種多様な相互《そうご》に異なる『文化』が［Ａ］に存在することになるのです。

（中略）

5　この中間地帯としての文化とは、文化人類学において、〈広義の文化〉と言われるものとほぼ同じです。そこにはどんなものが含《ふく》まれるのかを具体的にあげますと、第一は食物を加工し食べやすくするための『道具』『火』の使用、そして寒さを防ぐための『衣服』、さらには雨露《あめつゆ》を防ぐための何らかの構造物、つまり『家』などです。

6　石や金属の刃物《はもの》があれば、動物のように、獲物《えもの》に直接噛《か》み付いて肉や骨を噛み砕《くだ》くための丈夫《じょうぶ》な牙《きば》や歯を持つ必要はありませんし、何らかの動物を殺して、その皮で体を覆《おお》うことができれば、一般の動物がするように長い毛を体に生やすことで、寒さを防がなくともよくなります。［Ⅲ］言語を使うことなども、人間を他の生物とは異なった特殊《とくしゅ》な生物にしている重要な文化の要素です。

7　なかでも言語は道具や衣服と違って、触《さわ》ったり目に見えたりするものではありませんが、環境からの刺激《しげき》や情報を人間が感知した結果を処理し、そのことを仲間に伝えることで、肉体的には強靱《きょうじん》さを欠く人間が、集団的に協力して様々な環境にうまく対処することに役立っています。この文化にはさらに各民族集団に特有の※３風《ふう》

2024年度 大宮開成中学校

【国語】〈第一回試験〉（五〇分）〈満点：一〇〇点〉

注意　字数制限のある問いでは、句読点や符号（、。「」など）も一字と数えます。

一　次の各問いに答えなさい。

問一　次の――部のカタカナを漢字に直しなさい。

①　シュウトクブツを交番に届ける。

②　友人の意見にビンジョウする。

③　災害からフッコウする。

④　地球はジテンしている。

⑤　地震《じしん》が起きるヨチョウが見られた。

⑥　彼《かれ》は趣味《しゅみ》も多く、ハクシキである。

⑦　髪《かみ》をタバねる。

⑧　よくウれた柿《かき》を食べる。

問二　次の慣用句・ことわざを含《ふく》む文について、□に当てはまる漢字を答えなさい。

①　彼が東京に行くなんて□□（二字）の霹靂《へきれき》だ。

②　彼女《かのじょ》は沈黙《ちんもく》が続く会議で□□（二字）を切った。

問三　次の各文の――部が直接かかる部分を例のようにぬき出しなさい。ただし、句読点は含みません。

（例　雨が　降ったので、　洗濯物《せんたくもの》が　ぬれた。　解答＝降ったので）

①　少年は　お気に入りの　海辺で　真っ赤な　夕日が　水平線に　沈《しず》む　光景を　見つめた。

②　この、人類が　繁栄《はんえい》を　極めて　いくまでに　山積みに　なった　問題が、今後　我々を　追い詰《つ》めて　いくだろう。

問四　次のグラフ中のテレワーク人口の割合の変化に着目し、そこから読み取れることを一つあげ、四十字程度で書きなさい。その際、（注意事項《じこう》）の１・２にしたがうこと。

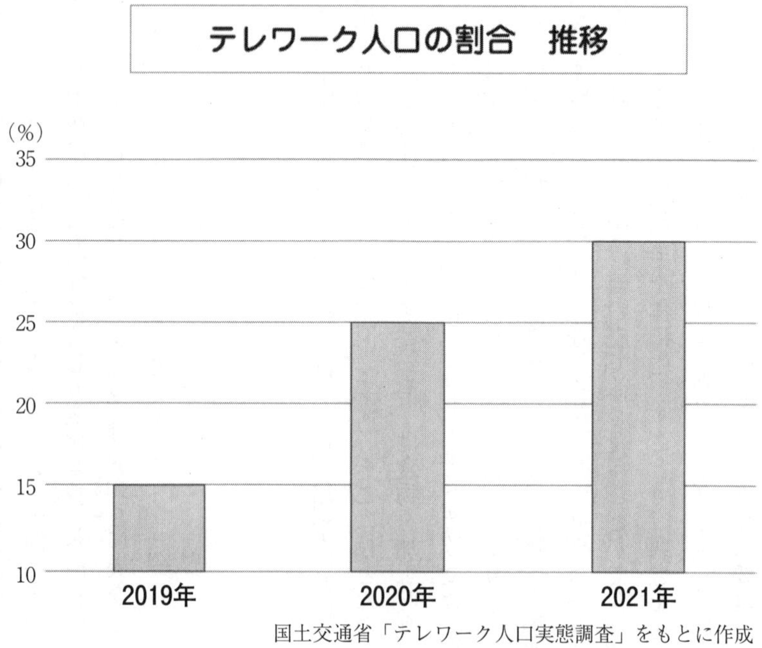

国土交通省「テレワーク人口実態調査」をもとに作成

※テレワーク人口…情報通信技術を活用した，場所や時間にとらわれない柔軟《じゅうなん》な働き方をしている人の総数

（注意事項）
１　文の主語を明らかにすること。
２　数字を表記する際、次の例を参考にすること。

2024年度

大宮開成中学校　▶解説と解答

算　数　＜第１回試験＞（50分）＜満点：100点＞

解　答

[1] (1)　96　(2)　1　[2] (1)　27個　(2)　80点　(3)　6日間　(4)　36日　[3] (1)　1.68cm^2　(2)　$4\frac{14}{15}$cm^3　[4] (1)　6.8%　(2)　3：2　[5] (1)　377　(2)　337個　[6] (1)　10：9　(2)　45分　[7] (1)　15.5cm^2　(2)　103.62cm^2

解　説

[1] 計算のくふう，四則計算

(1)　11×12＋12×13＋13×24－14×36＝11×12＋12×13＋13×２×12－14×３×12＝11×12＋13×12＋26×12－42×12＝(11＋13＋26－42)×12＝８×12＝96

(2)　$1\frac{2}{3}\times2.25\div3\frac{1}{6}-\frac{7}{12}\times\frac{6}{19}=\frac{5}{3}\times2\frac{1}{4}\div\frac{19}{6}-\frac{7}{38}=\frac{5}{3}\times\frac{9}{4}\times\frac{6}{19}-\frac{7}{38}=\frac{45}{38}-\frac{7}{38}=\frac{38}{38}=1$

[2] 分配算，比の性質，仕事算，つるかめ算，ニュートン算

(1)　右の図１のように表せるので，Ａさんの個数の３倍が，80＋３＋７＝90(個)とわかる。よって，Ａさんの個数は，90÷３＝30(個)だから，Ｂさんの個数は，30－３＝27(個)と求められる。

図１
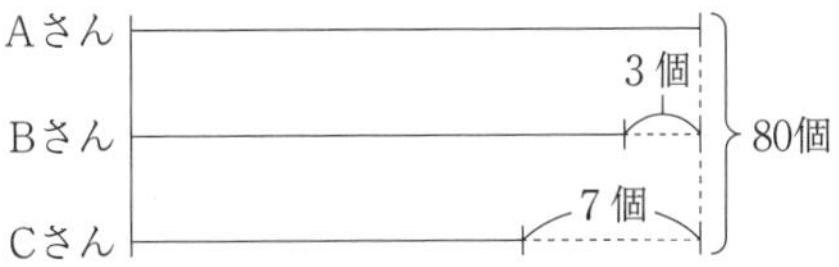

(2)　国語と算数の得点の比が13：16なので，国語と算数の合計得点は，13＋16＝29の倍数となる。また，国語と算数の合計得点は，100×２＝200(点)以下だから，その合計得点は，29点，58点，87点，116点，145点，174点が考えられる。同様に，社会と理科の合計得点は，５＋６＝11の倍数で，50×２＝100(点)以下だから，11点，22点，33点，44点，55点，66点，77点，88点，99点が考えられる。さらに，４科目の合計得点は211点だから，211＝145＋66より，国語と算数の合計得点は145点，社会と理科の合計得点は66点に決まる。よって，算数の得点は，$145\times\frac{16}{13+16}=80$(点)とわかる。

(3)　仕事全体の量を１とすると，Ａは１日あたり，$\frac{1}{3}\div4=\frac{1}{12}$，Ｂは１日あたり，$\frac{1}{2}\div5=\frac{1}{10}$の仕事ができる。よって，Ｂが１人で11日間仕事をすると，できる仕事量は，$\frac{1}{10}\times11=\frac{11}{10}$となり，実際の仕事量よりも，$\frac{11}{10}-1=\frac{1}{10}$だけ多くなる。ＢのかわりにＡが１日仕事をすると，できる仕事量は，$\frac{1}{10}-\frac{1}{12}=\frac{1}{60}$だけ減るので，Ａが仕事をしたのは，$\frac{1}{10}\div\frac{1}{60}=6$(日間)とわかる。

(4)　牛１頭が１日に食べる草の量を[1]，１日に生える草の量を①とする。50頭の牛が20日で草を食べつくすとき，牛が食べる草の量の合計は，[1]×50×20＝[1000]となり，これは初めに生えている草の量と20日で生える草の量の和に等しいので，右の図２のアのように表せる。同様に，65頭の

図２
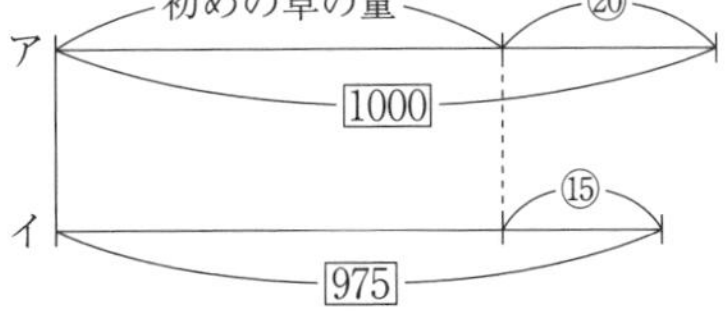

牛が15日で草を食べつくすとき，牛が食べる草の量の合計は，$\boxed{1}\times65\times15=\boxed{975}$となり，これは初めに生えている草の量と15日で生える草の量の和に等しいので，図２のイのように表せる。すると，⑳－⑮＝⑤と，$\boxed{1000}-\boxed{975}=\boxed{25}$が等しいので，①にあたる量，つまり１日に生える草の量は，$\boxed{25}\div5=\boxed{5}$とわかる。よって，20日で生える草の量は，$\boxed{5}\times20=\boxed{100}$だから，初めに生えている草の量は，$\boxed{1000}-\boxed{100}=\boxed{900}$とわかる。さらに，牛を30頭放すとき，１日に減る草の量は，$\boxed{30}-\boxed{5}=\boxed{25}$となる。したがって，900÷25＝36(日)で草は食べつくされる。

3 面積，体積

⑴　右の図で，アとイの面積の差は，アとウを合わせたおうぎ形ABCの面積と，イとウを合わせた図形の面積の差と同じになる。まず，三角形ACDは１辺６cmの正三角形なので，角CADの大きさは60度で，角BACの大きさは，90－60＝30(度)である。よって，おうぎ形ABCの面積は，$6\times6\times3.14\times\frac{30}{360}=9.42(\text{cm}^2)$とわかる。また，イとウを合わせた図形は，正方形ABEDからおうぎ形DAEを取り除いた形なので，その面積は，$6\times6-6\times6\times3.14\times\frac{90}{360}=36-28.26=7.74(\text{cm}^2)$となる。したがって，アとイの面積の差は，$9.42-7.74=1.68(\text{cm}^2)$と求められる。

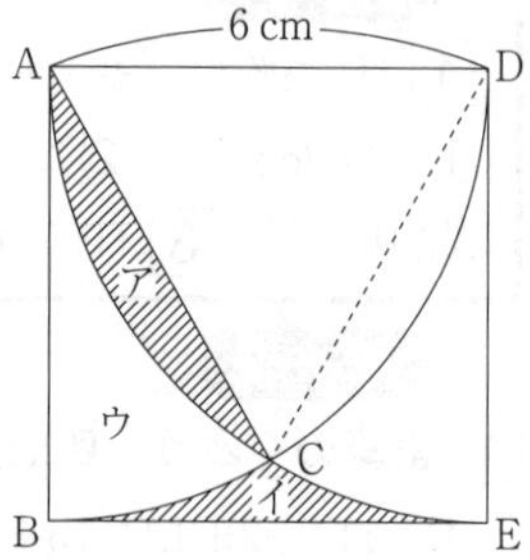

⑵　問題文中の図で，AGの長さは，$4\times\frac{1}{1+5}=\frac{2}{3}(\text{cm})$，BHの長さは，$4\times\frac{1}{1+4}=\frac{4}{5}(\text{cm})$，CIの長さは，$4\times\frac{1}{1+3}=1(\text{cm})$である。次に，点Bを含《ふく》む方の立体の体積は，底面が三角形ABCで，高さがAG，BH，CIの平均になる三角柱の体積と等しくなる。したがって，三角形ABCの面積は，$3\times4\div2=6(\text{cm}^2)$で，AG，BH，CIの平均は，$\left(\frac{2}{3}+\frac{4}{5}+1\right)\div3=\frac{37}{45}(\text{cm})$だから，点Bを含む方の立体の体積は，$6\times\frac{37}{45}=\frac{74}{15}=4\frac{14}{15}(\text{cm}^3)$と求められる。

4 濃度《のうど》

⑴　Aを200g，Bを300g混ぜたときの食塩の濃度を求めればよい。このとき，Aには食塩が，200×0.08＝16(g)，Bには食塩が，300×0.06＝18(g)含まれているから，混ぜてできる溶液の量は，200＋300＝500(g)，食塩の量は，16＋18＝34(g)になる。よって，食塩の濃度は，34÷500×100＝6.8(%)とわかる。

⑵　Aを100g，Bを$\boxed{1}$g混ぜたとする。このとき，Aには砂糖が，100×0.12＝12(g)，Bには砂糖が，$\boxed{1}\times0.18=\boxed{0.18}$(g)含まれているから，砂糖の量は合計で，$12+\boxed{0.18}$(g)と表せる。同様に，Aには食塩が，100×0.08＝８(g)，Bには食塩が，$\boxed{1}\times0.06=\boxed{0.06}$(g)含まれているから，食塩の量は合計で，$8+\boxed{0.06}$(g)となる。すると，食塩の量が砂糖の量の半分になるので，$(12+\boxed{0.18})\div2=6+\boxed{0.09}$(g)が，$8+\boxed{0.06}$(g)と等しい。そこで，$\boxed{0.09}-\boxed{0.06}=\boxed{0.03}$(g)が，８－６＝２(g)にあたるから，混ぜたBの量は，$\boxed{1}=2\div0.03=\frac{200}{3}$(g)とわかる。したがって，混ぜたAとBの溶液の比は，$100:\frac{200}{3}=3:2$と求められる。

5 数列

⑴　９番目の数字は，13＋21＝34，10番目の数字は，21＋34＝55のように，直前の２つの数字を足していくと，下の表のようになる。したがって，表より，14番目の数字は377となる。

⑵　14番目までの数字と，それらを８で割った余りは表のようになる。表より，13番目の数字は，(８の倍数)＋１，14番目の数字は，(８の倍数)＋１と表せるから，15番目の数字は，(８の倍数)＋

１＋(８の倍数)＋１＝(８の倍数)＋２となり，８で割ると２余ることがわかる。同様に考えると，８で割った余りは１番目から12番目までの12個をくり返すことになる。これを１組とすると，８で割り切れる数字は各組に２個ずつあり，2024÷12＝168余り８より，2024番目までには168組と８個の数字がある。また，最後の８個の中には８で割り切れる数字が１個含まれる。したがって，2024番目までに８で割り切れる数字は，２×168＋１＝337(個)と求められる。

番目	1	2	3	4	5	6	7	8	9	10	11	12	13	14
数字	1	1	2	3	5	8	13	21	34	55	89	144	233	377
8で割った余り	1	1	2	3	5	0	5	5	2	7	1	0	1	1

6　速さと比

⑴　内側の線路と外側の線路の長さをそれぞれ$\boxed{2}$，$\boxed{3}$とすると，内側の電車が，$\boxed{2}$×５＝$\boxed{10}$進む間に，外側の電車は，$\boxed{3}$×３＝$\boxed{9}$進む。よって，内側の電車と外側の電車の速さの比は，10：９である。

⑵　内側の電車が５周する間に外側の電車は３周するから，１周するのにかかる時間の比は，(内側の電車)：(外側の電車)＝$\frac{1}{5}$：$\frac{1}{3}$＝３：５とわかる。この比の，５－３＝２にあたる時間が18分なので，外側の電車は１周するのに，18×$\frac{5}{2}$＝45(分)かかる。

7　平面図形―図形の移動，面積

図１

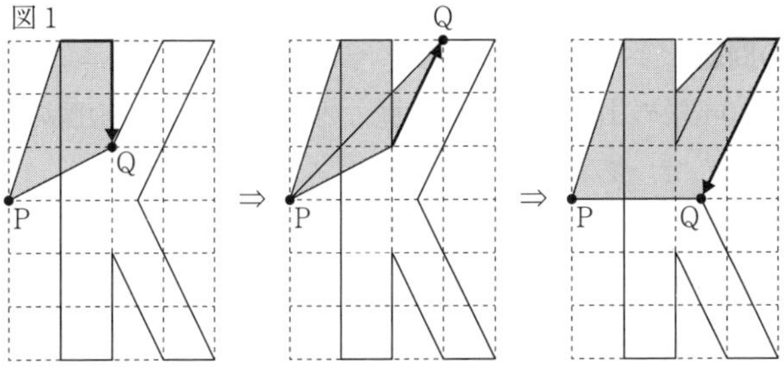

図２

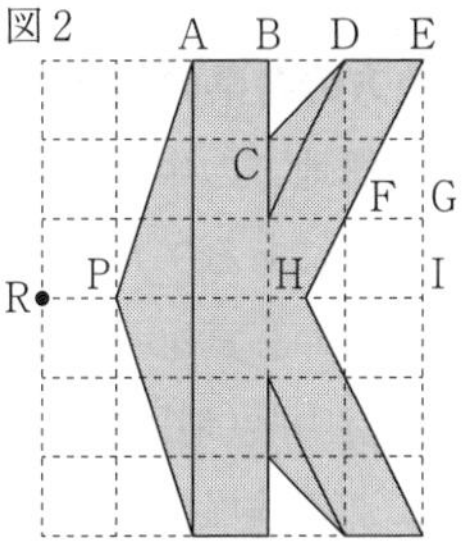

⑴　PQが通過するのは上の図１のかげをつけた部分になり，点Qが１周したとき，上の図２のようになる。図２で，三角形EFGと三角形EHIの相似から，HIの長さは，１×$\frac{3}{2}$＝1.5(cm)，PHの長さは，４－1.5＝2.5(cm)とわかり，台形APHEの面積は，(３＋2.5)×３÷２＝8.25(cm^2)となる。また，三角形BCDの面積は，１×１÷２＝0.5(cm^2)なので，図２のかげをつけた部分で，上半分の面積は，8.25－0.5＝7.75(cm^2)である。下半分の面積も同様だから，PQが通過する部分の図形の面積は，7.75×２＝15.5(cm^2)と求められる。

⑵　図２のかげをつけた部分で，点Rから最も近い点はP，最も遠い点はEだから，点Rを中心に１回転してできる図形は，右の図３のかげをつけた部分になる。図３で，台形E′JIEの面積は，(５＋３)×８÷２＝32(cm^2)，三角形E′JRと三角形RIEの面積はどちらも，３×５÷２＝7.5(cm^2)になり，直角二等辺三角形E′REの面積は，32－7.5×２＝17(cm^2)とわかる。また，REの長さを□cmとすると，□×□÷２＝17より，□×□＝17×２＝34となり，REを半径とする円の面積は，□×□×3.14

図３

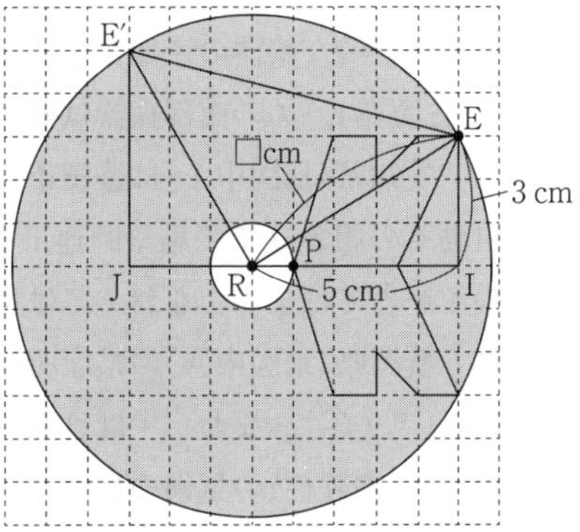

＝34×3.14(cm^2)，RPを半径とする円の面積は，１×１×3.14＝１×3.14(cm^2)である。したがって，回転してできた図形の面積は，34×3.14－１×3.14＝33×3.14＝103.62(cm^2)と求められる。

社　会　＜第１回試験＞（30分）＜満点：50点＞

解　答

1 **問１**　飛彈，木曽，赤石　**問２**　砺波　**問３**　イ　**問４**　(1)　地場(伝統)　(2)　ウ　**問５**　イ　**問６**　ア　**問７**　(例)　洪水や越水などの水害を防ぐため，居住エリアの周りを堤防で囲んだ集落。　**問８**　B，G　**問９**　**ア**　E　**イ**　D　**ウ**　F　**2** **問１**　エ　**問２**　三内丸山　**問３**　ウ　**問４**　白河　**問５**　ア　**問６**　ア，エ　**問７**　葛飾北斎　**問８**　ウ　**問９**　版籍奉還　**問10**　(例)　以前は非軍事化を進めていたが，朝鮮戦争が起こると警察予備隊を組織するなど，逆に軍事化を進めるようになった。　**問11**　エ　**問12**　PKO　**3** **A**　**問１**　ア　**問２**　(1)　ジェンダー　(2)　ウ　**問３**　イ　**B**　**問１**　ウ　**問２**　ウ　**問３**　ア　**問４**　ロシア(連邦)　**4**　(例)　農村自治体が主導となり土地や居室を与えるなど，農村部への人口流入を促す積極的な取り組みが必要である。

解　説

1 **中部地方の各県の特色についての問題**

問１　中部地方の中央部に連なる3000m級の山々は，飛驒《ひだ》山脈，木曽《きそ》山脈，赤石山脈の３つである。ヨーロッパにあるアルプス山脈にちなんで，あわせて「日本アルプス」と呼ばれる。

問２　資料の写真を見ると，広い農地の間に家が点在していることがわかる。こうした集落を散村といい，富山県(地図中Ｂ)北西部の砺波《となみ》平野などに見られる。それぞれの家の周りには季節風やフェーンによる強風を防ぐなどの理由で，屋敷《やしき》林が植えられている。

問３　東海工業地域は静岡県(地図中Ｈ)の太平洋沿岸地域を中心とする工業地域で，自動車やオートバイといった輸送用機械の生産がさかんである。輸送用機械を中心とする機械工業の出荷額割合が大きいイとウのグラフのうち，出荷額合計が大きいウは中京工業地帯であり，一方のイが東海工業地域と判断できる。なお，アは京葉工業地域，エは瀬戸内工業地域である。

問４　(1)　ある特定の地域で，地元の原材料やその地域に根ざした技術を使い，特産品を製造する産業を地場産業という。地場産業の中でも，織物や漆器《しっき》，陶磁器など，現代の生活でも使われる伝統的工芸品をつくる産業を，伝統産業という。　(2)　石川県(地図中Ｃ)の輪島市は，輪島塗《ぬり》と呼ばれる伝統的な漆器の産地として知られる(ウ…○)。なお，アの西陣織は京都市，イの有田焼は有田町(佐賀県)，エの南部鉄器は盛岡市と奥州市(岩手県)の伝統的工芸品である。

問５　愛知県(地図中Ｉ)は豊田市をはじめとして自動車産業が発達しており，多くの外国人労働者が自動車の組み立て工場や関連工場で働いている。その数は人口の多い東京都に次いで多いので，表のイが当てはまる。なお，アは東京都，ウは大阪府，エは埼玉県が当てはまる。

問６　新潟県(地図中Ａ)の県庁所在地である新潟市は日本海側の気候に属し，冬の降水量(積雪量)が多い(ア…○)。なお，イは日本海側の気候の秋田市だが，新潟市と比べて降雪量は少ない。ウは中央高地(内陸性)の気候の長野市，エは太平洋側の気候の銚子《ちょうし》市(千葉県)である。

問７　愛知県(地図中Ⅰ)の西部には，木曽川・長良《ながら》川・揖斐《いび》川の「木曽三川」が集まり，古くから水害になやまされてきた。そこで，水害から家屋と耕地を守るため，周りを堤防《ていぼう》で囲んだ輪中と呼ばれる集落が形成された。

問８　資料の写真は岐阜県(地図中Ｇ)北部の白川郷《しらかわごう》と富山県(地図中Ｂ)南西部の五箇山《ごかやま》に見られる「合掌《がっしょう》造り集落」で，合掌造りの家は屋根に雪が積もらないように傾斜《けいしゃ》を急にしているという特《とく》徴《ちょう》がある。1995年にユネスコ(国連教育科学文化機関)の世界文化遺産に登録された。

問９　**ア**　山梨県(地図中Ｅ)中央部の甲府盆地《ぼんち》は，扇状地《せんじょうち》を利用した果樹栽培《さいばい》がさかんで，ぶどう，ももの収穫《しゅうかく》量が全国一である(2021年)。　**イ**　福井県(地図中Ｄ)の若狭湾《わかさわん》沿岸は，山地が沈《しず》みこんで形成されたリアス海岸で，原子力発電所が集中している。　**ウ**　長野県(地図中Ｆ)中央東部の軽井沢は，夏の避暑《ひしょ》地として知られ，毎年多くの観光客が訪《おとず》れる。

2　各時代の歴史的事がらについての問題

問１　古墳時代，大陸から日本にわたってきて定住した渡来人《とらいじん》により，大陸の進んだ技術や漢字，儒教《じゅきょう》，仏教などの文化が伝来した(エ…○)。なお，旧石器時代には，ナウマンゾウやオオツノジカなどの大型動物が狩猟《しゅりょう》の対象となった(ア…×)。縄文時代には，特定の場所に人々が定住する集落も存在した(イ…×)。弥生時代には，大陸から青銅器のほか，鉄器も伝来して道具として使用された(ウ…×)。

問２　青森県の三内丸山遺跡《いせき》は，縄文時代前期から中期の大規模集落の跡《あと》で，大型掘立柱《ほったてばしら》建物や大型竪穴《たてあな》住居の跡が発掘されている。

問３　国風文化は平安時代半ばから後半にかけて栄えた日本風の文化で，このころに阿弥陀《あみだ》仏にすがって極楽浄土に往生することを願う浄土信仰が広まった(ウ…○)。なお，日本初の勅撰《ちょくせん》和歌集は『古今和歌集』で平安時代に，『万葉集』は現存する最古の和歌集で奈良時代に編さんされた(ア…×)。清少納言が著《あらわ》したのは随筆《ずいひつ》の『枕草子』で，『源氏物語』は紫式部が著した長編小説である(イ…×)。中尊寺金色堂を建立したのは奥州藤原氏である(エ…×)。

問４　白河天皇は1086年，天皇の位を子に譲《ゆず》り，自身は上皇となって，院政を始めた。

問５　アは室町時代(観阿弥《かんあみ》，世阿弥《ぜあみ》父子が能楽を大成)，イは鎌倉時代初め(源頼朝が東大寺の再建を援助)，ウは鎌倉時代後半(モンゴル軍の襲来《しゅうらい》)，エは安土桃山時代(千利休がわび茶を大成)のことであるので，年代の古い順にイ→ウ→ア→エとなる。

問６　関銭とは，関所を通る人馬・荷物などにかけられた通行税をいう。資料Ⅰより，「加太」から「京都」に荷物を運ぶとき，少なくとも２か所の関所を通らなければならない(ア…○)。資料Ⅰより，「小浜」と「京都」を結ぶ西回りの道には関所が見られない(イ…×)。資料Ⅱより，３人で銅を背負って運ぶ場合は，５文×３＝15文となり，馬２匹で魚を運ぶ場合の，７文×２＝14文よりも高い(ウ…×)。資料Ⅱより，３人で海藻《かいそう》を背負って運ぶ場合は，３文×３＝９文となり，馬１匹で鉄を運ぶ場合の，10文×１＝10文の方が高い(エ…○)。

問７　資料の絵は，葛飾北斎の作品『富嶽《ふがく》三十六景』のうちの１枚「神奈川沖浪裏《なみうら》」である。北斎は江戸時代後半の化政文化を代表する浮世絵師で，歌川広重と並んで人気を集めた。

問８　アは明治時代初めの地租改正(1873年)で発行された地券，イは明治時代半ばの足尾銅山鉱毒事件を描《えが》いた風刺画，ウは大正時代の第一次世界大戦(1914～18年)中の好景気によってにわかに大金持ちとなった成金を描いた風刺画，エは昭和時代前半の日本の国際連盟脱退を報じた新聞記事

(1933年)である。よって，年代の古い順に，ア→イ→ウ→エとなる。

問９　明治維新では，天皇を中心とする中央集権体制を築くため，1869年にこれまで大名が支配してきた領地と領民を天皇に返還《へんかん》する版籍奉還が行われた。その後，1871年には，藩を廃止《はいし》して全国に府県を置く廃藩置県が行われた。

問10　1945年に日本が連合国に無条件降伏すると，日本は連合国軍の占領《せんりょう》下に置かれ，GHQ(連合国軍最高司令官総司令部)の指令で民主化政策が行われた。GHQは日本の非軍事化を方針の１つとしたが，1950年に朝鮮戦争が起こると，社会主義勢力に対抗するために日本の再軍事化という方針に変更し，警察予備隊の創設などが行われた。そして，1951年にサンフランシスコ平和条約を結んで日本の早期独立を促《うなが》し，同時に日米安全保障条約を結んでアメリカ軍の日本駐留を継続することとした。なお，警察予備隊は保安隊となり，1954年に自衛隊と改組されて現在に至る。

問11　資料Ⅰは1956年に調印された日ソ共同宣言で，これにより日本とソ連との国交が開かれた。その後，1965年に日韓基本条約の締結《ていけつ》によって日本と大韓民国(韓国)との国交が開かれ，1972年に資料Ⅱの日中共同声明の発表によって日本と中国(中華人民共和国)と国交が開かれた(エ…○)。なお，資料Ⅰの日ソ共同宣言を調印したのは鳩山一郎内閣で，教育基本法が制定されたのは1947年の吉田茂内閣のときである(ア…×)。資料Ⅱの日中共同声明を発表した内閣総理大臣は田中角栄で，ノーベル平和賞を受賞したのは佐藤栄作である(イ…×)。資料Ⅰの六に「ソヴィエト社会主義共和国連邦は，日本国に対し一切の賠償請求《ばいしょうせいきゅう》権を放棄《ほうき》する」，資料Ⅱの五に「中華人民共和国政府は，(…)日本国に対する戦争賠償の請求を放棄することを宣言する」とあり，日本は両国に賠償金を支払っていない(ウ…×)。

問12　1992年に制定されたPKO協力法は，国際連合が行うPKO(平和維持活動)などへの協力について定めたもので，同じ年，この法律にもとづいて自衛隊が東南アジアのカンボジアに派遣された。

[3] 三権とサミットについての問題

Ａ　問１　「三権」とは，国会が持つ立法権(法律を制定する権限)，内閣が持つ行政権(法律にもとづいて政治を行う権限)，裁判所が持つ司法権(法律にもとづいて裁判を行う権限)のことである。国会の行政権への抑制《よくせい》には，内閣総理大臣の指名や衆議院による内閣不信任決議があり，司法権への抑制は，裁判官にふさわしくない行為《こうい》をした裁判官を裁く弾劾《だんがい》裁判所の設置がある。よって，組み合わせはアになる。なお，衆議院の解散は内閣の立法権への抑制，違憲《いけん》立法審査《しんさ》権は裁判所の立法権への抑制である。

問２　(1)　ジェンダーギャップ指数とは，経済，教育，健康，政治の４分野での男女格差を示す指標で，この数値が低いほど格差が大きいことを示す。日本は政治分野での指数が，国際的にきわめて低い水準にある。　(2)　女性参政権が認められて初となる1946年４月の衆議院議員選挙では，39人の女性議員が誕生している。

問３　行政権を担当する内閣は，最高裁判所長官を指名し，その他の裁判官を任命する(イ…○)。なお，アの法律や条約の公布，ウの栄典の授与《じゅよ》，エの国会の召集《しょうしゅう》は全て天皇の国事行為である。

Ｂ　問１　サミット(主要国首脳会議)は，当時のフランス大統領の提唱で，1975年にフランスで初めて開催《かいさい》された。毎年１回，開催地は参加国の持ち回りで開かれ，2024年２月現在の参加国はフランス，アメリカ，イギリス，ドイツ，日本，イタリア，カナダの７か国(Ｇ７)である。

問２　年表中の日本における開催地は，2000年が沖縄県，2008年が北海道，2016年が三重県，2023年が広島県である。よって，組み合わせはウになる。

問３　2024年の開催国はイタリアで，同国南部のプーリア州が開催地として予定されている。

問４　ロシアは1998年から2013年まで，サミットの正式な参加国であった(このときは「Ｇ８」)。しかし，2014年３月，ロシアがウクライナのクリミア半島を一方的にロシア領としたことを受け，参加資格が停止された。

4　農家の人手不足の解決法についての問題

資料のグラフを見ると，「基幹的農業従事者数」が年を追うごとに少なくなり，2020年は2005年の約６割まで減少していることがわかる。農業従事者がこれ以上減らないようにする，あるいは農業従事者を増やすための解決法を考える。農業従事者の減少には高齢《こうれい》化も関係していると考えられるので，若い人が農業へ転職しやすくする工夫が必要になる。そこで，農地を借りやすくすること，快適な居住環境《かんきょう》や子どもの教育環境を整備すること，収入が安定するまで税制で優遇処置をとること，などが考えられる。また，積極的に外国人労働者を農業で採用すること，AI(人工知能)を利用して効率的な農業経営を進めること，あるいは農産物を生産するばかりではなく，農産物を加工した商品の製造や販売《はんばい》も兼ねる「６次産業化」を進めることなども考えられる。

理　科　＜第１回試験＞（30分）＜満点：50点＞

解　答

1　**問１**　セキツイ動物　**問２**　７　**問３**　イ　**問４**　Ｂ　**問５**　ウ，エ，オ　**問６**　エ，オ　**問７**　(か)　**問８**　カ　**2**　**問１**　８cm　**問２**　２cm　**問３**　Ｃ　**問４**　24cm　**問５**　40g　**問６**　５cm　**問７**　23cm　**問８**　**おもりの重さ**…60g　**Ｘ**…20cm　**3**　**問１**　ア　**問２**　イ　**問３**　ウ　**問４**　15.3g　**問５**　**記号**…Ｙ　**数値**…34　**問６**　エ　**問７**　ウ　**4**　**問１**　**銅**…カ　**酸化マグネシウム**…イ　**問２**　エ　**問３**　12g　**問４**　2.2g　**問５**　二酸化炭素　**問６**　ア　**問７**　３g

解　説

1　生物どうしのつながり，生物の分類やはたらきについての問題

問１　グループ(あ)の動物はいずれも背骨がある動物で，これらの動物をセキツイ動物という。

問２　スズメは鳥類，キツネとネズミはほ乳類で，これらの仲間は体温をほぼ一定に保つしくみをもっている。このような動物を恒温《こうおん》動物という。

問３　気体Ｘはすべての生物が取り入れていることから酸素とわかる。また，気体Ｙはすべての生物と，石油や石炭を燃やしたときに放出されていることから二酸化炭素である。

問４　生物どうしの関係性から，生物Ａは植物，生物Ｂは草食動物，生物Ｃは肉食動物，生物Ｄは生物の死がいや動物のはい出物などを分解する生物となる。ウサギは草食動物なので，生物Ｂにあてはまる。

問５　グループ(き)のタンポポとイネはいずれも植物なので生物Ａにあてはまり，生物Ａは呼吸，光合成ともにおこなう。また，生物Ｂは草食動物なので呼吸はおこなうが，光合成はおこなわない。

なお，グループ(う)のキツネとネズミはいずれも雑食性の動物，グループ(え)のバッタは草食動物，クモは肉食動物である。生物Ｃも含《ふく》めすべての生物は生きているかぎり呼吸をおこなう。

問６　生物Ａは植物なので，矢印①は呼吸により吸収される気体(酸素)の移動，矢印②は光合成により放出される気体(酸素)の移動，矢印⑥は光合成により吸収される気体(二酸化炭素)の移動，矢印⑦は呼吸により放出される気体(二酸化炭素)の移動を示している。また，矢印⑫は生物Ａ(植物)が生物Ｂ(草食動物)のえさや栄養分として使われる物質の移動，矢印⑲は生物の死がいや動物のはい出物などが，地下で長い年月をかけて石油や石炭に変化したことを示している。

問７　生物Ｄは生物の死がいや動物のはい出物などを分解する生物で，主にアオカビやシイタケなどの菌《きん》類や細菌類があてはまる。ほかにもダンゴムシやミミズなどの一部の動物があてはまる。

問８　二酸化炭素は温室効果ガスの１つで，植物の光合成によって吸収される量(矢印⑥)が減り，石油や石炭などの化石燃料の使用(矢印⑪)によって放出される量が増えることが地球温暖化に関係していると考えられている。

2　ばね，てこについての問題

問１　ばねＡは，おもりの重さを20g重くすると２cm伸《の》びるので，もとの長さは，$9-2\times\frac{10}{20}=8$ (cm)となる。

問２　ばねＡ１本あたりにかかる重さは，40÷２＝20(g)なので，ばねＡの伸びの長さは２cmとなる。

問３　50gと10gのおもりをつるしたときのばねの長さを比べると，40gのおもりをつるしたときのばねの伸びがわかる。すると，ばねＢは，18－10＝８(cm)，ばねＣは，11.5－9.5＝２(cm)，ばねＤは，11－10＝１(cm)，ばねＥは，14－10＝４(cm)となるので，ばねＣが選べる。

問４　どちらのばねにも40gずつの重さがかかるので，ばねＡ１本の長さは，$8+2\times\frac{40}{20}=12$ (cm)となり，２本のばねＡ全体の長さは，12×２＝24(cm)となる。

問５　問１と同様に考えると，ばねＣとばねＥのもとの長さはどちらも９cmとわかる。ここで，おもりをつるして全体の長さが24cmになったときの伸びの長さの合計は，24－９×２＝６(cm)とわかる。20gのおもりをつるしたとき，ばねＣの伸びの長さは１cm，ばねＥの伸びの長さは２cmなので，同じ重さがかかって合計で６cm伸びているときのおもりのおもさは，$20\times\frac{6}{1+2}=40$ (g)と求められる。

問６　ばねａのもとの長さは，８÷２＝４(cm)で，20gのおもりをつるしたときの伸びの長さはばねＡの半分で，２÷２＝１(cm)となる。したがって，ばねａの長さは，４＋１＝５(cm)とわかる。

問７　問１と同様に考えると，ばねＢのもとの長さは８cmだから，ばねｂのもとの長さは，８÷２＝４(cm)で，20gのおもりをつるしたときの伸びの長さは，４÷２＝２(cm)である。また，ばねｃのもとの長さは，９÷２＝4.5(cm)，20gのおもりをつるしたときの伸びの長さは，１÷２＝0.5(cm)となる。したがって，60gのおもりをつるしたときの，ばねａ～ｃ全体の長さは，$4+1\times\frac{60}{20}+4+2\times\frac{60}{20}+4.5+0.5\times\frac{60}{20}=23$ (cm)と求められる。

問８　ばねａは，６－４＝２(cm)伸びているから，かかっている重さは，20×２＝40(g)で，ばねｂも，６－４＝２(cm)伸びているから，20gの重さがかかっている。したがって，つるしたおもりの重さは，40＋20＝60(g)とわかる。また，ばねａ，ばねｂにかかる重さの比と，それぞれのばねから点Ｏまでの距離《きょり》の比は逆比になるので，棒の右端《はし》から点Ｏまでの距離Xは，$30\times\frac{40}{40+20}=$ 20(cm)となる。

3 金属の熱の伝わり方，暑さ指数，ほう和水蒸気についての問題

問１　身近な金属を熱が伝わりやすいものから順に並べると，銀，銅，金，アルミニウム，鉄となる。

問２　水は蒸発するときに周りから熱を吸収する。そこで，温度計の計測部を水でしめらせた布で包んで計測すると，しつ度が低いときはさかんに水が蒸発して計測部から熱を吸収するため，気温より低い温度を示す。かんしつ球しつ度計は，この性質を利用してしつ度をはかる計測器である。

問３　日中の最高気温が25℃以上の日を夏日，30℃以上の日を真夏日，35℃以上の日をもう暑日という。

問４　日にちＤの12時におけるしつ度は50％なので，このとき空気１m^3に含まれる水蒸気の重さは，$30.6\times\frac{50}{100}=15.3$(g)と求められる。

問５　X～Zにあてはまる数値を計算すると，$X=35\times0.1+25\times0.7+52\times0.2=31.4$，$Y=34\times0.1+32\times0.7+41\times0.2=34$，$Z=30\times0.1+22\times0.7+46\times0.2=27.6$となるので，$Y$が最も大きい。

問６　日にちＡ～Ｃはいずれも暑さ指数が28以上のため，熱中症《ねっちゅうしょう》の危険性が高く，その中でも日にちＣが最も危険性が高い。また，日にちＤの暑さ指数(27.6)は警かいを示していて，過ごし方によっては熱中症の危険性がある。

問７　「気温」，「しつ度」，「日射などの周囲からの熱」の３つの要素のうち，暑さ指数におよぼす割合はしつ度が最も大きく，気温が最も小さい。これは，しつ度が高いと汗《あせ》が蒸発しづらく，体温が下がりにくいからである。

4 銅とマグネシウムの燃焼についての問題

問１　銅のもとの色は赤色で，加熱すると黒色の酸化銅に変化する。また，マグネシウムのもとの色は銀白色で，加熱すると白色の酸化マグネシウムに変化する。

問２　空気中で金属を加熱すると，金属が空気中の酸素と結びつくので重さが増える。

問３　1.2gのマグネシウムを反応しなくなるまで加熱すると２gになることから，7.2gのマグネシウムを反応しなくなるまで加熱すると，$2\times\frac{7.2}{1.2}=12$(g)になる。

問４　結びついた酸素の重さは，$3.2-3=0.2$(g)とわかる。また，1.2gの銅を反応しなくなるまで加熱すると1.5gになることから，1.2gの銅は，$1.5-1.2=0.3$(g)の酸素と結びつく。よって，0.2gの酸素と結びつく銅の重さは，$0.2\times\frac{1.2}{0.3}=0.8$(g)となるから，反応せずに残った銅の重さは，$3-0.8=2.2$(g)と求められる。

問５　気体の二酸化炭素を約－78.5℃まで冷やすと，固体の二酸化炭素に変化する。この固体をドライアイスという。

問６　二酸化炭素(ドライアイス)は，炭素と酸素が結びついた物質である。ドライアイス中でマグネシウムを燃やすと，マグネシウムが二酸化炭素中の酸素をうばって酸化マグネシウムに変化し，あとに黒色の炭素の粉末が残る。これは③で，石灰水を白くにごらせる二酸化炭素が発生したことからも考えられる。

問７　③で炭素を燃やして二酸化炭素にしたので，④で残った５gの粉末は酸化マグネシウムとわかる。1.2gのマグネシウムは燃やすと２gの酸化マグネシウムになるので，①で用意したマグネシウムの重さは，$1.2\times\frac{5}{2}=3$（g）となる。

国　語　＜第1回試験＞（50分）＜満点：100点＞

解　答

一　問1　①～⑧　下記を参照のこと。　**問2**　①　青天　②　口火　**問3**　①　見つめた　②　問題が　**問4**　（例）　テレワーク人口の割合は，二〇一九年から二〇二一年までの二年間で十五％増加した。　**二　問1　ア**　中間地帯　**イ**　文化　**3**　自然環境の変化（異なる自然環境）　**問2**　エ　**問3**　Ⅰ　ウ　Ⅱ　ア　Ⅲ　オ　Ⅳ　エ　**問4**　イ　**問5**　ア　**問6**　エ　**問7**　ウ　**問8**　イ　**問9**　（例）　人間が感知した結果を処理し，そのことを仲間に伝えることで，集団的に協力して様々な環境にうまく対処させる役割。　**問10**　ウ　**問11　ア**　異なった環境条件　**イ**　和らげたり吸収したり　**ウ**　ほぼ同じ人間であり続ける　**エ**　変化から守る　**三　問1　a**　エ　**b**　イ　**c**　ウ　**問2**　彼女を固めていた雪　**問3　ア**　何者か　**イ**　一所けん命　**ウ**　勤勉　**問4**　イ　**問5**　ア　**問6**　（例）　⑤は単なる季節だが，⑥は級友とのじゅう実した時という違い。　**問7　ア**　ふわふわ　**イ**　進路　**ウ**　何をどうすればいいのだろう　**エ**　持って生まれた資質　**問8**　エ　**問9　ア**　冬　**イ**　光のつぶ　**ウ**　ふた葉　**問10**　イ

●漢字の書き取り

一　問1　①　拾得物　②　便乗　③　復興　④　自転　⑤　予兆　⑥　博識　⑦　束（ねる）　⑧　熟（れた）

解　説

一　漢字の書き取り，慣用句・ことわざの完成，ことばのかかり受け，グラフの読み取り

問1　①　持ち主が不明で拾われた物。　②　他者の発言や状況《じょうきょう》を利用すること。　③　一度衰《おとろ》えた機能が回復すること。　④　内側にある軸《じく》や点を中心に回転すること。　⑤　何かが起きる前ぶれ。　⑥　物知りであること。　⑦　音読みは「ソク」で，「結束」などの熟語がある。　⑧　音読みは「ジュク」で，「熟成」などの熟語がある。　**問2**　①　「青天の霹靂《へきれき》」は，思いもよらないことが突然《とつぜん》起きること。　②　「口火を切る」は，最初に発言すること。　**問3**　①　「少年」は，「真っ赤な」「夕日が」「水平線に」「沈《しず》む」「光景を」「お気に入りの」「海辺で」「見つめた」のだから，「見つめた」がぬき出せる。　②　「今後」「我々を」「追い詰《つ》めて」いくのは，「人類が」「繁栄《はんえい》を」「極《きわ》めて」「いくまでに」「山積みに」「なった」「この」「問題」なのだから，「問題が」がふさわしい。　**問4**　グラフが「テレワーク人口の割合」の推移を表していることをふまえ，グラフから読み取れる数字の増加を具体的に説明すればよい。

二　出典：鈴木孝夫《すずきたかお》『日本の感性が世界を変える』。筆者は，人間が地球上の多様な環境《かんきょう》下でも種として変わらず生きていけるのは，文化が果たしている役割によると論じている。

問1　ぼう線部②に続く部分には，人間は環境と自分との間に「中間地帯」として「文化」を介在《かいざい》させていること，その文化が「自然環境の変化」を吸収しているからこそ人間自身は直接影響を受けずに生き延びていることが書かれている。また，筆者はぼう線部⑥の直前の部分で，人間が「異

なる自然環境」に住むようになれば，人間を守るために文化が変化せざるを得なくなるとも説明している。

問２　前後の部分には，人間以外の生物は自分の体を環境に直接さらしているので，環境に合わせて「自分の体や性質」を「少しずつ変化変形させて生きてきている」とある。移動により生活環境を変えることは，自分自身を変えることとは異なるので，エが正しくない。

問３　Ⅰ　空欄《くうらん》Ⅰの前後では，文化が自然環境から人間を守る働きについて，別の言葉で二回説明されている。よって，“要するに”という意味の「つまり」が合う。　Ⅱ　文化が「自然環境の変化」を吸収しているおかげで，人間の体は環境の影響をあまり受けないという因果関係が書かれている。よって，前のことがらを理由・原因として，後にその結果をつなげるときに用いる「だから」がよい。　Ⅲ　文化の例として，道具や衣服に加えて言語があげられているので，前のことがらに別のことがらを加えるときに使う「さらに」がふさわしい。　Ⅳ　筆者は言語が果たす役割を説明した後，言語の限界について述べている。よって，ある条件や例外などをつけ加えなければならない場合に用いる「ただし」が選べる。

問４　文化が人間の住む環境に応じて変化するという性質上，世界各地に多種多様な文化が存在することになるという当然の結果が書かれているので，「必然的」がふさわしい。

問５　前の部分には，言語や風俗《ふうぞく》習慣，宗教なども文化に含《ふく》まれており，環境による直接の影響から人間を守っているとある。結果として，こうした言語や風俗習慣，宗教なども環境に応じた変化をとげ，世界各地で多様性が生まれるという筆者の主張が読み取れるので，アがよい。

問６　本文を通じて筆者は，人間は環境の変化による直接の影響を受けないため，異なる環境に分布しても「体や性質はそれほど変化せず」，「どこでも同じ人間として」生きることができていると述べている。よって，時間や場所が変わってもそれ自体は変わらないことを表す「同一性」がふさわしい。

問７　「水は方円の器《うつわ》に従う」は，人が環境によって良くも悪くも変わることなので，ウが合う。なお，「所変われば品変わる」は，地域によって習慣や物の名前が異なるさま。「火のないところに煙《けむり》は立たぬ」は，うわさにはそれなりの原因があること。「青は藍《あい》より出《い》でて藍より青し」は，弟《で》子《し》が師匠《ししょう》を超《こ》えること。

問８　前の部分には，自動車の車輪は外部からの衝撃《しょうげき》をうまく吸収し，車内の人に直接伝わらないようにする装置だと書かれている。よって，イが合う。

問９　⑦段落では，言語とは「刺激《しげき》や情報」など「人間が感知した結果を処理」して「仲間に伝える」ことで，「集団的に協力して様々な環境にうまく対処する」ことに役立つものだと書かれている。

問10　前の部分には，語彙《ごい》の種類や性質の違《ちが》いは人々の「住む環境と密接に関係」していること，「ある言語の語彙」全体がおおよそわかれば，「その言語を用いている人々」の暮らしぶりを「大雑《おおざっ》把《ぱ》」にでも「頭に描《えが》」けることが書かれている。よって，ウがよい。

問11　**ア**　⑫段落には，人間は大きく「異なった環境条件」の下に広がって住むと書かれている。　**イ**　⑫段落には，文化は自然環境からの様々な刺激や衝撃を「和らげたり吸収したり」して人間を守っているとある。　**ウ**　⑬段落には，文化が自然環境の違いを受け止めているからこそ，人間は地球のどこに住んでも「ほぼ同じ人間であり続ける」と書かれている。　**エ**　⑬段落で筆者は，イでみたような文化の役割について，人間を「変化から守る」と表現している。

三 **出典：宮下奈都《みやしたなつ》『よろこびの歌』**。自分の将来が見えず悩《なや》む高校二年生のひかりは，音楽の才能がある御木元《みきもと》さんをはじめとした同級生や家族とかかわるなかで，大切なことに気づいていく。

問１　**a**　ひかりの友人が御木元さんを不愉快《ふゆかい》に思い，陰《かげ》で悪く言う場面なので，エがよい。

b　担任の浅原があえてプレッシャーをかけるような言葉で生徒たちを挑発《ちょうはつ》する場面なので，イがふさわしい。　**c**　ひかりの姉がこれからの展望をおおらかに語る場面なので，ウが合う。

問２　ぼう線部③に続く部分でひかりは，マラソン大会で御木元さんが見せた涙《なみだ》から，「彼女を固めていた雪」が溶《と》けかけていると感じたことを思い返している。同級生との関係がうまくいっていなかった御木元さんの「冬」が，「雪」という比ゆで表現されていることがわかる。

問３　**ア～ウ**　本文のはじめでひかりは，「何者かになりたい」，「一所けん命になれる何か」がほしいと思いながらも頑張《がんば》り方がわからず，好きでもない勉強やクラス委員を「やっているだけ」の自分は「勤勉」な人のふりをして逃《に》げているだけだと内省している。

問４　続く部分には，合唱コンクールではクラスをうまくまとめられなかった御木元さんが，マラソン大会では「私たち」同級生から歌で応援《おうえん》されて涙をこぼしたこと，その涙が「私たち」の心を打ち，「私たち」が変わるきっかけとなったことが書かれている。よって，イがふさわしい。

問５　前の部分で御木元さんは，歌唱中の表情を指示しながら自ら「明るい笑顔をつく」り，みんなの反応を引き出して楽しく練習を引っ張っている。よって，アがよい。なお，御木元さんは級友に目線を合わせて語りかけているので，イは合わない。御木元さんは平易な言葉を使いながらも，よりよい表現を追求しているので，ウも正しくない。御木元さんは作曲者の思いについては話していないので，エもふさわしくない。

問６　ぼう線部⑤の前の部分でひかりは，練習後に窓を開けて入ってきた風の心地よさから，冬の終わりと春のきざしを感じている。ぼう線部⑥の前後では，同級生たちから口々に名前を呼ばれ，親しく声をかけられており，ひかりは自分がかけがえのない時間を過ごしていると実感していることが読み取れる。

問７　**ア**　母親はきらりについて，就職後も「ふわふわ」していたと言い表している。　**イ**　きらりは看護師という「進路」が決まったことを家族に報告している。　**ウ**　本文のはじめでひかりは，自分のあり方について「いったい何をどうすればいいのだろう」と悩んでいる。　**エ**　ひかりは「持って生まれた資質」で「いつも春のように笑っている」姉に対し，複雑な感情を持っていたと書かれている。

問８　前の部分で「春のあと」には「夏が来る」と姉や父から言われたひかりは，かつて亮太郎《りょうたろう》が自分にかけた言葉を思い出している。「亮太郎」の「まだ見えねえだろ」，「春の背中」という言葉は，素敵な時間もいつか終わることをおそれるひかりをはげますものだったと語注に書かれているので，エがよい。

問９　**ア**　ぼう線部③に続く部分に，マラソン大会は「冬」だったとある。　**イ**　ぼう線部⑤の前の部分でひかりは，歌い終わった後も「光のつぶ」がそこかしこに残っているような印象を受けている。　**ウ**　ぼう線部④に続く部分でひかりは，「私たちの歌」はようやく「ふた葉」を開いたくらいだと考えている。

問10　本文を通じて，輝《かがや》かしい日々は「春」，苦しい時期は「冬」など，人生のさまざまな時代を表す隠《いん》ゆとして季節が用いられているので，イが正しい。

Dr.福井の

入試に勝つ！脳とからだのウルトラ科学

勉強が楽しいと，記憶力も成績もアップする！

みんなは勉強が好き？　それとも嫌い？――たぶん「好きだ」と答える人はあまりいないだろうね。「好きじゃないけど，やらなければいけないから，いちおう勉強してます」という人が多いんじゃないかな。

だけど，これじゃダメなんだ。ウソでもいいから「勉強は楽しい」と思いながらやった方がいい。なぜなら，そう考えることによって記憶力がアップするのだから。

脳の中にはいろいろな種類のホルモンが出されているが，どのホルモンが出されるかによって脳の働きや気持ちが変わってしまうんだ。たとえば，楽しいことをやっているときは，ベーターエンドルフィンという物質が出され，記憶力がアップする。逆に，イヤだと思っているときには，ノルアドレナリンという物質が出され，記憶力がダウンしてしまう。

要するに，イヤイヤ勉強するよりも，楽しんで勉強したほうが，より多くの知識を身につけることができて，結果，成績も上がるというわけだ。そうすれば，さらに勉強が楽しくなっていって，もっと成績も上がっていくようになる。

でも，そうは言うものの，「勉強が楽しい」と思うのは難しいかもしれない。楽しいと思える部分は人それぞれだから，一筋縄に言うことはできないけど，たとえば，楽しいと思える教科・単元をつくることから始めてみてはどうだろう。初めは覚えることも多くて苦しいときもあると思うが，テストで成果が少しでも現れたら，楽しいと思えるきっかけになる。また，「勉強は楽しい」と思いこむのも一策。勉強が楽しくて仕方ない自分をイメージするだけでもちがうはずだ。

Dr.福井（福井《ふくい》一成《かずしげ》）…医学博士。開成中・高から東大・文Ⅱに入学後，再受験して翌年東大・理Ⅲに合格。同大医学部卒。さまざまな勉強法や脳科学に関する著書多数。

2024年度 大宮開成中学校

【算　数】〈特待生選抜試験〉(50分)〈満点:100点〉

注意　円周率は3.14とします。

1 次の $\square$ にあてはまる数を求めなさい。

(1) $19\times24-6\times48+20\times24-34\times12=\square$

(2) $\left(4\frac{5}{6}-\frac{2}{3}\times0.875\right)\div1\frac{7}{10}=\square$

2 次の各問いに答えなさい。

(1) メロンが全部で2024個あります。このメロンを32個入りの箱と24個入りの箱にちょうどつめ合わせることができました。箱は合計で64箱あります。32個入りの箱は何箱ありますか。

(2) 0, 2, 3, 4, 5の5つの数字から異なる3つの数字を選び, 3けたの整数を作ります。3の倍数となる整数は全部で何個ありますか。

(3) ある仕事をするのに, Aさん1人では60日, Bさん1人では24日かかります。この仕事をAさん, Bさんの2人で終わらせたとき, AさんはBさんより, 25日多く仕事をしました。Aさんが仕事をした日数は何日ですか。

(4) ある水そうに120Lの水が入っています。この水そうに1分間に8Lずつ水を入れ続けます。ポンプ2つで水をくみ出すと30分で水そうの水がなくなります。ポンプ3つで水をくみ出すと何分で水そうの水がなくなりますか。

3 次の各問いに答えなさい。

(1) 下の図のような平行四辺形ABCDがあります。EはCDの真ん中の点です。このとき，平行四辺形ABCDと斜線部分の面積の比はいくつですか。最も簡単な整数の比で答えなさい。

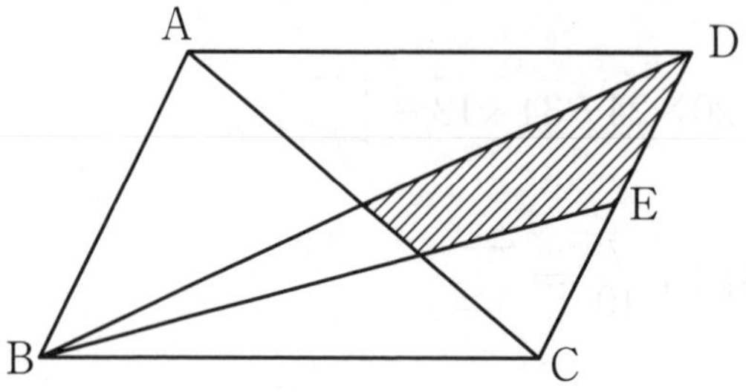

(2) 下の図のような1辺の長さが2cmの正方形4個からなる図形があります。直線Lを軸として斜線部分を1回転してできる立体の体積は何cm^3ですか。

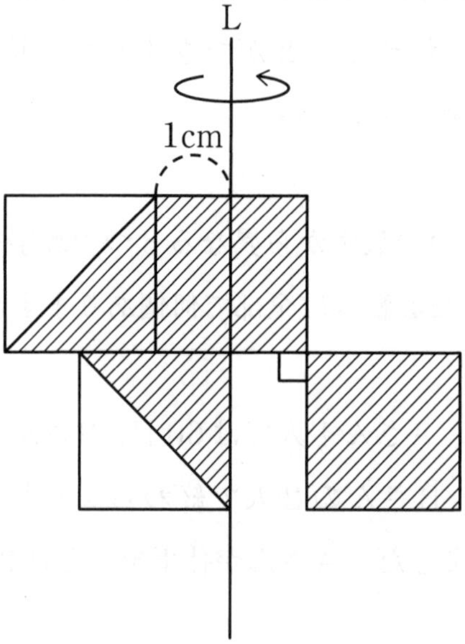

4 容器Ａには９％の食塩水が100ｇ，容器Ｂには４％の食塩水が150ｇ入っています。次の各問いに答えなさい。

(1) 容器Ａと容器Ｂの食塩水を混ぜたとき，食塩水の濃度は何％ですか。

(2) 容器Ａと容器Ｂに同じ濃度で同じ量の食塩水を加えると，容器Ａの食塩水は８％に，容器Ｂの食塩水は６％になりました。加えた食塩水の濃度は何％ですか。

5 下の図のように，番号のついた正三角形のマスを，以下のルールをもとに１から小さい順に並べていきます。

①１からスタートし，時計まわりと反対向きに並べていきます。

②１周すると，その周の中で一番小さな番号の上からスタートし，時計まわりと反対向きに並べていきます。

このとき，１の上のマスは７で下のマスは４，２の上のマスは８で下のマスは３，１の左のマスは２で右のマスは６，４の左のマスは３で右のマスは５になります。次の各問いに答えなさい。

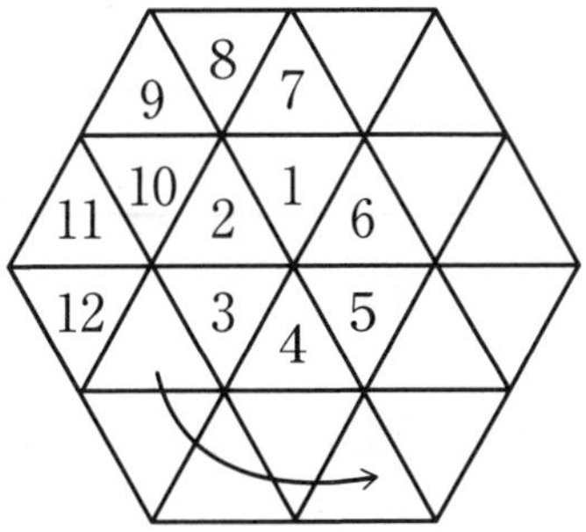

(1) ９の左のマスの番号はいくつですか。

(2) 600の上と下と左と右のマスの番号の和はいくつですか。

6 ある企業は自動運転ができる電気自動車を研究開発しています。その電気自動車は以下の２つの走行モードを選択することができ，（ア）～（ウ）の性能を持っています。

【走行モード】
①高速運転モード　時速 80 km
②通常運転モード　時速 50 km

【性能】
（ア）各走行モードでは常に一定の速度で走行する。
（イ）走行した距離に対するバッテリー消費の割合は，各走行モードで一定である。
（ウ）この車は通常運転モードのみで 400 km 走ることができる。

下の図１は，最初は通常運転モードで走行し，途中で高速運転モードに切り替えて，合計 160 km を走行したときの走行距離とバッテリー残量をグラフに表したものです。次の各問いに答えなさい。

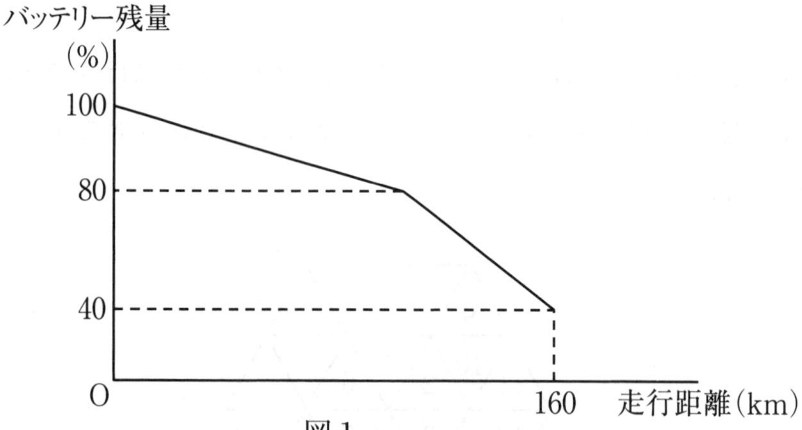

図１

(1)　最初から高速運転モードのみで走行すると何 km 走行できますか。

(2)　最初に高速運転モードで 60 km 走行し，途中で通常運転モードに切り替えて 180 km 走行し，さらに途中で高速運転モードに切り替えバッテリー残量が０％になるまで走行しました。出発してからバッテリー残量が０％になるまでにかかった時間は何時間ですか。ただし，出発時のバッテリー残量は 100 ％とします。

7 下の図のように，ある直角三角形OABの内部に正方形を右から順に並べていきます。次の各問いに答えなさい。

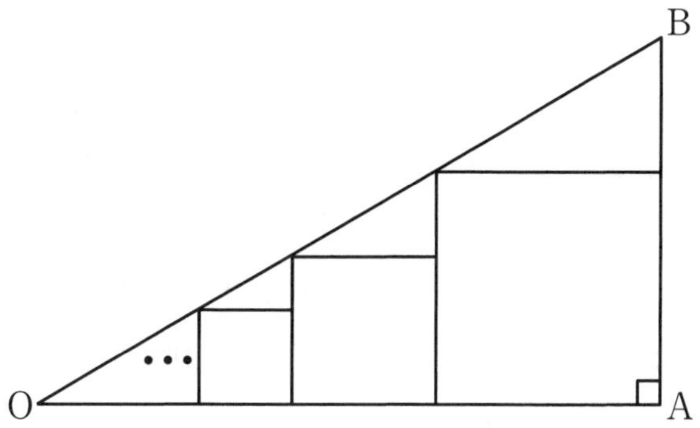

⑴ OAの長さが4 cm，ABの長さが2 cm のとき，右から2番目の正方形の1辺の長さは何 cm ですか。

⑵ OAの長さ，ABの長さがともに1 cm のとき，右から順に1番目から5番目までの正方形の面積の合計は何 cm^2 ですか。

【社　会】 〈特待生選抜試験〉（30分）〈満点：50点〉

注意　字数制限のある問いでは，句読点や符号（，。「」など）も１字と数えます。

1　次の 文章 と 地図 を読み，あとの問いに答えなさい。

文章

2022年，①カタールでワールドカップが開催され，日本選手の活躍がみられました。また，日本選手が多く所属する日本のプロサッカーリーグの「Jリーグ」は，2023年で30周年を迎えました。設立当初は10クラブで開始し，現在は「J1・J2・J3」の３つのカテゴリーがあり，日本国内の41都道府県に本拠地を置く60クラブが参加しています。次の地図中に書かれているクラブは，2023年シーズンの「J1リーグ」に所属しているクラブを示しています。また，「Jリーグ」は，日本のサッカーの発展や普及促進はもちろんのこと，②地域の人々や自治体との交流を深める場や機会を積極的に設けるなど，クラブごとにホームタウン活動を実践しています。その例として，③チームの呼称に地域名と愛称を入れることで，ホームタウンの住民・行政・企業が一体となって地域の活性化を図っています。

地図

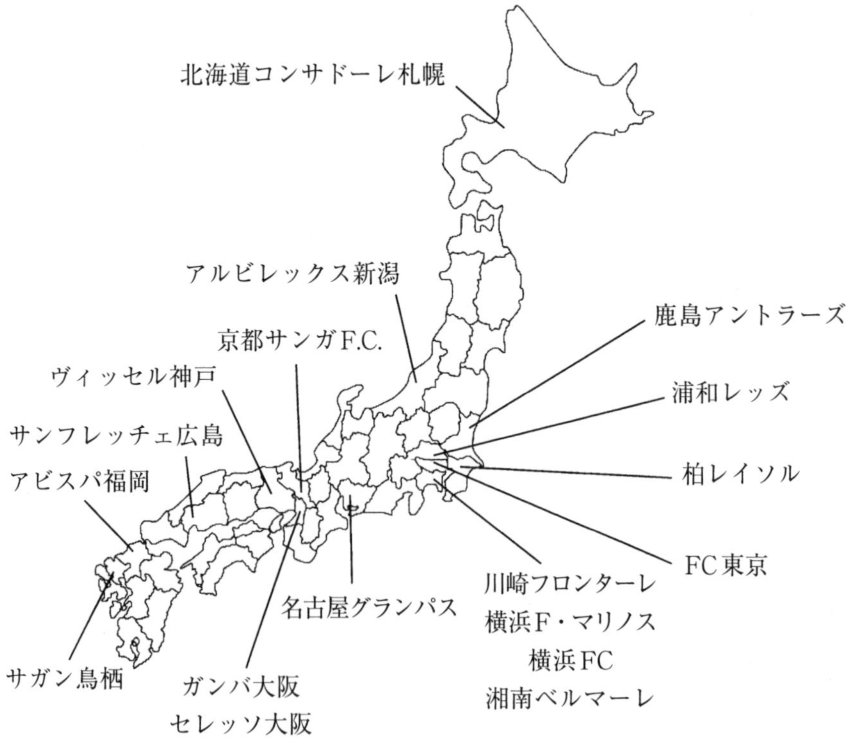

（「Jリーグ公式サイト」より作成）

問１　下線部①について，次の表は，2022年における日本の原油の輸入相手国上位５か国を示したものです。表中の□に当てはまる国の国旗として正しいものを下のア～エから１つ選び，記号で答えなさい。

順位	原油の輸入相手国
1	□
2	アラブ首長国連邦
3	クウェート
4	カタール
5	ロシア

（『日本国勢図会2023/24年版』より作成）

ア

イ

ウ

エ

問２　下線部②について，（１）～（３）の問いに答えなさい。

（１）「Jリーグ」の各クラブは，長年にわたり，地域や自治体等の協力も得て環境保全や地域振興に関する活動をしてきました。また，2021年から環境省と連携協定を締結し，次に示したSDGsに関連する活動にも積極的に取り組んでいます。SDGsを日本語で表した場合，どのように表記されますか。解答欄に従って，漢字４文字で書きなさい。

(2) 取り組みの例として，農作物の植え付けや収穫をしているクラブもあります。次の表は，2021年における，ほうれんそう・キャベツ・レタスの収穫量の全国に占める割合の上位4都道府県を示したものです。表中の□に共通して当てはまる都道府県名を漢字で書きなさい。ただし，例えば「埼玉県」と解答したい場合には，「県」まで正確に書きなさい。

ほうれんそう

都道府県	全国に占める割合(%)
埼玉県	10.8
群馬県	10.2
千葉県	8.8
□	8.5

キャベツ

都道府県	全国に占める割合(%)
群馬県	19.7
愛知県	18.0
千葉県	8.1
□	7.4

レタス

都道府県	全国に占める割合(%)
長野県	32.7
□	15.9
群馬県	10.0
長崎県	6.4

(『日本国勢図会2023/24年版』より作成)

(3) 環境保全を目的に，スタジアム等で行われていることとして考えられる取り組みを，「食器」「交通」という語句を用いて簡潔に説明しなさい。

問3　下線部③について，「横浜F・マリノス」の「マリノス」には，スペイン語で「船乗り」という意味があり，また，「ヴィッセル神戸」の「ヴィッセル」は，英語の「VICTORY（勝利）」と「VESSEL（船）」を合わせた造語です。このことからも，横浜や神戸は昔から国際港湾都市として栄えたことがわかります。

次のページの表は，港別の貿易品目および全国に占める割合（輸出・輸入）の上位5品目を示したもので，Ⅰ～Ⅲには，東京港・横浜港・神戸港のいずれかが該当します。Ⅰ～Ⅲに当てはまる港の組み合わせとして正しいものをあとのア～カから1つ選び，記号で答えなさい。

Ⅰ

輸出品目	全国に占める割合(%)	輸入品目	全国に占める割合(%)
半導体等製造装置	7.6	衣類	7.5
プラスチック	4.8	コンピューター	5.3
自動車部品	4.7	集積回路	4.6
コンピューター部品	4.5	肉類	4.3
内燃機関	3.9	魚介類	4.0

Ⅱ

輸出品目	全国に占める割合(%)	輸入品目	全国に占める割合(%)
プラスチック	7.2	たばこ	7.9
建設・鉱山用機械	6.5	衣類	7.3
織物類	4.4	有機化合物	4.5
無機化合物	3.9	無機化合物	4.3
有機化合物	3.3	医薬品	2.9

Ⅲ

輸出品目	全国に占める割合(%)	輸入品目	全国に占める割合(%)
自動車	16.8	石油	9.0
自動車部品	5.2	アルミニウム	4.0
プラスチック	4.5	有機化合物	3.3
内燃機関	4.4	液化ガス	3.0
金属加工機械	2.7	金属製品	2.9

（『日本国勢図会2023/24年版』より作成）

ア　Ⅰ 東京港　Ⅱ 横浜港　Ⅲ 神戸港

イ　Ⅰ 東京港　Ⅱ 神戸港　Ⅲ 横浜港

ウ　Ⅰ 横浜港　Ⅱ 東京港　Ⅲ 神戸港

エ　Ⅰ 横浜港　Ⅱ 神戸港　Ⅲ 東京港

オ　Ⅰ 神戸港　Ⅱ 東京港　Ⅲ 横浜港

カ　Ⅰ 神戸港　Ⅱ 横浜港　Ⅲ 東京港

問4　浦和レッズのサポーター*が，東北・北海道新幹線を利用して札幌に試合の観戦に行く予定を立てています。札幌に行く過程で通過する県を，解答欄に従って漢字で書きなさい。

*特定のクラブの応援をする人

問５　次のア～エの雨温図は，「Jリーグ」に所属しているクラブが本拠地にしている都道府県の都道府県庁所在地のいずれかを示したものです。京都市の雨温図として正しいものをア～エから１つ選び，記号で答えなさい。

ア

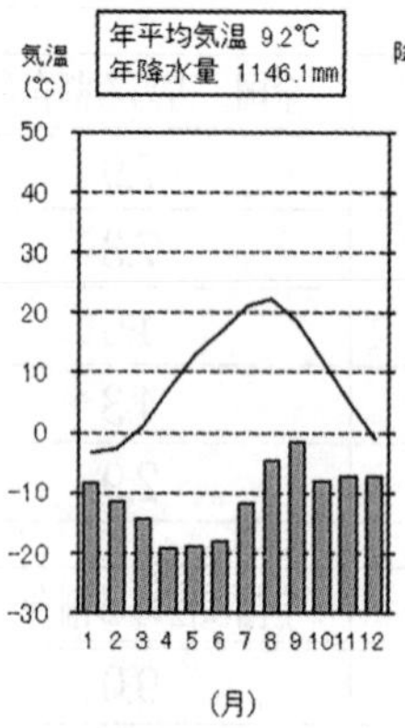

イ

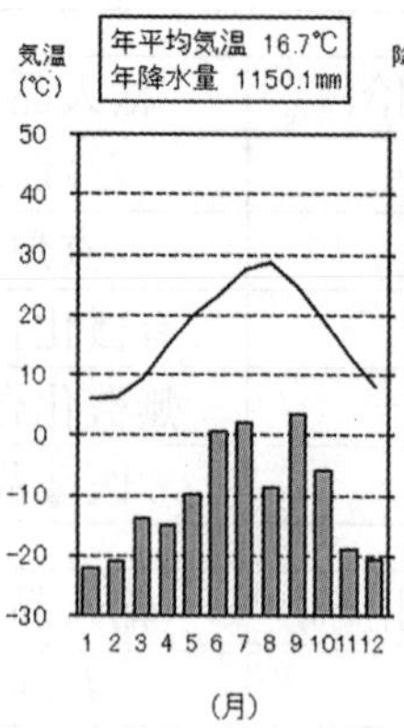

ウ

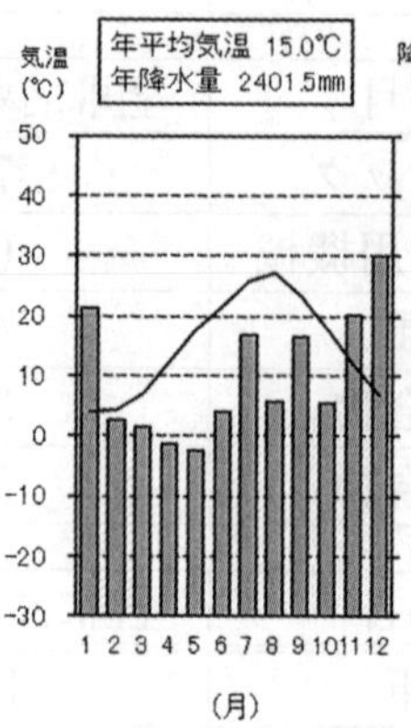

エ

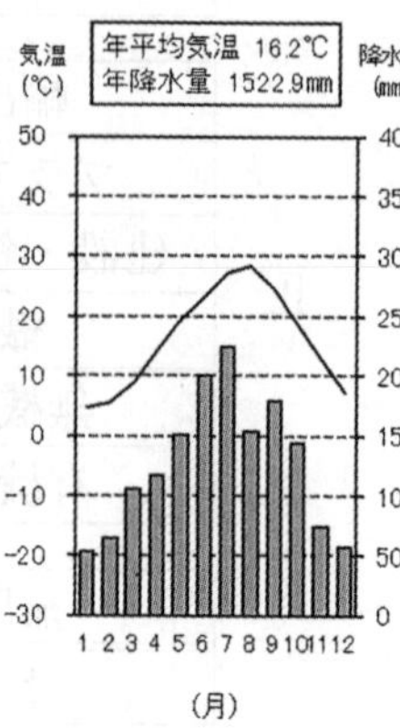

(『理科年表2022』より作成)

問６　次の地図のように，ヴィッセル神戸が本拠地にしている神戸市と淡路島は明石海峡大橋で結ばれています。一方で，淡路島は四国とも橋Xで結ばれています。橋Xの名称を漢字で書きなさい。

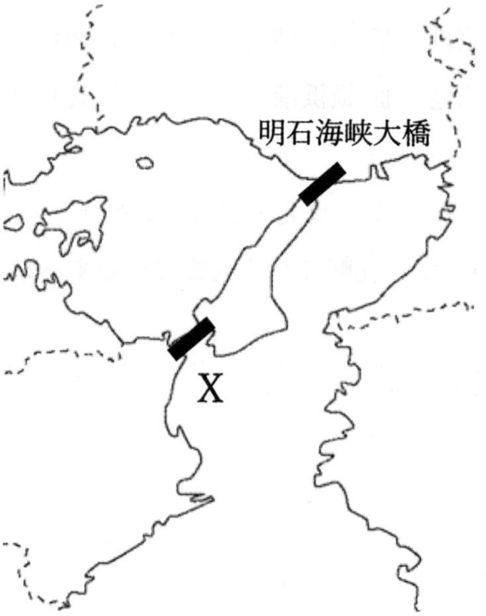

問7　アルビレックス新潟が本拠地とする新潟県の伝統的工芸品として正しいものを次のア～エから1つ選び，記号で答えなさい。

ア

イ

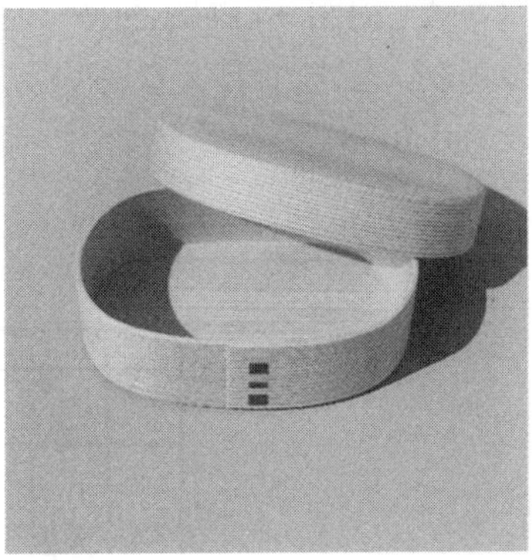

ウ

エ

問8　6ページの 地図 に載っている「J1リーグ」に所属しているチームのある都道府県の中で，政令指定都市がある都道府県はいくつありますか，数字で書きなさい。

2 あとの問いに答えなさい。

問１　次の図は平城京で天皇から役人に与えられた住居用の土地（宅地）に関するものです。図と説明文から読み取れる内容として正しいものを下のア～エから１つ選び，記号で答えなさい。

図

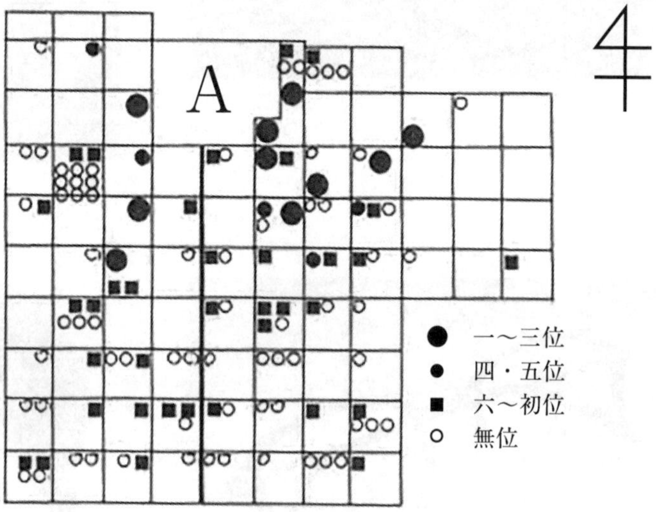

（近江俊秀『平城京の住宅事情』（吉川弘文館）より加筆修正）

説明文

・Ａは天皇の居住する平城宮で，その南にむかって朱雀大路が伸びている。

・平城宮の南辺に接する道路が二条大路で，平城京の南辺は九条大路である。

・東側に突き出た部分は外京と呼ばれる。

・役人は位*に応じて，天皇から与えられる宅地の面積が異なっている。

＊朝廷の役人は，１番上の位である一位から初《そ》位《い》まで30の位が与えられた。

ア　位階の低いものには，平城宮近くの宅地が与えられなかった。

イ　平城宮から南へむかう朱雀大路には，宅地は面していなかった。

ウ　外京に宅地はなく，寺院のための空間だった。

エ　三位以上の宅地は，五条大路より南に置かれなかった。

問２　摂政・関白に就任して政治の実権を握り，平等院鳳凰堂を建てた人物名を漢字で書きなさい。

問３　琵琶法師によって語り伝えられた，鎌倉時代の軍記物語の作品名を漢字で書きなさい。

問４　次の資料は，15世紀後半に越前（現在の福井県東部）を支配していた戦国大名の朝倉氏が，国内の家臣にむけて発した分国法の一部です。朝倉氏がこの法令を発した目的を，資料の内容に触れつつ主従関係と守りの面から簡潔に説明しなさい。

一，朝倉家の城の他に，国内に城をつくってはならない。家臣はすべて城下町である一乗谷へ移り，支配地の村々には代官や百姓らのみをおくこと。 （一部要約しています）

問５　江戸時代の人々の生活や文化について説明した文として正しいものを次のア～エから１つ選び，記号で答えなさい。

ア　「読み・書き・そろばん」などの実用的な学問を教える寺子屋が多く開かれた。

イ　書院造の建築が現れ，畳やふすまを用いた和室の様式が広まった。

ウ　『一寸法師』や『浦島太郎』などの絵入りの物語が誕生し，民衆の間で広く読まれた。

エ　寺社の門前や交通の要所で，はじめて定期市が開催された。

問６　次の文ア～エは，歴史において登場する「道路」について説明したものです。これらの文が示している内容を時代順に並べ替えたとき，３番目になるものを１つ選び，記号で答えなさい。

ア　鎌倉街道は関東や伊豆の各地にあり，御家人たちが領地と幕府のある鎌倉を行き来した。

イ　山陽道は都と大宰府を結ぶ主要な道路で，防人など兵士の移動にも利用された。

ウ　会津三方道路は福島県令三島通庸《みちつね》によって建設が進められたが，自由党の党員や農民らとの対立に発展した。

エ　東海道は江戸と京都を結ぶ街道で53の宿場があり，大名の参勤交代や庶民の旅行でにぎわった。

問７　江戸幕府が，朝廷や西国大名の監察のために京都に設置した機関名を漢字で書きなさい。

問８　次の［資料］と［会話文］を読み，次のページの（１）・（２）の問いに答えなさい。

［資料］

二月九日（東京）　東京全市は，十一日の憲法発布をひかえてその準備のため，言語に絶した騒ぎを演じている。至るところ，奉祝門《ほうしゅくもん》，照明，行列の計画。だが，滑稽《こっけい》なことには，誰もが憲法の内容をご存じないのだ。 （一部要約しています）

会話文

花子：これは，ドイツ人で医師のベルツという人が書いた日記の一部です。

太郎：ここでいう憲法というのは，日本国憲法のこと？それとも大日本帝国憲法のこと？

花子：（　A　）ではないかしら。だって，現在の憲法記念日は（　B　）だよね。憲法記念日は憲法が（　C　）された日だもの…。二月九日とあるから，時期が違うわ。

太郎：誰もが憲法の内容を知らない，というのはなぜだろう？

花子：（　D　）は，その内容を国民に知られないように，ごく限られた人を集めて，憲法の草案を作成したらしいよ。

太郎：そうか，だから制定されるまで国民は知ることがなかったんだね。

花子：ベルツは，憲法の内容も知らないのに日本人はお祝いムードになっていると，日記に書いているのね。

（1）会話文中の（　A　）～（　C　）に当てはまる語句の組み合わせとして正しいものを次のア～カから1つ選び，記号で答えなさい。

ア　A　日本国憲法　　B　5月3日　　C　公布
イ　A　日本国憲法　　B　11月3日　　C　公布
ウ　A　日本国憲法　　B　5月3日　　C　施行
エ　A　大日本帝国憲法　　B　11月3日　　C　公布
オ　A　大日本帝国憲法　　B　5月3日　　C　施行
カ　A　大日本帝国憲法　　B　11月3日　　C　施行

（2）会話文中の（　D　）に当てはまる人物名として正しいものを次のア～エから1つ選び，記号で答えなさい。

ア　吉田茂　　イ　伊藤博文　　ウ　大久保利通　　エ　鳩山一郎

問９　次のア～エの資料は，明治時代に作成された風刺画です。これらの風刺画が表しているできごとを時代順に並べ替えたとき，３番目になるものを１つ選び，記号で答えなさい。

ア

イ

ウ

エ

（浜島書店『新詳日本史』より引用）

問10　1922年に部落差別の解消を求めて結成された団体名を，漢字５文字で書きなさい。

問11　次のポスターが作成された頃の，日本の状況について述べた文として正しいものを下のア～エから１つ選び，記号で答えなさい。（なお，問題作成の都合上，一部加工しています。）

（浜島書店『新詳日本史』より引用）

ア　自作農を増やすために農地改革が行われ，農村の民主化が進められた。

イ　日米通商航海条約を改正し，関税自主権の完全回復に成功した。

ウ　第一次世界大戦の勃発によりヨーロッパへの輸出が増加し，好景気にわいた。

エ　米の配給制や衣料の切符制が始まり，戦時の経済体制がしかれた。

問12　1989年にはじめて消費税が導入されました。このときの税率を解答欄に従って数字で書きなさい。

3

A　次の文章を読み，あとの問いに答えなさい。

高度経済成長期に日本の工業がめざましく発展すると，アメリカへの輸出が急増しました。たとえば，1970～80年代は①燃費のよい日本製の自動車がアメリカで多く売れるようになり，時には年間300万台を超える自動車が輸出されました。これを受けて，アメリカの自動車会社は，人員を整理するなどして経営を立て直す（　1　）をよぎなくされました。

その後，1985年のプラザ合意をきっかけにして（　2　）が進んだ結果，日本の輸出産業が打撃を受け，（　2　）不況と呼ばれる不景気になりました。これを背景に，日本の企業は，国内より地価や賃金などが安いアジア各国に工場をつくりました。海外の工場でつくられた様々な工業製品は，日本に輸入されています。

工業製品の他にも，②2023年には鶏卵相場の高騰が見られたため，ブラジルから卵を輸入する企業が増加しました。

問１　下線部①について，このきっかけになったできごとの名称を，カタカナで書きなさい。

問２　文章中の（　1　）に当てはまる語句を，カタカナ４文字で書きなさい。

問３　文章中の（　2　）に当てはまる語句を，漢字２文字で書きなさい。

問４　下線部②について，この要因の１つである感染症の名称を書きなさい。

B　次の文章を読み，あとの問いに答えなさい。

2023年４月，出入国在留管理庁は，2022年末時点で日本に在留する外国人の数が307万5213人で，過去最多となったと発表しました。国籍別で見ていくと，最多は中国籍の在留者で，76万1563人でした。これは，地理的に日本に近いことや，人口の多さから労働力に余りが出ていること，比較的日本の方が給料が良いことなどが要因のようです。しかし今日，外国人が日本で暮らすうえで①様々な問題が生じています。

また，昨年６月16日，性的少数者への理解を増進し，差別を解消することを目的とした，いわゆる「□理解増進法案」が与党などの賛成多数で可決されました。しかし，衆議院を通過した修正法案に対しては，当事者である性的少数者の人たちからも反対の声が上がり，②様々な議論を呼びました。

問１　下線部①について，今日では，日本国憲法で国民に保障されている権利は，日本で暮らす外国人にも保障すべきという学説が一般的ですが，権利の性質上，一部例外もあります。現在，日本で暮らす外国人に認められている権利として誤っているものを次のア～エから１つ選び，記号で答えなさい。

ア　政治に対する意見表明としてデモ行進をすること

イ　裁判を受けること

ウ　国会による発議後の憲法改正案に対して投票すること

エ　引っ越しをしたり，町内会に参加したりすること

問２　文章中の□に当てはまる語句をアルファベットで書きなさい。

問３　下線部②について，次の表は，文章中の□理解増進法の主な修正ポイントをまとめたものです。原案に対してどのような修正案が提出されたか，指摘された問題点を参考に考え，表中の（　X　）～（　Z　）に当てはまるものを下のア～ウから１つずつ選び，記号で答えなさい。

	原案	修正案	修正案の問題点
表現	性同一性	ジェンダーアイデンティティ	法文として，元々の英語の概念が適用されるのか
理念	差別は許されない	（　X　）	「正当な差別」があるかのような印象を残す
知識の普及策	学校は児童らに理解を深める措置に努める	「（　Y　）」と追加	自身の性自認について家族などに打ち明けられない人がいる
	国や地方公共団体の施策の例示に「民間団体などの自発的な活動の促進」を明記	削除	項目の削除は，性的少数者への理解増進を後退させ，現場の支援を阻むことにつながる
留意事項	（記載なし）	（　Z　）	多数派に対して，性的少数者が配慮しなければいけない印象を残す

（「日本経済新聞」・「朝日新聞デジタル」・「ハフポスト日本版」掲載記事より作成）

（　X　）に入る文

ア　重大な差別はあってはならない

イ　差別的な言動はあってはならない

ウ　不当な差別はあってはならない

（　Y　）に入る文

ア　家庭及び地域住民の協力を得つつ

イ　性的少数者への行政による教育支援を拡充させつつ

ウ　性のあり方について，各自が様々な知識を身につける努力をしつつ

(　Z　) に入る文

ア　全ての国民が安心して生活することができるよう留意する

イ　性的少数者に関する正確な知識の普及を，行政が推進していくよう留意する

ウ　多様な価値観を持つ人々の交流を，行政が主体となり推進するよう留意する

4　政府は2024年秋に健康保険証を廃止して，マイナンバーカードと一体化した「マイナ保険証」に移行することを考えています。このことについて，賛成・反対どちらかの意見を，その理由とともに50字以内で説明しなさい。

【理　科】〈特待生選抜試験〉（30分）〈満点：50点〉

1 　こうたろうさんとあやかさんは，給食の時間にこん立に入っている野菜について話をしています。次の文は，そのときの会話を記したものです。この会話文を読み，あとの問１～問８に答えなさい。ただし，２人は科学的に正しいことを話しているものとします。

こうたろう「お腹が空いたなぁ，今日の給食のこん立はなんだろう。」

あやか　　「野菜スープだね！今日のスープにはいろいろな野菜が入っているよ。」

こうたろう「何が入っているんだろう…見て！①セロリの断面を見てみるとスープを吸い取った水分の通り道が見えるよ。教科書で見たホウセンカの茎の水の通り道に似ているね。」

あやか　　「本当だ。ということは，私たちはセロリの茎の部分を食べていたということかな？」

こうたろう「そうだね。ところで，スープに入っている他の野菜は植物のどこの器官を食べているか知っている？」

あやか　　「ニンジン，ジャガイモ，サツマイモ，タマネギ…いろいろ入っていて，全部おいしそうだね。この４種類は，どれも土の中にうまっている野菜だから根の部分を食べているのかな。」

こうたろう「すべてがそうとも限らないよ。どれも土の中にうまっているけれど，ニンジンは［　A　］，ジャガイモは［　B　］，サツマイモは［　C　］，タマネギは葉の部分を食べているんだよ。」

あやか　　「そうなんだ！同じいもでも，ジャガイモとサツマイモでは食べている器官がちがうなんておどろいた！」

こうたろう「そうだよね。でも，ジャガイモもサツマイモも②栄養分をたくわえて，ひ大化したものだということは一緒だよ。」

あやか　　「それじゃあ，いもをたくさん食べれば栄養をたくさんとれるね！」

こうたろう「そうかもしれないね。そういえば，今日のサツマイモは③埼玉県の農家でとれたサツマイモらしいよ！」

あやか　　「そうなんだ。どれもとってもおいしそうだなぁ。」

こうたろう「さぁ，スープが冷めてしまうから早く食べよう！」

あやか　　「おいしい！やっぱり大宮開成の給食は最高だね！」

問１　次のア～エのうち，根がセロリと同じように主根と側根からなる植物はどれですか。２つ選び記号で答えなさい。

ア．トウモロコシ　　イ．ダイコン　　ウ．ナス　　エ．イネ

問２　下線部①について，次のア～ウのうち，セロリの茎の断面の模式図として最も適当なものはどれですか。１つ選び記号で答えなさい。ただし，黒色にぬられている部分は，茎の維管束を示すものとします。

ア　　イ　　ウ

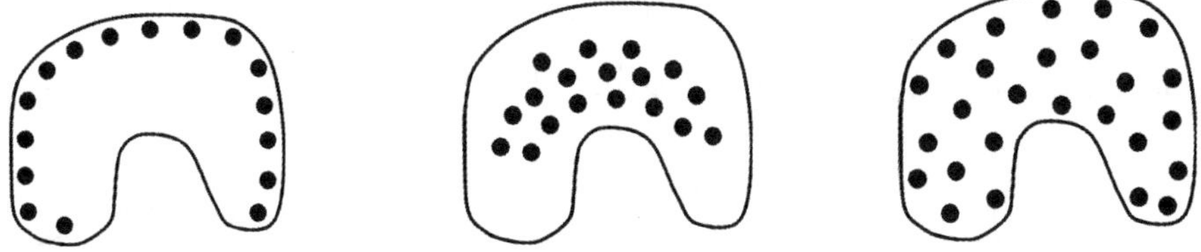

問３　次のア～クのうち，文の A ～ C に入る語句の組み合わせとして正しいものはどれですか。１つ選び記号で答えなさい。

	A	B	C
ア	根	根	根
イ	根	根	茎
ウ	根	茎	根
エ	根	茎	茎
オ	茎	根	根
カ	茎	根	茎
キ	茎	茎	根
ク	茎	茎	茎

問４　下線部②について，ジャガイモやサツマイモにふくまれる主な栄養分はヨウ素液を数てき加えると青むらさき色になります。この栄養分の名称を答えなさい。

下線部③について，埼玉県でサツマイモをさいばいしても，一部の品種をのぞいて花をほとんどさかせることができません。花をさかせる多くの植物では，葉が１日の昼夜の長さを感知し，昼夜の長さがある条件を満たすと，花のもとになる部分を形成しています。この花のもとになる部分を「花芽」といいます。サツマイモが花芽をつくるための光の条件を調べるために，十分光をあてる時間（明期）とまったく光をあてない時間（暗期）を変えて数週間さいばいしました。条件１と条件２では明期のあとに連続した暗期を設け，条件３と条件４では明期のあとの暗期の途中で，明期と同じ明るさの光を短時間あてました。また，光以外の条件は，サツマイモが最もよく育つようにそろえました。図１は，光をあてた時間と，花芽がつくられたかどうかの結果をまとめたものです。図２は，埼玉県の１年間の日の出，日の入り時刻を示したものです。

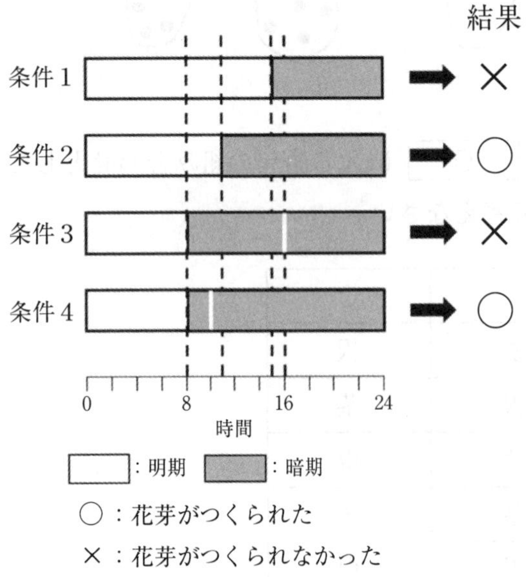

図１

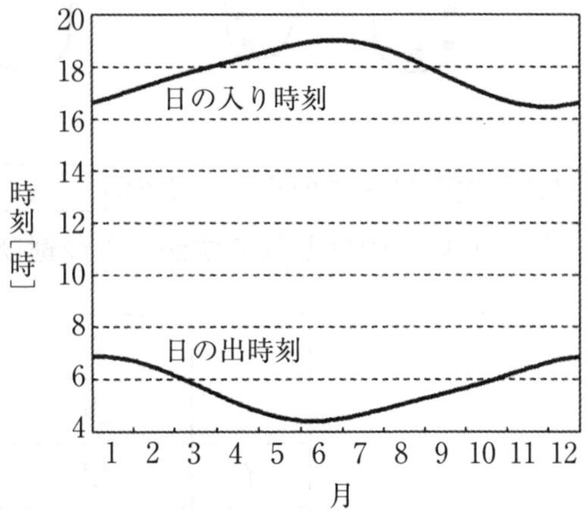

図２

問５　次のア～カのうち，図１において，この品種のサツマイモが花芽をつくるための光の条件として最も適当なものはどれですか。１つ選び記号で答えなさい。

ア．明期が８時間以下であること。

イ．明期が11時間以下であること。

ウ．明期が15時間以下であること。

エ．少なくとも連続した暗期が８時間以上であること。

オ．少なくとも連続した暗期が13時間以上であること。

カ．少なくとも暗期が合計して15時間以上であること。

問６　次のア～エのうち，図２において，埼玉県の１月の夜の時間として最も適当なものはどれですか。１つ選び記号で答えなさい。ただし，日の入りから翌日の日の出までの時間を夜の時間とします。

ア．約６時間　　イ．約10時間　　ウ．約12時間　　エ．約14時間

埼玉県でさいばいされているサツマイモをくわしく観察したところ，ほとんどの個体で花芽はつくられていましたが，それらが成長せず，花がさきませんでした。また，沖縄県以外のほとんどの地域でも同様に花がさきませんでした。

問７　次のア～エのうち，埼玉県でさいばいされたサツマイモの花芽が成長できず，花がさかない理由を説明したものとして最も適当なものはどれですか。１つ選び記号で答えなさい。

ア．埼玉県では夜の長さが長く，光の条件を満たす季節がないから。

イ．埼玉県では昼の長さが長く，光の条件を満たす季節がないから。

ウ．埼玉県では光の条件を満たす季節はあるが，その季節は気温が低いから。

エ．埼玉県では光の条件を満たす季節はあるが，その季節は気温が高いから。

問８　次のア～エのうち，サツマイモの花がさかないことで生じる問題として最も適当なものはどれですか。１つ選び記号で答えなさい。

ア．異なる品種どうしを見分けることができない。

イ．受粉による品種改良ができない。

ウ．虫のえさとなっていたみつがなくなり，生態系のバランスがくずれる。

エ．新しい品種をつくるまでにサツマイモがかれる。

2 図のように，台，床，なめらかな直線レール，物体P，およびおもりを用いて，次のような実験をおこないました。これについて，あとの問１～問７に答えなさい。

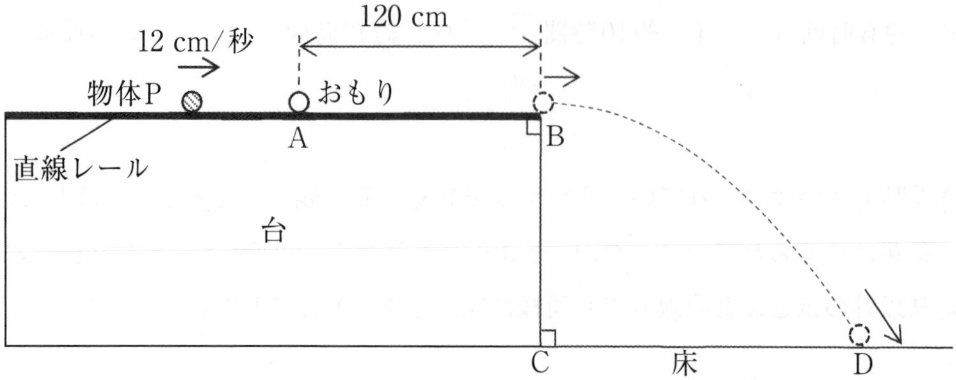

【実験】

① 台上に直線レールを置き，レールのはしの点Bから120 cm離れたレール上の点Aにおもりを置いた。

② 重さ100 gの物体Pを速さ12 cm/秒でレール上をすべらせて，おもりにぶつけた。

③ おもりは点Aからレール上をすべり，点Bから飛び出した。このとき，点Aのおもりが動き始めてから点Bに到達するまでの時間をはかった。

④ 点Bから飛び出したおもりは，その後，床に落下した。点Bの真下の床上の点を点Cとし，おもりが床に落下した点を点Dとして，おもりが点Bから点Dに到達するまでの時間，点Cから点Dまでの距離をそれぞれはかった。

⑤ おもりの重さを変えて同様の実験をおこない，結果を表にまとめた。

おもりの重さ[g]	100	300	400	500
点Aから点Bに到達するまでの時間[秒]	10	20	X	30
点Bから点Dに到達するまでの時間[秒]	0.5	0.5	0.5	0.5
点Cから点Dまでの距離[cm]	6	3	Y	2

問１ おもりの重さが100 gのとき，点Aのおもりが動き始めてから点Bに到達するまでのおもりの速さは何cm/秒ですか。

問２　点Ａのおもりが動き始めてから点Ｂに到達するまでの時間は，物体Ｐとおもりの重さの和によって変化します。表のＸに入る数値を答えなさい。

問３　おもりの重さが50 gのとき，点Ａのおもりが動き始めてから点Ｂに到達するまでのおもりの速さは何cm/秒ですか。

問４　点Ｃから点Ｄまでの距離は，点Ｂから飛び出すおもりの速さによって変化します。表のＹに入る数値を答えなさい。

問５　点Ｃから点Ｄまでの距離が５ cmのとき，おもりの重さは何gですか。

問６　おもりの重さをどのような値にしても，点Ｃから点Ｄまでの距離がある距離Ｌより小さくなることがあっても，ある距離Ｌ以上になることはありません。次のア～カのうち，距離Ｌとして最も適当なものはどれですか。１つ選び記号で答えなさい。

ア．8 cm　　イ．10 cm　　ウ．12 cm

エ．14 cm　　オ．16 cm　　カ．18 cm

問７　次の文は，この実験における物体Ｐとおもりの運動の関係を，物体Ｐとおもりの重さの和から説明したものです。次のア～エのうち，文の（　　　）に入る語句の組み合わせとして最も適当なものはどれですか。１つ選び記号で答えなさい。

物体Ｐとおもりの重さの和が２倍，３倍と変化すると，おもりの速さは（　①　）となり，点Ｃから点Ｄまでの距離は（　②　）となる。

ア．①：２倍，３倍　②：２倍，３倍　　イ．①：２倍，３倍　②：$\frac{1}{2}$倍，$\frac{1}{3}$倍

ウ．①：$\frac{1}{2}$倍，$\frac{1}{3}$倍　②：２倍，３倍　　エ．①：$\frac{1}{2}$倍，$\frac{1}{3}$倍　②：$\frac{1}{2}$倍，$\frac{1}{3}$倍

3 地球の夜空に見える星々は，ほとんどが自らかがやき，光を出している天体です。このような天体をこう星といいます。夜空に見えるこう星の明るさはさまざまで，明るく見えるものもあれば暗く見えるものもあります。こう星の明るさは「等級」で表します。また，見える色も赤や青，黄，白などとさまざまです。これらのこう星は地球からの距離もさまざまで，近いものもあれば遠いものもあります。したがって，地球の夜空に見えるこう星の明るさは，本来の明るさとは異なります。地球から見たこう星の明るさのことを「見かけの等級」といいます。一方，こう星本来の明るさは，すべてが地球から同じ距離にあるとして比べることが可能です。そこで，すべてのこう星が地球からある等しい距離（32.6光年）にあるとしたときの明るさをこう星本来の明るさとし，「絶対等級」といいます。表は，いくつかの代表的なこう星の見かけの等級，絶対等級，および色についてまとめたものです。これについて，あとの問１～問８に答えなさい。ただし，数値についている符号「－」はマイナスといいます。マイナスの値は０よりも小さく，数字が大きくなると値が小さくなります。たとえば，「－５」と「－２」では，「－５」のほうが小さい値となります。

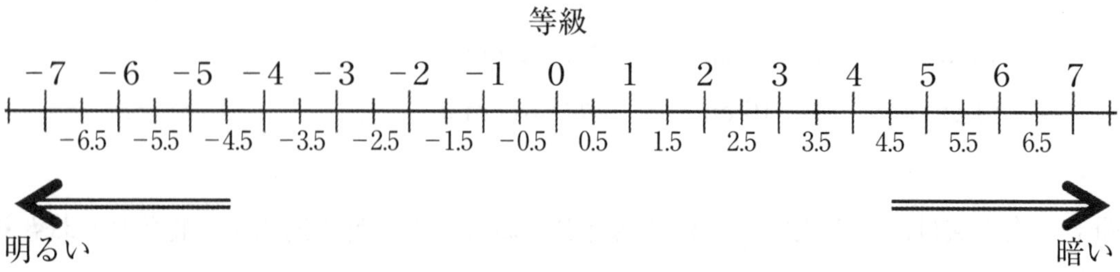

こう星名	見かけの等級	絶対等級	色
アルデバラン	0.8	－0.5	オレンジ
アンタレス	1.0	－4.9	赤
カペラ	0.1	－0.3	黄
シリウス	－1.5	1.4	青白
デネブ	1.3	－7.4	青白
ベガ	0.0	0.6	青白
ベテルギウス	0.4	－5.5	赤
リゲル	0.1	－6.6	青白
太陽	－26.7	4.8	黄

問１　デネブとベガは夏の大三角を構成するこう星です。次のア～エのうち，夏の大三角を構成するもう一つのこう星として正しいものはどれですか。１つ選び記号で答えなさい。

ア．アルタイル　　イ．カノープス　　ウ．スピカ　　エ．プロキオン

問２　次のア～カのうち，地球から見て最も明るく見えるこう星はどれですか。１つ選び記号で答えなさい。

ア．アルデバラン　　イ．シリウス　　ウ．デネブ

エ．ベガ　　オ．ベテルギウス　　カ．リゲル

問３　次のア～カのうち，こう星本来の明るさが最も明るいこう星はどれですか。１つ選び記号で答えなさい。

ア．アルデバラン　　イ．シリウス　　ウ．デネブ

エ．ベガ　　オ．ベテルギウス　　カ．リゲル

問４　次のア～エのうち，アルデバランとベテルギウスのこう星本来の明るさについて説明したものとして最も適当なものはどれですか。１つ選び記号で答えなさい。

ア．アルデバランよりベテルギウスのほうが約100倍明るい。

イ．アルデバランよりベテルギウスのほうが約５倍明るい。

ウ．ベテルギウスよりアルデバランのほうが約100倍明るい。

エ．ベテルギウスよりアルデバランのほうが約５倍明るい。

問５　カペラとリゲルのうち，地球からの距離が近いこう星はどちらですか。名称を答えなさい。

問６　次のア～クのうち，地球からの距離が32.6光年より近いこう星はどれですか。すべて選び記号で答えなさい。

ア．アルデバラン　　イ．アンタレス　　ウ．カペラ

エ．シリウス　　オ．デネブ　　カ．ベガ

キ．ベテルギウス　　ク．リゲル

こう星の色はこう星の表面温度に関係しており，青白く見えるこう星ほど表面温度が高く，色が青白，白，黄，オレンジ，赤となるにつれて表面温度は低くなります。

問７　次のア～カのうち，太陽よりも表面温度が低いこう星はどれですか。すべて選び記号で答えなさい。

ア．アンタレス　　イ．シリウス　　ウ．デネブ

エ．ベガ　　オ．ベテルギウス　　カ．リゲル

問８　絶対等級は，こう星の表面温度とこう星の大きさに関係します。太陽とカペラのうち，大きなこう星はどちらですか。名称を答えなさい。

4　うすい塩酸とうすい水酸化ナトリウム水溶液を用いて，次のような実験をおこないました。これについて，あとの問１～問７に答えなさい。ただし，実験で用いる塩酸と水酸化ナトリウム水溶液の濃度はそれぞれすべて同じものとします。また，すべての水溶液の１ cm^3 あたりの重さは１ｇとします。

【実験１】

①　６個のビーカーＡ～Ｆを用意し，それぞれに塩酸を100 cm^3 ずつ入れた。

②　ビーカーにさまざまな体積の水酸化ナトリウム水溶液を加えてまぜた。

③　ビーカーを加熱して水をすべて蒸発させ，残った固体の重さをはかった。

④　結果を表１にまとめた。

ビーカー	A	B	C	D	E	F
加えた水酸化ナトリウム水溶液の体積[cm^3]	50	100	150	200	250	300
残った固体の重さ[g]	0.59	1.18	1.77	2.36	2.76	3.16

表１

問１　次のア～ウのうち，加熱し水をすべて蒸発させたとき，固体が残るものはどれですか。すべて選び記号で答えなさい。

ア．塩酸　　イ．水酸化ナトリウム水溶液　　ウ．食塩水

問２　実験１の②のあと，ビーカーＡ～ＦにそれぞれBTB溶液を数てき加えました。ビーカーＡ～Ｆのうち，水溶液の色が青色になるものはどれですか。すべて選び記号で答えなさい。

問３　塩酸200 cm^3をちょうど中和するのに必要な水酸化ナトリウム水溶液の体積は何cm^3ですか。

問４　この水酸化ナトリウム水溶液の濃度は何％ですか。

問５　塩酸200 cm^3に水酸化ナトリウム水溶液500 cm^3を加えてまぜ，加熱して水をすべて蒸発させたとき，残る固体の重さは何ｇですか。

【実験２】

①　３個のビーカーＧ～Ｉを用意し，それぞれに水酸化ナトリウム水溶液を200 cm^3ずつ入れた。

②　ビーカーにさまざまな体積の塩酸を加えてまぜた。

③　ビーカーを加熱して水をすべて蒸発させ，残った固体の重さをはかった。

④　結果を表２にまとめた。

ビーカー	G	H	I
加えた塩酸の体積[cm^3]	50	100	250
残った固体の重さ[g]	X	2.36	Y

表２

問６　表２のX，Yに入る数値をそれぞれ答えなさい。

問７　ビーカーG，Iの残った固体にそれぞれ水を加え，すべてとかし，水溶液をつくりました。次のア～オのうち，ビーカーG，IにそれぞれBTB溶液を数てき加えたときの水溶液の色として最も適当なものはどれですか。それぞれ１つずつ選び記号で答えなさい。

ア．青色　　イ．赤色　　ウ．黄色　　エ．緑色　　オ．白色んだろう。

宮沢さん　本文では「神」とか「仏」とか言われているけどもつまりは X 存在のことだよね？

開藤さん　なるほど。久蔵はその存在に夏休みの宿題をやっていないのを見られたと思ったんだね。

成田さん　久蔵は、その存在が自分に罰を与えたのだと考えて「身の引きしまるのを感じた」から誰に見られていても恥ずかしくない過ごし方をするようになったんだ。

大場さん　ということは文章の最後の空欄《くうらん》Aに入るのは Y ってことだ。

(i) X に当てはまる内容として最も適当なものを、次の**ア**～**エ**の中から一つ選んで、記号で答えなさい。

ア　人々の行動を制限する
イ　人々の行動を導いていく
ウ　人々の行動の善悪を判断する
エ　人々の行動を全て把握《はあく》している

(ii) Y に当てはまる内容として最も適当なものを、次の**ア**～**エ**の中から一つ選んで、記号で答えなさい。

ア　以前よりも熱心に勉強するようになった
イ　周囲の人間に対して更《さら》に警戒心《けいかいしん》を抱《いだ》くようになった
ウ　今まで以上に神や仏の存在を信じるようになった
エ　父親を見習って祭典委員長を目指し始めた

問八　本文冒頭の～～部「人間の内部に疑惑と嫌悪を見出した」とありますが、これについて大宮開成中学校の先生と生徒が話し合いました。これを読んで、**ア**～**エ**の□に当てはまることばを、それぞれ本文中からぬき出しなさい。

先生　本文の冒頭《ぼうとう》にもあるように久蔵は「小学六年生」で「今まで気のつかなかった自分の姿や大人の姿」を知ります。それを知るまでのいきさつを整理してみましょう。

大場さん　最初の場面は宿題を少ししか進めていない加藤が怒られて泣いているのを見ながらも加藤を見捨て、教師を騙し、犯した罪を申し出ない自らのずるさに**ア**□□□□(四字)を感じたんだよね。

宮沢さん　次の場面では久蔵が千吉から江藤家の李がただでもらえると聞いて李を取るのよ。でも千吉は刑事に声をかけられる頃には李を持っていなくなっていたの。そこで久蔵は千吉を**イ**□□□□□□(六字)だと思うのね。

開藤さん　三つ目の場面では刑事が久蔵に話した内容とは違って先日のことが新聞記事になっていたんだよね。そこで久蔵は自分を裏切った千吉も刑事も**ウ**□□□□□□□□□□□□(十二字)だと感じられたんだ。さらに登校しても生徒も先生も自分のことを**エ**□□□□□□□□□(九字)ように思えたんだ。

成田さん　久蔵が「人間の内部に疑惑と嫌悪を見出した」っていうのはそういうことだったんだね。

エ　言わなくても通じる

問二　――部①「覚悟した」とありますが、この時の「久蔵」についての説明として最も適当なものを、次の**ア**～**エ**の中から一つ選んで、記号で答えなさい。

ア　練習帳を教育勅語の下に置いて、自分が宿題をしていないことが教師に見つからないように祈っている。

イ　夏休みに宿題をしなかったのは自分が悪いのだから、潔く加藤と共に怒《おこ》られようと心を決めている。

ウ　宿題をしなかったことの口実が思いつかず、適切な言い訳がないまま教師に叱《しか》られるしかないとおびえている。

エ　級長としての不適切なふるまいについて、教師から激しく怒られることを予想し腹をくくっている。

問三　――部②「自分が恥ずかしい人間であることを、久蔵は肝に銘じた」とありますが、この時の「久蔵」についての説明として最も適当なものを、次の**ア**～**エ**の中から一つ選んで、記号で答えなさい。

ア　友人が叱られているのを見てもなお、教師に自分の罪を申し出ることなく学校を後にしたことを反省している。

イ　自分は不正を働いた上に本来受けるべき罰からも目を背ける情けない人間であるということを強く自覚している。

ウ　自分を信頼《しんらい》している教師を裏切り、友人すらも見捨てた自分は、他の生徒の模範であるべき級長としてふさわしくないと深く恥じている。

エ　自分は宿題に手を付けなかっただけでなく、そのことを隠《かく》し通したことを後悔《こうかい》し、二度と同じ失敗を繰《く》り返さないようにしようと決心している。

問四　――部③「疚しいことをしたとは思っていない」とありますが、なぜですか。本文中のことばを用いて、四十五字以内で答えなさい。

問五　――部④「その記事を読んだ」とありますが、「その記事を読んだ」後の久蔵の説明として**合っていないもの**を、次の**ア**～**エ**の中から一つ選んで、記号で答えなさい。

ア　自分を許してくれたはずの刑事が自分を裏切ったことに気付いた。

イ　他の生徒の模範であるべき級長としての面目が立たないと思った。

ウ　自分の将来に取り返しのつかない傷がつくことに思い至った。

エ　父の名誉を汚してしまう上に、盗みについて激しく叱られると考えた。

問六　――部⑤「久蔵は顔を上げることができなかった」とありますが、その理由として最も適当なものを、次の**ア**～**エ**の中から一つ選んで、記号で答えなさい。

ア　祭典委員長を務める立派な父の息子としてふさわしくない行いのせいで、父の顔に泥《どろ》を塗《ぬ》ってしまったと思ったから。

イ　父からは予想に反して優しく声をかけられ、父の信頼に応えていない自分のありようを反省し、いたたまれなくなったから。

ウ　父は、自分が教師を騙す心を持っていたことを暗に指摘《してき》しているのだと思い至り、あわせる顔がなくなったから。

エ　友人である加藤を裏切ったのに、彼《かれ》に対して謝罪をしていないことを父に指摘され、深く恥じ入ったから。

問七　――部⑥「誰か」とありますが、これについて大宮開成中学校の生徒が話し合いました。これを読んで、後の各問いに答えなさい。

大場さん　この「誰か」っていうのは結局誰のことを示している

久蔵は音楽室で教師を待った。千吉も刑事もまったく信じられない人間に思われてならなかった。李をただでもらえると千吉は言い、今回は許してやると刑事は言った。にもかかわらず、二人は自分たち子供を裏切ったのだ。考えれば考えるほど、口惜《くや》しさで身の捩《よじ》れる思いであった。入って来た教師に、久蔵は泣きながら一部始終を語った。教師は肯《うなず》きながら聞いていたが、

「それはひどい目に会ったな。これからは、欲しい物があったら買ってもらうことだ。もう泣くな」

と言って帰してくれた。一言も咎めぬ教師の態度に、久蔵は**b**言いようもない慰《なぐさ》めを感じた。だが、もう一つ難関が待っている。父や母の叱責である。父はこの辺りでは有名な人間だった。札幌《さっぽろ》六区の祭典委員長を父は勤めていた。六区にはデパート五番館もあれば、大きな商店もある。建設会社もある。広い屋敷を持つ江藤家もある。祭典委員長は、近辺きっての高額所得者か、名士がなるのが常であった。だが六区に限って、何の財産も地位もない一介《いっかい》の牛乳店主である久蔵の父が委員長であった。その父の名誉を、久蔵は汚《けが》したことになる。久蔵は恐る恐るわが家に帰った。が、父も母も、久蔵を一切咎めなかった。新聞が下駄箱の蔭から見つかった証拠《しょうこ》に、机の上に置かれてあったが、そのことについても咎めはなかった。ただ仲夫はいつもの穏やかな語調で言った。

「お父さんは、久蔵を信じているよ。久蔵は蔭でこそこそと悪いことのできる人間ではない。悪いことをしたら、必ず正直に謝る人間だ」

この言葉を聞いたとたん、久蔵は不意に、夏休みの宿題を怠けた時のことを思い出した。教師は、級長の久蔵が宿題を忘れるはずがないと、頭から信用して調べもしなかった。にもかかわらず正直に謝ることをしなかった。あの日残されるべきは、あの加藤ではなく、この自分であるはずだった。教師に叱責されるのは、あの加藤ではなく、この自分自身であるべきはずだった。父仲夫は、その時のことを知ってか知らずか、久蔵を、悪いことをしたならば必ず謝る人間だと言った。

⑤久蔵は顔を上げることができなかった。そして、⑥誰かが、人間のするすべてのことを、じっと見通しているような恐れを感じた。久蔵のすることを、何もかもわかっている者があるのを感じた。それを神と呼ぶべきか、仏と呼ぶべきか、むろん少年久蔵にはわからなかったが、久蔵は身の引きしまるのを感じた。盗みもしないのに不良少年として新聞に名前を出されたのは、宿題を怠けても罰《ばっ》せられなかった代りの罰であると、久蔵は思った。それ以来、久蔵は　**A**　。

（三浦綾子『愛の鬼才』による）

※1　源治や真吉…久蔵の弟たち。
※2　教育勅語…明治天皇が国民教育の基本的目標を示した文書。
※3　西村…久蔵のこと。
※4　狡猾…ずるく、悪賢《わるがしこ》いこと。
※5　御用聞…得意先を回って注文を聞く人。
※6　李…バラ科の果物。
※7　女中…よその家に雇《やと》われて家事の手伝いなどをする女性。

問一　━━部**a**「観念した」・**b**「言いようもない」の本文中での意味として最も適当なものを、それぞれ後の**ア**～**エ**の中から一つずつ選んで、記号で答えなさい。

a「観念した」
ア　反省した　**イ**　絶望した
ウ　祈《いの》った　**エ**　諦《あきら》めた

b「言いようもない」
ア　言うに値《あたい》しない
イ　言うことがためらわれる
ウ　言い表せない

ように自分たちのほうを見ているような気がした。

門を出た千吉は、一人から十個ずつ李を取り上げ、籠《かご》に入れてさっさと自転車に乗って去って行った。久蔵たちは大喜びで李を口にしながら歩いていたが、不意に一人の男に声をかけられた。縞《しま》の着物を着た、一見商人ふうの男だった。

「坊《ぼ》っちゃんたち、おいしそうな李を食べているね」

穏《おだ》やかな声であった。

「うん、おいしいよ、この李」

久蔵が答えた。

「そう。それで、その李、どこで買って来たの？」

男は相変らず穏やかだ。

「どこって……」

買って来た李ではない。といってもらって来た李でもない。誰にでもただでくれるから取るがいいと言ったのは千吉である。だが千吉の李でもない。その間の事情を咄嗟《とっさ》にはうまく説明できなかった。久蔵は答えに詰《つま》った。とたんに男が怒鳴《どな》った。

「こらっ！　お前ら、それをどこかで盗《ぬす》んで来たな」

かつて久蔵は、こんな恐《おそ》ろしい声を聞いたことはなかった。学校の教師でも、こんな凄味《すごみ》のある声は出さない。

「ぬ、盗んだんじゃありません」

縮み上がる思いで久蔵は答えた。

「盗んだんじゃない？　じゃ、どこでもらった」

「江藤さんのお屋敷です」

久蔵は半泣きになって言った。

「何？　江藤さんのお屋敷？　それが本当なら、おれに蹤いて来い」

久蔵たちは男に蹤いて、今出て来た江藤家の屋敷に行った。男の問いに屋敷の使用人たちは久蔵たちを知らないと言った。まして、李をやるはずはないと言った。しかし久蔵たちは盗んだつもりはない。③疚《やま》しいことをしたとは思っていない。だから謝罪する気にはならない。ただ、千吉の言葉を信じて李をもいだだけなのだ。そのことを言うのだが、大人たちは頭から久蔵たちを疑っていた。千吉に聞いてくれれば、何もかもわかることだと思った時、久蔵は不意に、自分たちから李を取り上げて、逃げるように自転車を飛ばして行った千吉の姿を思い出した。あの愛想のいい千吉が、にわかに不気味な人間に思われた。

結局、久蔵たちは、住所氏名と親の名を聞かれた。商人ふうの男は刑事《けいじ》だったのである。刑事は久蔵たちの住所氏名を手帳に記すと、もとの穏やかな声に戻《もど》って、

「今度だけは許してやる。だがもう一度こんなことをしたら、警察行きだ」

と、帰って行った。

翌朝、久蔵は牛乳配達をするために、いつものように早く起きて玄《げん》関《かん》の朝刊をひらいて見た。久蔵は講談が好きで、連載物《れんさいもの》のその講談を読んでから配達に出かけるのが、常であった。その四面をひらくと、

〈不良少年狩《が》り！〉

という活字が目に飛びこんだ。昨日の今日である。久蔵は胸騒《むなさわ》ぎがして、④その記事を読んだ。と、何とそこに自分の名が、父の名まで添《そ》えて記されてあった。久蔵の顔から血が引いた。久蔵はその新聞を下駄箱《げたばこ》の蔭《かげ》にかくして、配達に出た。

その日、よほど学校を休もうと思ったが、勇気を出して学校に行った。誰もが自分を胡散臭《うさんくさ》げに見ているような気がする。いつものように授業が始まった。受持の教師は何も言わなかった。何も言われないことが久蔵には恐ろしかった。教師は五時間目が終る頃、さりげなく久蔵の傍に寄り、放課後、音楽室で待っているようにとささやいた。

必ず雷《かみなり》のような叱責《しっせき》の声が頭上に落ちるにちがいない。①覚悟《かくご》した久蔵の耳に、突如《とつじょ》、割れるような教師の声がした。久蔵ははっと目をあけた。

「加藤！　たった五日分しかやってないとは何事だ！　この怠《なま》け者！　なぜして来なかった⁉　何？　忙《いそが》しかった？　忙しいのはみんなも同じだ。※3西村なぞ、朝夕牛乳配達をしているのだぞ。暗くなるまで残ってろ！」

久蔵の胸は早鐘《はやがね》のように鳴った。教師は加藤の頭を二つ三つ小突《こづ》いて、しだいに久蔵の席に近づいて来る。久蔵はその場から逃《に》げ出したい思いに耐《た》えて、しかし背筋をぴんと伸《の》ばし、前の席の級友の頭に目を注いだ。ついに教師は、久蔵の傍《そば》に立った。久蔵は息を止めた。

「うん。よし！」

教師は上に乗っている勅語の写しを一瞥《いちべつ》しただけで、直ちに踵《きびす》を返した。練習帳を見るまでもないと思ったのであろう。久蔵は目まいを覚えた。

その日は二学期を迎《むか》えるに当っての訓話を聞かされただけで、授業がなかった。久蔵の号令で、生徒たちは終礼をし、廊下《ろうか》に出た。みんなわいわいと声を上げて出て行く中に、加藤だけが泣きながら立っている。久蔵は教室を出るにも出られなかった。自分は教育勅語を一枚書いただけで、ただの一字も練習帳の宿題をしていない。しかし加藤は、五日分はしているのである。加藤が残される以上、自分は帰ってはならぬと、久蔵は思った。

それは加藤に対する同情ではなかった。加藤は加藤のした行為《こうい》に対する罰《ばつ》を受けている。だが自分は、自分の受けるべき罰を受けてはいない。しかも自分の場合、二重の不正をしたように思われた。もし潔く練習帳を教育勅語の上に置いたならば、教師は必ずその一頁をひらいて見たであろう。教師を騙《だま》すつもりが自分の心のどこかにあった。教育勅語を上に置いた自分は※4狡猾《こうかつ》だったと、久蔵は自己嫌悪を感じた。

今からでも遅《おそ》くはない。職員室に行って、教師の前に一切を告白しようかと思った。しかし、教師を落胆《らくたん》させるのも忍《しの》びない気がした。たとえ落胆させても、正直に告げ、夕刻までここに残っていれば、自分の罪は許されるのだ。詫《わ》びるべきだと久蔵は思った。だが久蔵は、職員室の前まで行き、うろうろと歩いただけで、ついに職員室の中まで入ることはできなかった。この日初めて、②自分が恥《は》ずかしい人間であることを、久蔵は肝《きも》に銘《めい》じたのである。この事件を、後年教師になってからも、久蔵はたびたび思い出したという。

この事件があってから、半月ほども経《た》ってからのことであった。初秋の日曜日の午後、久蔵は弟の源治と、友人の吉夫、実、清の五人で道を歩いていた。と、向うから近所の雑貨屋の店員が自転車でやって来た。千吉という※5御用聞《ごようきき》であった。

「おいみんな、※6李《すもも》が欲しくないか」

千吉が愛想よく声をかけた。

「李？」

ちょうど李の熟する頃である。久蔵たちは顔を見合わせた。

「江藤さんのお屋敷《やしき》にはな、李が腐《くさ》るほどあるんだ。おれなんか毎日もらいに行っているんだぞ。一緒《いっしょ》にもらいに行かないか」

「へえー、誰《だれ》にでもただでくれるの？　行くか、みんな」

「うん、行く行く」

久蔵たちは千吉の自転車に蹤《つ》いて、駆《か》けて行った。江藤家は植物園のような広い庭園を持つ豪邸《ごうてい》である。千吉は窪地《くぼち》の李を久蔵たちに指し示して、自分は勝手口にまわって行った。久蔵たちは大喜びで、木に登り、枝をゆすり、李を取った。そして懐《ふところ》に入れられるだけ李を入れ、千吉の出て来るのを待った。久蔵はその時、※7女中が咎《とが》める

ウ　イモムシは、生きていくために必要なものや生存を脅《おびや》かすようなものは認識できるが、それ以外のものは認識できない。

エ　イヌやハエは、自分の生存に関係のないものが周りにいくらあふれていようとも、それらに関係なく生きていくことができる。

三　次の文章を読んで、後の問いに答えなさい。

小学六年生の年は、久蔵《きゅうぞう》にとって、ある意味では曲り角であった。今まで気のつかなかった自分の姿や大人の姿が、曲り角に立った時、初めて見えてきた。それは少年なりの見え方ではあったが、人間の内部に疑惑《ぎわく》と嫌悪《けんお》を見出《みいだ》した重要な曲り角であった。

夏休みに入って、久蔵は毎日が愉快《ゆかい》であった。家業の牛乳配達や瓶《びん》洗いを手伝う以外は、※1源治や真吉、そして近所の子供たちをつれて、北海道庁の構内や大通り公園、創成《そうせい》川、豊平《とよひら》川、円山《まるやま》公園などに、毎日のように遊びに出かけた。宿題はあったが、夏休みの終り頃《ころ》に、かためてすればよいと久蔵は思っていた。宿題は夏休み練習帳一冊と、※2教育勅語《きょういくちょくご》を半紙に十枚墨書《すみがき》することであった。

久蔵は、なぜ夏休みに教師が宿題を出すのか理解できなかった。いや、夏休みだけではない、つねづね宿題を出されるたびに、久蔵はそれが不思議だった。勉強というものは学校でするものであり、家でするものとは思えなかった。教師は口癖《くちぐせ》のように「よく学び、よく遊べ」と言っていた。その学ぶ所が学校であり、学校から離《はな》れた時は遊んでよいのだと、なぜか久蔵は思いこんでいた。しかも、生徒たちといえども、小学四年以上になれば、男子も女子も家の手伝いをさせられる。親戚《しんせき》の家まで物を届けに行くこともあれば、家の内外の掃除《そうじ》や薪《まき》割りをさせられることもある。特に久蔵の家は牛乳屋であった。勉強を始めていても、特別の注文があれば届けに行かねばならない。そのうえ宿題があっては、遊ぶ時間がないではないかと、久蔵は思っていた。こう思ったのは、予習復習などせずとも、級長を勤め得るほどの学力が久蔵にあったためかもしれない。

というわけで、久蔵は最初から宿題のことも忘れて、夏休みの日々をただ愉快に遊んだ。そして、いよいよ明日から第二学期が始まるという夜、宿題に気づいたがもう遅《おそ》い。久蔵はいたし方なく墨を磨《す》り、食卓《しょくたく》の上で教育勅語を筆で書いた。一字も間違《まちが》いなく一枚書き上げるのに、一時間半を要した。久蔵はその一枚を手に取って、

（要するに、まったく宿題をしなかったわけではない）

と、安心して床《とこ》についた。むろん練習帳には一字も書きこんではいない。そんなことには頓着《とんちゃく》なく久蔵はすぐに眠《ねむ》りこんだ。

さて、問題は翌日であった。始業式のあと、生徒たちは教室に入り、宿題を自分の机の上に置いた。教師が机間巡視《きかんじゅんし》をして宿題をあらためるのである。

「みんな元気だったか。まさか宿題を忘れた者はいないだろうな。忘れて来た者は、夕方まで残すことにする！」

ここで初めて、久蔵はぎくりとした。久蔵は級長である。その級長の自分が、宿題を忘れて夕刻まで残されるのは、はなはだ不名誉《ふめいよ》なことだ。級長はすべてに生徒の模範《もはん》でなければならなかった。その久蔵が宿題を忘れたとあっては、教師の怒《いか》りは倍加するにちがいない。久蔵は**a**観念した。練習帳の上に、久蔵は昨夜書いた教育勅語の写しを白い半紙と共に重ねて、教師を待った。宿題をしなかった口実を考えようと思ったが、いかなる口実も許されないような気がした。

教師は一人々々を批評した。「よし！」とか、「何だこの字は！」とか「まちがいだらけじゃないか！」とか言う声が、一つ一つ久蔵の胸を刺《さ》す。教師は最後に久蔵の列にまわって来た。久蔵は目をつむった。

「何だ、級長の癖《くせ》に、一頁《ページ》もやってこなかったとは！」

□□□□□□(十字)の全てを指しているわけではないと思うよ。

成田さん　ユクスキュルは、「環境」とは［X］であると考えているので、生き物にとっての「環境」とは、それぞれの生き物が生きるために必要なものでエ□□□□□□□(七字)のことを意味しているのではないかな。

開藤さん　ダニの生きる世界が人間の世界における三つのものだけで構成されているなんて、ダニは人間よりもオ□□□□□□□□(八字)に生きているようにも思えるけれど、それがかえってダニの行動のカ□□□(三字)を保証しているんだね。だからダニの生活が大変だということはないんだよ。

(i) ア～カの□に当てはまることばを、それぞれ本文中からぬき出しなさい。

(ii) ［X］に当てはまる最も適当なものを、次のア～エの中から一つ選んで、記号で答えなさい。

ア　あらゆる生き物にとって、基本となる部分は同じになるように構築された世界

イ　生存に適した環境と適さない環境に分かれて構築されている世界

ウ　生き物が、生存に必要ないものを切り捨てながら構築していく世界

エ　あらゆる生物がそれぞれの生き方に合うように構築している世界

問四　［A］・［B］に当てはまることばとして適当なものを、それぞれ下のア～エの中から一つずつ選んで、記号で答えなさい。

A　ア　活動規範《きはん》　イ　安全対策　ウ　自然環境　エ　知覚信号

B　ア　たくましさ　イ　不自由さ　ウ　豊かさ　エ　粗悪《そあく》さ

問五　――部③「客観的環境というようなものは、存在しないことになる」とありますが、このように言えるのはなぜですか。――部③より前の本文のことばを用いて、次の文の□に合うように、四十五字以内で答えなさい。

ユクスキュルによるとそれぞれの動物が主体となり、まわりの環境の中から□から。

問六　――部④「人間の見る部屋とぜんぜん違うものである」とありますが、どういうことですか。それを説明したものとして最も適当なものを、次のア～エの中から一つ選んで、記号で答えなさい。

ア　人間は動物よりも多くのものに関心を寄せるため、人間の方が動物よりも部屋を広く見ているということ。

イ　人間と動物では関心となるものの対象が異なるので、両者は全く違うように世界を認識しているということ。

ウ　人間が認識しているものを動物は認識することができないため、両者は違う世界を見ているということ。

エ　動物はそれぞれに世界を構築しているため、人間が動物の世界を認識することは不可能であるということ。

問七　本文の内容の説明として**合っていないもの**を、次のア～エの中から一つ選んで、記号で答えなさい。

ア　ある地域に生えている植物は、その地域で生きていく生き物たちにとって非常に重要な意味を持っている。

イ　ダニは外界に対する自らの反射行動を単純に連続させることによって生存を可能にしているわけではないとユクスキュルは考える。

ハエにとっての部屋

上から照っている電灯が輝《かがや》いていることはわかる。だから、電灯が上から照っていて、点々といくつかの飲み物と食べ物がある、それだけである。他のものは何も存在していないに等しい。
　しかし、現実にその部屋は存在していて、そこにはいろいろなものがある。少なくとも人間には見える。しかし、イヌから見たときには全部は見えない。イヌから見ると、ここにはごくわずかなものしかない。ハエから見たら、もっとわずかなものしかない。部屋自体は厳然と存在しているのであるが、動物にとって意味のある世界は、部屋全体という、いわゆる客観的なものではない。動物が生きているのは、彼らの環世界の中であって、意味のない客観的な環境の中で生きているのではない。これが、ユクスキュルの「環世界論」である。

（日高敏隆『動物と人間の世界認識』による
問題作成のために本文を一部変更したところがあります）

※1　灌木…木のたけが低く、幹が発達していない状態の木。低木ともいう。
※2　酪酸…天然には家畜《かちく》の乳脂《にゅうし》中にわずかに存在する酸のこと。不快《ふかい》臭《しゅう》をもつ油状の液体。

問一　[Ⅰ]～[Ⅳ]に当てはまることばとして適当なものを、それぞれ次の**ア**～**エ**の中から一つずつ選んで、記号で答えなさい。ただし、同じ記号を二回以上選ぶことはできません。
ア　そして　**イ**　しかし　**ウ**　あるいは　**エ**　つまり

問二　――部①「こういう認識」の説明として最も適当なものを、次の**ア**～**エ**の中から一つ選んで、記号で答えなさい。
ア　生物の身の周りを取り囲んでいるものは数字で表すことができる、という認識。
イ　生物の身の周りにあふれているものは生きるために必要なものばかりである、という認識。
ウ　生物の身の周りにあふれているものは詳細《しょうさい》に説明することができる、という認識。
エ　生物の身の周りを取り囲んでいるものはあらゆる言語で表すことができる、という認識。

問三　――部②「ユクスキュルはこれについて詳しく論じている」とありますが、『動物と人間の環世界をめぐる散策』の中でユクスキュルが論じている内容について大宮開成中学校の先生と生徒が話し合いました。これを読んで、後の各問いに答えなさい。

先生　ユクスキュルは「環境」をどういうものだと考えているか、この本文から読み取ることができましたか？
大場さん　ダニの例がわかりやすく書かれていたよね。ダニにとっては、哺乳類の体からでる匂いや体温、皮ふの接触刺激の三つだけが自らの生存にとって**ア**□□（二字）があるんだよね。ダニはそれら三つの信号を認知し、**イ**□□□□□□□□□（九字）ことで生きていけるみたいだよ。
宮沢さん　「環境」って、生き物の**ウ**□□□□□□□□□□（十字）の全てを意味するんだよね？　周りにあるたくさんのものの刺激から、生存に必要な三つだけの刺激に反応しなくてはならないなんて、ダニの生活はすごく大変そう。
開藤さん　その宮沢さんの読み取り、少し違うんじゃないかな？　ユクスキュルのいう「環境」は、生き物の**ウ**□□□□

にとって存在するのは、彼らのこの環世界であり、彼らにとって意味のあるのはその世界なのであるから、一般的《いっぱんてき》な、客観的環境というものは存在しない。つまり、いわゆる環境というものは、主体の動物が違《ちが》えばみな違った世界になるのだというのである。

（中略）

人間にとっての部屋

このことをユクスキュルは、大変おもしろい、有名な絵で説明している。

その絵は、応接間のような部屋の絵である。テーブルの上には食べ物が少しと、飲み物が少し置いてある。周りに何脚《なんきゃく》か椅子《いす》がおいてあって、お客さんが座るはずである。部屋のすみには本棚《ほんだな》があって、本が並んでいる。その手前には読書台のようなものがあり、仕事をするときに座るカウンター用の丸椅子が見える。天井からは、電灯が下がっている。その電灯は灯りがついて、こうこうと輝いている。

人間が見ると、この部屋は応接間みたいなところであって、テーブルがあって、そこには食べ物が並んでいる。上からは電灯が光っている。部屋のすみには本棚があって、たくさんの本が並んでいる。その手前には読書台がある。そして、お客さんが座るべき椅子が何脚かとソファーがある。これが人間から見たときの「この部屋」というものであり、人間はそれを「客観的」に認識しており、これが環境だと思っている。

イヌにとっての部屋

しかし、もしもここにイヌが入ってきてこの部屋を見たとき、どうだろうか。イヌから見ると、食べ物には関心がある。飲み物にも関心がある。上には電灯がついているが、明るいということはイヌにしてみるとあまり関心がない。そして、本棚にどんな本が並んでいるか、そんなことにも関心はない。仕事用の読書台もイヌにはまったく関心がないので、これらのものはその絵の中で、一様に灰色で示されている。

イヌにとって関心があって、彼らが作っている世界の中に存在するものは、そのテーブルの上にある食べ物と飲み物である。その絵の中ではこれは、とくに食べ物用の皿は明るく白色に描《えが》かれている。椅子やソファーは、イヌから見ると、彼らの友達である人間の座るであろうものだから、そこには関心がある。だから、これらはうすい灰色に描かれている。それ以外はイヌにとってはあってもなくても同じようなもの、ないに等しい、存在していないものなので、灰色に描かれた絵になっている。それは④人間の見る部屋とぜんぜん違うものである。

そして、今度はこの部屋にハエが飛び込んできたとすると、ハエにとって関心があるのは、食べ物と飲み物だけである。ハエから見ると、それだけがぴかっと光って見える。しかし、テーブルとか椅子とか、そんなものはどうでもよろしい。

本棚、読書台、そんなものには何の関心もない。それはほとんど灰色である。しかし、ハエは光に向かって飛んでいく性質があるから、クスキュルは、ダニは機械なのか、それとも機関士なのかと問うのである。

光も匂いも温度も接触《せっしょく》もすべて刺激《しげき》である。しかし、刺激というものは一つの信号ではあるけれども、それが主体によって知覚されたとき、初めて刺激となるものだ。

ダニはそれぞれの信号に対してそれを意味のある［A］として認知し、それに対し主体として反応する。その結果、ダニは食物を得、子孫を残していくのである。つまり、ダニは機械ではなくて、機関士なのである。

機関士としてのダニにとって、その環境にはさまざまなものがある。空気、空気の動き、光、日射による温度、植物の匂い、葉ずれの音、いろいろな虫の匂いや歩く音、トリの声もするだろう。［Ⅱ］それらのほとんどすべては、ダニにとって意味をもたない。

ダニを取り囲んでいる巨大《きょだい》な環境の中で、哺乳類の体から発する匂いとその体温と皮ふの接触刺激という三つだけが、ダニにとって意味をもつ。いうなれば、ダニにとっての世界はこの三つのものだけで構成されているのである。

これがダニにとってのみすぼらしい世界であると、ユクスキュルはいう。そしてダニの世界のこのみすぼらしさこそ、ダニの行動の確実さを約束するものである。ダニが生きていくためには、［B］より確実さのほうが大切なのだとユクスキュルは考えた。

［Ⅲ］、それぞれの動物、それぞれ主体となる動物は、まわりの環境の中から、自分にとって意味のあるものを認識し、その意味のあるものの組み合わせによって、自分たちの世界を構築しているのだ。

たとえば、イモムシであれば、今、自分が乗っている葉は、自分が食べるべき植物である。したがって、その存在は重要な意味をもつものと認識されている。しかし、そのほかの植物はこのイモムシにとって意味がない。食べられるものではないからである。そしてそれ以外に空気とかいうものは何ら認識する意味はない。結局、その葉っぱというものにだけ意味があるのであって、他のものは存在していないに等しい。

しかし、イモムシにもやはり敵がいる。ハチとかがこのイモムシを食べにくる。それは彼らにとって意味がある。そういうものがきたとき、彼らが落とす影《かげ》や彼らの翅《はね》の動きが起こる。その空気の動きにイモムシたちが重大な意味を与えている。それは何ということのない、そよ風が起こす空気の動きとはちがい、自分の命にかかわるものである。そのような意味をもつ空気の動きに対しては、彼らは身体をくねらして逃《に》げようとする。［Ⅳ］、地面に落ちる。そうやって敵を避《さ》けようとする。

そういう意味のある存在を彼らは認識できるようになっている。

彼らの世界はほとんどこれらのものから成り立っている。たとえば、美しい花が咲いていようと、それは彼らにとっては意味がない。食物としても敵としても意味のないそのようなものは、彼らの世界の中に存在しないのである。彼らにとって大切なのは、客観的な環境といわれているようなものではなくて、彼らという主体、この場合にはイモムシが、意味を与え、構築している世界なのである。

それが大事なのだと、ユクスキュルはいう。ユクスキュルはこの世界のことを「環世界」、ウムヴェルト(Umwelt)と呼んだ。ウムは周りの、ヴェルトは世界である。つまり、彼らの周りの世界、ただ取り囲んでいるというのではなくて、彼ら主体が意味を与えて作りあげた世界なのであるということを、ユクスキュルは主張した。

したがって、③客観的環境というようなものは、存在しないことになる。それぞれの動物が、主体として、周りの事物に意味を与え、それによって自分たちの環世界を構築しているのである。そして、彼ら

（注意事項）　1　文の主語を明らかにすること。
　　　　　　　2　数字を表記する際、次の例を参考にすること。
　　　　　　　（例　七十万人　二百万人　二〇一〇年　二〇一六年）

二　次の文章を読んで、後の問いに答えなさい。

われわれが環境《かんきょう》というとき、昔は環境というのは、あるもの、とくに生物学でいうときには、ある生き物（もちろん人間を含《ふく》めて）の身の回りにあるものを環境ということになっていた。ドイツ語では、これをウムゲーブング(Umgebung)、周りに与《あた》えられたもの、という言葉を使って表現していた。だから、独和辞典をひけば、Umgebung すなわち環境と書いてある。他の辞書で環境とひけば、英語ではエンヴァイロンメント(environment)、フランス語ではミリュー(milieu)あるいはアンヴィロンヌマン(environnement)、ロシア語ではスリェダー(среда)と記されている。

英語のエンヴァイロンメントというのは、エンヴァイロン、すなわち周りをとりかこむものということである。他の言語でも同じことだ。つまり、周りをとりかこむもの、それをわれわれは環境といっている。

[I]、かつての「自然科学的」な認識では、環境は客観的に存在するもので、温度は何度、湿度《しつど》はどれくらいであって、空気の濃度《のうど》はどれくらい、酸素の濃度、二酸化炭素の濃度はどうだなど、すべて数字で記述できるもの、それが環境であるというふうに思われていた。

そこには、草もある。それには、どういう草と、どういう草があって、花が咲《さ》いている、どういう木がある、どんな石がある、等々、全部記述できるはずである。それが、そこに住んでいる動物の環境、客観的な環境である。①こういう認識が、もっともオーソドックスな環境の定義であった。

しかし、ユクスキュルはそうではないというのである。

彼《かれ》が一九三四年、クリサート(Georg Kriszat)と共に著した「動物と人間の環世界をめぐる散策」(*Streifzüge durch die Umwelten von Tieren und Menschen* : S. Fischer Verlag)（邦訳《ほうやく》のタイトルは『生物から見た世界』日髙敏隆・羽田節子訳、岩波文庫、二〇〇五年）という小さな本の中で、②ユクスキュルはこれについて詳《くわ》しく論じている。

その論調はきわめて理論的で、一読して簡単に理解できるとはいい難いが、彼が例にとったダニの話は、多くの人びとに強い印象を与えた。

森や藪《やぶ》の茂《しげ》みの枝には小さなダニがとまっている。この動物は温血動物の生き血を食物としている。ダニは適当な※1灌木《かんぼく》の枝先によじ登り、そこで獲物《えもの》をじっと待つ。たまたま下を小さな哺乳類《ほにゅうるい》が通ると、ダニは即座《そくざ》に落下して、その動物の体にとりつく。

ダニには目がないので、待ち伏《ぶ》せの場所に登っていくには全身の皮ふにそなわった光感覚に頼《たよ》っている。哺乳類の皮ふから流れてくる※2酪酸《らくさん》の匂《にお》いをキャッチすると、とたんにダニは下へ落ちる。酪酸の匂いが獲物の信号となるのである。

ダニがその敏感《びんかん》な温度感覚によって、自分が何か温かいものの上に落ちたことを知ったら、ダニは触覚《しょっかく》によって毛の少ない場所を探し出し、口を突《つ》っ込《こ》んで血液を吸う。これでダニは食物にありつくことができ、その栄養によって卵をつくり、子孫を残す。

この一連のプロセスは、生理学的に理解すれば、まず光、次いで匂い、そして温度、最後に触覚に対する機械的な反射行動の連続のように思える。

そのように見れば、ダニは一つの機械にすぎない。けれどそこでユ

2024年度

大宮開成中学校

【国　語】〈特待生選抜試験〉（五〇分）〈満点：一〇〇点〉

注意　字数制限のある問いでは、句読点や符号（、。「」など）も一字と数えます。

一　次の各問いに答えなさい。

問一　次の――部のカタカナを漢字に直しなさい。

① 帰りにユウビンキョクに寄る。
② スイトウチョウに収支を記録する。
③ 津波《つなみ》に備えてゴガンを整備する。
④ 友人の話にホソクする。
⑤ 久しぶりにキョウリに帰る。
⑥ メンミツな計画をたてる。
⑦ ここ最近は、モッパら洋楽を聴《き》いている。
⑧ 包丁をトぐ。

問二　次の四字熟語について、間違《まちが》っている漢字を一字ぬき出し、例にならって正しい漢字に直しなさい。

（例　絶対絶命　　対→体）

① 一騎当選
② 傍若無尽

問三　次の各文の――部が直接かかる部分を例のようにぬき出しなさい。ただし、句読点は含《ふく》みません。

（例　雨が／降ったので、洗濯物《せんたくもの》が／ぬれた。　　解答＝降ったので）

① ぼんやり／信号が／変わるのを／待つ／少年の／耳に、最近仲良く／なった／友人の／声が／遠くから／聞こえて／きた。
② 体が／白くて／毛並みの／綺麗《きれい》な／ハトが、せっかく／人にもらった／エサを、近くに／いた／カラスに／横取り／されていた。

問四　次のグラフ中の日本の子どもの出生数の変化に着目し、そこから読み取れることを一つあげ、四十字程度で書きなさい。その際、（注意事項《じこう》）の１・２にしたがうこと。

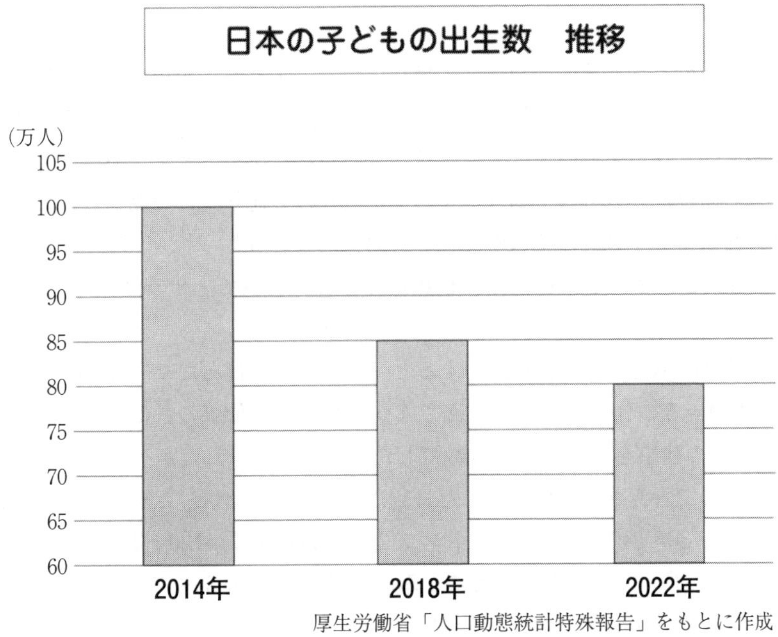

厚生労働省「人口動態統計特殊報告」をもとに作成

2024年度

大宮開成中学校　▶解説と解答

算　数　＜特待生選抜試験＞（50分）＜満点：100点＞

解　答

1 (1) 240　(2) $2\frac{1}{2}$　2 (1) 61箱　(2) 20個　(3) 35日　(4) 12分
3 (1) 6：1　(2) 81.64cm^3　4 (1) 6％　(2) 7.5％　5 (1) 29　(2) 2298　6 (1) 200km　(2) $4\frac{39}{40}$時間　7 (1) $\frac{8}{9}$cm　(2) $\frac{341}{1024}$$cm^2$

解　説

1 計算のくふう，四則計算

(1) $19\times24-6\times48+20\times24-34\times12=19\times24-6\times2\times24+20\times24-34\times\frac{1}{2}\times24=19\times24-12\times24+20\times24-17\times24=(19-12+20-17)\times24=10\times24=240$

(2) $\left(4\frac{5}{6}-\frac{2}{3}\times0.875\right)\div1\frac{7}{10}=\left(\frac{29}{6}-\frac{2}{3}\times\frac{7}{8}\right)\div\frac{17}{10}=\left(\frac{29}{6}-\frac{7}{12}\right)\div\frac{17}{10}=\left(\frac{58}{12}-\frac{7}{12}\right)\div\frac{17}{10}=\frac{51}{12}\times\frac{10}{17}=\frac{5}{2}=2\frac{1}{2}$

2 つるかめ算，場合の数，仕事算，ニュートン算

(1) 64箱すべてが24個入りだとすると，つめることのできるメロンの個数は，24×64＝1536(個)となり，実際よりも，2024－1536＝488(個)少ない。そこで，24個入りの箱を32個入りの箱に1箱かえるごとに，つめることのできるメロンの個数は，32－24＝8(個)ずつ増えるから，32個入りの箱は，488÷8＝61(箱)とわかる。

(2) 各位の数字の和が3の倍数のとき，その整数は3の倍数になる。すると，和が6になる組み合わせは{0，2，4}，和が9になる組み合わせは{0，4，5}と{2，3，4}，和が12になる組み合わせは{3，4，5}なので，これらを並べてできる整数が3の倍数となる。まず，{0，2，4}と{0，4，5}の場合は，百の位が0以外の2通り，十の位が残りの2通り，一の位が残りの1通りなので，どちらも，2×2×1＝4(個)の整数ができる。同様に考えると，{2，3，4}と{3，4，5}の場合は，どちらも，3×2×1＝6(個)の整数ができる。よって，3の倍数は全部で，4×2＋6×2＝20(個)ある。

(3) この仕事全体の量を60と24の最小公倍数の120とすると，Aさんは1日あたり，120÷60＝2，Bさんは1日あたり，120÷24＝5の仕事ができる。Aさんが25日でする仕事の量は，2×25＝50だから，残りの，120－50＝70の仕事を2人が同じ日数でしたことになる。したがって，その日数は，70÷(2＋5)＝10(日)なので，Aさんが仕事をした日数は，10＋25＝35(日)と求められる。

(4) 30分で入る水の量は，8×30＝240(L)だから，ポンプ2つで30分間に，120＋240＝360(L)くみ出したことになる。すると，ポンプ1つで1分間にくみ出す量は，360÷30÷2＝6(L)とわかる。したがって，ポンプ3つでくみ出すとき，1分間に，6×3－8＝10(L)の水が減るから，120÷10＝12(分)で水そうの水がなくなる。

3 辺の比と面積の比，体積

⑴　下の図1で，三角形ABFと三角形CEFは相似であり，相似比は，AB：CE＝BF：EF＝2：1だから，面積比は，(2×2)：(1×1)＝4：1である。そこで，三角形ABFの面積を4，三角形CEFの面積を1とすると，三角形FBCの面積は，$1\times\frac{2}{1}=2$になる。このとき，三角形ABCと三角形CDAの面積はどちらも，4＋2＝6になり，AO＝OCより，三角形OCDの面積は，$6\times\frac{1}{2}=3$となる。したがって，平行四辺形ABCDと斜線《しゃせん》部分の面積の比は，(6×2)：(3－1)＝6：1とわかる。

図1

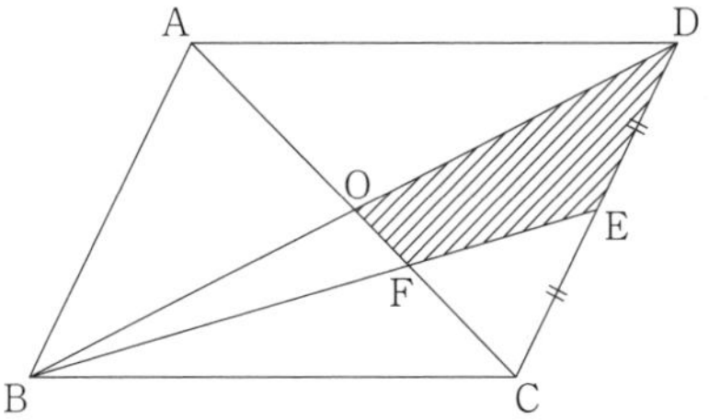

図2

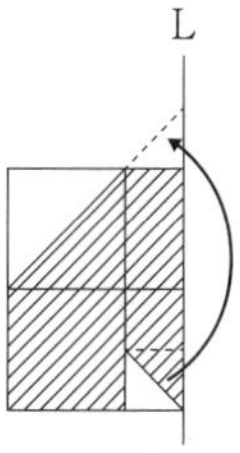

図3

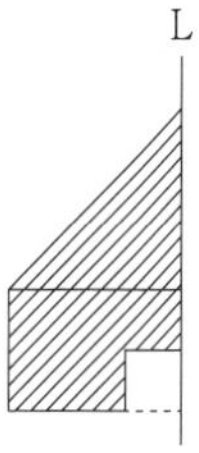

⑵　問題文中の図で，直線Lより右側の図形を左側に移すと，斜線部分は上の図2のようになり，さらに図2の一部を矢印のように移すと，上の図3のようになる。そこで，図3の図形を1回転してできる立体の体積を求めればよい。図3で，上側の三角形の部分は，直角をはさむ辺の長さが，2＋1＝3(cm)の直角二等辺三角形なので，この部分を回転させると，底面の円の半径が3cm，高さが3cmの円すいになる。すると，この円すいの体積は，3×3×3.14×3÷3＝9×3.14(cm^3)とわかる。次に，図3の下側の部分は，たて2cm，横3cmの長方形から，1辺1cmの正方形を除いた形なので，この部分を回転させると，底面の円の半径が3cm，高さが2cmの円柱から，底面の円の半径が1cm，高さが1cmの円柱を除いた立体になる。すると，その立体の体積は，3×3×3.14×2－1×1×3.14×1＝17×3.14(cm^3)となる。したがって，図3の図形を1回転してできる立体の体積は，9×3.14＋17×3.14＝26×3.14＝81.64(cm^3)と求められる。

4 濃度《のうど》

⑴　容器Aの食塩水には食塩が，100×0.09＝9(g)，容器Bの食塩水には食塩が，150×0.04＝6(g)ふくまれる。すると，混ぜてできた食塩水の量は，100＋150＝250(g)，食塩の量は，9＋6＝15(g)になるので，濃度は，15÷250×100＝6(%)とわかる。

⑵　加えた食塩水の量を□g，濃度を△%とすると，容器Aと容器Bは右の図のようになる。それぞれの容器でかげをつけた部分の面積は等しいから，アとイの面積にあたる食塩の量はどちらも，100×(0.09－0.08)＝1(g)，ウとエの面積にあたる食塩の量はどちらも，150×(0.06－0.04)＝3(g)となる。すると，イ＋ウ＝1＋3＝4(g)となり，イとウのたての長さの和は，8－6＝2(%)にあたるから，□×0.02＝4(g)より，□＝4÷0.02＝200(g)とわかる。したがって，イのたての長さは，1÷200×100＝0.5(%)にあたるので，△＝8－0.5＝7.5(%)と求められる。

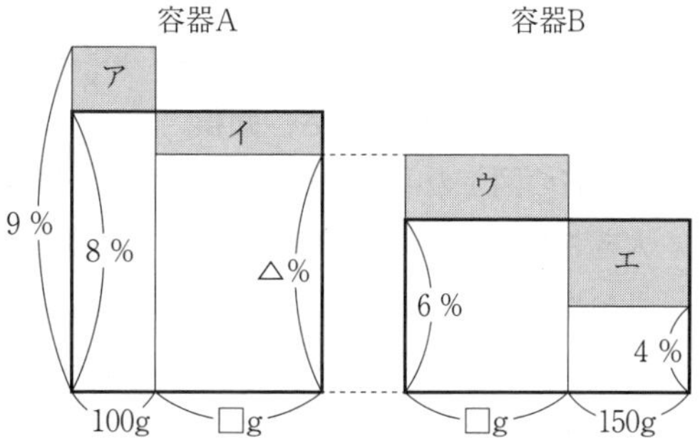

5 数列

(1)　番号の続きを書いていくと右の図1のようになるので，9の左のマスは29とわかる。

図1

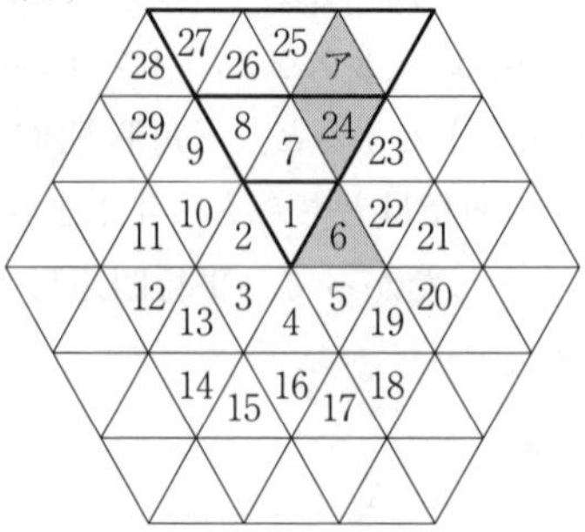

図2

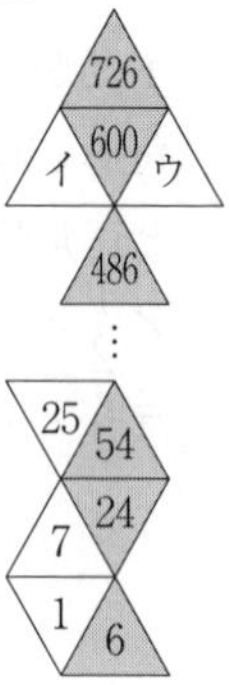

(2)　図1の太線の三角形に注目すると，内側から1周目まではマスが1個，2周目まではマスが4個，3周目まではマスが9個，…のように，ふくまれるマスの個数が平方数となる。また，太線の三角形を6個合わせると図形が完成するので，1周目まではマスが全部で，$1 \times 6 = 6$(個)，2周目まではマスが全部で，$4 \times 6 = 24$(個)，3周目まではマスが全部で，$9 \times 6 = 54$(個)あり，この個数がそれぞれ図1のかげの部分の番号と一致《いっち》する。よって，図1のアは54とわかる。同様に考えると，$(9 \times 9) \times 6 = 486$，$(10 \times 10) \times 6 = 600$，$(11 \times 11) \times 6 = 726$より，9周目までには486個，10周目までには600個，11周目までには726個のマスがあるから，右上の図2のように表せる。図2で，イは486の1つ後の番号なので487，ウは600の1つ前の番号なので599になる。したがって，600の上と下と左と右のマスの番号の和は，$726 + 486 + 487 + 599 = 2298$と求められる。

6 グラフ―速さ

(1)　通常運転モードで400km走行するとバッテリーを100%消費するので，通常運転モードでは，バッテリー1%あたり，$400 \div 100 = 4$(km)走行できる。よって，問題文中の図1で，$100 - 80 = 20$(%)のバッテリーを消費する間に走行した距離《きょり》は，$4 \times 20 = 80$(km)だから，高速運転モードで走行した距離は，$160 - 80 = 80$(km)となる。このとき，バッテリーを，$80 - 40 = 40$(%)消費したので，高速運転モードではバッテリー1%あたり，$80 \div 40 = 2$(km)走行できる。したがって，最初から高速運転モードのみで走行すると，$2 \times 100 = 200$(km)走行できる。

(2)　最初に高速運転モードで60km走行すると，$60 \div 80 = \frac{3}{4}$(時間)で，$60 \div 2 = 30$(%)のバッテリーを消費する。次に，通常運転モードで180km走行すると，$180 \div 50 = \frac{18}{5}$(時間)で，$180 \div 4 = 45$(%)のバッテリーを消費する。よって，最後に高速運転モードで走行したとき，$100 - 30 - 45 = 25$(%)のバッテリーを消費したことになるから，このとき走行した距離は，$2 \times 25 = 50$(km)である。また，最後に高速運転モードで走行した時間は，$50 \div 80 = \frac{5}{8}$(時間)なので，バッテリーが0%になるまでにかかった時間は，$\frac{3}{4} + \frac{18}{5} + \frac{5}{8} = \frac{199}{40} = 4\frac{39}{40}$(時間)と求められる。

7 平面図形―相似，長さ，面積

(1)　右の図1の中にある三角形は，すべて対応する角の大きさが等しいから相似になり，直角をはさむ2辺の長さの比は，$4 : 2 = 2 : 1$となる。そこで，OCの長さを$\boxed{2}$とすると，CDとCEの長さはどちらも$\boxed{1}$になるから，OEの長さは，$\boxed{2} + \boxed{1} = \boxed{3}$となる。すると，EFとEAの長さはどちらも，$\boxed{3} \times \frac{1}{2} = \boxed{\frac{3}{2}}$になるので，OAの長さは，$\boxed{3} + \boxed{\frac{3}{2}} = \boxed{\frac{9}{2}}$とわかる。これが4cmにあたるか

図1

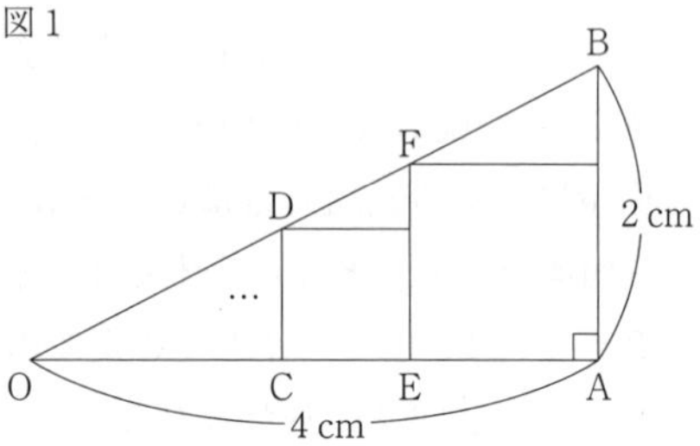

ら，右から２番目の正方形の１辺(CD)の長さは，$\boxed{1}=4\div\frac{9}{2}=\frac{8}{9}$(cm)と求められる。

(2)　右の図２の中にある三角形はすべて相似であり，いずれも直角二等辺三角形となる。すると，三角形OPQと三角形QRBは合同になるから，右から１番目の正方形の１辺の長さは，$1\times\frac{1}{2}=\frac{1}{2}$(cm)であり，その面積は，$\frac{1}{2}\times\frac{1}{2}=\frac{1}{4}$(cm²)とわかる。同様に考えると，右から２番目の正方形の１辺の長さは，$\frac{1}{2}\times\frac{1}{2}=\frac{1}{4}$(cm)なので，その面積は，$\frac{1}{4}\times\frac{1}{4}=\frac{1}{16}$(cm²)になる。このように，正方形の１辺の長さは，１つ右にある正方形の１辺の半分になるので，右から３番目，４番目，５番目の正方形の１辺の長さはそれぞれ，$\frac{1}{4}\times\frac{1}{2}=\frac{1}{8}$(cm)，$\frac{1}{8}\times\frac{1}{2}=\frac{1}{16}$(cm)，$\frac{1}{16}\times\frac{1}{2}=\frac{1}{32}$(cm)であり，その面積はそれぞれ，$\frac{1}{8}\times\frac{1}{8}=\frac{1}{64}$(cm²)，$\frac{1}{16}\times\frac{1}{16}=\frac{1}{256}$(cm²)，$\frac{1}{32}\times\frac{1}{32}=\frac{1}{1024}$(cm²)となる。したがって，１番目から５番目までの正方形の面積の合計は，$\frac{1}{4}+\frac{1}{16}+\frac{1}{64}+\frac{1}{256}+\frac{1}{1024}=\frac{256}{1024}+\frac{64}{1024}+\frac{16}{1024}+\frac{4}{1024}+\frac{1}{1024}=\frac{341}{1024}$(cm²)と求められる。

図２

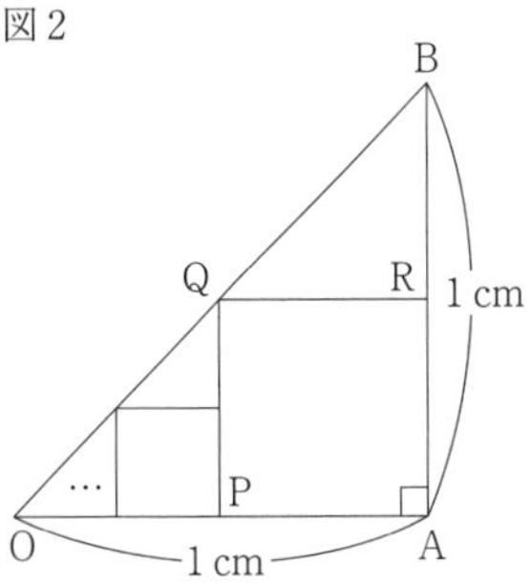

社　会　＜特待生選抜試験＞（30分）＜満点：50点＞

解　答

$\boxed{1}$ **問１**　ア　**問２**　(1)　持続可能　(2)　茨城県　(3)　(例)　食器のリユースを行ったり，公共交通機関の利用を促したりする。　**問３**　イ　**問４**　栃木，福島，宮城，岩手　**問５**　エ　**問６**　大鳴門橋　**問７**　ア　**問８**　11　$\boxed{2}$ **問１**　エ　**問２**　藤原頼通　**問３**　平家物語　**問４**　(例)　家臣たちを城下町に集住させることで，下剋上の動きを抑えるとともに，戦が起こった時に動員することができるため。　**問５**　ア　**問６**　エ　**問７**　京都所司代　**問８**　(1)　オ　(2)　イ　**問９**　ウ　**問10**　全国水平社　**問11**　エ　**問12**　3　$\boxed{3}$ **A**　**問１**　オイルショック　**問２**　リストラ　**問３**　円高　**問４**　鳥インフルエンザ　**B**　**問１**　ウ　**問２**　LGBT　**問３**　**X**　ウ　**Y**　ア　**Z**　ア　$\boxed{4}$ (例)　マイナ保険証を利用することで，病院での診察や処方薬の情報を一元管理することができるので，賛成です。

解　説

$\boxed{1}$ **サッカー「Ｊリーグ」を題材にした問題**

問１　日本の原油輸入先は中東(西アジア)地域が中心で，最大の輸入相手国はサウジアラビアである(2021年)。サウジアラビアの国旗は，緑地にアラビア語の聖句と剣をあしらったものである(ア…○)。なお，イはアルゼンチン，ウはトルコ，エはイラクの国旗である。

問２　(1)　SDGsは「持続可能な開発目標」のことで，2015年に国連サミットで採択《さいたく》された，2030年までに達成すべき国際目標であり，17の目標と169の達成基準からなる。　(2)　茨城県は関東地方の北東部に位置し，近郊農業がさかんで，ほうれんそう，キャベツ，レタスなどの野菜類の収穫《しゅうかく》量が多く，はくさい，ピーマン，メロンの収穫量は全国一である(2021年)。　(3)　Ｊリーグのスタジアムなどで環境《かんきょう》保全のために行われている工夫としては，ごみを減らすために，飲食物の食器をリユースできるものにしたり，ごみの分別回収を徹底《てってい》したりすることが考えられる。また，観客ができるだけ鉄道やバスなどの公共の交通機関を利用できるように，シャトルバスの運行本数を増やすなどの環境を整備することが考えられる。

問３　輸入品目に注目すると，東京港は大消費地に位置し，衣類のほか肉類，魚介《ぎょかい》類などの食料品が多いので，表Ⅰに当てはまる。輸出品目に注目すると，横浜港は自動車や自動車部品，内燃機関などの輸送用機械器具が多いので，表Ⅲに当てはまる。残る表Ⅱは神戸港である(イ…○)。

問４　「浦和レッズ」は埼玉県さいたま市を本拠地《ほんきょち》にしているので，新幹線の最寄り駅は大宮駅になる。大宮駅から東北新幹線で新青森駅までに通る県は順に，埼玉県→茨城県→栃木県→福島県→宮城県→岩手県→青森県となる。新青森駅からは，青函《せいかん》トンネルを通る北海道新幹線で新函館北斗《はこだてほくと》駅まで行き，その後は在来線で札幌駅に行くことになる。

問５　京都市は太平洋側の気候で，夏の降水量が多い(エ…○)。なお，アは北海道の気候の札幌市(北海道)，イは瀬戸内の気候の高松市(香川県)，ウは日本海側の気候の金沢市(石川県)である。

問６　兵庫県の淡路《あわじ》島北部は明石海峡《あかしかいきょう》大橋で本州と結ばれ，南部は大鳴門《おおなると》橋で四国の徳島県と結ばれている。

問７　新潟県の燕《つばめ》市は，伝統的な技術による金属洋食器の生産がさかんである(ア…○)。なお，イは秋田県大館《おおだて》市の伝統的工芸品の大館曲げわっぱ，ウは福井県鯖江《さばえ》市で生産がさかんな眼鏡フレーム，エは滋賀県甲賀市の伝統的工芸品の信楽《しがらき》焼である。

問８　地図の2023年シーズンの「Ｊ１リーグ」に所属しているチームのある都道府県のうち，政令指定都市がある都道府県は北海道(札幌市)，新潟県(新潟市)，埼玉県(さいたま市)，千葉県(千葉市)，神奈川県(横浜市・川崎市・相模原《さがみはら》市)，愛知県(名古屋市)，京都府(京都市)，大阪府(大阪市・堺《さかい》市)，兵庫県(神戸市)，広島県(広島市)，福岡県(福岡市・北九州市)の11道府県であり，「鹿島アントラーズ」の本拠地である茨城県と，「サガン鳥栖《とす》」の本拠地である佐賀県には政令指定都市はない。なお，政令指定都市は全部で20市あり，残る政令指定都市は，仙台市(宮城県)，静岡市・浜松市(静岡県)，岡山市，熊本市である。

2 **各時代の歴史的事がらについての問題**

問１　図と説明文より，大きな●で表される一～三位の邸宅《ていたく》は，五条大路(二条大路から３本南の道路)から南には位置していないことがわかる(エ…○)。なお，図中Ａの平城宮の近くにも，○で表される無位の邸宅がある(ア…×)。図中Ａから南に伸びる朱雀《すざく》大路に面したところにも，邸宅がある(イ…×)。図中の東側に突き出た外京《げきょう》にも，邸宅がある(ウ…×)。

問２　平安時代半ばの貴族である藤原頼通《よりみち》は摂政《せっしょう》・関白となって政治を行い，父の道長とともに藤原氏の全盛期を築いた。また，現在の京都府宇治市に，平等院鳳凰《ほうおう》堂を建立《こんりゅう》している。

問３　『平家物語』は平氏の栄華《えいが》と没落《ぼつらく》を描《えが》いた軍記物で，鎌倉時代に琵琶《びわ》法師によって語り継《つ》がれた口承文学作品である。

問４　資料の朝倉氏が発した法令(分国法)を見ると，家臣を全て城下に住まわせていることがわかる。これは，家臣が主家をたおす下剋上《げこくじょう》や裏切りを防ぐため，また，戦のときに速《すみ》やかに出陣できるようにするためと考えられる。

問５　江戸時代，庶民《しょみん》の教育機関である寺子屋では，「読み・書き」や「そろばん」などが教えられた(ア…○)。なお，イの書院造や，ウの『一寸法師』などのようなお伽《とぎ》草子が生まれたのは室町時代のことである。エの定期市は平安時代末ごろから開かれるようになった。

問6　アの鎌倉に幕府が置かれていたのは鎌倉時代，イの九州の防備のために防人が派遣されたのは7～9世紀ごろ，ウの自由党員が県令と対立したのは明治時代，エの大名の参勤交代が行われたのは江戸時代のことであるので，年代の古い順にイ→ア→エ→ウとなる。

問7　江戸幕府は，朝廷や西国大名を守護・監視《かんし》するため，京都所司代を設置した。京都所司代は，権限を縮小されながらも存続し，幕末には上位機関として設置された京都守護職の下に置かれ，1867年の王政復古の大号令により廃止《はいし》された。

問8　(1)　資料は明治時代に「お雇《やと》い外国人」として来日したドイツ人ベルツが記した『ベルツの日記』の一節で，1889年2月11日の大日本帝国憲法発布を前にわき立つ人々の様子《ようす》を描いている。また，日本国憲法は1946年11月3日に公布され，翌年5月3日に施行された。公布日の11月3日は「文化の日」，施行日の5月3日は「憲法記念日」として国民の祝日になっている。よって，組み合わせはオになる。　(2)　伊藤博文は長州藩(山口県)出身の政治家で，ヨーロッパにわたって各国の憲法を調査し，君主権の強いドイツ(プロイセン)の憲法を参考に，大日本帝国憲法の草案を作成した(イ…○)。なお，アの吉田茂とエの鳩山《はとやま》一郎は戦後の内閣総理大臣である。ウの大久保利通は薩摩《さつま》藩(鹿児島県)出身の政治家で，大日本帝国憲法の発布より前の1878年に亡くなっている。

問9　アは日露戦争(1904～05年)前の列強の関係，イは明治時代前半の保安条例(1887年)による自由民権運動の弾圧《だんあつ》，ウは日清戦争(1894～95年)前の国際関係，エはノルマントン号事件(1886年)を描いた風刺画であるので，年代の古い順にエ→イ→ウ→アとなる。

問10　大正時代の1922年，差別に苦しむ人々によって，自らの手による部落差別問題の解決を目指す全国水平社が設立された。

問11　資料は満州(中国東北部)への開拓民を募集するポスターで，満州事変(1931～32年)で日本が満州国を建国して満州を支配下に置いた後のものと考えられる。特に1936年の二・二六事件で軍部が政治の主導権をにぎり，翌1937年に日中戦争が始まると満州移民は国策として本格的に進められた。この時期，国内では戦時体制が築かれ，1940年代に入ると米の配給制や衣料の切符制が始まった(エ…○)。なお，農地改革は戦後の1947～1950年(ア…×)，関税自主権の回復は明治時代の1911年(イ…×)，第一次世界大戦は大正時代の1914～18年の出来事である(ウ…×)。

問12　消費税は消費者が商品を買ったりサービスを受けたりしたときにかかる間接税で，1989年に税率3％で初めて導入された。その後，税率は1997年に5％，2014年に8％，2019年に10％(食料品などは8％の軽減税率)と推移している。

3 戦後の日本経済の推移と2023年の出来事ついての問題

A　問1　1973年に第4次中東戦争にともなう第1次オイルショック(石油危機)が，1979年にイラン革命にともなう第2次オイルショックが起こった。これによりガソリン価格が上昇すると，アメリカでは，アメリカ産の燃費の悪い大型車よりも，日本産の燃費のよい小型車が多く売れるようになった。

問2　事業内容の再編などにより会社の経営を立て直すことを「リストラ(リストラクチュアリング)」という。一般には，人員削減《さくげん》のための従業員の解雇《かいこ》という意味で使われることが多い。

問3　アメリカのドル高と対日貿易赤字を是正《ぜせい》するため，1985年のプラザ合意により外国為替《かわせ》相場を「円高ドル安」に導くことが合意された。円高とは外国為替相場において日本の通貨「円」の価値が高まることで，例えば１ドル＝120円の交換比率が１ドル＝100円になるような場合である。円高は輸入産業には有利，輸出産業には不利に働くため，1980年代後半は急激な円高により輸出産業の利益が減り，日本は円高不況と呼ばれる不景気となった。

問４　鶏卵《けいらん》は長い間，価格が安定し「物価の優等生」などといわれてきた。しかし，2023年には鳥インフルエンザが広がり，感染した鶏《にわとり》の多くが殺処分されたことなどが影響《えいきょう》して，鶏卵の供給量が需要《じゅよう》量に追いつかず，その価格が高騰《こうとう》した。

B　**問１**　憲法改正が国会によって発議された後の手続について，日本国憲法第96条で「国民に提案してその承認を経なければならない」と定められており，2007年に制定された国民投票法により，投票権を持つのは満18歳以上の日本国民とされた(ウ…×)。

問２　2023年６月，国会でLGBT理解増進法が可決，成立した。これはLGBT(性的少数者・性的マイノリティー)への理解を増進し，多様性に寛容《かんよう》な社会を実現することを目的としている。

問３　**X**　資料の「修正案の問題点」を見ると，「『正当な差別』があるかのような印象を残す」とあるので，「正当な差別」に対応する「不当な差別」はあってはならないものとするウが当てはまる。　**Y**　「修正案の問題点」に「自身の性自認について家族などに打ち明けられない人がいる」とあり，家族に打ち明けられない人は家族の協力を得られないことになるので，アが当てはまる。　**Z**　「修正案の問題点」に「多数派に対して，性的少数者が配慮しなければいけない印象を残す」とあり，性的少数者が大多数の国民の生活に留意しなければならないという義務感を負わせることになるので，アが当てはまる。

4　**「マイナ保険証」についての問題**

「マイナ保険証」は，国民がこれまで別々に持っていたマイナンバーカードと健康保険証を一体化するもので，病院での診察《しんさつ》や処方薬の情報を一元管理することで，病院や医師が事務手続きを簡単にできるし，国民も診察や処方薬の受け取りに１枚のカードで済ませられるなど，効率化につながるという利点がある。一方，カード情報が外部にもれたとき，個人の健康状態が他人に知られてしまうという問題が起こりえる。また，読み取りを行う電子機器や情報を集積するコンピュータに不具合が生じたとき，マイナンバーカードそのものが利用できなくなる可能性がある。

理　科　＜特待生選抜試験＞（30分）＜満点：50点＞

解　答

1　**問１**　イ，ウ　**問２**　ア　**問３**　ウ　**問４**　でんぷん　**問５**　オ　**問６**　エ　**問７**　ウ　**問８**　イ　**2**　**問１**　12cm/秒　**問２**　25　**問３**　16cm/秒　**問４**　2.4　**問５**　140g　**問６**　ウ　**問７**　エ　**3**　**問１**　ア　**問２**　イ　**問３**　ウ　**問４**　ア　**問５**　カペラ　**問６**　エ，カ　**問７**　ア，オ　**問８**　カペラ　**4**　**問１**　イ，ウ　**問２**　E，F　**問３**　$400cm^3$　**問４**　0.8%　**問５**　5.52g　**問６**　*X*　1.98　*Y*　2.36　**問７**　**G**　ア　**I**　エ

解　説

1 植物のつくり，日長と花芽をつくる条件についての問題

問1　根が主根と側根からなる植物は，発芽のときに子葉を２枚出す双子《そうし》葉類であり，ダイコンとナスが選べる。なお，トウモロコシとイネは単子葉類で，根はひげ根になっている。

問2　道管と師管の集まりを維管束《いかんそく》という。ホウセンカやセロリなどの双子葉類の茎《くき》の維管束は輪のように並んでいる。

問3　ニンジンやサツマイモ，ダイコンなどは主に根の部分を食べている。また，ジャガイモやハス(レンコン)，サトイモなどは主に地下の茎の部分を食べている。

問4　ジャガイモやサツマイモにふくまれる主な栄養分はでんぷんである。でんぷんにヨウ素液を加えると，うすい黄色から青むらさき色になる。

問5　図１で，明期が８時間の条件３では花芽がつくられなかったが，条件４では花芽がつくられたことから，この品種のサツマイモが花芽をつくるための光の条件として，ア，イ，ウは適当ではない。また，連続した暗期が９時間の条件１では花芽がつくられなかったが，13時間の条件２と14時間の条件４では花芽がつくられた。このことから，花芽をつくるためには，少なくとも連続した暗期が13時間以上必要であると考えられる。

問6　図２より，１月の日の出の時刻は７時ごろで，日の入りの時刻は17時ごろである。したがって，このころの夜の時間は，およそ，24－(17－７)＝14(時間)である。

問7　問５と問６より，埼玉県では１月の暗期は13時間以上なので花芽がつくられる光の条件は満たしていることがわかる。しかし，沖縄県以外ではサツマイモの花がほとんど咲《さ》かないと述べられていることから，花芽がつくられても気温が低いため花が咲かないと考えられる。

問8　植物にはさまざまな特徴《とくちょう》を持った品種があり，それらをかけ合わせることでよりよい品種をつくる研究がなされている。もし，サツマイモの花が咲かない場合，花粉を採取することが難しく，異なる品種どうしを受粉させることができないため，受粉による品種改良ができないという問題点がある。

2 ものの運動についての問題

問1　表より，おもりは120cmの距離《きょり》を10秒間で移動しているので，このときのおもりの速さは，120÷10＝12(cm/秒)である。

問2　点Ａのおもりが動き始めてから点Ｂに到達《とうたつ》するまでの時間は，物体Ｐとおもりの重さの和が，100＋100＝200(g)のときは10秒，100＋300＝400(g)のときは20秒，100＋500＝600(g)のときは30秒となっている。このことから，点Ａのおもりが動き始めてから点Ｂに到達するまでの時間は，物体Ｐとおもりの重さの和に比例していることがわかる。したがって，物体Ｐとおもりの重さの和が，100＋400＝500(g)のときに，点Ａのおもりが動き始めてから点Ｂに到達するまでの時間は，$10\times\frac{500}{200}=25$(秒)である。

問3　おもりの重さが50gのときに，点Ａのおもりが動き始めてから点Ｂに到達するまでの時間は，$10\times\frac{100+50}{200}=7.5$(秒)となる。したがって，このときのおもりの速さは，120÷7.5＝16(cm/秒)とわかる。

問4　点Ｃから点Ｄまでの距離は，点Ｂから飛び出すおもりの速さが12cm/秒のとき６cm，120÷20＝６(cm/秒)のとき３cm，120÷30＝４(cm/秒)のとき２cmとなっている。これより，点Ｂから

飛び出すおもりの速さが$\frac{1}{2}$倍，$\frac{1}{3}$倍，…になると，点Cから点Dまでの距離も$\frac{1}{2}$倍，$\frac{1}{3}$倍，…になることがわかる。よって，おもりの重さが400gのときのおもりの速さは，問2より，120÷25＝4.8(cm/秒)だから，点Cから点Dまでの距離は，$6\times\frac{4.8}{12}$＝2.4(cm)と求められる。

問5　点Cから点Dまでの距離が5cmのとき，飛び出したおもりの速さは，$12\times\frac{5}{6}$＝10(cm/秒)で，点Aのおもりが動き始めてから点Bに到達するまでの時間は，120÷10＝12(秒)である。よって，物体Pとおもりの重さの和は，$200\times\frac{12}{10}$＝240(g)だから，おもりの重さは，240−100＝140(g)である。なお，表から，物体Pとおもりの重さの和と点Cから点Dまでの距離が反比例の関係にあることを読み取って，$200\times\frac{6}{5}-100$＝140(g)とする考え方もある。

問6　物体Pとおもりの重さの和が小さいほど，点Cから点Dまでの距離は大きくなるので，おもりの重さが限りなく0gに近づいたときに，物体Pとおもりの重さの和が最小になり，このとき距離Lが最も小さくなる。仮におもりの重さを0gとすると，点Cから点Dまでの距離は，$6\times\frac{200}{100}$＝12(cm)になるため，距離Lは12cm以上になることはない。

問7　問2で述べたとおり，物体Pとおもりの重さの和と点Aのおもりが動き始めてから点Bに到達するまでの時間は比例しているので，物体Pとおもりの重さの和とおもりの速さは反比例の関係にある。また，問4で述べたように，おもりの速さと点Cから点Dまでの距離は比例関係にあるため，物体Pとおもりの重さの和と点Cから点Dまでの距離は反比例の関係にあるといえる。

3　夏の大三角，こう星の明るさについての問題

問1　夏の大三角を構成するこう星は，はくちょう座のデネブ，こと座のベガ，わし座のアルタイルである。

問2　地球から見て最も明るく見えるこう星は，見かけの等級の値が最も小さいこう星である。したがって，選択肢の中ではシリウス(−1.5等級)が最も明るく見える。

問3　こう星本来の明るさが最も明るいこう星は，絶対等級の値が最も小さいこう星である。したがって，デネブ(−7.4等級)が選べる。

問4　アルデバランとベテルギウスを比べると，絶対等級の値はベテルギウスの方が小さい。また，絶対等級の差は5で，等級が5ちがうと，こう星の明るさは100倍になるので，アルデバランよりベテルギウスのほうが100倍明るいとわかる。

問5　カペラとリゲルを比べると，絶対等級の値はカペラの方が大きく，本来の明るさはカペラのほうが暗いが，見かけの明るさ(等級)は同じである。これはカペラのほうが地球からの距離が近いからだと考えることができる。

問6　地球からの距離が32.6光年より近いこう星を32.6光年の距離に移動させた場合，見た目の明るさは暗くなると考えられる。そのため，当てはまるのは見かけの等級より絶対等級が大きいこう星であるシリウスとベガとわかる。

問7　太陽の色は黄色だから，色がオレンジや赤のこう星が選べる。よって，赤色のアンタレスとベテルギウスが選べる。

問8　太陽とカペラを比べると，色(表面温度)はほぼ同じで，絶対等級はカペラのほうが小さい。表面温度がほぼ同じ場合，こう星の大きさが大きいほどこう星本来の明るさは明るい。よって，カペラの方が明るいことから，カペラのほうが大きいと考えられる。

4　塩酸と水酸化ナトリウム水溶液《すいようえき》の中和についての問題

問1　塩酸には気体の塩化水素，水酸化ナトリウム水溶液には固体の水酸化ナトリウム，食塩水には固体の塩化ナトリウム(食塩)がとけている。したがって，加熱し水をすべて蒸発させたとき，固体が残るものは水酸化ナトリウム水溶液と食塩水である。

問2　BTB溶液は酸性で黄色，中性で緑色，アルカリ性で青色を示す。表1で，ビーカーAからビーカーDまでは，加える水酸化ナトリウム水溶液を50cm^3増やすごとに残った固体の重さが0.59gずつ増加し，ビーカーDからビーカーFまでは0.4gずつ増加している。このことから実験で用いた塩酸100cm^3とちょうど中和する水酸化ナトリウム水溶液の体積は200cm^3で，このとき2.36gの塩化ナトリウムができていることがわかる。よって，ビーカーEとビーカーFの溶液は水酸化ナトリウム水よう液が残っていて，アルカリ性を示すので，BTB溶液を入れると青色になる。

問3　塩酸100cm^3とちょうど中和する水酸化ナトリウム水溶液の体積は200cm^3なので，塩酸200cm^3とちょうど中和する水酸化ナトリウム水溶液の体積は，$200\times\frac{200}{100}=400$($cm^3$)である。

問4　ビーカーDからビーカーFまでの残った固体の重さの増え方から，水酸化ナトリウム水溶液50cm^3あたり0.4gの水酸化ナトリウムがとけていることがわかる。よって，この水酸化ナトリウム水溶液の濃度《のうど》は，$0.4\div50\times100=0.8$(%)と求められる。

問5　塩酸200cm^3とちょうど中和する水酸化ナトリウム水溶液の体積は400cm^3で，このときできる塩化ナトリウムの固体は，$2.36\times\frac{200}{100}=4.72$(g)である。また，混ぜたあとに残っている水酸化ナトリウム水溶液の体積は，$500-400=100$(cm^3)で，この中にとけている水酸化ナトリウムの固体は，$0.4\times\frac{100}{50}=0.8$(g)になる。よって，水をすべて蒸発させたときに残る固体の重さは，$4.72+0.8=5.52$(g)とわかる。

問6　***X***　ビーカーGでは，塩酸50cm^3と水酸化ナトリウム水溶液，$200\times\frac{50}{100}=100$($cm^3$)がちょうど中和し，水酸化ナトリウム水溶液が100cm^3残っている。したがって，水をすべて蒸発させたときに残る固体の重さは，$2.36\times\frac{50}{100}+0.8=1.98$(g)である。　***Y***　ビーカーIでは，塩酸100cm^3と水酸化ナトリウム水溶液200cm^3がちょうど中和し，塩酸が150cm^3残っている。塩酸は気体がとけている水溶液なので，水をすべて蒸発させたときに残る固体は塩化ナトリウムだけで，その重さはビーカーHと同じ2.36gである。

問7　ビーカーGでは塩化ナトリウムと水酸化ナトリウムが残り，ビーカーIでは塩化ナトリウムだけが残っている。したがって，これらの固体を水にとかした水溶液に緑色のBTB溶液を加えると，アルカリ性のビーカーGでは青色に変化し，中性のビーカーIでは緑色のまま変化しない。

国　語　＜特待生選抜試験＞（50分）＜満点：100点＞

解　答

一　**問1**　①～⑧　下記を参照のこと。　**問2**　①　選→千　②　尽→人　**問3**　①　待つ　②　もらった　**問4**　(例)　日本の子どもの出生数は二〇一四年から二〇一八年にかけて，十五万人減少した。　二　**問1**　Ⅰ　ア　Ⅱ　イ　Ⅲ　エ　Ⅳ　ウ　**問2**　ウ　**問3**　(i)　**ア**　意味　**イ**　主体として反応する　**ウ**　周りをとりかこむもの(周りに与えられたもの)　**エ**　作りあげた世界(作っている世界)　**オ**　みすぼらしい世界　**カ**　確実さ　(ii)　エ　**問4**　**A**　エ　**B**　ウ　**問5**　(例)　自分にとって意味あるものを認識し，それらを組み合わせて自分だけの世界を構築している　**問6**　イ　**問7**　ア　三 **問1**　a エ　b ウ　**問2**　エ　**問3**　イ　**問4**　（例）千吉の言葉を信じて江藤家の李を取っただけで，悪いことをしたとは思っていないから。　**問5**　ウ　**問6**　イ　**問7**　(i)　エ　(ii)　ア　**問8**　**ア**　自己嫌悪　**イ**　不気味な人間　**ウ**　まったく信じられない人間　**エ**　胡散臭げに見ている

●漢字の書き取り

一 **問1**　①　郵便局　②　出納帳　③　護岸　④　補足　⑤　郷里　⑥　綿密　⑦　専(ら)　⑧　研(ぐ)

解説

一　漢字の書き取り，四字熟語の完成，ことばのかかり受け，グラフの読み取り

問1　①　手紙や荷物の配達サービスを提供する建物。　②　お金の出し入れを記録する帳《ちょう》簿《ぼ》。　③　川岸や海岸にブロックを設置し，水流や水害から守ること。　④　足りないものを付け足すこと。　⑤　かつて暮らしていたふるさと。　⑥　細部まで練ってあるさま。　⑦　音読みは「セン」で，「専門」などの熟語がある。　⑧　音読みは「ケン」で，「研究」などの熟語がある。

問2　①　「一騎当千《いっきとうせん》」は，一人で千人と戦えるほど，ずばぬけて強いさま。　②　「傍若無人《ぼうじゃくぶじん》」は，周りの人にかまわず横暴なふるまいをすること。

問3　①　「少年」は，「信号が」「変わるのを」「ぼんやり」「待」ったのだから，「待つ」がふさわしい。　②　「エサ」は，「ハトが」「人に」「せっかく」「もらった」ものなのだから，「もらった」がぬき出せる。

問4　グラフが「日本の子どもの出生数」の推移を表していることをふまえ，グラフから読み取れる数字の減少を具体的に説明すればよい。

二　出典：日髙敏隆《ひだかとしたか》『動物と人間の世界認識《にんしき》―イリュージョンなしに世界は見えない』。

筆者は，環《かん》境《きょう》とはどんな生き物にとっても一様のものではなく，それを認識する主体によって異なるとする生物学者の論を紹介《しょうかい》している。

問1　Ⅰ　筆者は生物学や語源といった観点から「環境」の意味を述べた後，「自然科学的」な認識についてもふれている。よって，前のことがらを受けて，さらにつけ加える意味を表す「そして」が合う。　Ⅱ　ダニの周りにはさまざまな音や匂《にお》いがあるが，そのほとんどすべてはダニにとって「意味をもたない」と書かれている。よって，前のことがらを受けて，それに反する内容を述べるときに用いる「しかし」がよい。　Ⅲ　具体例としてダニの話が書かれた後，動物全体の性質が述べられている。よって，“要するに”という意味の「つまり」がふさわしい。　Ⅳ　敵が近づいてきたときのイモムシの反応として，「身体をくねらして逃《に》げようとする」「地面に落ちる」という二種類の行動があげられている。よって，同類のことがらを並べ立て，いろいろな場合があることを表す「あるいは」が選べる。

問2　前の部分には，かつて環境は，そこにどんな「草」や「花」，「石」があるかなど「全部記述できる」，客観的なものとして認識されていたとある。よって，ウがふさわしい。

問3　(i)　**ア**　空欄《くうらん》Ⅱに続く部分には，ダニにとっては「哺乳類《ほにゅうるい》の体から発する匂いとその体温

と皮ふの接触《せっしょく》刺激という三つだけ」が「意味」をもつと書かれている。　**イ**　空欄Aの前後には，ダニは光や匂いや温度といった信号を認知して「主体として反応する」ことで食物を得たり子孫を残したりできるとある。　**ウ**　本文のはじめで筆者は，環境とは人間を含《ふく》めた生き物の「周りに与《あた》えられたもの」，「周りをとりかこむもの」だと思われてきたが，この定義はユクスキュルの考えとは異なると述べている。　**エ**　ぼう線部③の前の部分には，動物にとっての世界とはただ周りをとりかこんでいるものではなく，彼らが主体として意味を与えて「作りあげた世界」だとするユクスキュルの主張が書かれている。ぼう線部④の前の部分では，その例としてイヌが「作っている世界」はどのようなものかが具体的に説明されている。　**オ**　空欄Bの前の部分では，三種類の刺激だけで構成されているダニの世界を「みすぼらしい世界」だと述べるユクスキュルの言葉が引用されている。　**カ**　空欄Bの前の部分には，ダニの世界がみすぼらしいからこそ，ダニの行動の「確実さ」が約束されているとある。　(ii)　(i)のエでみたように，動物は「自分の命にかかわるもの」にのみ意味を与えて「世界を構築して」おり，それこそが動物にとっての環境だとユクスキュルは考えている。よって，エが正しい。

問4　**A**　前後の部分には，ダニは匂いや温度といった「獲物《えもの》の信号」を，自分に必要なものとして知覚していることが書かれているので，エがよい。　**B**　前後の部分には，ダニにとっての世界がみすぼらしい分，ダニの「行動の確実さ」が約束されているとある。世界の豊かさよりも行動の確実さが優先されていることが読み取れるので，ウがふさわしい。

問5　空欄Ⅲに続く部分には，動物はまわりの環境から自分が生きるうえで「意味のあるもの」のみを認識し，それらの「組み合わせ」で自分たちの世界を構築しているとある。このように，「主体」となる動物次第で世界は異なることをふまえ，ユクスキュルは「客観的環境というようなものは，存在しない」と主張していることが読み取れる。

問6　前の部分では，人間が室内を極力「客観的」にとらえようとするのに対し，イヌは限られたものにのみ関心をもって認識し，それ以外は「あってもなくても同じ」だと感じていることが説明されている。人間とイヌで関心をもつ対象が異なる結果，部屋の見え方も変わることがわかるので，イが選べる。

問7　空欄Ⅳに続く部分には，動物は自分にとって重要な存在しか認識しないので，「美しい花」が咲《さ》いていようと意味がないと書かれている。よって，アが正しくない。

三　**出典：三浦綾子《みうらあやこ》『愛の鬼才《きさい》―西村久蔵《にしむらきゅうぞう》の歩んだ道』**。小学六年生の久蔵は，夏休みの宿題をしないまま済ませてしまったことをきっかけに，自分や周りの人間に対する見方がそれまでとは少しずつ変わっていく。

問1　**a**　久蔵が，教師から怒《おこ》られることは避《さ》けられないものとして受け入れ，覚悟《かくご》を決める場面なので，エがふさわしい。　**b**　一言も責めずに話を聞いてくれた教師に，久蔵が言葉では言い尽《つ》くせないありがたさを感じる場面なので，ウが合う。

問2　前の部分で久蔵は，同級生の模範《もはん》となるべき級長の自分が宿題をしなかった事実は，確実に教師から咎《とが》められるだろうと想像し，口実も考えずにその瞬間《しゅんかん》を待っている。よって，エがふさわしい。

問3　前の部分には，久蔵が宿題をしなかったうえに，加藤のように「罰《ばつ》」を受けることもなく，教師に本当のことも言えないままだったことが書かれている。久蔵は自分の一連の行動が後ろめたく，「後年」も忘れられないほど心に刻まれたことが読み取れるので，イがよい。

問4　前の部分に，久蔵たちが江藤家の敷地《しきち》から李《すもも》を取った経緯《けいい》が書かれている。久蔵たちにとって自分たちは，「江藤さんのお屋敷」では李を「誰《だれ》にでもただでくれる」と話す千吉の言葉を信じて行動したのみで，盗《ぬす》むつもりはなく，泥棒《どろぼう》あつかいをされるのは不本意であることが読み取れる。

問5　続く部分で久蔵は，学校で周りからの視線が気になったり，刑事《けいじ》に嘘《うそ》をつかれたと気づいたり，地元における「父の名誉《めいよ》」を自分が「汚《けが》した」と自覚したりしている。ただし，久蔵が自分の将来を心配するさまは書かれていないので，ウが合わない。

問6　父親から「久蔵は蔭《かげ》でこそこそと悪いことのできる人間ではない」と言われた久蔵は，自分が夏休みの宿題をしなかったうえに，教師に正直に打ち明けることもできなかった事実を思い出している。久蔵は，自分は父の信頼に値《あたい》しないと感じ，自らを恥《は》じていることが想像できるので，イが選べる。

問7　(i)　続く部分で久蔵は，正確な正体はわからないものの，自分の行動を「何もかもわかっている者」が存在することを感じている。よって，エがふさわしい。　(ii)　本文のはじめに，久蔵はつねづね宿題の意義が理解できず，勉強はあくまで「学校でするもの」だと考えていたことが書かれている。夏休みの宿題を怠《なま》けた罰を後日別の形で受けたと感じた久蔵は，自分の行動を見守る存在を意識して気持ちを改め，勉学にはげむようになったことが想像できる。よって，アが合う。

問8　**ア**　ぼう線部②の前の部分で久蔵は，宿題を怠けながら同級生のように罰を受けることもなく，心のどこかで教師を騙《だま》すつもりすらあった自分に「自己嫌悪《じこけんお》」をおぼえている。　**イ**　ぼう線部③に続く部分で久蔵は，「愛想《あいそ》のいい」人と思っていた千吉に陥《おとしい》れられたことに気づき，千吉を「不気味な人間」だと感じている。　**ウ**　ぼう線部④に続く部分で久蔵は，千吉だけでなく刑事にも騙されたと知り，ふたりとも「まったく信じられない人間」だと思っている。　**エ**　ぼう線部④に続く部分で久蔵は，学校で誰からも何も言われない一方で，誰もが自分を「胡散臭《うさんくさ》げに見ている」ように感じている。

2023年度 大宮開成中学校

【算　数】〈第１回試験〉（50分）〈満点：100点〉

注意　円周率は3.14とします。

1　次の $\square$ にあてはまる数を求めなさい。

(1)　$\{(4+11)\times3+(11-3)\div2\}\div7=\square$

(2)　$4.3\times7.55+43\times2-12.9\times\frac{1}{6}+4.3\times2.95=\square$

(3)　$5\frac{20}{23}-\left\{1\frac{2}{3}\times(2+0.7)-\frac{3}{8}\right\}\div1\frac{7}{16}=\square$

(4)　$2.7+\frac{5}{4}\times\left(1\frac{1}{10}-0.16\times\square\right)=4$

2　次の各問いに答えなさい。

(1)　A，B，Cの所持金は，CはAの60％であり，Aの$\frac{2}{7}$とBの$\frac{5}{6}$が等しいです。A，B，Cの所持金の比を最も簡単な整数の比で答えなさい。

(2)　遊園地で入場券を販売しはじめたとき，すでに行列ができていました。販売窓口が１つのときは42分で行列がなくなり，販売窓口が２つのときは12分で行列がなくなります。販売窓口１つで１分間に15人ずつ販売できます。また販売している間も，一定の人数が行列に並びます。最初の行列には何人並んでいましたか。

(3)　現在，父親の年れいは56歳，母親の年れいは54歳，息子の年れいは23歳です。父親と母親の年れいの合計が息子の年れいの６倍だったのは何年前ですか。

(4) 何冊かのノートをＡ班とＢ班の生徒に分けます。Ａ班の生徒はＢ班よりも３人多いです。１人の生徒に対し，Ａ班で３冊ずつ，Ｂ班で５冊ずつ配ると26冊余り，Ａ班で４冊ずつ，Ｂ班で７冊ずつ配ると２冊余ります。ノートは何冊ありますか。

(5) Ａ，Ｂの２人で働けば８日間で仕上がる仕事があります。Ａだけで全体の３割の仕事をし，残りをＢが７日間かけて仕上げました。Ａは何日間働きましたか。

3 次の各問いに答えなさい。

(1) 右の図で，直線 l と直線 m は平行であり，イの角の大きさは同じです。アの角は何度ですか。

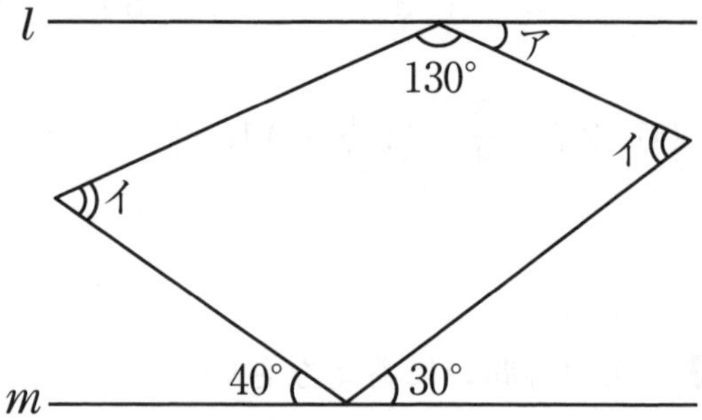

(2) 右の図のような，台形ABCDがあります。Gは辺ADのまん中の点であり，DEとECの長さの比は２：３です。BFとFEの長さの比を最も簡単な整数の比で答えなさい。

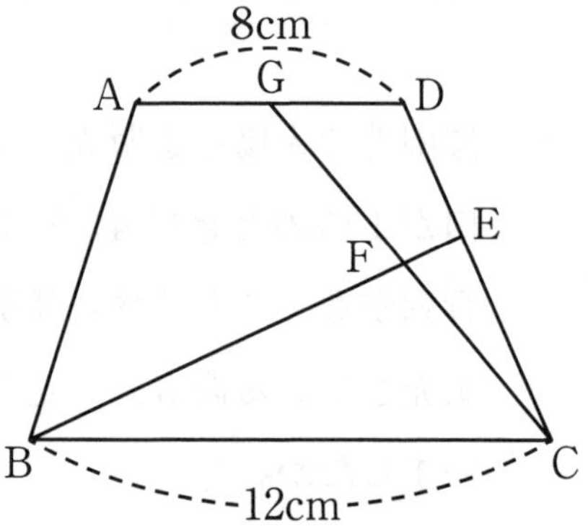

(3)　右の図のような三角柱の形をした水そうに水が入っています。ABCの面が底面となるように水そうを倒したとき，水面の高さは何cmですか。

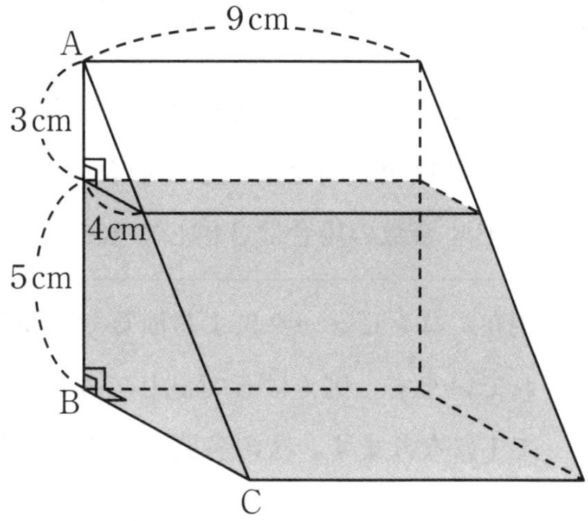

4　A，B，C３つの容器には砂糖と食塩の水溶液が入っています。Aには水溶液100ｇにつき砂糖だけが５ｇとけています。Bには水溶液100ｇにつき食塩だけが６ｇとけています。Cには両方がとけていて，その割合は水溶液100ｇにつき砂糖が４ｇ，食塩が３ｇです。Cから水溶液250ｇをとり，Aから何ｇか水溶液を取り出してまぜ，砂糖と食塩の比が７：３になるようにするつもりでしたが，まちがえてAから取り出す予定の量をBから取り出してまぜてしまいました。このとき，次の各問いに答えなさい。

(1)　できた水溶液の中の食塩は何ｇになりましたか。

(2)　できた水溶液の中の砂糖の割合は水溶液100ｇにつき何ｇですか。

5 数学の未解決問題として以下のコラッツ予想というものがあります。

> 以下の操作を繰り返せばどんな０より大きい整数も１になる。
> Ａ：偶数の場合は半分にする
> Ｂ：奇数の場合は３倍して１を足す

現在，コンピュータによる演算でかなり大きい整数に関してもこの事実が確認されています。例えば５で試してみると，５→16→８→４→２→１と５回の操作で１になります。次の各問いに答えなさい。

(1)　23は何回の操作で１になりますか。

(2)　2023も操作を繰り返していくと１になります。では逆に，５回の操作で2023になる５桁の整数の中で２番目に大きい数はいくつですか。

6 ＡとＢの２人は駅から2100ｍ先にある学校へ同時に出発しました。Ａは自転車で出発しましたが，駅から1200ｍ先で自転車がパンクしてしまい，残りは自転車をおしながら最初の４分の１の速さで歩きました。結果的にＡは30分かけて駅から学校まで移動したことになりました。Ｂは歩いて出発しましたが，Ａの自転車がパンクした５分後に最初の3.25倍の速さで走り始めました。その結果，Ｂは学校まで残り300ｍの地点でＡを追い抜きました。次の各問いに答えなさい。

(1)　Ａが駅を出発したときの速さは分速何ｍですか。

(2)　Ｂが駅を出発したときの速さは分速何ｍですか。

7 下の図のように，長方形ＡＢＣＤと正方形ＰＱＲＳを重ね合わせた図形を考えます。点Ｐと点Ｑが長方形ＡＢＣＤの周上を常に通るように正方形ＰＱＲＳを一定方向に移動させていきます。次の各問いに答えなさい。

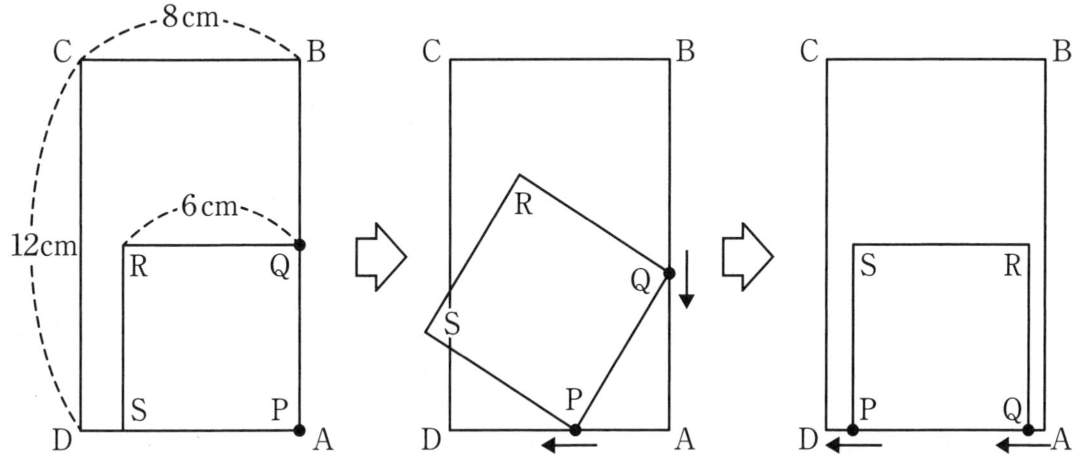

(1) 点Ｐが点Ａを出発し，初めて点Ｃに着くまでに，点Ｒは長方形ＡＢＣＤの周上に何回存在しましたか。

(2) 点Ｐが点Ａを出発し，点Ｒが３回目に長方形ＡＢＣＤの周上に存在するとき，五角形ＢＣＰＳＲの面積は何cm^2ですか。

【社　会】〈第１回試験〉（30分）〈満点：50点〉

注意　字数制限のある問いでは，句読点や符号（，。「」など）も１字と数えます。

1　次の文章Ａ～Ｆは，ある６つの都道府県をそれぞれ紹介したものです。これらの文章を読み，あとの問いに答えなさい。

Ａ　国土面積が全国で最も小さい都道府県です。多数の島が存在し，そのうちの１つである①小豆島ではオリーブの生産が有名です。年間を通して温暖少雨の気候で，（　１　）平野ではため池を利用した米づくりがさかんに行われています。

Ｂ　利根川・②尾瀬などの豊かな自然と，草津・伊香保などの温泉地が有名です。また，年間を通して多様な③野菜の生産が行われており，首都圏への重要な野菜供給地となっています。

Ｃ　都道府県庁所在地は「杜の都」と呼ばれ，西側は奥羽山脈，東側は太平洋に面しています。また，日本三景の１つである松島や，七夕祭りなどの観光資源も豊富です。

Ｄ　国内随一の恐竜化石の発掘地で，「恐竜王国」として知られています。④北陸工業地域の一角をなしており，越前和紙などの伝統工芸もさかんで，７品目が国の伝統的工芸品に指定されています。

Ｅ　国内で唯一，都道府県全域が亜熱帯地域に属しており，一年を通して温暖な気候に恵まれていますが，台風が多く通過するため⑤住居に工夫がみられます。かつては，中国など近隣諸国との貿易で発展しました。

Ｆ　日本のほぼ中央に位置し，琵琶湖があります。古くから文化・経済の先進地として栄え，三重《さんじゅう》の天守が美しい国宝の（　２　）城など奥深い歴史文化がみられます。

問１　下線部①について，小豆島を示しているものとして正しいものを次のア～エから１つ選び，記号で答えなさい。ただし，図の縮尺はそれぞれ異なっています。

ア

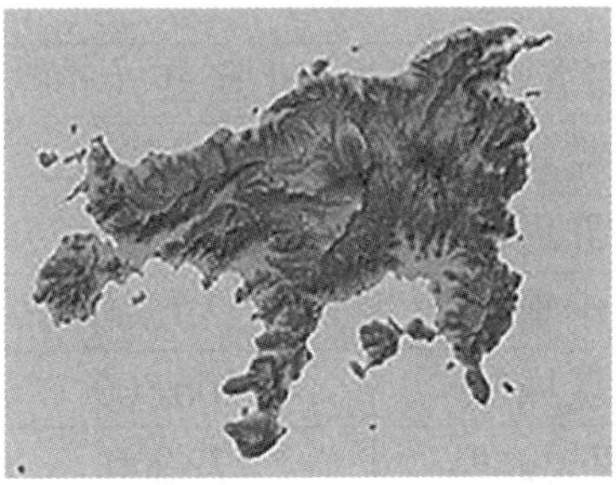

イ

ウ

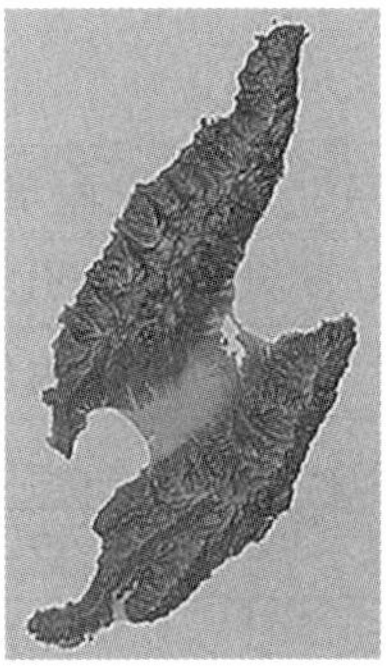

エ

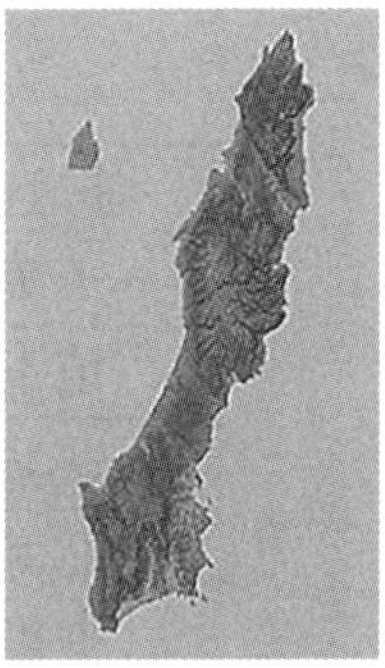

（「Google Maps」より引用）

問２　Ａの文章中の（　１　）に当てはまる語句を漢字で書きなさい。

問３　下線部②について，尾瀬は水鳥をはじめ多くの生物がすむ重要な湿地として，ラムサール条約の登録地となっています。その他のラムサール条約登録地である，釧路湿原，および谷津干潟の所在地として正しいものを次の地図中のア～オからそれぞれ１つずつ選び，解答欄に従って記号で答えなさい。

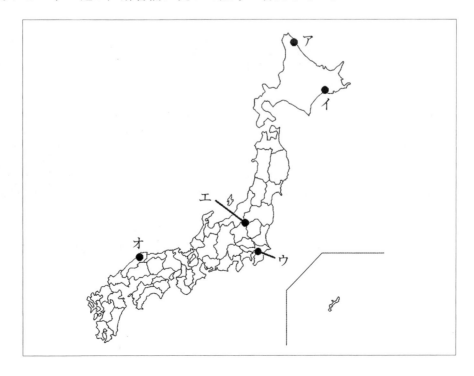

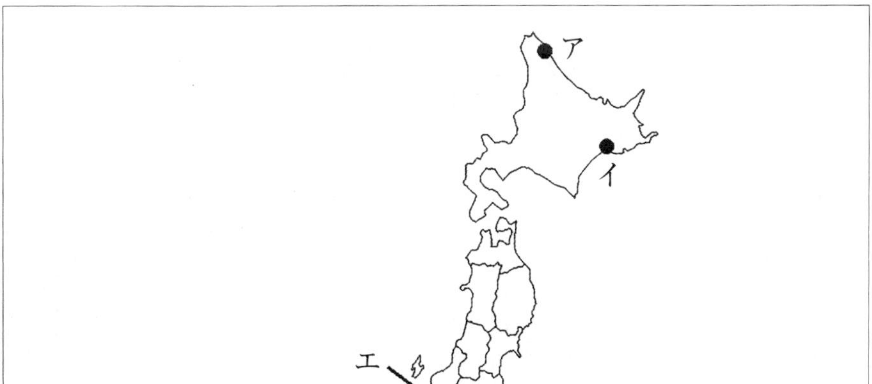

問４　下線部③について，次の表Ｘ・Ｙは，ある野菜の生産量（ｔ）上位５都道府県を示したものです。Ｘ・Ｙに当てはまる野菜の組み合わせとして正しいものを下のア～エから１つ選び，記号で答えなさい。

Ｘ

都道府県	生産量（ｔ）
千葉県	56,900
埼玉県	50,600
茨城県	49,000
北海道	22,000
群馬県	19,600

Ｙ

都道府県	生産量（ｔ）
愛知県	262,300
群馬県	256,500
千葉県	119,500
茨城県	105,800
鹿児島県	72,200

（『日本国勢図会2022/23年版』より作成）

ア　Ｘ　ねぎ　　Ｙ　レタス　　イ　Ｘ　ねぎ　　Ｙ　キャベツ

ウ　Ｘ　ブロッコリー　Ｙ　レタス　　エ　Ｘ　ブロッコリー　Ｙ　キャベツ

問５　Ｄの文章が示す都道府県の都道府県庁所在地の雨温図として正しいものを次のア～エから１つ選び，記号で答えなさい。

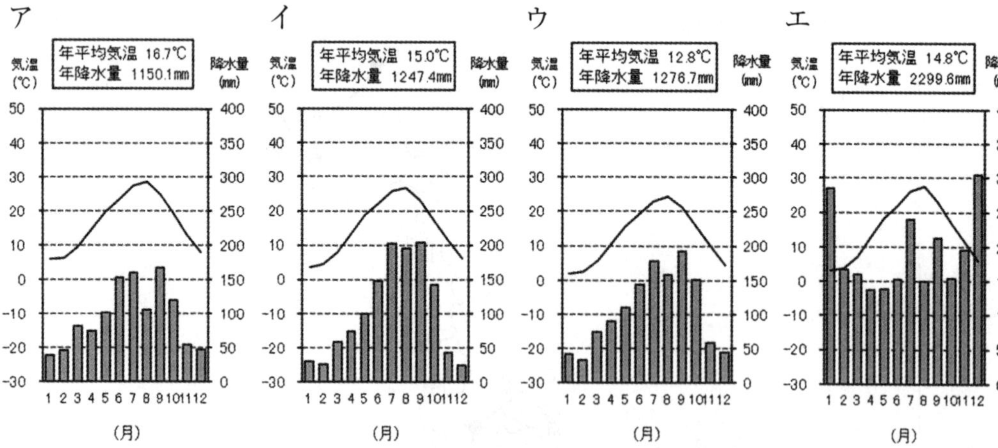

（『理科年表2022』より作成）

問６　下線部④について，次のア～エのグラフは，日本のある工業地帯，および工業地域の産業別出荷額割合を示したものです。北陸工業地域を示したものとして正しいものをア～エから１つ選び，記号で答えなさい。

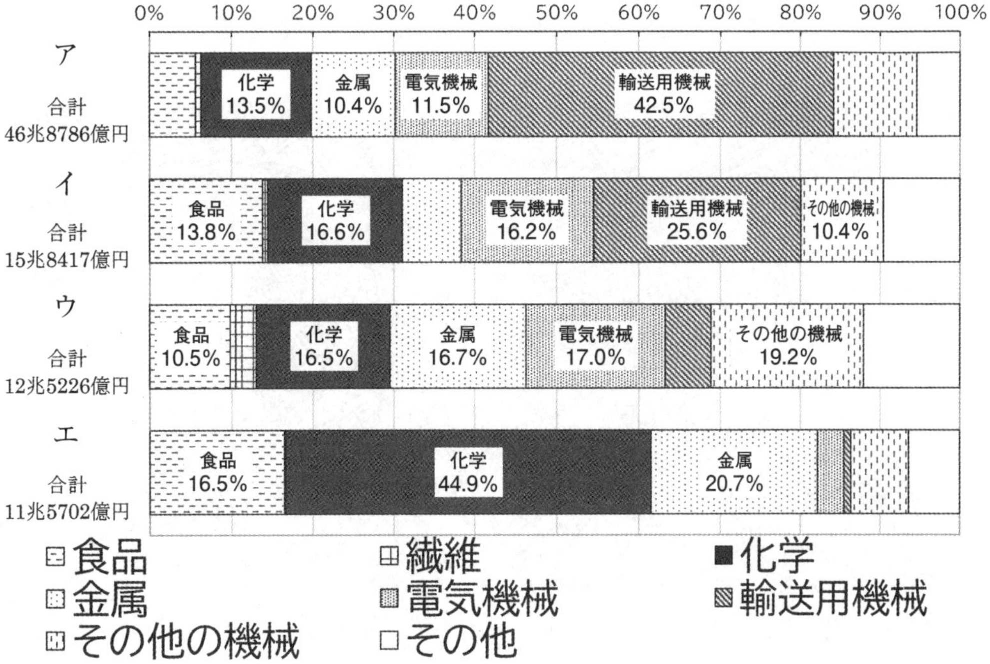

（「2020年工業統計調査」より作成）

問７　下線部⑤について，次の写真はＥの文章が示す都道府県の一部の地域でみられる住居を写したものです。台風から家を守るための工夫を，写真を参考にしながら「しっくい」「石垣」という語句を用いて簡潔に説明しなさい。

（「竹富町観光協会」より提供）

問8　Fの文章中の（　2　）に当てはまる語句を漢字で書きなさい。

問9　次の地形図は，平成10年発行のFの文章が示す都道府県のものです。この地形図中には河床の高さが周囲の平野面よりも高くなり，川の下を道路が通る箇所もみられます。このような河川を何といいますか，漢字で書きなさい。

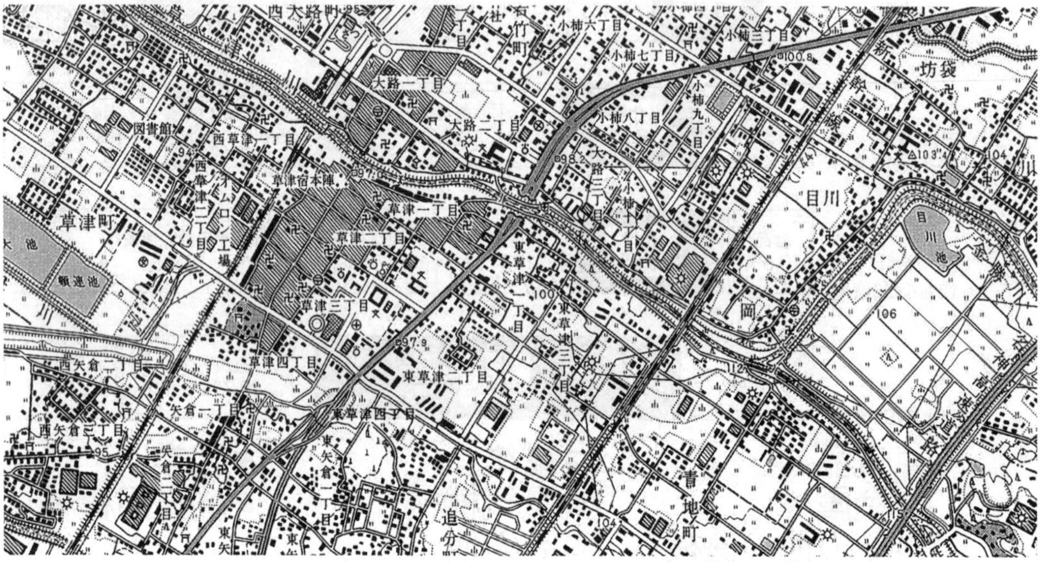

(1:25000「草津」平成10年発行)

〈編集部注：編集上の都合により実際の試験問題の90%に縮小してあります。〉

問10　A～Fの文章が示す都道府県のうち，政令指定都市が所在するものを1つ選び，記号で答えなさい。また，その政令指定都市の名称を漢字で書きなさい。

2 次の年表は日本の法制度に関するものです。これを見て，あとの問いに答えなさい。

年	できごと
604年	憲法十七条の制定………………………………………… ①
701年	文武天皇が［　　　］を制定
743年	墾田永年私財法の制定
	【　ア　】
1232年	御成敗式目の制定
1336年	建武式目の制定…………………………………………… ②
1639年	鎖国令（寛永十六年の鎖国令）の制定……………… ③
1742年	公事方御定書の制定……………………………………… ④
1868年	五箇条の御誓文の公布
1875年	新聞紙条例の公布………………………………………… ⑤
1889年	大日本帝国憲法の発布
	【　イ　】
1938年	国家総動員法の公布
1946年	日本国憲法の公布
1967年	公害対策基本法の成立…………………………………… ⑥

問１　年表中①について，次の［資料Ⅰ］～［資料Ⅲ］を参考にし，13ページの〔考察文〕の（　１　）～（　３　）に当てはまるものとして正しいものを，（　１　）はア～ウ，（　２　）はエ～キ，（　３　）はク～サからそれぞれ１つずつ選び，記号で答えなさい。

資料Ⅰ　『隋書』倭国伝

開皇二十年*1，倭王の姓アメ，字《あざな》タリシヒコ，号オオキミが遣使して宮中にきた。高祖*2は所司に命令して，その風俗を訪ねさせた。使者は「倭王は天を兄とし，日を弟とし，天がまだ明けていない時に出て政務を聴き，あぐらをかいて坐っています。日が出るとそれをやめ，わが弟に委ねようといいます。」といった。高祖は「これはあまりにも筋の通らないことだ」といい，訓戒して倭王の行為を改めさせた。…

大業三年*3に，倭国の王が使者を遣わして，朝貢*4してきた。…（使者の持参した）国書には「日の昇るところの天子が，書を日の没するところの天子に差し出します。…」これをみた煬帝《ようだい》*5は不機嫌になり，「蛮人の国書に無礼なものがあった。こういう国から，また何か言ってきても相手にするな」と命じた。

翌年，煬帝は裴世清《はいせいせい》を倭国に使者として派遣した。

（一部要約しています）

＊１　西暦600年　　＊２　中国の皇帝　　＊３　西暦607年

＊４　貢物を贈ること　　＊５　中国の皇帝

資料Ⅱ　『日本書紀』

推古天皇十五年*6秋七月三日，小野妹子を隋に遣わした。

推古天皇十六年夏四月，小野妹子が隋から帰国した。…隋の使者裴世清が十二人のしもべを伴い，妹子に連れられ筑紫に到着した。…

（同年）九月十一日，隋の使者裴世清が帰国した。

（一部要約しています）

＊６　西暦607年

資料Ⅲ　憲法十七条

一　和をとうとび，争いをやめ，逆らうことのないように心がけなさい。
二　あつく三宝を敬え。三宝とは，仏・法・僧のことである。
三　詔をうけたら，必ずつつしんでそれに従え。
八　官吏はすべて，朝早く出仕して，遅く退出せよ。
十一　功績と過ちをよく見て，それに応じて賞罰を与えよ。
十二　国司や国造は百姓から私的に奪い取ってはならない。国に二人の君主はおらず，民に二人の主はいない。

（一部要約しています）

〔考察文〕

（　１　）年に倭国が隋に使いを遣したことは，日本側の資料には見られない。これは歴史書には権力者の権威を高める性格があるからだと考えられる。この年の派遣を受けて，憲法十七条が定められた。憲法十七条の（　２　）は（　１　）年の派遣で中国の皇帝から指摘を受けて作られた条項だと考えられる。また三条や十二条の内容から，聖徳太子は（　３　）の樹立を目指していたと考えられる。

（　１　）に入る数字

ア　600　　イ　607　　ウ　608

（　２　）に入る語句

エ　一条　　オ　二条　　カ　八条　　キ　十一条

（　３　）に入る語句

ク　中央集権国家　　ケ　連合政権　　コ　公地公民制　　サ　封建制度

問２　年表中の［　　　］に当てはまる法令名を漢字で書きなさい。

問３　年表中【　ア　】の期間に起こったできごととして正しいものを次のア～エから１つ選び，記号で答えなさい。

ア　中国に使いを遣《つかわ》して，金印を授かった。

イ　朝鮮半島から初めて儒教が伝わった。

ウ　和同開珎が初めて作られた。

エ　平泉に中尊寺金色堂が建てられた。

問４　鎌倉時代の【建造物】と【説明】の組み合わせとして正しいものを次のア～エから１つ選び，記号で答えなさい。

【建造物】

a

b

（CCsearchより引用）

【説明】　X　唐の建築技術を用いて作られた。

Y　宋の建築技術を用いて作られた。

ア　a―X　　イ　a―Y　　ウ　b―X　　エ　b―Y

問５　年表中②について，次の資料を参考にし，説明として正しいものを下のア～カから３つ選び，記号で答えなさい。

> 　鎌倉を以前のように幕府の所在地とすべきか，他所へ移すべきか否かのこと…
> 　特に鎌倉郡は文治年間に，右大将頼朝公が初めて幕府の館を構え，承久の乱で天下を統一した武家にとっては最も縁起の良い土地といえるだろう。…ただし，多くの人々は他所へ移りたいと望むなら，その気持ちに従うべきであろう。
>
> 　政治の方法のこと
> 　時代に対応した制度を作るのに，日本，中国のどのような法を参考にすべきか。まず武家政治全盛時代の先例にならって善政を行うべきであろう。それなら，鎌倉幕府からの官僚が数多く健在である。古法や先例を探ろうとするのに何の不足もありはしない。…民衆を安定させる手段の要点を大まかに書いておく。
> 　一　倹約につとめること
> 　一　大勢集まって酒を飲んだり，勝手気ままな遊興は禁じること
> …以上十七箇条，概略はこの通りである。古くは延喜・天暦の治の両天皇の徳に学び，最近では北条義時・泰時父子の業績を模範として，特にすべての人が仰ぎ服するような政治を行うことが，世の中の平和のための基礎となるだろう。
>
> （一部要約しています）

ア　建武式目を定めたのは，六波羅探題を攻め落とした人物である。

イ　建武式目を定めたのは，室町に花の御所と呼ばれる館を作った人物である。

ウ　幕府の居所は建武式目の制定当初決まっておらず，多くの人々の意見を取り入れて決めようとしていた。

エ　室町幕府の居所や政治体制を定める際に，鎌倉幕府や古代の天皇の政策が参考にされた。

オ　鎌倉幕府から政治体制を一新するために，鎌倉幕府に仕えていた武士は登用されなかった。

カ　建武式目では，北条泰時が執権の時代に天下統一が行われたと考えていた。

問６　年表中③について，なぜ幕府は鎖国を行ったのか，次の 資料Ⅰ ・ 資料Ⅱ を参考にし，簡潔に説明しなさい。

資料Ⅰ　朱印船貿易（1604 ～ 1635年）を行った大名

島津家久，有馬晴信，鍋島勝茂

資料Ⅱ　1664年ころの大名配置図

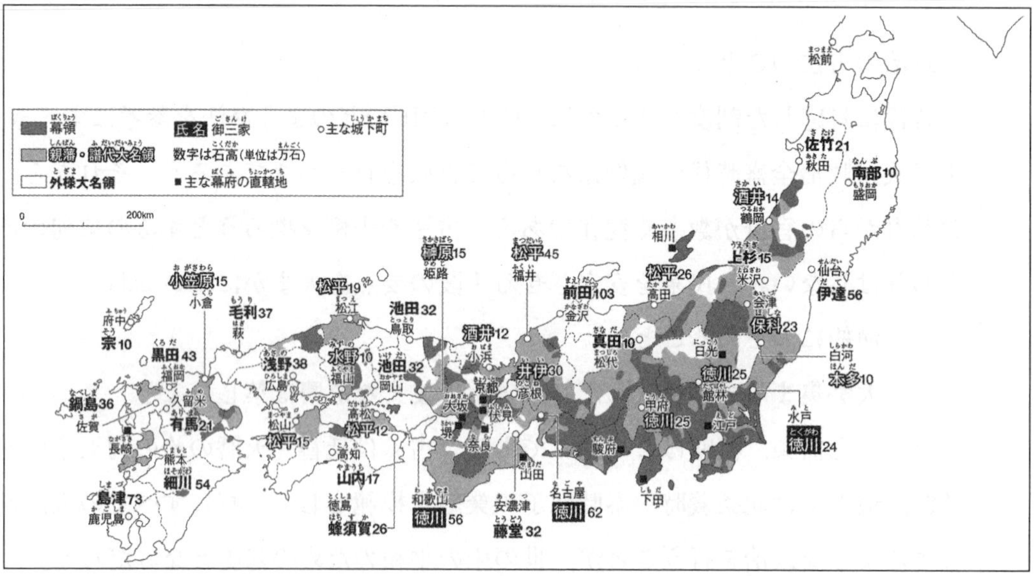

（資料Ⅱ は山川出版社『中学歴史　日本と世界』より引用）

問７　年表中④について，この法令が制定された時の将軍名を漢字で書きなさい。

問８　年表中⑤について，この条例は自由民権運動に対し，政府が出した規制法令です。政府は1880年にも自由民権運動を弾圧するために，ある法令を出しました。これを風刺したものとして正しいものを次のア～エから１つ選び，記号で答えなさい。

ア

イ

ウ

エ

（浜島書店『新詳日本史』より引用）

問９　年表中【　イ　】の期間に日本で起こったできごとである次の文ア～エを時代順に並べ替え，解答欄に従って記号で答えなさい。

ア　国際連盟を脱退した。

イ　初めて本格的な政党内閣が誕生した。

ウ　ラジオ放送が始まった。

エ　ロシア・フランス・ドイツが遼東半島の返還を求めた。

問10　年表中⑥の公害対策基本法について，次の（１）・（２）の問いに答えなさい。

（１）これに関連して，1971年に設置された官庁の名称を解答欄に従って漢字で書きなさい。

（２）1960年代の日本について述べたものとして正しいものを次のア～エから１つ選び，記号で答えなさい。

ア　教育基本法が公布された。

イ　小笠原諸島が日本に復帰した。

ウ　日中平和友好条約が結ばれた。

エ　特需景気をむかえた。

3　次の問題Ａ・Ｂに答えなさい。

Ａ　次の文章を読み，あとの問いに答えなさい。

経済社会には，生産活動の中心となる企業，消費活動をする家計，財政活動を行う政府という三つの①経済主体が存在します。

私たちの家庭は，何らかの仕事を行うことで，②所得を得ています。私たちはその所得を使って，主に企業が③生産した財やサービスを購入し，毎日の消費生活を営んでいます。自由な競争が行われている市場では，財やサービスの④価格は需要と供給の関係によって変動することが知られています。

問１　下線部①について，次の図は経済主体による経済循環を模式的に表しています。図中の（　X　）〜（　Z　）に当てはまる経済主体を，上の文章を参考にしながらそれぞれ書きなさい。

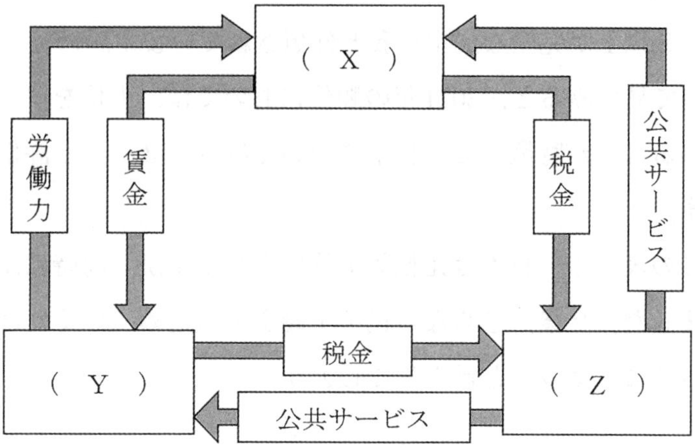

問２　下線部②について，私たちは貨幣という形で所得を得ています。貨幣が持っている，価値を貯蔵するはたらきの説明として正しいものを次のア〜エから１つ選び，記号で答えなさい。

ア　布を製造しているＡさんは，綿布１メートル当たり100円の価格をつけた。

イ　農家を営んでいるＢさんは，農作物が腐る前に販売し貨幣を得た。

ウ　企業で働いているＣさんは，所得を得て以前から欲しかった本を買った。

エ　家で電気を使ったＤさんは，口座振替によって電気料金を支払った。

問３　下線部③について，１つの国の中で，一定期間内に新たに生産された財やサービスの付加価値の合計を何というか，アルファベット３文字で書きなさい。

問４　下線部④について，一定期間にわたって，全般的な財やサービスの価格が上昇することを何というか，カタカナで書きなさい。

B　次の文章を読み，あとの問いに答えなさい。

次の表は，民主主義の度合いを示す国際的なランキングです。この指数は，最低，最高10の「総合スコア」で各国・地域の民主主義の成熟度をランク付けしており，４未満が独裁政治体制，４以上６未満が混合政治体制，６以上８未満が欠陥のある民主主義，８以上が完全な民主主義と分類されています。

表について見てみると，2021年の順位においては，上位を（　１　）の地域が多く占めていることが特徴的で，日本については（　２　）と評価されていることがわかります。

今回，この表から，日本は比較的上位にありますが，同時に①いくつかの課題も見えてきました。今後，さらなる民主主義を推し進めていくために，日本が他の国から学ぶべきことは多いと言えるでしょう。

【民主主義指数ランキング（2021年)】

国・地域	2021年の順位	2018年の順位	総合スコア	どれだけ民主的な政治機能か	どれだけ民主的に政治参加できているか	市民の自由度
ノルウェー	1	1	9.75	9.64	10.00	9.12
ニュージーランド	2	4	9.37	8.93	9.44	9.71
フィンランド	3	8	9.27	9.29	8.89	9.41
スウェーデン	4	3	9.26	9.29	8.33	9.12
アイスランド	5	2	9.18	8.21	8.89	9.41
⋮						
日本	17	22	8.15	8.57	6.67	8.24
⋮						
②香港	85	73	5.60	3.64	5.56	8.53
⋮						
ミャンマー	166	118	1.02	0.00	1.67	0.29

（イギリスの調査機関エコノミスト・インテリジェンス・ユニット（EIU）より作成）

（問題の都合上，一部改めている）

問１　文章中の（　１　）・（　２　）に当てはまる語句の組み合わせとして正しいものを次のア～エから１つ選び，記号で答えなさい。

ア（　１　）北米　　（　２　）完全な民主主義
イ（　１　）北米　　（　２　）欠陥のある民主主義
ウ（　１　）北欧　　（　２　）完全な民主主義
エ（　１　）北欧　　（　２　）欠陥のある民主主義

問２　下線部①について，ランキング順位を上げるための記述として正しいものを次のア～エから１つ選び，記号で答えなさい。

ア　ランキング項目の中では相対的に低い，「どれだけ民主的に政治参加できているか」を示すスコアを向上させる必要がある。
イ　表中に示された国・地域の中で最低の，「市民の自由度」を示すスコアを向上させる必要がある。
ウ　ランキング順位を上げるために，より政府に権力を集中させる必要がある。
エ　ランキングが上位の国の方が経済規模も大きいため，日本も経済発展を優先させる必要がある。

問３　表中の下線部②について，1997年に香港を中国へ返還した国名を書きなさい。

問４　表に関して説明した文として正しいものを次のア～エから１つ選び，記号で答えなさい。

ア　2021年の「総合スコア」が高ければ高い国・地域ほど，「市民の自由度」のスコアも高くなっている。
イ　2021年の「総合スコア」の上位５か国・地域において，2018年から順位を上げているのは，１つの国・地域だけである。
ウ　2021年の香港の順位が2018年から低下しているのは，2019年から行われていた民主化運動により，香港の統治機構がより民主的に変化したことが要因の一つと考えられる。
エ　2021年のミャンマーの「どれだけ民主的な政治機能か」のスコアが0.00なのは，2021年に同国の軍がクーデターを起こして政権を掌握したことが要因の一つと考えられる。

4 次のグラフは，日本の2022年度の一般会計予算を表しています。この予算に対する意見を，あなたが国会議員であると仮定して50字以内で書きなさい。

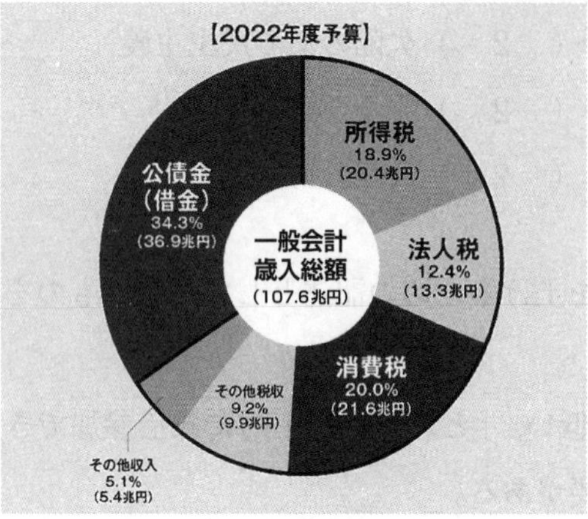

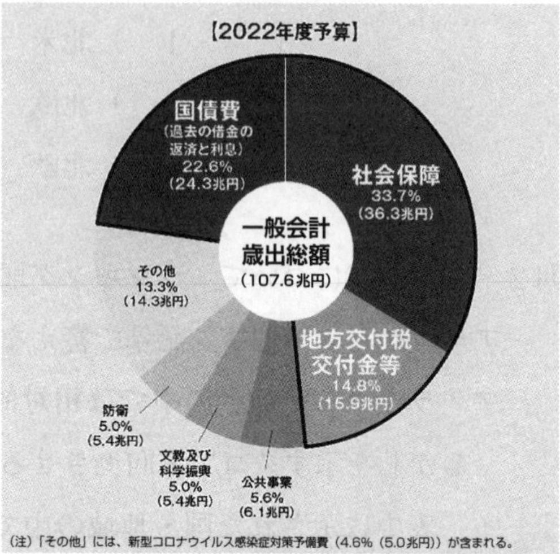

(注)「その他」には、新型コロナウイルス感染症対策予備費（4.6%（5.0兆円））が含まれる。

（財務省HP　日本の財政状況より引用）

【理　科】〈第１回試験〉（30分）〈満点：50点〉

1　次の問１～問８に答えなさい。

問１　次のア～カのうち，消化酵《こう》素の名称とその消化酵素がはたらきかける物質の名称の組み合わせとして正しいものはどれですか，２つ選び記号で答えなさい。

ア．消化酵素：アミラーゼ　　　物質：タンパク質

イ．消化酵素：アミラーゼ　　　物質：脂肪《しぼう》

ウ．消化酵素：ペプシン　　　　物質：タンパク質

エ．消化酵素：ペプシン　　　　物質：脂肪

オ．消化酵素：リパーゼ　　　　物質：タンパク質

カ．消化酵素：リパーゼ　　　　物質：脂肪

問２　試験管Ａ～Ｄを用意し，30 cm^3の水を入れました。そこに葉の大きさと枚数がほぼ等しいアジサイの枝をそれぞれ図１のように試験管にさしいれました。その後，それぞれの試験管に少量の油を注ぎました。３日後，試験管Ａ～Ｄ内で減少した水の体積をそれぞれ調べました。表は，その結果をまとめたものです。表のＸに入る数値を答えなさい。

試験管	A	B	C	D
減少した水の体積[cm^3]	17	13	5	X

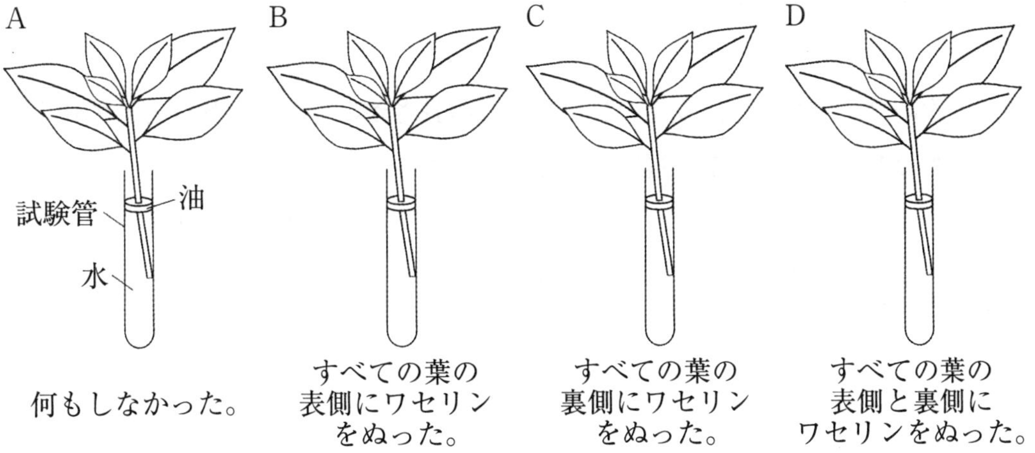
A
B
C
D
試験管
油
水
何もしなかった。
すべての葉の表側にワセリンをぬった。
すべての葉の裏側にワセリンをぬった。
すべての葉の表側と裏側にワセリンをぬった。

図１

問３　次のア～エのうち，磁気に関わる記述として正しいものはどれですか，１つ選び記号で答えなさい。

ア．現在の地球は，北極付近がＮ極，南極付近がＳ極の大きな磁石とみなすことができる。

イ．すべての金属は磁石につく。

ウ．棒磁石をちょうど半分の位置で割ると，Ｎ極だけしかない磁石とＳ極だけしかない磁石の２つに分かれる。

エ．IHクッキングヒーターは，容器に与える磁界を変化させることにより電流を発生させ，容器自体に熱を発生させるというしくみである。

問４　太郎さんはプロジェクターを使ってプレゼンテーションをおこないました。スクリーンから１ｍの位置にプロジェクターを置くと，スクリーンに映った画面が小さかったので，スクリーンから２ｍの位置までプロジェクターを移動させました。次のア～エのうち，このときスクリーンに映る画面の面積について説明したものとして最も適当なものはどれですか，１つ選び記号で答えなさい。

ア．元の面積の２倍になった。

イ．元の面積の４倍になった。

ウ．元の面積の８倍になった。

エ．元の面積の16倍になった。

問５　次のア～オのうち，夏至の日に昼と夜の長さがほぼ等しい地点として最も適当なものはどれですか，１つ選び記号で答えなさい。

ア．北極付近　　イ．北緯23.4度付近　　ウ．赤道付近

エ．南緯23.4度付近　　オ．南極付近

問６　次の文は，星の明るさと色について説明したものです。次のア～エのうち，文の（　　）に入る語句の組み合わせとして正しいものはどれですか，１つ選び記号で答えなさい。

> 星の明るさは「等級」と呼ばれる単位で表され，１等星，２等星，…と数が大きくなるごとに星の明るさは（　①　）なる。星の色は，その表面の温度の違いによって異なり，青白い星は温度が（　②　），赤い星は温度が（　③　）。

ア．①：明るく　②：高く　③：低い

イ．①：暗く　②：高く　③：低い

ウ．①：明るく　②：低く　③：高い

エ．①：暗く　②：低く　③：高い

問７　塩酸20 cm^3と水酸化ナトリウム水溶液40 cm^3をまぜるとちょうど中和しました。この実験で用いた塩酸の２倍の濃度の塩酸30 cm^3とちょうど中和する水酸化ナトリウム水溶液の体積は何cm^3ですか。ただし，使用した水酸化ナトリウム水溶液の濃度は同じであるものとします。

問８　図２のようにふたを外したペットボトルに水を満たした状態でひっくり返し，口の部分を容器に入った水につけた状態にしたあと，ペットボトルの中央に大きな穴をあけました。次のア～ウのうち，穴をあけ十分時間が経過したあとの水の量として最も適当なものはどれですか，１つ選び記号で答えなさい。

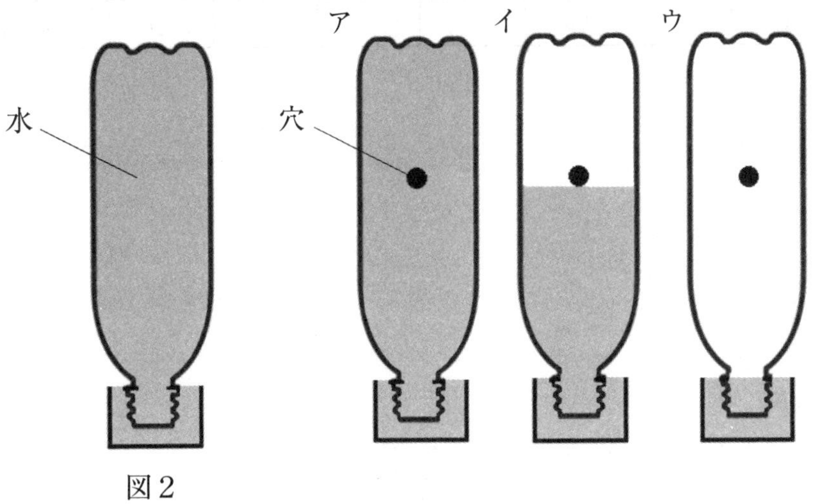

図２

2 次の【A】，【B】について，あとの問１～問７に答えなさい。

【A】 同じ種の動物が集まってともに移動したり，食物を食べたりする集団を群れと呼びます。動物は群れをつくることで利益を得る一方で不利益も生じます。そのため，群れの大きさは利益と不利益のバランスによって決まると考えられています。群れの中の生物どうしで上下関係ができると，争いが少なくなり，安全が保たれる場合があり，これを順位制といいます。順位制について調べるために，ある鳥類Ｐを用いて，次のような実験をおこないました。ただし，鳥類Ｐでは順位の高い個体が順位の低い個体をつつくことが知られています。

【実験】 Ａ～Ｇの７個体を用意し，囲いの中に放してしばらく観察すると，たがいにつつきあいをはじめた。この７個体において各個体がどの個体をつつくかを記録したところ，以下の表のようになった。ただし，表では各個体がつついた個体に○をつけてある。

		つつかれる側						
		A	B	C	D	E	F	G
つつく側	A		○		○		○	○
	B						○	○
	C	○	○				○	○
	D		○	○			○	○
	E	○	○	○	○		○	○
	F							
	G		○				○	

問１　次のア～エのうち，群れをつくらない動物として最も適当なものはどれですか，１つ選び記号で答えなさい。

ア．ニホンザル　　　　イ．オオカマキリ

ウ．カタクチイワシ　　エ．ムクドリ

問２　次のア～オのうち，鳥類の特ちょうとして適当なものはどれですか，すべて選び記号で答えなさい。

ア．からだ全体はかたいうろこでおおわれている。

イ．変温動物である。

ウ．水中にからのない卵をうむ。

エ．肺呼吸をおこなう。

オ．セキツイ動物である。

問３　Ａ～Ｇの個体のうち，最も順位が高い個体はどれですか，１つ選び記号で答えなさい。

問４　次のア～オのうち，実験の結果からわかることとして**誤っているもの**はどれですか，１つ選び記号で答えなさい。

ア．Ａ，Ｃ，Ｄの順位は決められない。

イ．ＣはＢよりも順位が高い。

ウ．ＢとＧの順位は決められない。

エ．ＤはＧよりも順位が低い。

オ．最も順位が低いのはＦである。

【B】 図１は，ある草食動物について，群れの大きさと群れ内の動物一個体の各行動に費やす時間の関係を示したものです。曲線aは警かい行動の時間，曲線bは食物をめぐる争いの時間を示しており，日中の活動時間のうち，aとbを引いて残った全ての時間を採食行動の時間に使えるものとします。また，採食行動の時間が最も長くなる群れの大きさが，最適な群れの大きさであるとします。

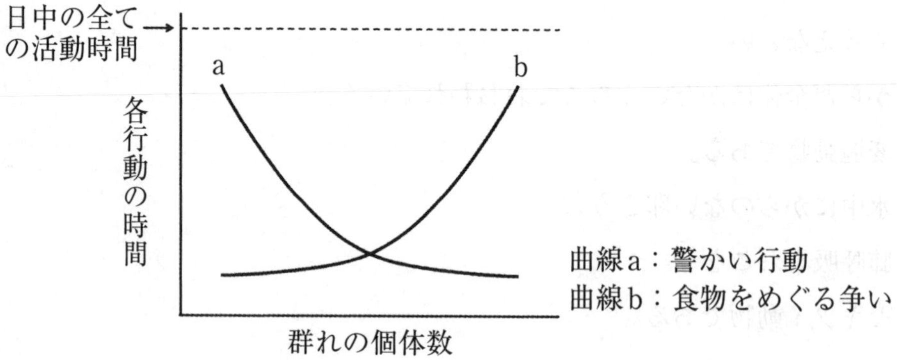

図１

問５　次のア〜エのうち，採食行動の時間を曲線cとすると，その形として最も適当なものはどれですか，１つ選び記号で答えなさい。ただし，曲線a，bは図１と同じものを示しています。

ア

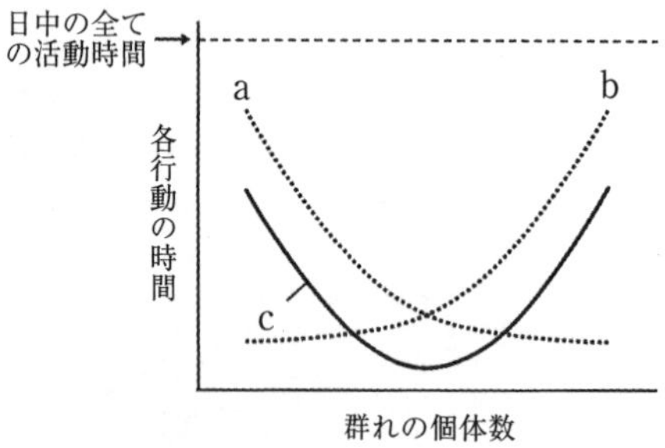

イ

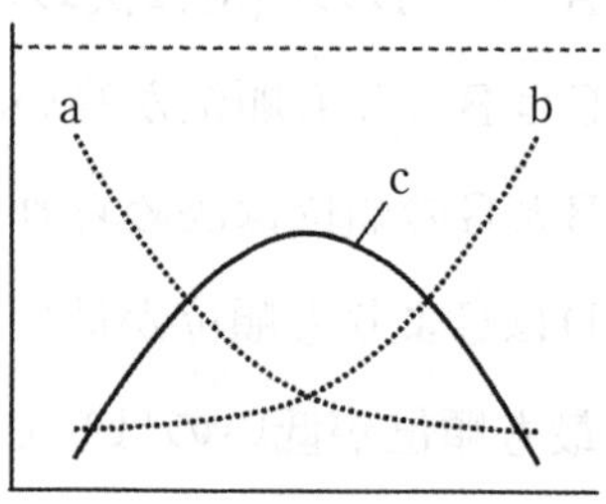

ウ

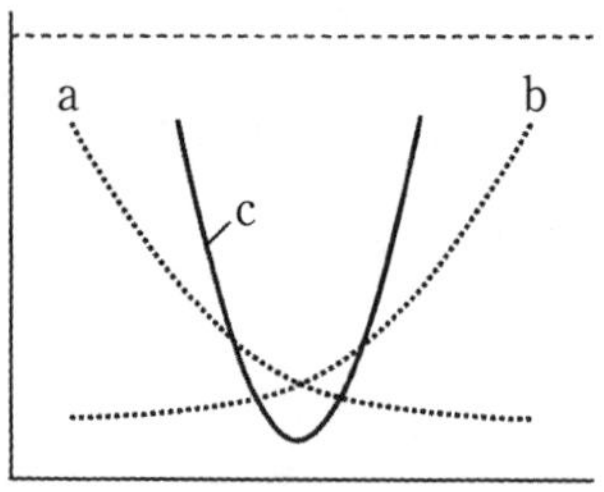

エ

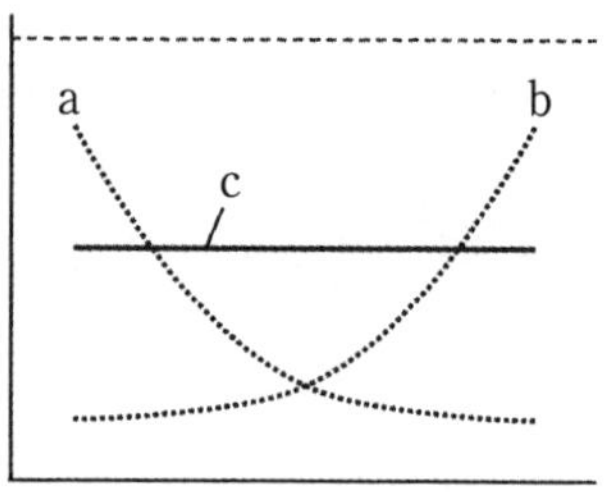

問６　次の文は，図１の説明やそこから考えられることについて説明したものです。次のア～エのうち，文の（　　　）に入る語句の組み合わせとして最も適当なものはどれですか，１つ選び記号で答えなさい。

群れの大きさが大きくなるほど，（　①　）の時間が長くなり，警かい行動の時間と食物をめぐる争いの時間の和が（　②　）ほど，採食行動の時間が短くなる。

ア．①：警かい行動　　　　②：大きくなる

イ．①：警かい行動　　　　②：小さくなる

ウ．①：食物をめぐる争い　②：大きくなる

エ．①：食物をめぐる争い　②：小さくなる

問７　次の文は，この草食動物の群れにおいて天敵の数が増えた場合の，図１の曲線aの変化のしかたと最適な群れの大きさについて説明したものです。次のア～エのうち，文の（　　　）に入る語句の組み合わせとして最も適当なものはどれですか，１つ選び記号で答えなさい。ただし，曲線a，bは図１と同じものを示しています。

天敵の数が増えた場合，曲線aが変化した曲線a′は図２の（あ）と（い）のうち，（　①　）のようになり，最適な群れの大きさは天敵の数が増える前と比べて（　②　）。

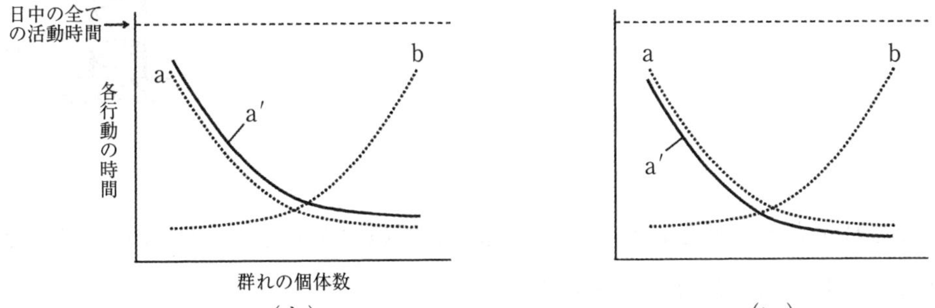

（あ）　　　　（い）

図２

ア．①：（あ）　②：大きくなる

イ．①：（あ）　②：小さくなる

ウ．①：（い）　②：大きくなる

エ．①：（い）　②：小さくなる

3 軽いばねＡ，Ｂを用いて，次のような実験をおこないました。表は，ばねＡ，Ｂにさまざまな重さのおもりをつるしたときのばねの長さをまとめたものです。これについて，あとの問１～問７に答えなさい。

おもりの重さ[g]	10	30	50
ばねＡの長さ[cm]	10	11	12
ばねＢの長さ[cm]	7.5	9.5	11.5

問１　ばねＡのもとの長さ（おもりをつるしていないときの長さ）は何cmですか。

問２　ある重さのおもりを，ばねＡ，Ｂにそれぞれつるしたところ，ばねＡ，Ｂの長さが等しくなりました。このとき，つるしたおもりの重さは何gですか。

図のように，床，ばねＢ，重さ20 gのおもり，ばねＡおよびばねばかりをつなぎ，ばねが曲がらないようにまわりをなめらかなつつを用いておおい，次のような実験をおこないました。

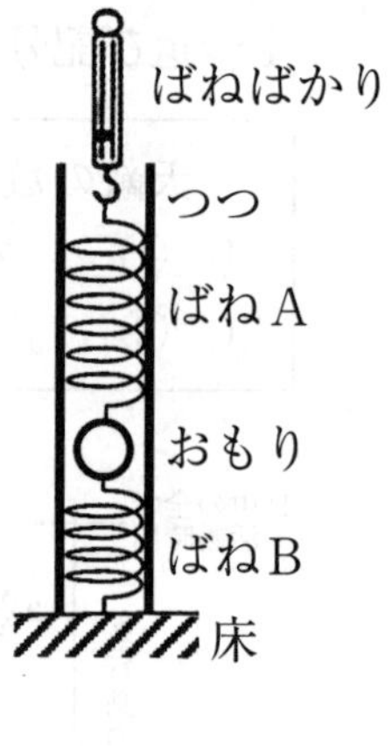

【実験】

①　ばねＢがもとの長さになるところまで，ばねばかりを引っ張った。このとき，ばねばかりの示す値はＸであった。

②　ばねばかりを少しずつ引っ張り，ばねＡ，Ｂの長さとばねばかりの値を調べた。

問３　Ｘは何gですか。

問４　ばねＢの長さが8.5 cmのとき，ばねＡの長さは何cmですか。

問５　ばねＡの長さが14 cmのとき，ばねＢの長さは何cmですか。

問６　次のア～エのうち，ばねばかりの値とばねＡ，Ｂの長さの関係を示したグラフとして最も適当なものはどれですか，１つ選び記号で答えなさい。

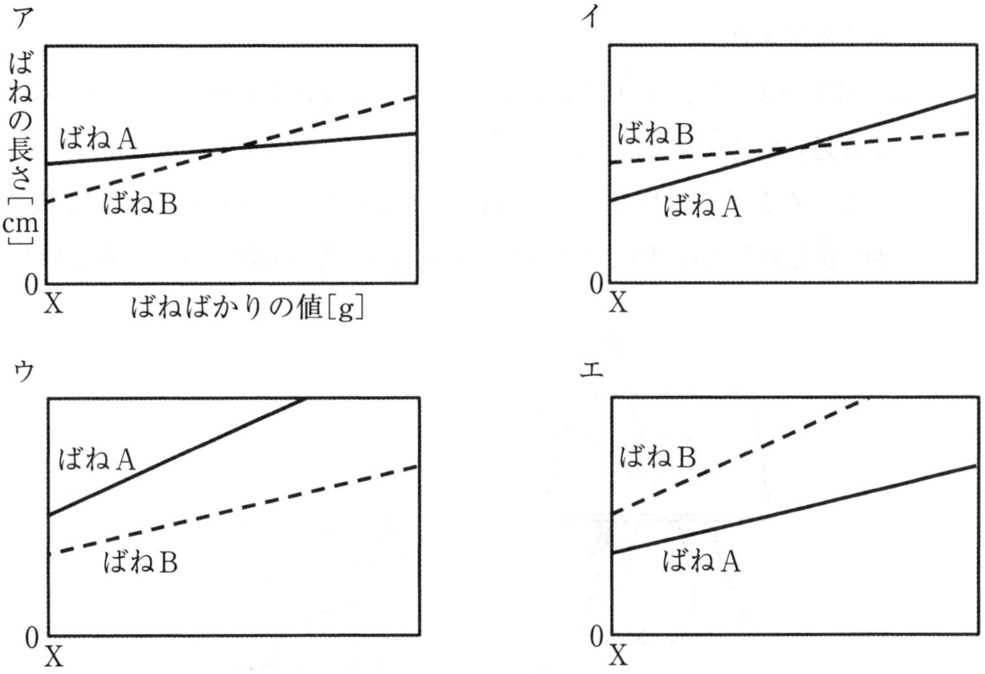

問７　ばねばかりの値が50 gの状態を保ちながら，おもり全体がひたる量の水をつつの中に注ぎました。次のア～ケのうち，このときのばねＡ，Ｂの長さについて説明したものとして最も適当なものはどれですか，１つ選び記号で答えなさい。

ア．２つのばねの長さは，ともに長くなる。

イ．２つのばねの長さは，ともに短くなる。

ウ．２つのばねの長さは，ともに変わらない。

エ．ばねＡは長くなり，ばねＢは短くなる。

オ．ばねＡは長くなり，ばねＢは変わらない。

カ．ばねＡは短くなり，ばねＢは長くなる。

キ．ばねＡは短くなり，ばねＢは変わらない。

ク．ばねＡは変わらず，ばねＢは長くなる。

ケ．ばねＡは変わらず，ばねＢは短くなる。

4　火山について調べるために，次のような実験をおこないました。これについて，あとの問１～問６に答えなさい。

【実験１】

①　小麦粉180 gに水100 gを加えてかきまぜて，マグマのモデルをつくり，ふくろに入れた。

②　図１のように，中央に穴をあけた板を三脚の上に固定し，ふくろの口を穴から通してテープで固定した。

③　ふくろを手でしぼり，ふくろに入れたマグマのモデルをすべて板の穴から押し出したところ，図２のようにもりあがり，よう岩円頂丘のような形となった。

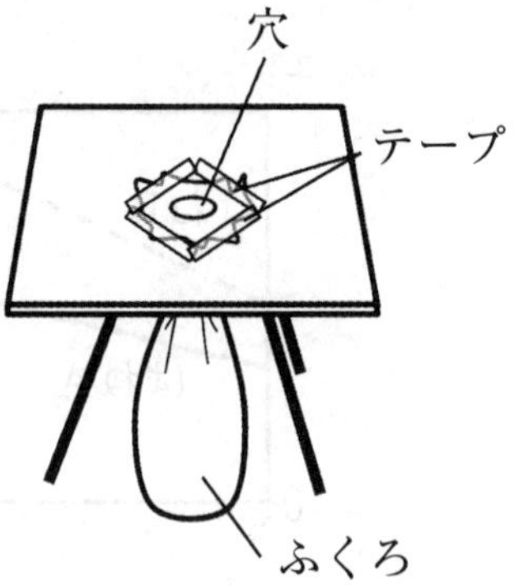

図１

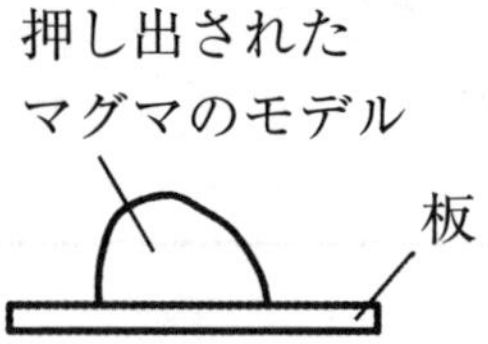

図２

【実験２】

小麦粉180 gに水を加えてかきまぜて，マグマのモデルをつくり，ふくろに入れ，実験１と同様に板の穴から押し出したところ，図３のようにゆるやかに流れ出て，たて状火山のような形となった。

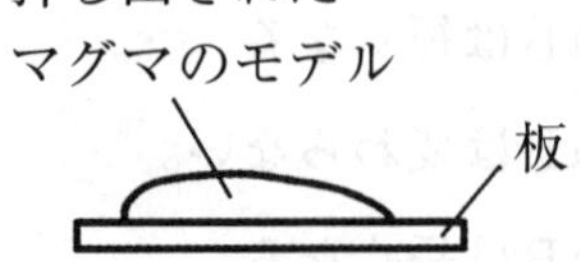

図３

問１　次のア～エのうち，実験２で小麦粉に加えた水の量とマグマのモデルのねばりけについて説明したものとして最も適当なものはどれですか，１つ選び記号で答えなさい。

ア．加えた水の量は実験１よりも多く，マグマのモデルのねばりけは実験１よりも強い。

イ．加えた水の量は実験１よりも多く，マグマのモデルのねばりけは実験１よりも弱い。

ウ．加えた水の量は実験１よりも少なく，マグマのモデルのねばりけは実験１よりも強い。

エ．加えた水の量は実験１よりも少なく，マグマのモデルのねばりけは実験１よりも弱い。

問２　次のア～エのうち，よう岩円頂丘，たて状火山として最も適当なものはどれですか，それぞれ１つずつ選び記号で答えなさい。

ア．富士山　　イ．桜島　　ウ．昭和新山（有珠山）　　エ．キラウエア

問３　次の文は，よう岩円頂丘とたて状火山のふん火のようすとふん出した火山灰の色について説明したものです。次のア～エのうち，文の（　　）に入る語句の組み合わせとして最も適当なものはどれですか，１つ選び記号で答えなさい。

火山のふん火のようすを比べると，たて状火山のほうがよう岩円頂丘よりも（　①　）ふん火する。ふん出した火山灰の色を比べると，たて状火山の火山灰のほうがよう岩円頂丘の火山灰よりも（　②　）。

ア．①：激しく　　②：白っぽい

イ．①：激しく　　②：黒っぽい

ウ．①：おだやかに　　②：白っぽい

エ．①：おだやかに　　②：黒っぽい

【実験３】

ある火山から岩石を採取し，その岩石をルーペで観察してスケッチしたところ，図４のようになった。

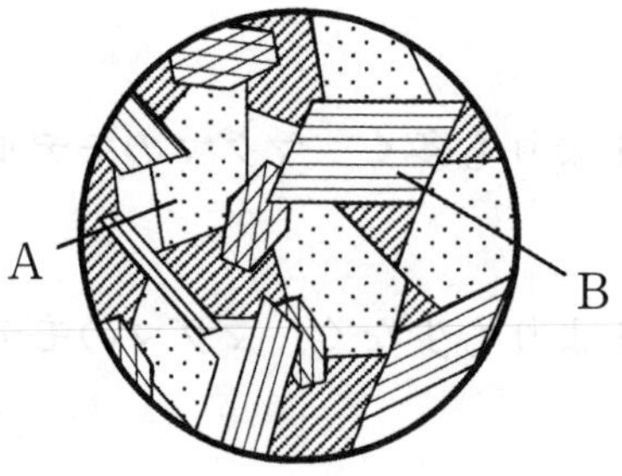

図４

問４　次のア～エのうち，マグマが冷えて固まってできた岩石として適当なものはどれですか，すべて選び記号で答えなさい。

ア．安山岩　　イ．チャート　　ウ．げんぶ岩　　エ．れき岩

問５　次のア～エのうち，実験３で観察した岩石について説明したものとして最も適当なものはどれですか，１つ選び記号で答えなさい。

ア．地表付近でゆっくり冷え固まってできた。

イ．地表付近で急に冷え固まってできた。

ウ．地中深くでゆっくり冷え固まってできた。

エ．地中深くで急に冷え固まってできた。

問６　実験３のスケッチで，Ｂの結しょうは自身の形を保っているのに対し，Ａの結しょうはまわりの結しょうによって，形が変わっていることがわかりました。Ａ，Ｂのうち，マグマから冷えて結しょうになるときの温度が高いものはどちらですか，記号で答えなさい。

5　私たちの身の回りにはさまざまな物質がありますが，その中でも金属は私たちの生活に根付いています。金属にはさまざまな性質があり，それらを利用して私たちの生活は豊かになっています。金属の中には空気にふれると酸化され，さびてしまうものがあります。酸化された物質は酸化物といい，もとの金属とは異なる性質を示します。酸化物は化学反応を起こすことで，再びもとの金属に戻すことが可能です。銅の酸化物（酸化銅）と炭素を用いて，次のような実験をおこないました。これについて，あとの問１～問６に答えなさい。

【実験】

①　図のように，酸化銅８ｇと炭素の粉末を試験管Ｘに入れて十分加熱した。

②　試験管Ｙからガラス管をとり出したあと，ガスバーナーの火を消し，ゴム管をピンチコックで閉じた。

③　よく冷ましてから試験管Ｘに残った固体の重さを調べた。

④　試験管Ｘでは赤色の銅ができ，試験管Ｙでは気体の発生が見られ，石灰水が白くにごった。

⑤　①～④の操作を，酸化銅の重さは変えず，炭素の重さを変えながら数回おこない，実験Ａ～Ｆとした。

⑥　加えた炭素の重さと試験管Ｘに残った固体の重さの関係を表にまとめた。

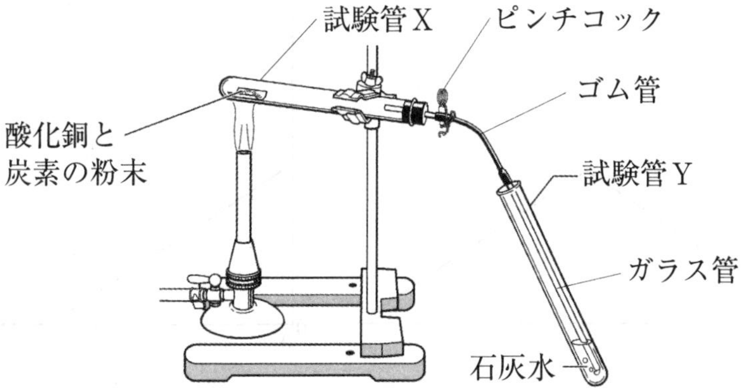

実験	A	B	C	D	E	F
酸化銅の重さ[g]	8	8	8	8	8	8
加えた炭素の重さ[g]	0.3	0.45	0.6	0.75	0.9	1.2
残った固体の重さ[g]	7.2	6.8	6.4	6.55	6.7	P

問１　次のア～エのうち，②の操作をおこなう理由として適当なものはどれですか，２つ選び記号で答えなさい。

ア．発生した気体が試験管Ｘの外に出ていくことを防ぐため。

イ．石灰水が逆流して試験管Ｘに入ることを防ぐため。

ウ．試験管Ｘに空気が入って銅が酸化銅に戻ってしまうことを防ぐため。

エ．できた銅が気体となって試験管Ｘから出ていくことを防ぐため。

問２　次のア～エのうち，加えた炭素の重さと発生した気体の重さの関係を示したものとして最も適当なものはどれですか，１つ選び記号で答えなさい。

ア

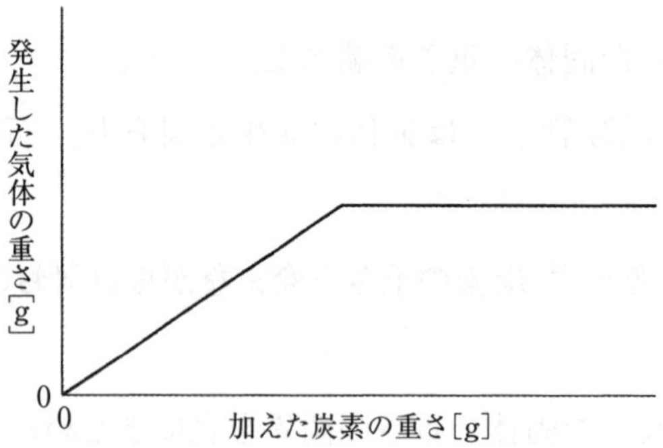

イ

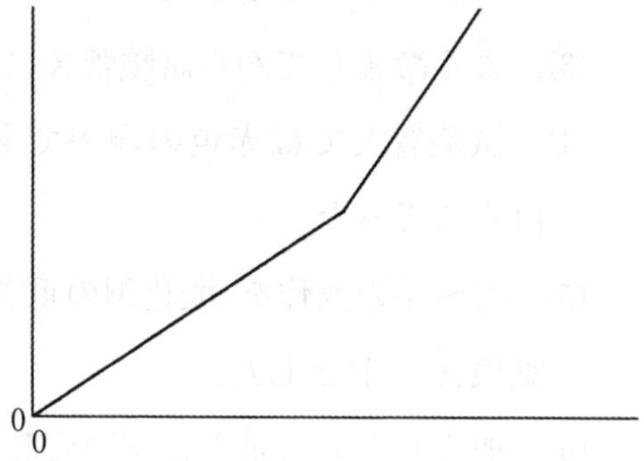

ウ

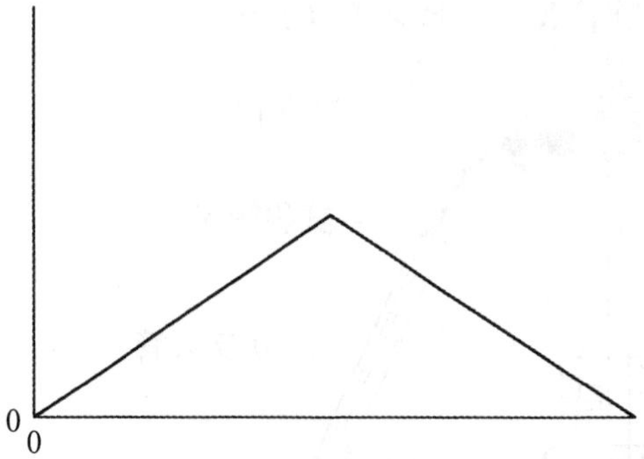

エ

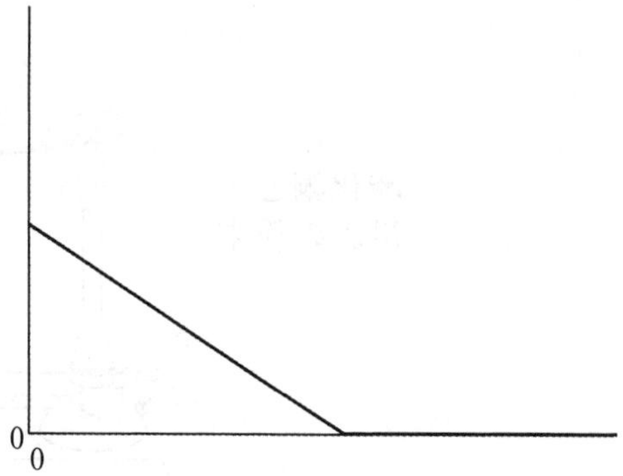

問３　酸化銅８ｇとちょうど反応した炭素の重さは何ｇですか。

問４　次のア～キのうち，実験Ｂ，Ｅで残った固体にふくまれる物質として最も適当なものはどれですか，それぞれ１つずつ選び記号で答えなさい。

ア．酸化銅のみ　　イ．炭素のみ　　ウ．銅のみ　　エ．酸化銅と炭素
オ．酸化銅と銅　　カ．炭素と銅　　キ．酸化銅と炭素と銅

問５　表のＰに入る数値を答えなさい。

問６　酸化銅40ｇと炭素５ｇをよくまぜ十分加熱しました。このとき，残った固体の重さは何ｇですか。

て、一度負けた相手に勝つ経験

問七　――部④「その場にさつきしかいないのに、満座の聴衆を前にしているかのように、きりりと背を伸ばした」とありますが、このときに理子がもっている覚悟《かくご》を、初めてさつきに行動で示した一文を――部④より前の本文から二十五字以内で見つけ、最初と最後の五字をぬき出しなさい。ただし、句読点は含《ふく》まない。

問八　本文の表現の説明として最も適当なものを、次の**ア**～**エ**の中から一つ選んで、記号で答えなさい。

ア　「……」が会話文中に用いられることで、さつきと理子がお互いに言葉を選びながら会話をしているということが表現されている。

イ　さつきと理子の短い会話がテンポよく繰《く》り返されることで、二人の関係性が徐々によくなっている様子が描《えが》かれている。

ウ　さつきと理子それぞれの視点から物語が語られることで、二人の感情の変化が読者に伝わりやすくなっている。

エ　後半になってさつきの心の内を表す（　）が用いられることで、言葉を発しなくてもさつきの気持ちが理子に伝わるようになったということが表現されている。

なくて、本当の理子に勝ちたいと思っているんだね。
大場さん　そうだね。さつきにとって理子は、よき仲間であり、ライバルでもあるから、さつきは理子がいると、もっと遠くに飛べるような気持ちになるし、**オ**□□□□□（五字）気がするんだよね。

問四　――部③「握る手に力を込める」とありますが、なぜさつきは手に力を込めたのですか。その理由として最も適当なものを、次の**ア**〜**エ**の中から一つ選んで、記号で答えなさい。

ア　斉藤さんに勝つまではスキージャンプを続けてほしいという自分の気持ちを、手を強く握ることで理子に分かってほしいと思ったから。

イ　手を強く握ることで、自分の質問にきちんと答えてほしいという強い思いを理子に分かってもらいたいと思ったから。

ウ　自分がこれから理子に伝えようと思っていることが間違っていないということを、手に力を込めることで自分自身に言い聞かせたかったから。

エ　スキージャンプをやめてほしくないという理子に対する強い思いを、握る手の力を強くすることで理子に伝えたいと思ったから。

問五　波線部Ⅰ「町中へ向かうバスが、二人を追いこしていく」、Ⅱ「歩いて帰るはずの道のりの半分くらいで、陽はすっかり落ちて、あたりが暗くなってしまった」が表現していることとして最も適当なものを、次の**ア**〜**エ**の中から一つ選んで、記号で答えなさい。

ア　Ⅰは「さつきと理子は自分たちを追いこしていくバスに気づかないほど話に夢中になっていたということ」、Ⅱは「さつきと理子はお互いの気持ちをきちんと確かめ合うためにゆっくりと話をしていたということ」を表現している。

イ　Ⅰは「さつきと理子はゆっくりと時間をかけて歩きながら話をしていたということ」、Ⅱは「さつきと理子は長い時間をかけて話し合ったことで気持ちが通じ合ったということ」を表現している。

ウ　Ⅰは「さつきと理子はゆっくりと時間をかけながらお互いに自分の気持ちを話していたということ」、Ⅱは「さつきと理子は時間を忘れるくらい話に夢中になっていたということ」を表現している。

エ　Ⅰは「さつきと理子は何台ものバスに追い抜かされてしまうほどゆっくりと歩きながら話をしていたということ」、Ⅱは「さつきは長い時間をかけてじっくり話をしたことで理子に自分の思いを伝えきることができたということ」を表現している。

問六　[A]・[B]に当てはまるものとして適当なものを、それぞれ後の**ア**〜**エ**の中から一つずつ選んで、記号で答えなさい。

[A]

ア　自分のこと、嫌い？

イ　自分のジャンプ、嫌い？

ウ　私のこと、嫌い？

エ　ジャンプ、嫌い？

[B]

ア　負けて、辛い思いをしても、それを決して周りに見せずに努力し、自分自身に打ち勝つ経験

イ　親友に負けて、悔しい思いをして、それでも涙《なみだ》を流さずに、最後まで練習を続ける経験

ウ　負けを知って、それでも諦《あきら》めずに、投げ出さずに練習を続けて、苦しい時間を耐《た》える経験

エ　負けて、挫折《ざせつ》を味わっても、くじけずに誰よりも練習をし

斉藤選手が『弱点』を指摘《してき》したのは、まだ理子が勝ち続けていた冬のシーズンだった。

「もしかして、負ける経験をしていないことがそうかもしれない……ううん、それだけじゃなくて」

理子は自分自身に言い聞かせるような口ぶりだった。

「負けて、スランプの時期を過ごして、辛い思いをして、なおかつそれを乗り越《こ》える、そんな経験のことを、斉藤さんは言ってたのかなって。もちろん、これが本当に正解かどうかはわからないけれど」

理子は待合小屋の中のベンチに腰《こし》かけながら、④その場にさつきしかいないのに、満座の聴衆《ちょうしゅう》を前にしているかのように、きりりと背を伸《の》ばした。

「［Ｂ］は、絶対マイナスにならないと思うの。たとえ、最終的に報われなかったとしても」

その言葉は、とてもスムーズにさつきの胸の内に落ちた。

（ああ、そうだ。きっとそのとおりだ）

そして、さつきの頭に今よりも幼い理子の声がよみがえる。

（あれと同じだ）

「理子は正しいよ」

さつきは心をこめて告げた。

「だって、理子自身が最初に言ってたでしょ？」

なにを？ という表情をした理子に、今度はさつきからあの言葉を返す。

「『向かい風は、大きく飛ぶためのチャンスなんだよ』」

（乾《いぬい》ルカ『向かい風で飛べ！』による）

※１ 圭介…さつきと理子の友人。以前二人と同じクラブチームに所属していた。

※２ 斉藤さん…さつきと理子のライバル。二人とは別のクラブチームに所属している。あとの「斉藤選手」も同一人物。

問一 ═部「面食らった」の本文中での意味として最も適当なものを、次の**ア**～**エ**の中から一つ選んで、記号で答えなさい。

ア 予想外の回答に衝撃《しょうげき》を受け、混乱した
イ 思ってもいなかった答えに驚《おどろ》き、とまどった
ウ 想像していなかった返事に困惑《こんわく》し、焦《あせ》った
エ 突然《とつぜん》の発言に動揺《どうよう》し、困り果てた

問二 ――部①「理子は唇をほころばせた」とありますが、このときの理子の心情を次の文の□に合うように、**Ａ**は二十字以内、**Ｂ**は十五字以内で答えなさい。

［**Ａ**（二十字以内）］けれども、［**Ｂ**（十五字以内）］と感じている。

問三 ――部②「足を骨折しているボルトに勝ったって、誰も私のほうが足が速いなんて思わないでしょ？」という発言について大宮開成中学校の生徒が話し合いました。**ア**～**オ**の□に当てはまることばを、それぞれ本文中からぬき出しなさい。

大場さん　このボルトって、オリンピックで三大会連続金メダルをとったジャマイカの陸上競技の短距離《たんきょり》選手のことだよね？

宮沢さん　そうだね！　たしかに、そのボルト選手が骨折をしている状態で競走をして、勝ったとしても誰も自分の方が足が速いとは思わないよね。

開藤さん　そうだね。つまり、いま理子は**ア**□□□□□□□（七字）になっているから、そんなスランプの状態の理子より良い記録を出しても、さつきは**イ**□□□□□□（六字）とは思えないということだね。

成田さん　さつきは、**ウ**□□□□□□（六字）を誰よりもよく知っているからこそ、**ア**□□□□□□□（七字）で、なおかつ**エ**□□□□□□□（七字）の理子では

からどうしてジャンプ続けようって思ったの？」

　痛いと言われるかもしれなかったけれど、さつきは握る力を緩《ゆる》められなかった。

「ただ単純に好きになったからじゃないの？　楽しかったからじゃないの？　私はそうだったよ。言ったよね、理子のお母さんの言葉。私が入団した日、理子は嬉しそうに帰ってきたって」

「さっき、聞いた」

「理子のお母さん、まるで、入団したばかりのときに戻ったみたいだったって、言ったんだよ」

　Ⅰ町中へ向かうバスが、二人を追いこしていく。

「勝つのも嬉しいけど、それよりもなによりも、私はジャンプが好きで、理子と一緒に飛ぶのが楽しいから飛んでるよ」

「さつき……」

「負けるのって嫌なことだっていうのはわかるよ。理子の本当の悔《くや》しさとか、辛《つら》さとか、そういうのはなにからなにまでわかってないかもしれないけど、いい気分じゃないことくらいはわかる。でも、それは全部を消しちゃうものなのかな。楽しさや嬉しさも全部消えちゃうの？」

　低い山際《やまぎわ》に落ちるぎりぎり手前の夕日が、理子の顔を横から照らして、その瞳《ひとみ》の色を薄《うす》く透《す》けさせる。

「私、もう一度理子と飛びたい。理子だって心のどこかでは、このまやめたくないって思っているよね？　お母さんから聞いたの。理子、昨日お母さんが勧《すす》めたお菓子《かし》を食べなかったって。もしやめる気なら、体重とか体型とか、もう気にする必要ないもん。違《ちが》う？」

　理子は微笑《ほほえ》んだ。「違わないよ」

「私、理子がいると強くなれる気がするんだ。もっと飛べる気がする。そして、理子がお父さんに言ってくれたことを証明したい。それから……ちゃんと、本当の理子に勝ちたい。迷っている途中《とちゅう》の理子じゃなくて、本当の理子に勝ちたい」

　理子は力のある眼差しで、きちんとさつきを見返している。

　さつきは思い切って、一番重要な問いを投げかけた。

「理子。［　A　］」

　理子は首を横に振《ふ》った。

「ううん、大好きだよ」

　はっきりと、力強く、理子は断じた。「大丈夫《だいじょうぶ》。私、もう答えは出してるの。決めたからお礼にも来たんだよ」

やめない。斉藤選手を見返す。

　理子の手がさつきの手をぎゅっと握り返してきた。

　Ⅱ歩いて帰るはずの道のりの半分くらいで、陽はすっかり落ちて、あたりが暗くなってしまった。

　歩けないこともないけれど、停留所と待合小屋を見つけて、そこでバスを待つことにする。理子は鞄の中から財布を取り出し、小銭を確認した。

　明日から練習に行くと、理子は言った。

「うん、うん。一緒に行こう」

（今までみたいに）

「あのね、おじさんとおばさんは私の『弱点』のヒントをくれたの」

「じゃあ、『弱点』がもしかしてわかった？」

　確認するさつきに、理子はこっくりと首を縦に振った。

「自慢《じまん》に聞こえるかもしれないけれど、私、この夏みたいに負けたことってなかった。そうなの、ジャンプを始めてすぐにうまく飛べるようになって、それからなに一つ、つまずかずに来た――ちょうど今のさつきと同じ。おじさんとおばさんに言われて順を追って振り返ってみて、これかな、って思った」

「さつきが入ってくれて、嬉しかった。怖《こわ》がっているのに背中を押《お》したのは、ちょっと悪かったかなって思ったけど、すぐに楽しかったって言ってくれて、本当に……。その日のうちに何度も飛んでいるのを見て、この子と一緒《いっしょ》に飛べたら楽しいだろうなって、心から思った。でも」

ごめんねと、一言前置きをして、理子は静かに言った。

「さつきを誘《さそ》わなければ良かったって思ったことも、あるんだ」

理子の涼《すず》しげな目がまっすぐにさつきに突《つ》き刺《さ》さってくる。

「さつきがあまりにも楽々と飛んで、どんどんうまく、強くなっていくから。いつか追い抜《ぬ》かされるって、焦《あせ》って、怖くて。負けるのが、怖くて」

さつきさえ誘わなければ、こんな思いをしなくてすんだのに――そう後悔《こうかい》してしまうこともあったのだと、理子は告げた。

「実際、もう負けちゃったし」

一瞬《いっしゅん》だけ逸《そ》らした理子の眼差《まなざ》しは、かすかな悲しみの色を帯びていた。

「でもね」理子はまた視線を戻した。「それでも私、さつきのジャンプ、好きだよ」

「理子……」

「ジャンプって、スタートから接地まで神経をいっぱい使って、ほんの何秒かの間にたくさんのことをしなくちゃいけないのに、さつきはすごく自然にそれをやっているみたいで、まるで、風を友達にして運んでもらっているように見えるの。空中姿勢も私よりいいし」

すごく自由な姿だと、①理子は唇《くちびる》をほころばせた。

「だから、大好き」

さつきは理子の、鞄《かばん》を持っていない空いている手をきゅっと握《にぎ》った。

「私も理子のジャンプ、大好きだよ。きれいで……本当にきれいで。最初からずっとそう思ってた。吉村杯《よしむらはい》のテストジャンプのときから」

「ありがとう」

「また、見たいの。一緒に飛びたい」

風になびく髪《かみ》の毛をそっと押さえた理子に、さつきは訴《うった》える。「私だってわかる。六年生の夏、理子が私のことをお父さんに褒《ほ》めてくれたように、私は理子のすごさがわかる。誰よりわかる。サマージャンプでは、私は理子より確かに飛んだけど、でも理子に勝ったとは、思ってない」

「どうして？」

「だって、②足を骨折しているボルトに勝ったって、誰も私のほうが足が速いなんて思わないでしょ？」

理子は苦笑した。「なにそれ？」

「※2斉藤《さいとう》さんだって、体型変化で不調になるとしても、それは一時的なものって言ったんだよね？　だったら絶対また飛べるよ」

「絶対なんてことはないよ。もしかしたらこのままかもしれない。誰も保証も約束もしてくれない」

「約束がなかったら、だめなの？」

さつきは立ち止まった。さつきに手を握られている理子も、足を止める。

「一番最初にジャンプしたときは、なんの約束もなかったでしょ？　理子は誰かに、あなたはすごい選手になる、ずっと勝ち続ける、将来はオリンピック選手になるって約束されたから、ジャンプを始めたわけじゃないよね？」

理子に伝えたいことが心の中でいっぱいになって、さつきはどういう言葉でそれらを表現していいのかわからない。だからせめてとばかりに、③握る手に力を込《こ》める。

「理子も最初飛べなくて、永井コーチに背中押されたんだよね。それで、記号で答えなさい。

ア　大場さん「【本文】で筆者は、私たち人間が近代的価値基準に基づいて作られた制度の中で暮らしているから、環境問題が発生したと言っていたね。」

イ　宮沢さん「うん。さらに【参考】では、人間が自分のことを特別な存在と考えてしまったことにも原因があると訴えているよ。」

ウ　開藤さん「そうだよね、自然の中には人間以外にもいろいろな存在がいるのに。ホタルのような絶滅危惧種《ぜつめつきぐしゅ》が再び繁栄《はんえい》できる活動が必要だね。」

エ　成田さん「開藤さんの優しさは理解できるな。でも、特定の生物だけを助けるのではなく、その他のあらゆる生物を含《ふく》めた全体の多様性が生み出される努力の仕方が大事なんじゃないかな。」

三　**次の文章を読んで、後の問いに答えなさい。**

中学二年生の室井《むろい》さつきと小山内理子《おさないりこ》は北海道沢北《さわきた》町のスキージャンプのクラブチームに所属している。さつきは小学五年生の時に沢北町に引《ひ》っ越《こ》してきて、すぐにスキージャンプを始めたが、その時にはすでに理子は町でも有名な選手だった。しかし、理子は中学生になってから徐々《じょじょ》に調子を落としていき、クラブチームの練習にも来なくなってしまった。以下は、さつきが理子を家まで送っている場面である。

「どうしても理子に戻《もど》ってきてほしくて、お父さんとお母さんに相談しちゃったの。怒《おこ》ってる？」

おそるおそる尋《たず》ねると、「ちょっと目をつぶってくれる？」と言われた。そのとおりにすると、眉間《みけん》を軽くはじかれた。

「このデコピンでちゃらね」理子はくすくす笑った。「そうだね、※1圭介《けいすけ》だったら怒るかも。要《い》らないおせっかいはするな、そういうところがわからないから鈍感《どんかん》なんだ、とか」

「そういえば私、理子の家に行くとき、圭介にすごく呆《あき》れられた。ジュニアの合宿前から理子は悩《なや》んでいたのに、一番近くにいて気づかないなんて鈍《にぶ》い、みたいな」

「そうだね……圭介みたいにイライラする人もいるかもしれないけれど、私はさつきのそういうところ、嫌《きら》いじゃないよ。私がこんなことで悩んでいるの、本当は誰《だれ》にも知られたくなかったから。どうにもならなくなるまでは、さつきがわりと普段《ふだん》どおりで良かった」

軽トラックが対向車線をかけぬけていく。

理子は素直だった。「私ね。おじさんおばさんと話して、お母さんとも話して、ジャンプを始めたころのことを、思い出せた」

「そのころの理子、見たかったな」

本心を打ち明けると、理子は肩《かた》を竦《すく》めてにこっとした。「どうして？」

「かわいかったんじゃないかなって」

理子は面食らった表情をしてから、今度は声を出して笑った。

「同じだったと思うよ、少年団にいるその年頃《としごろ》の子たちと」

「そうかあ。じゃあ、やっぱり楽しかったんだね」

「うん、そうだね」

「理子のお母さん、言ってた。私が入団した日、すごく嬉《うれ》しそうに帰ってきたって……それを聞いて私も、飛んじゃいそうに嬉しかった」

「……うん。実際、そうだったもの」

刈《か》り取りを終えた小麦畑には、点々と巨大《きょだい》なロールケーキみたいな麦の束がある。

る肥料や、与《あた》える水の量を変えることで収穫量《しゅうかくりょう》を増やしている。

イ　近年の猟師《りょうし》は、メスの個体や幼い動物を獲《と》らないことで、森の中の動物が極端《きょくたん》に減りすぎないように意識をして猟をしている。

ウ　漁業に従事する人は、風の向きや波の高さに合わせて、船に積み込む探査機を変えることでできるだけ多くの魚を釣《つ》り上げる。

エ　現代のきこりは、朽《く》ちた木を切りたおすとき、他の健康な木を傷つけぬよう計測器を用いて木の倒《たお》れる方向を定めている。

問八　【本文】は――部⑦「近代的価値基準を基礎にしてつくられた社会や経済のなかにいる私たちは、どうすればよいのだろうか」という問いの投げかけで終わっています。次に示す【参考】を読んで、後のｉ～ⅲの問いに答えなさい。

【参考】

　私たちは、かけがえのない人間という言葉の意味と、特別な人間という言葉の意味を混同させたのである。誰もが自分を特別な人間としてつくりだそうとした。ところがそんな努力が虚《むな》しくなってみると、私たちは、自分もまた特別な人間を目指した普通の人間、つまり二十世紀的な精神の習慣にとらわれた普通の人間にすぎなかったことに気づくようになる。

　そう感じたとき、人々は二十世紀的な精神の習慣から脱出したいと思うようになった。そんな精神にとらわれることなく生きていく人間でありたいと思うようになったのである。

しかし、そういう人間のあり方をつかみとることができない。すなわち、当たり前に生きて、当たり前に死を迎《むか》える人間の存在感をつかむことができないのである。

ｉ　【参考】と【本文】を読み合わせて、大宮開成中学校の先生と生徒が話し合いました。話し合いの□に当てはまることばを、それぞれ【参考】中からぬき出しなさい。

先生「【参考】には、【本文】の――部⑦で投げられた問いについて、筆者の考えが書かれていますので読み取ってみましょう。」

大場さん「まず、――部⑦の『近代的価値基準』とは何かを明らかにしよう。『近代的価値基準』は、【参考】を読むと、『ア□□□□□□□□（八字）をもとにした価値観』ということに整理できるね。」

宮沢さん「ということは、イ□□□□□（五字）であるのに、特別な人間であることを目指してしまった考え方のことだね。」

開藤さん「それなら、結局人々はア□□□□□□□□（八字）を捨てたくなったということが【参考】に書かれているから、筆者は――部⑦の答えとしてイ□□□□□（五字）でいることがよい、ということを訴えているんだね。」

ⅱ　「ｉ」の話し合いの後、大場さんは【参考】の═══部「当たり前に生きて、当たり前に死を迎える人間」を次のようにまとめました。次の文の□を、【本文】24段落の中の語句を用いて、四十字以内でうめなさい。

□ことで、ごく自然に生命の充足《じゅうそく》を感じることのできる人間。

ⅲ　「ｉ・ⅱ」の後、【本文】と【参考】を読んで、これからの自分たちの在り方について大宮開成中学校の生徒が話し合いました。次の発言の中で、筆者の主張と**明らかに異なる**発言を一つ選ん次の**ア**～**エ**の中から一つ選んで、記号で答えなさい。

ア　すでに人々は便利なものに囲まれて生活をしている。だが、高度な経済活動は、現在よりもさらに便利なものを生み出していくため「大量生産、大量消費」はますます加速していっているということ。

イ　「大量生産、大量消費」をともなう経済活動は人々の所得を増加させ、その暮らしを向上させてきた。しかし、暮らしの向上は新たな資源消費をもたらし、また、公害を発生させる可能性を持っているということ。

ウ　高度成長期において「大量生産、大量消費」はすでに美徳となっていた。そのため一部の人間が環境改善を訴《うった》えたとしても、多くの人間は環境を破壊するほどの「生産」「消費」を続けるだろうということ。

エ　私たち人間は暮らしの中で、便利だが有害なものを使用している。工場では、人間の暮らしで発生する有害なものよりもはるかに大量の排煙や廃水を出すので、私たちが有害物質を含む製品の使用を減らしても意味がないということ。

問四　――部③「このジレンマ」について説明した文の□に当てはまることばを、それぞれ**【本文】**中からぬき出しなさい。

七〇年代になり、人々は環境が悪化する中、**ア**□□□□（四字）という活動について前向きに考え始めるようになった。その一方で結果的に新たな**イ**□□（二字）などの問題を生み出してしまうと分かっていながら、一度**ウ**□□（二字）させた暮らしを手放すことができず、環境の悪化を止められないということ。

問五　――部④「村人の里山利用」とありますが、「里山利用」が自然にもたらした利点をまとめた次の文の□に当てはまることばを、それぞれ**【本文】**中からぬき出しなさい。

里山の自然を利用するにあたり村人は、その地域がつくりだしてきた**ア**□□□（三字）な方法で、また、その地域にもっとも**イ**□□□（三字）方法で自然に働きかけていく。それによって、自然の中に存在する生物の種類に**ウ**□□□（三字）が生まれ、自然全体の**エ**□□□（三字）を高めていく。

問六　――部⑤「自然保護の主体は、基本的に地域主権的なものなのではないか」とありますが、それはなぜですか。その理由として最も適当なものを、次の**ア**～**エ**の中から一つ選んで、記号で答えなさい。

ア　自然と人間の関係は決して観念的なものではなく、地域の人間たちが地道に培《つちか》ってきた実践《じっせん》的なものである。だから自然保護は、地域に特化した具体的な行いである必要があるから。

イ　自然を守るのに簡単で効果的な方法はいまだ開発されていない。そのため未来に目を向けて、地域の人々だけに苦労を押し付けず、誰《だれ》でも貢献《こうけん》できる自然保護のシステム構築が大事だから。

ウ　自然保護には決まった知識やシステムが存在しない。そのため世界の様々な自然環境での保護活動の例から、自分たちの地域に合うような活動を選び、持続させやすい形式で行うべきだから。

エ　全体としての自然は個々の地域それぞれの自然が相互《そうご》に関わることで展開している。自然保護とは、様々な自然に適した、自然と人間の関係を創造することから始まるものであるから。

問七　――部⑥「地域の人々がもっている技と知恵」の例として最も適当なものを、次の**ア**～**エ**の中から一つ選んで、記号で答えなさい。

ア　昔から農民は、その年の温度、湿度《しつど》を読み取って、畑に用いて、自然と人間の間には、無事な関係が維持されてきた。

21 このような事実に気がついてみると、私たちはいくつかのことを考えなくてはならなくなる。そのひとつは、⑤自然保護の主体は、基本的に地域主権的なものなのではないかということであった。考えてみれば、世界には共通する自然など存在しないし、日本にも日本という共通の自然は存在しない。自然はそれぞれの地域ごとにさまざまであり、そのさまざまな自然が互《たが》いに関係を結びながら、全体の自然が展開しているのである。とすれば、そのさまざまな自然に適した自然と人間の関係を創造することが自然保護の出発点であり、そうである以上、自然を守る主体は、地域主権を軸《じく》にして形成されなければならないはずなのである。

22 第二に考えなければならないことは、人間が自然を利用しながらも守る方法は、その⑥地域の人々がもっている技と知恵のなかにあるということであろう。つまりそれは知識でもないし、単なるシステムでもない。人間の精神がそのまま身体の動きとなって現れてくるような、村人にとってはどうということのない技、しかしその技をもっていない人間にとっては驚嘆《きょうたん》すべき技、それが自然と人間の関係を司る上でいかに大事かということである。

23 それに、もうひとつ考えなければならないことがある。それは自然と人間が無事な関係を維持していくには、歴史の継承《けいしょう》、あるいは伝統の継承という課題がある、ということであった。知恵や技は、その地域が生みだした伝統として継承されてきたものである。そして、それを継承していかないと、自然と人間の関係は無事でありつづけられない。

24 このようなことが分かってきたとき、人々は戸惑いを覚えた。なぜなら、それらは近代社会の価値観とは異なるものだったからである。近代社会では、地域的な考え方、つまりローカルな考え方よりも、広い地域で通用する普遍《ふへん》的な考え方のほうが価値があるとされてきた。知恵や技よりも、知識や技術のほうが大事にされた。そして歴史の継承よりも歴史の発達を重要視してきた。ところが、このような近代的価値基準のいずれもが、自然に対しては対立的だったのである。とすれば、⑦近代的価値基準を基礎《きそ》にしてつくられた社会や経済のなかにいる私たちは、どうすればよいのだろうか。

（内山《うちやま》　節《たかし》「私たちは何処《どこ》に行こうとしているのか」による）

問一 A・B に当てはまることばを、A は七字で、B は二字で、**【本文】**中からぬき出して答えなさい。

問二 ――部①「このような図式だけでは解決できない」とありますが、その理由として最も適当なものを、次の**ア**～**エ**の中から一つ選んで、記号で答えなさい。

ア 五〇年代の日本では、工場から出る有害な排煙や廃水は、それを出してきた企業だけの問題ではなく、それを見逃してきた行政にも責任があることが分かってきたから。

イ 戦争が終わり、五〇年代に都市公害が問題になったことで、自然環境を悪化させたのは、企業や行政ではなく、むしろ都市部に住む市民であったということが明らかになったから。

ウ 戦後から五〇年代の環境問題は、市民を被害者として考えていたが、大気汚染、河川・海洋汚染が進んだことで、その責任が市民自身にもあることが分かってきたから。

エ 五〇年代から六〇年代になると、企業が大規模な開発を行ったため、自然が荒廃していったので、その根本原因である経済活動のあり方を考えなくてはいけなくなったから。

問三 ――部②「私たちの暮らしや、市場経済での利益をめざす活動自体が、良い環境をつくることに対して対立的な面を持っている」とはどういうことですか。その説明として最も適当なものを、ったのである。

10 とすると、そのような市民としての私たちはどうすればよいのか。七〇年代に入ると、大量消費、便利さ、効率といったものを考えなおそうという気運が生まれ、農作物を農民から直接購入《こうにゅう》する、いわゆる産直の動きも生まれてくる。

11 といっても、それですべてが解決するはずはなかった。③このジレンマを、つづいて問題になった自然環境をめぐる動きが深めていった。

12 自然の荒廃が問題になりはじめたときも、最初、人々の意識は、大規模な開発とそれに伴《ともな》って生じた自然の減少にあった。いわばそれは、自然の大切さを顧《かえり》みない企業と行政に対する批判であった。

13 ある意味では、ここでは市民は気楽な批判者でいることができた。なぜなら自己の加害者性をあまり意識することなく、自然を守れと人々は主張することができたのだから。ところが、ここでも、次第にそれではすまなくなる。というのは自然の問題に深入りしていくと、たちまち私たちは自然と人間の間にある微妙《びみょう》な関係に気づくからである。

14 たとえばカタクリの花は、以前は春先になると、いろいろなところで咲《さ》いていた花である。ところがいまでは、関東地方などでは天然記念物にしてもよいほどに少なくなっている。その理由は、開発にあったというよりも、暮らしのなかで薪《たきぎ》や炭が使われなくなって、里山の伐採《ばっさい》や利用がおこなわれなくなったことにある。

15 人家近くの里山は、かつては村人が日常的に利用する森として位置づけられていた。村人はここから薪を切り出し、草を刈《か》って牛馬の餌や肥料にし、落ち葉も集めて畑に入れた。こうした行為《こうい》は、一面では元からある自然をこわしていく行為であるが、そのことによって明るい里山がつくられ、草花や小動物が数多く暮らす場所になっていたのである。④村人の里山利用が、生物種の多様性をつくりだしていたといってもよい。

16 日本の自然には、多かれ少なかれ、このような面がある。つまり、自然と人間はつねに敵対的であったわけではなく、人間による自然の利用が自然の生命力を高める、というケースがいくらでもあったのである。ところが今日おこなわれている自然の改造は、自然を傷めるばかりである。とすると、この違《ちが》いはどこから来ているのか。

17 その理由は、その地域がつくりだしてきた伝統的な方法にしたがって自然に働きかけているのか、それともそれを顧みることなく、近代技術によって自然を改造しているのかという点にある。

18 農山村や漁村に暮らす人々は、以前からその地域の自然を利用しながら暮らしてきた。森は木材や薪を切り出すところでもあり、山菜採りや茸《きのこ》狩りをする場所でもあり、ときに猟場《りょうば》でもあった。草刈り場や落ち葉を集める場所として利用されることもあった。同じように川や海は、漁場や流通路として使われ、その川には度重なる改修が古代から加えられている。

19 その長い歴史のなかで、人々はその地域にもっとも適した自然の改造の仕方や、利用の方法を身につけてきたのである。ここからつくられたのが、自然を利用し、ときに改造までしながら、自然を上手に維持《いじ》していく技と知恵《ちえ》であった。来年以降も絶えることがないように山菜や茸を採り、一本の木を切るときでも地形を考え、その木の最終的な利用方法の違いによって用いる伐倒《ばっとう》の方法を変える。そんなことは伝統的な村の暮らしでは当たり前のことであり、それがその地域の自然の維持にはたした役割は大きかった。

20 その地域に暮らす人々にとっては、自然と人間の関係は観念的なものではないのである。この関係を司《つかさど》っているものが、その地域がつくりだしてきた人間の技と知恵であり、その技と知恵を媒介にし

（注意事項）
1　文の主語を明らかにすること。
2　数字を表記する際、次の例を参考にすること。
（例　八〇〇万台　八百万台　二〇一三年）

二　次の文章（【本文】）を読んで、後の問いに答えなさい。

【本文】

[1]　環境《かんきょう》に対する人々の関心は、たとえばロンドンの環境悪化がイギリスの自然を考えるきっかけになっていったように、都市の環境への関心を出発点にして、次第に自然環境全般《ぜんぱん》へと広がっていく傾《けい》向《こう》をもっている。それは、日本の戦後の歴史をみても同様であった。

[2]　戦後の日本における環境問題をめぐる議論は、[A]に対する批判からはじまった。それは、古くは江戸《えど》時代後期からの鉱毒《こうどく》問題以来の課題でもあったが、一九五〇年代後半には水俣病《みなまたびょう》が社会問題化し、高度成長が軌道《きどう》にのりはじめると、工場から出される排《はい》煙《えん》、廃水《はいすい》が各地の人々の健康を蝕《むしば》むようになっていた。

[3]　六〇年代に入ると、[B]の環境悪化も顕在化《けんざいか》しはじめる。大気汚染《おせん》、河川・海洋汚染が都市とその周辺ですすみ、都市環境の改善が課題にのぼるようになる。

[4]　さらに七〇年代になると、大規模な開発による自然の荒廃《こうはい》が問題になりだし、ここから自然保護というテーマが提起されてくる。現代人々は次第に自然と人間の共生について議論するようになり、現代における自然と人間の関係全体を考えなおそうという気運が、社会のなかに広がってきた。

[5]　簡単に述べれば、日本の環境問題をめぐる議論はこのようにすすんできたが、この過程では注目すべきいくつかの変化も生まれていた。最初に、企業《きぎょう》の出す公害が問題になったときは、人々の批判は、このような結果を生みだした企業とそれを見逃《みのが》してきた行政の怠慢《たいまん》に向かっていた。つまり、被害者《ひがいしゃ》としての市民、加害者としての企業、行政という図式がここにはあったのである。

[6]　もちろん、このような構図が今日なくなったわけではない。だが、都市公害が問題にされはじめたころから、①このような図式だけでは解決できない問題もまたあることに、人々は気づくようになる。

[7]　都市公害の蔓延《まんえん》を招いた責任の大きな部分が、企業とそれを黙認《もくにん》してきた行政にあったことに変わりはなかった。しかし、その責任の一端《いったん》が市民自身にもあることを、人々は認めざるをえなかったのである。家庭から出る排水も、自家用車が出す排気ガスも、公害の発生源のひとつであった。ここから、被害者にして加害者でもある市民としての私たち、が意識されるようになる。この意識を媒介《ばいかい》にして、合成洗剤《せんざい》の使用をやめようという運動や、自家用車の利用を減らそうとする動きが生まれてくる。

[8]　ところが問題はそう簡単ではなかったのである。なぜなら②私たちの暮らしや、市場経済での利益をめざす活動自体が、良い環境をつくることに対して対立的な面を持っていることに、たちまち私たちは気づかざるをえなかったからである。

[9]　高度成長がはじまった一九五〇年代の後半には、「大量生産、大量消費」という言葉とともに、「消費は美徳」「浪費《ろうひ》は美徳」という言葉が、社会的な標語と化していた。そして実際、企業は大量生産、大量流通、大量消費を推進し、この動きに加わることによって、人々もまた所得をふやしてきた。その所得が暮らしを拡大しつづけた。そしてそのこと自体が、資源やエネルギーの大量消費を生み、公害発生の基盤《きばん》になっていた。こうして人々は、公害を発生させていくシステムのただ中にいる市民としての私、を感じざるをえなか

2023年度 大宮開成中学校

【国　語】〈第一回試験〉（五〇分）〈満点：一〇〇点〉

注意　字数制限のある問いでは、句読点や符号（、。「」など）も一字と数えます。

一　次の各問いに答えなさい。

問一　次の――部のカタカナを漢字に直しなさい。

① センモンカの意見をうかがう。
② 別の公園に桜をイショクする。
③ 大学のコウギを聞く。
④ カンショウ的な涙《なみだ》を流す。
⑤ 確かなショウコを得たい。
⑥ 異様な雰囲気《ふんいき》をサッチする。
⑦ 失敗をイサギヨく認める。
⑧ 照明をタクみに利用する。

問二　次の慣用句・ことわざを含《ふく》む文について、□に当てはまる漢字を答えなさい。

① 彼《かれ》はいつも元気なのに、今日は先生に叱《しか》られ、□□（二字）に塩の状態だ。
② 試験まで残り一ヶ月となり、この夏は□□（二字）の陣《じん》の覚悟《かくご》で勉強に取り組む。

問三　次の各文の――部が直接かかる部分を以下の例のようにぬき出しなさい。ただし、句読点は含みません。

（例　雨が　降ったので、洗濯物《せんたくもの》が　ぬれた。　解答＝降ったので）

① たとえ　日々の　学習が　つらくても　学校を　嫌《きら》いに　なる　ことは　なかった。
② 突然《とつぜん》　遠足が　中止に　なると　聞き、悲しさで　口も　きけなく　なった。

問四　次のグラフ中のパソコンの生産台数の変化に着目し、そこから読み取れることを一つあげ、四十字程度で書きなさい。その際、（注意事項）の１・２にしたがうこと。

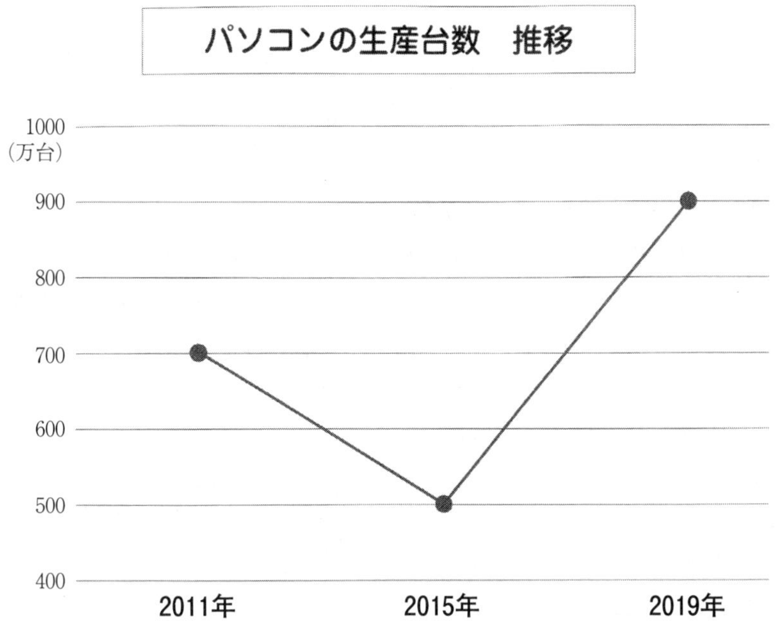

【経済産業省　生産動態統計調査】をもとに一部改変

2023年度

大宮開成中学校　▶解説と解答

算　数　＜第１回試験＞（50分）＜満点：100点＞

解　答

1 (1)　7　(2)　129　(3)　3　(4)　$\frac{3}{8}$　2 (1)　35：12：21　(2)　252人　(3)　７年前　(4)　91冊　(5)　12日間　3 (1)　30度　(2)　５：１　(3)　$7\frac{47}{64}$cm　4 (1)　16.5ｇ　(2)　2.5ｇ　5 (1)　15回　(2)　10789　6 (1)　分速160m　(2)　分速40m　7 (1)　４回　(2)　46cm^2

解　説

1 四則計算，計算のくふう，逆算

(1)　$\{(4+11)\times3+(11-3)\div2\}\div7=(15\times3+8\div2)\div7=(45+4)\div7=49\div7=7$

(2)　$4.3\times7.55+43\times2-12.9\times\frac{1}{6}+4.3\times2.95=4.3\times7.55+4.3\times10\times2-4.3\times3\times\frac{1}{6}+4.3\times2.95=4.3\times7.55+4.3\times20-4.3\times\frac{1}{2}+4.3\times2.95=4.3\times7.55+4.3\times20-4.3\times0.5+4.3\times2.95=4.3\times(7.55+20-0.5+2.95)=4.3\times30=129$

(3)　$5\frac{20}{23}-\left\{1\frac{2}{3}\times(2+0.7)-\frac{3}{8}\right\}\div1\frac{7}{16}=5\frac{20}{23}-\left(\frac{5}{3}\times2.7-\frac{3}{8}\right)\div\frac{23}{16}=5\frac{20}{23}-\left(\frac{5}{3}\times\frac{27}{10}-\frac{3}{8}\right)\times\frac{16}{23}=5\frac{20}{23}-\left(\frac{9}{2}-\frac{3}{8}\right)\times\frac{16}{23}=5\frac{20}{23}-\left(\frac{36}{8}-\frac{3}{8}\right)\times\frac{16}{23}=5\frac{20}{23}-\frac{33}{8}\times\frac{16}{23}=5\frac{20}{23}-\frac{66}{23}=5\frac{20}{23}-2\frac{20}{23}=3$

(4)　$2.7+\frac{5}{4}\times\left(1\frac{1}{10}-0.16\times\square\right)=4$ より，$\frac{5}{4}\times\left(1\frac{1}{10}-0.16\times\square\right)=4-2.7=1.3$，$1\frac{1}{10}-0.16\times\square=1.3\div\frac{5}{4}=\frac{13}{10}\times\frac{4}{5}=\frac{26}{25}$，$0.16\times\square=1\frac{1}{10}-\frac{26}{25}=1\frac{5}{50}-\frac{52}{50}=\frac{55}{50}-\frac{52}{50}=\frac{3}{50}$　よって，$\square=\frac{3}{50}\div0.16=\frac{3}{50}\div\frac{16}{100}=\frac{3}{50}\times\frac{100}{16}=\frac{3}{8}$

2 割合と比，ニュートン算，年れい算，差集め算，仕事算

(1)　ＣはＡの60％なので，ＡとＣの所持金の比は，１：0.6＝５：３である。Ａの所持金を５，Ｃの所持金を３とすると，Ａの$\frac{2}{7}$は，$5\times\frac{2}{7}=\frac{10}{7}$となり，これがＢの$\frac{5}{6}$と等しいから，Ｂの所持金は，$\frac{10}{7}\div\frac{5}{6}=\frac{12}{7}$と表せる。よって，Ａ，Ｂ，Ｃの所持金の比は，$5:\frac{12}{7}:3=35:12:21$とわかる。

(2)　窓口が１つのとき，42分で，15×42＝630(人)に販売《はんばい》でき，42分で行列がなくなるので，右の図１のアのように，最初の行列の人数と42分で行列に並ぶ人数の和が630人となる。同様に，窓口が２つのとき，12分で，

図１

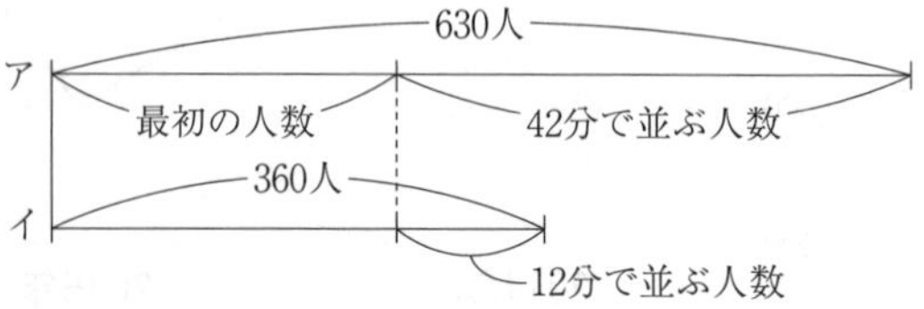

15×２×12＝360(人)に販売でき，12分で行列がなくなるから，図１のイのように表せる。よって，42－12＝30(分)で，630－360＝270(人)が行列に並ぶから，１分間に，270÷30＝９(人)が行列に並

ぶ。したがって，12分で，９×12＝108(人)が行列に並ぶから，最初の行列の人数は，360－108＝252(人)と求められる。

(3)　□年前に父親と母親の年れいの合計が息子の年れいの６倍だったとする。□年前の父親と母親の年れいの合計は，(56－□)＋(54－□)＝56＋54－□×２＝110－□×２(歳《さい》)と表せる。また，□年前の息子の年れいは(23－□)歳だから，その６倍は，(23－□)×６＝23×６－□×６＝138－□×６(歳)と表せる。これらが等しいので，右の図２のように表せる。よって，□×６－□×２＝□×４(歳)が，138－110＝28(歳)にあたるから，□＝28÷４＝７(年前)と求められる。

図２

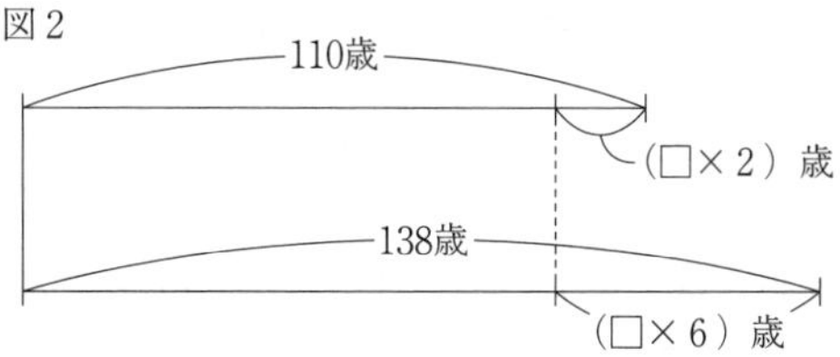

(4)　Ｂ班の人数を□人とすると，２つの配り方はそれぞれ下の図３のア，イのように表せる。もし，Ａ班の３人に配らなかったとすると，ア，イの場合で余る冊数はそれぞれ，26＋３×３＝35(冊)，２＋４×３＝14(冊)となるので，ウ，エのように表せる。ウの場合，配る冊数は，(３＋５)×□＝８×□(冊)，エの場合，配る冊数は，(４＋７)×□＝11×□(冊)で，エの場合に配る冊数はウの場合に配る冊数よりも，35－14＝21(冊)多い。よって，11×□－８×□＝21(冊)より，(11－８)×□＝21，３×□＝21，□＝21÷３＝７(人)とわかる。したがって，エより，ノートの冊数は，11×７＋14＝91(冊)と求められる。

図３

		□人	３人				□人	
ア	Ａ	３冊３冊…３冊	３冊３冊３冊	26冊余る⇒	ウ	Ａ	３冊３冊…３冊	35冊余る
	Ｂ	５冊５冊…５冊				Ｂ	５冊５冊…５冊	
イ	Ａ	４冊４冊…４冊	４冊４冊４冊	２冊余る⇒	エ	Ａ	４冊４冊…４冊	14冊余る
	Ｂ	７冊７冊…７冊				Ｂ	７冊７冊…７冊	

(5)　この仕事全体の量を１とすると，Ａ，Ｂの２人で働けば１日に，１÷８＝$\frac{1}{8}$の仕事ができる。また，Ａだけで，１×0.3＝0.3の仕事をした後，Ｂは７日間で，１－0.3＝0.7の仕事をしたので，Ｂは１日に，0.7÷７＝0.1の仕事ができる。よって，Ａは１日に，$\frac{1}{8}$－0.1＝$\frac{1}{40}$の仕事ができるので，0.3の仕事をするのにかかった日数は，0.3÷$\frac{1}{40}$＝12(日間)とわかる。

3　角度，相似，体積

(1)　下の図１で，ウの角の大きさは，180－(40＋30)＝110(度)だから，四角形ABCDで，イ×２＝360－(130＋110)＝120(度)となり，イ＝120÷２＝60(度)とわかる。また，CDをのばした直線

図１

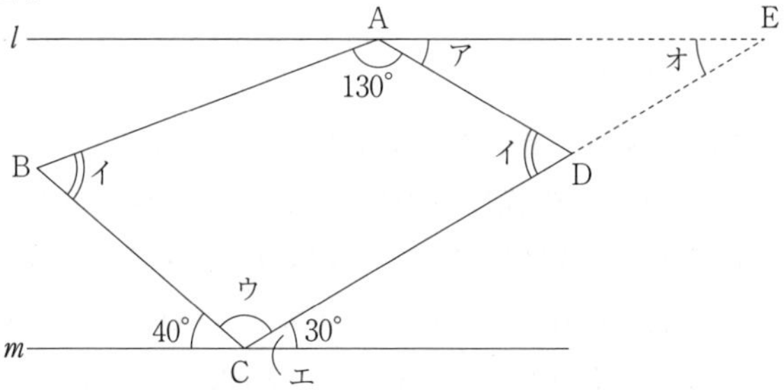

図２

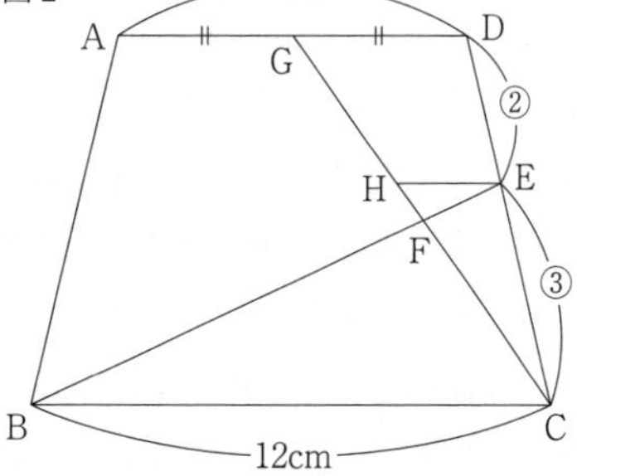

と直線 l の交わる点をEとすると，平行線のさっ角は等しいので，オの角の大きさはエの角と同じ30度になる。さらに，三角形ADEで，内角と外角の関係より，ア＝60－30＝30(度)と求められる。

(2)　上の図2のように，点Eを通りADと平行な直線を引き，GCと交わる点をHとすると，三角形HCEと三角形GCDは相似なので，HE：GD＝EC：DC＝3：(2＋3)＝3：5となる。また，GDの長さは，8÷2＝4(cm)だから，HEの長さは，$4\times\frac{3}{5}=\frac{12}{5}$(cm)とわかる。さらに，三角形FBCと三角形FEHも相似だから，BF：FE＝BC：EH＝12：$\frac{12}{5}$＝5：1と求められる。

(3)　右の図3で，三角形ADEと三角形ABCは相似で，相似比は，AD：AB＝3：(3＋5)＝3：8だから，面積比は，(3×3)：(8×8)＝9：64である。はじめに水の入っていた部分は台形DBCEを底面とする高さ9cmの角柱，倒《たお》した後に水が入っていた部分は三角形ABCを底面とする角柱と考えられる。すると，台形DBCEと三角形ABCの面積の比は，(64－9)：64＝55：64だから，水そうを倒す前と後の水面の高さの比は64：55である。したがって，その高さは，$9\times\frac{55}{64}=\frac{495}{64}=7\frac{47}{64}$(cm)とわかる。

図3

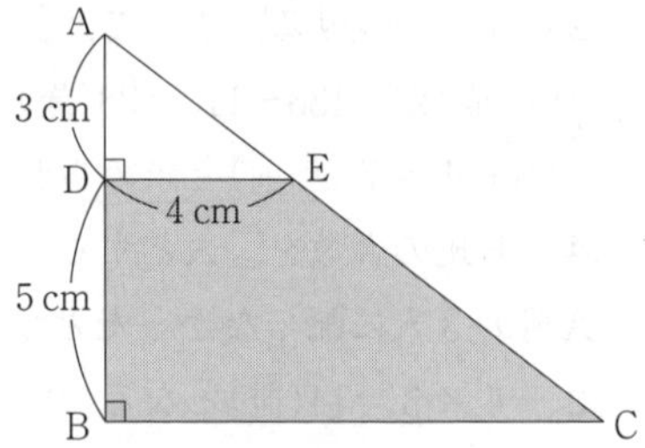

4　濃度《のうど》

(1)　Cの水溶液《すいようえき》100gにつき砂糖は4g，食塩は3gとけているから，Cから取り出した水溶液250gに砂糖は，$4\times\frac{250}{100}$＝10(g)，食塩は，$3\times\frac{250}{100}$＝7.5(g)とけている。これにAの水溶液をまぜて，水溶液中の砂糖と食塩の比が7：3になるようにするとき，食塩の量は変わらないから，とけている砂糖の量は，$7.5\div\frac{7}{3}$＝17.5(g)になる。よって，水溶液中の増やす予定だった砂糖の量は，17.5－10＝7.5(g)とわかる。また，Aの水溶液100gにつき砂糖は5gとけているので，まぜる予定だったAの水溶液は，$100\times\frac{7.5}{5}$＝150(g)とわかる。よって，実際にはBから水溶液を150g取り出してまぜたことになる。Bの水溶液100gにつき食塩は6gとけているから，Bの水溶液150gに食塩は，$6\times\frac{150}{100}$＝9(g)とけている。したがって，できた水溶液の中の食塩は，7.5＋9＝16.5(g)と求められる。

(2)　できた水溶液の量は，250＋150＝400(g)である。また，その中にとけている砂糖の量はCの水溶液250gにとけている砂糖の量と変わらず10gである。よって，できた水溶液にふくまれる砂糖の割合は水溶液100gにつき，$10\times\frac{100}{400}$＝2.5(g)とわかる。

5　調べ

(1)　23は奇数《きすう》なので，操作を1回行うと，23×3＋1＝70になる。70は偶数《ぐうすう》なので，2回目の操作では，70÷2＝35になる。この後も同じように操作を行うと，右の図1のようになるから，15回の操作で1になる。

図1

①　②　③　④　⑤　⑥　⑦　⑧
23→70→35→106→53→160→80→40→20
⑨　⑩　⑪　⑫　⑬　⑭　⑮
→10→5→16→8→4→2→1

(2)　偶数を半分にするか，奇数を3倍して1を足す操作を行うので，操作前の数は，操作後の数を2倍した数か，操作後の数から1を引いて3で割った数となる。よって，5回の操作で2023になるとき，4回目の操作後の数は，2023×2＝4046か，(2023－1)÷3＝674になる。しかし，674は偶数であり，3倍して1を足す操作は行わないので，4回目の操作後の数は4046と決まる。すると，3回目の操作後の数は，4046×2＝8092か，(4046－1)÷3＝$1348\frac{1}{3}$になるが，$1348\frac{1}{3}$は整数でないから，3回目の操作後の数は8092と決まる。このよう

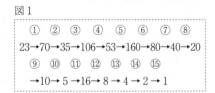

に１つずつさかのぼって調べていくと，右の図２のようになるので，５回の操作で2023になる５桁《けた》の整数の中で２番目に大きい数は10789とわかる。

図２

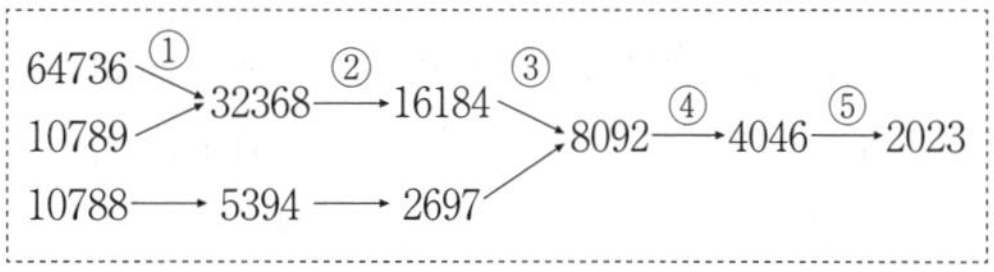

6 速さと比

(1)　ＡとＢが進んだようすは右のグラフに表せる。Ａが進んだ道のりについて，駅からパンクした地点までと，パンクした地点から学校までの道のりの比は，1200：(2100－1200)＝1200：900＝４：３で，速さの比は，１：$\frac{1}{4}$＝４：１だから，かかった時間の比は，(４÷４)：(３÷１)＝１：３となる。よって，Ａが駅からパンクした地点までかかった時間は，30×$\frac{1}{1+3}$＝7.5(分)とわかる。したがって，Ａが駅を出発したときの速さは分速，1200÷7.5＝160(m)と求められる。

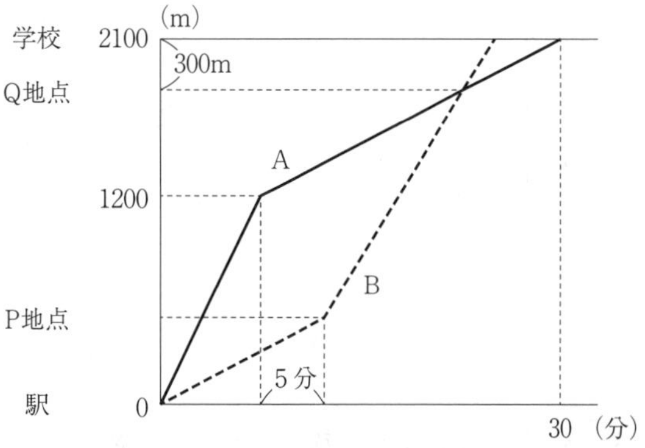

(2)　Ｂが速さを変えた地点をＰ地点，ＢがＡを追い抜《ぬ》いた地点をＱ地点とする。ＢがＰ地点に来たのは，Ａがパンクした５分後なので，駅を出発してから，7.5＋５＝12.5(分後)となる。また，Ａがパンクした地点からＱ地点までの道のりは，2100－300－1200＝600(m)で，この道のりをＡは分速，160×$\frac{1}{4}$＝40(m)で歩いたから，ＡがパンクしてからＢに追い抜かれるまでの時間は，600÷40＝15(分)とわかる。よって，Ｂが駅からＱ地点までかかった時間は，7.5＋15＝22.5(分)だから，Ｐ地点からＱ地点までかかった時間は，22.5－12.5＝10(分)とわかる。すると，駅からＰ地点までと，Ｐ地点からＱ地点までについて，Ｂがかかった時間の比は，12.5：10＝５：４であり，速さの比は，１：3.25＝４：13だから，道のりの比は，(４×５)：(13×４)＝５：13となる。駅からＱ地点までの道のりは，2100－300＝1800(m)なので，駅からＰ地点までの道のりは，1800×$\frac{5}{5+13}$＝500(m)と求められる。したがって，Ｂが駅を出発したときの速さは分速，500÷12.5＝40(m)である。

7 平面図形―図形の移動，面積

(1)　点Ｒが１回目に長方形ABCDの周上に存在するのは，下の図１のように点Ｑが初めて点Ａに着いたときとなる。図１の後，点Ｐが点Ｄに着くまでは，辺PQが辺ADと重なりながら動くので，点Ｒが周上に存在することはない。さらに，点Ｐが点Ｄに着いてから，点Ｑが初めて点Ｄに着くまでに，下の図２，図３のように点Ｒが周上に存在することが２回あり，点Ｑが初めて点Ｄに着いたときも，下の図４のように点Ｒは周上に存在する。図４の後，点Ｐが初めて点Ｃに着くまでは，辺PQが辺DCと重なりながら動くので，点Ｒが周上に存在することはない。以上より，点Ｐが初めて点Ｃに着くまでに，点Ｒは周上に４回存在する。

(2)　点Ｒが３回目に周上に存在するのは，図３のときであり，五角形BCPSRは図３のかげをつけた部分となる。直角三角形である三角形PDQと三角形QARに注目すると，(角ア＋角イ)と(角ウ＋角イ)はどちらも，180－90＝90(度)で等しいので，角アと角ウの大きさは等しい。同じように，角イと角エの大きさも等しく，PQとQRの長さも等しいから，三角形PDQと三角形QARは合同とわかる。同様に考えると，三角形PDQ，三角形QAR，三角形RHS，三角形SIPは合同になるので，四角形IDAHは正方形とわかる。よって，四角形IDAHの面積は，$8\times8=64$(cm^2)となり，正方形PQRSの面積は，$6\times6=36$(cm^2)だから，直角三角形１つの面積は，$(64-36)\div4=7$(cm^2)である。長方形CIHBの面積は，$(12-8)\times8=32$(cm^2)だから，五角形BCPSRの面積は，$7\times2+32=46$(cm^2)と求められる。

図１

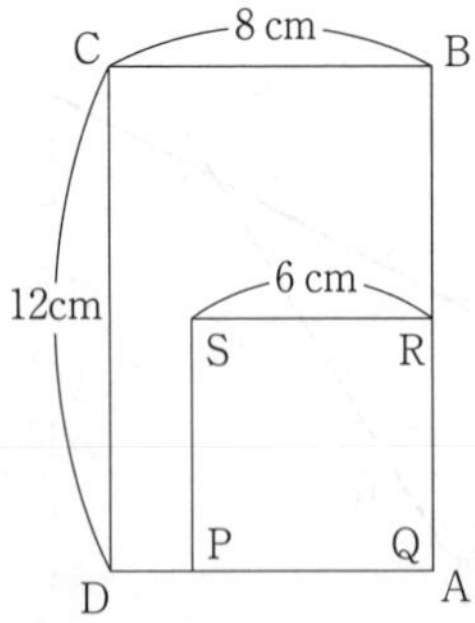

図２

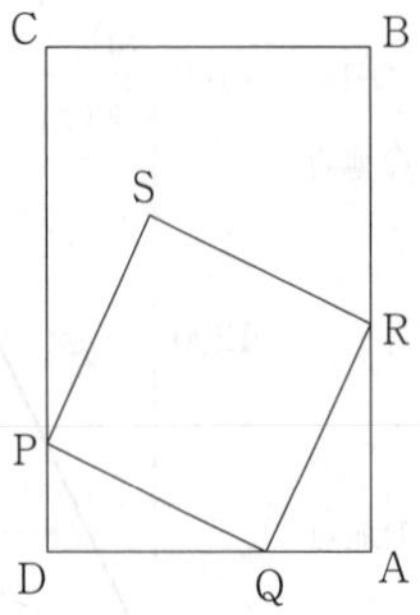

図３

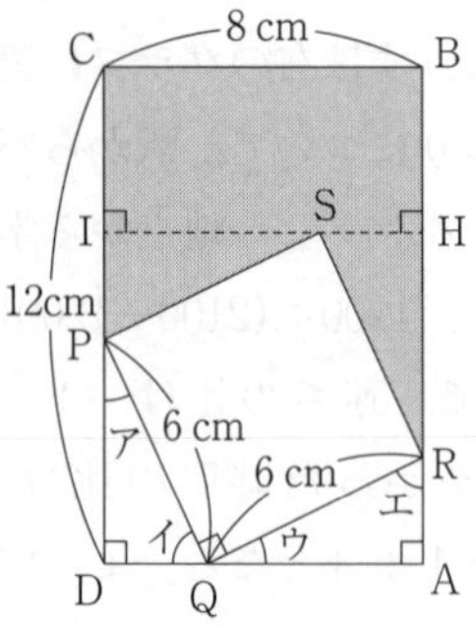

図４

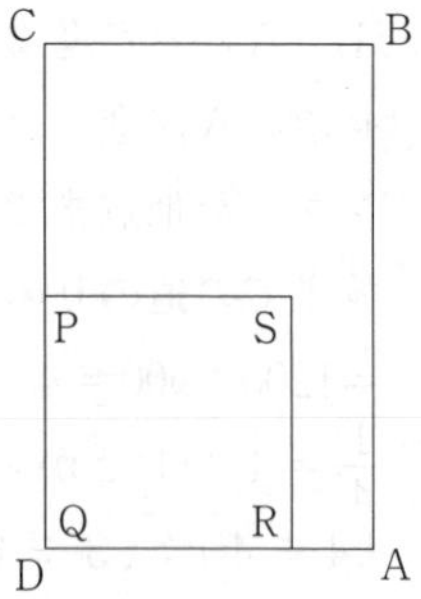

社会 ＜第１回試験＞（30分）＜満点：50点＞

解答

[1] **問１** ア **問２** 讃岐 **問３** **釧路湿原**…イ **谷津干潟**…ウ **問４** イ **問５** エ **問６** ウ **問７** （例） しっくいで固めたれんがを使用し，強い雨に備えている。また，石垣を積み上げて，強い風に備えている。 **問８** 彦根 **問９** 天井川 **問10** C，仙台(市) [2] **問１** (1) ア (2) カ (3) ク **問２** 大宝律令 **問３** エ **問４** イ **問５** ア，ウ，エ **問６** （例） 西国大名が朱印船貿易を行い，富強になるのを防ぐため。 **問７** 徳川吉宗 **問８** ア **問９** エ→イ→ウ→ア **問10** (1) 環境(庁) (2) イ [3] **A** **問１** **X** 企業 **Y** 家計 **Z** 政府 **問２** イ **問３** GDP **問４** インフレーション **B** **問１** ウ **問２** ア **問３** イギリス **問４** エ
[4] （例） 将来世代の負担を増やさないために公債金を減らし，社会保障にあてる金額を減らしたほうがよいと考える。

解説

[1] ６つの都道府県の特色についての問題

問１ 小豆《しょうど》島は香川県に属する島で，瀬戸内海に浮《う》かぶ島々の中ではイの淡路《あわじ》島(兵庫県)についで２番目に大きい。その形は左を向いた牛にたとえられることがあり，オリーブの産地として知られている。なお，ウは佐渡《さど》島(新潟県)，エは種子《たねが》島(鹿児島県)。

問２ 讃岐《さぬき》平野は香川県の北部に広がる平野で，この地域は１年を通じて降水量が少ない瀬戸内の気候に属している。そのため，古くからため池を利用して農業用水を確保してきた。現在は，讃岐山脈にトンネルを掘《ほ》って吉野川から水を引いた香川用水も，水源として利用されている。

問３ 釧路《くしろ》湿原は日本最大の湿原で，北海道の南東部に広がっている。また，谷津《やつ》干潟は千葉県の東京湾沿岸にある。なお，アはクッチャロ湖(北海道)，エは尾瀬《おぜ》(福島県・新潟県・群馬県)，オは宍道《しんじ》湖(島根県)で，いずれもラムサール条約の登録地。

問４　ねぎの収穫《しゅうかく》量は，近郊農業がさかんな千葉県・埼玉県・茨城県といった関東地方の各県が上位を占《し》める。また，キャベツの収穫量は愛知県と群馬県が全国第１位，第２位を占める。群馬県の嬬恋《つまごい》村は，夏でもすずしい高原の気候をいかした高原野菜の抑制《よくせい》栽培がさかんなことで知られている。なお，レタスは長野県，ブロッコリーは北海道が収穫量全国第１位。統計資料は『日本国勢図会』2022／23年版および『データでみる県勢』2023年版による(以下同じ)。

問５　Ｄは福井県について述べた文で，県庁所在地の福井市は日本海側の気候に属している。日本海側の気候は，北西の季節風の影響《えいきょう》で冬の降水量が多いことが特徴《とくちょう》となっている。なお，アは瀬戸内の気候に属する高松市(香川県)，イは太平洋側の気候に属する前橋市(群馬県)，ウは太平洋側の気候に属する仙台市(宮城県)の雨温図。

問６　新潟・富山・石川・福井の北陸４県に広がる北陸工業地域は，冬の間に農業の副業として行われてきた繊維工業や，富山県の高岡銅器に代表される金属工業のように，伝統的な工業から発達した背景を持つ。そのため，ほかの工業地帯・地域に比べて，出荷額に占めるこれらの工業の割合が比較《ひかく》的高いことが特徴といえる。

問７　Ｅは沖縄県について述べた文である。沖縄県は台風が多く通過するため，伝統的な住居では，家の周りを石垣で囲み，屋根がわらをしっくいで固めるなど，台風の強風による被害を少なくするための工夫が見られる。

問８　Ｆは滋賀県について述べた文で，琵琶湖東岸の彦根市には，国宝に指定されている彦根城がある。彦根城は江戸時代初めにつくられた城で，譜代《ふだい》大名の井伊家が代々城主を務めた。

問９　川に流れる土砂が多い川では，堤防をつくって流れを固定すると，土砂が河床《かしょう》(川底)に積もって河床が上がる。そのため，さらに堤防を高くすることが必要となるが，これによってまた河床が上がる。こうしたことのくり返しで，河床が周囲の土地よりも高くなった川を，天井川という。

問10　Ａは香川県，Ｂは群馬県，Ｃは宮城県，Ｄは福井県，Ｅは沖縄県，Ｆは滋賀県について述べた文で，宮城県の県庁所在地である仙台市は，東北地方で唯一《ゆいいつ》の政令指定都市となっている。

2　日本の法制度の歴史についての問題

問１　(1)〔考察文〕にある「日本側の資料」は，資料Ⅱの『日本書紀』にあたる。資料Ⅰの『隋書』倭国《わこく》伝には，600年と607年の２回，倭(日本)から隋(中国)に使いが送られてきたことが記されているが，『日本書紀』には607年の記録しか見られない。『日本書紀』に「権力者の権威《けんい》を高める性格がある」のだとすれば，倭王がいましめられたという600年の『隋書』倭国伝の記述は，その性格にそぐわないものになる。そのため，『日本書紀』では600年の遣使についてふれていないのだと考えられる。　(2)『隋書』倭国伝によると，日が出たあとは政務を行わないという倭王の行為を，隋の皇帝がいましめて改めさせた。この指摘《してき》を受けて聖徳太子は，604年に出した憲法十七条の第八条で，官吏《かんり》(役人)の心がまえとして，「朝早く出仕して，遅く退出」することを示したのだと推測できる。　(3)憲法十七条の第三条にある「詔《みことのり》」とは天皇の命令のことで，これに必ず従うことが命じられている。また，第十二条の「国に二人の君主はおらず，民に二人の主はいない」という部分は，国と民を治める主が，天皇ただ一人であることを意味している。これらの内容は，聖徳太子が天皇を中心とする中央集権国家の樹立を目指していたことを示すものだといえる。

問２　文武《もんむ》天皇のときの701年，刑部《おさかべ》親王や藤原不比等《ふひと》らが編さんした大宝律令が出された。律は刑法，令は民法や行政法などにあたるもので，これによって律令制度が確立された。

問３　アは１世紀(57年)または３世紀(239年)，イは４～５世紀，ウは８世紀(708年)，エは12世紀(1124年)のできごとである。なお，アについて，中国の古い歴史書『後漢書』東夷《とうい》伝には，57年に倭にあった小国の１つである奴国《なこく》の王が，皇帝から金印を授《さず》けられたと記されている。また，『魏《ぎ》志《し》』倭人伝には，239年に邪馬台国《やまたいこく》の女王卑弥呼《ひみこ》が魏(中国)に使いを送り，皇帝から「親魏倭王」の称号や金印，銅鏡などを授けられたと記されている。

問４　ａは鎌倉(神奈川県)にある円覚《えんがく》寺舎利殿で，宋(中国)から伝わった禅宗様《ぜんしゅうよう》(唐様《からよう》)という建築様式が用いられている。なお，ｂは奈良時代に建てられた東大寺(奈良県)の正倉院で，校倉《あぜくら》造という建築様式が取り入れられている。また，円覚寺は鎌倉時代の1282年に創建されたが，現在の舎利殿は室町時代につくられたものであるという説が有力となっている。

問５　ア，イ　足利尊氏は後醍醐《ごだいご》天皇のよびかけに応じて京都の六波羅《ろくはら》探題を攻《せ》め落とし，1333年の鎌倉幕府倒幕《とうばく》に貢献《こうけん》した。しかしその後，後醍醐天皇にそむき，1336年に京都に光明《こうみょう》天皇を立てると，建武式目を定めた。京都室町に「花の御所」とよばれる館を建てて政治を行ったのは室町幕府の第３代将軍足利義満で，「室町幕府」の名はこれに由来する。　ウ　資料の初めから読み取れることとして正しい。　エ　「古くは延喜《えんぎ》・天暦《てんりゃく》の治の両天皇の徳に学び，最近では北条義時・泰時父子の業績を模範《もはん》として」という部分に一致《いっち》する。この文の「両天皇」は，醍醐天皇と村上天皇にあたる。また，北条義時は第２代，泰時は第３代の鎌倉幕府執権《しっけん》である。　オ　「武家政治全盛時代の先例にならって善政を行う」ため，いまだ健在である「鎌倉幕府からの官僚《かんりょう》」を登用しようという考えが読み取れる。　カ　資料からは，天下統一についての内容を読み取ることはできない。

問６　資料Ⅰにある３人の領地を資料Ⅱで確認すると，いずれも九州の外様《とざま》大名で，島津氏は御三家を上回る73万石，鍋島氏も36万石と，石高の多い有力大名であったことがわかる。この経済力の背景に朱印船貿易があったと考えると，貿易を続けさせてさらに彼らが豊かになることは，幕府の大名統制にとって不利益にはたらく。そこで幕府は，キリスト教の禁止を徹底《てってい》するとともに，大名が貿易によって経済力を高めるのを防ぎ，貿易の利益を独占するために鎖国を行ったのだと考えられる。

問７　徳川吉宗は江戸幕府の第８代将軍になると，享保《きょうほう》の改革(1716～45年)とよばれる政治改革に取り組んだ。公事方御定書《くじかたおさだめがき》は裁判の基準を定めた法令で，1742年に出された。

問８　自由民権運動が広がると，明治政府は1875年に新聞紙条例を，1880年に集会条例を出すなどしてこれを弾圧した。アの絵では，「上」と書かれた鈴(上鈴《じょうれい》)が条例を，「集」と書かれた貝(集貝)が集会を表しており，条例が集会を破壊《はかい》するようすがえがかれている。なお，イは明治政府の極端な欧化政策を風刺《ふうし》している。ウは日露戦争(1904～05年)のあとに課された重税に苦しむ庶民《しょみん》のようすを，エは明治時代初めに慣れない商売を行う士族のようすを表している。

問９　アは1933年，イは1918年，ウは1925年，エは1895年のできごとなので，時代順にエ→イ→ウ→アとなる。

問10　(1)　高度経済成長期には公害が全国的な問題となったため，1967年に公害対策基本法が制定された。1971年にはこれを運用する機関として環境庁が設置され，環境庁は2001年に環境省とされた。　(2)　アは1947年，イは1968年，ウは1978年，エは1950年のできごとである。

3 経済循環《じゅんかん》と民主主義の国際ランキングについての問題

A　問１　企業・家計・政府の３つを，経済の主体という。家計は企業に労働力を提供し，その見返りとして賃金を受け取る。また，家計と企業は，財・サービスを提供し，それを購入《こうにゅう》するという関係でもつながっている。政府は家計や企業から税金を納めてもらうかわりに，公共サービスを提供する。

問２　貨幣《かへい》には，交換《こうかん》の手段・価値の尺度・価値の貯蔵という３つの役割がある。農家が生産した農作物はそれ自体で価値があるが，腐《くさ》ったら価値がなくなる。そこで，これを売ることで価値を保存することができる。なお，アは価値の尺度，ウとエは交換の手段としての貨幣のはたらき。

問３　ある国内で一定期間内に新たに生産された財やサービスの付加価値の合計を金額で表したものを，GDP(国内総生産)という。GDPは，その国の経済の規模や経済成長率を表す目安として用いられる。

問４　貨幣の価値が下がるとともに，全般的な財やサービスの価格(物価)が持続的に上昇することをインフレーション(インフレ)といい，一般的には好景気のときに起こりやすい。なお，これと逆の現象をデフレーション(デフレ)という。

B　問１　2021年の上位５か国のうち，ノルウェー・フィンランド・スウェーデン・アイスランドの４か国は，北欧(北ヨーロッパ)の国である。また，「総合スコア」では「８以上が完全な民主主義」と分類されており，日本の総合スコア8.15はこれに入る。

問２　ア　ランキング順位を上げるために考えられる内容として，正しい。　イ　表中では，ミャンマーの「市民の自由度」が最も低い。　ウ　政府に権力を集中させると，「どれだけ民主的に政治参加できているか」の数値が下がったり，「市民の自由度」が下がったりして「総合スコア」も下がり，ランキング順位が下がることが予想される。　エ　2021年の上位５か国よりも，日本の経済規模のほうが大きい。

問３　香港《ホンコン》はアヘン戦争(1840～42年)で清(中国)がイギリスにやぶれたさい，南京《なんきん》条約にもとづいてイギリスに譲《ゆず》り渡されたが，1997年に中国に返還された。

問４　ア　「市民の自由度」は，「総合スコア」で第１位のノルウェーよりも第２位のニュージーランドのほうが高い。　イ　ニュージーランドとフィンランドの２か国が，2018年から2021年にかけて「総合スコア」で順位を上げている。　ウ　近年，香港では統治機構における中国本土の影響が強くなり，民主化運動が弾圧されるなどした。そのため，順位が低下したのだと考えられる。　エ　ミャンマーの情勢とスコアの関係について，正しく説明している。

4 一般会計予算についての問題

一般会計歳入総額のグラフから，歳入の約３分の１が，公債《こうさい》金という国の借金でまかなわれていることがわかる。また，一般会計歳出総額のグラフによると，借金の返済と利息にあてる国債費が全体のおよそ４分の１を占めており，借金で借金を返すような財政状態であることが読み取れる。公債金を減らせば，将来的には国債費も減らせるが，現時点での歳出をまかなえなくなる。また，増税によって公債金を減らすことも考えられるが，経済への悪影響は避《さ》けられない。少子高齢化の進行する日本において，社会保障費はさらに増えていくと考えられるが，労働人口が減少することで税収が減ることも予想されている。こうした状況で増税するのか，歳出を減らすのか，あるいは両方を行うのかといったことが，現在の日本の課題となっている。歳出を減らす場合，社会保障をふくむ公共サービスの量や質の維持が難しくなるおそれがあることや，増税する場合には，不公平にならないようにすることなど，現役・将来世代さまざまな視点からの意見を考えてみるとよい。

理　科　＜第１回試験＞（30分）＜満点：50点＞

解　答

1 **問1**　ウ，カ　**問2**　1　**問3**　エ　**問4**　イ　**問5**　ウ　**問6**　イ　**問7**　120cm^3　**問8**　ウ　**2** **問1**　イ　**問2**　エ，オ　**問3**　E　**問4**　エ　**問5**　イ　**問6**　ウ　**問7**　ア　**3** **問1**　9.5cm　**問2**　60g　**問3**　20g　**問4**　11.5cm　**問5**　13.5cm　**問6**　ア　**問7**　ク　**4** **問1**　イ　**問2**　**よう岩円頂丘**…ウ　**たて状火山**…エ　**問3**　エ　**問4**　ア，ウ　**問5**　ウ　**問6**　B　**5** **問1**　イ，ウ　**問2**　ア　**問3**　0.6g　**問4**　**実験Ｂ**…オ　**実験Ｅ**…カ　**問5**　7　**問6**　34g

解　説

1 **小問集合**

問1　消化酵素《こうそ》がはたらきかける物質はそれぞれ決まっており，アミラーゼはでんぷん，ペプシンはタンパク質，リパーゼは脂肪《しぼう》にはたらきかける。

問2　ワセリンをぬったところからは水が出ない。すると，試験管Ａと試験管Ｂより，葉の表側だけから出た水の体積は，17－13＝４(cm^3)，試験管Ａと試験管Ｃより，葉の裏側だけから出た水の体積は，17－５＝12(cm^3)とわかる。したがって，試験管Ｄで茎《くき》だけから出た水の体積は，17－４－12＝１(cm^3)となる。

問3　IHクッキングヒーターは組みこまれているコイルに電流を流すことで磁力線が発生し，これによって金属の容器に電流が流れることで容器自体に熱を発生させている。なお，地球は方位磁針のＮ極が北の方を指すことから，北極付近がＳ極，南極付近がＮ極の大きな磁石とみなすことができる。また，アルミニウムや銅などの金属は磁石につかず，棒磁石を半分の位置で割ると，両《りょう》端《たん》がＮ極とＳ極の磁石が２個できる。

問4　スクリーンからプロジェクターまでの距離《きょり》を２倍にすると，プロジェクターに映る画面のたて，横の長さもそれぞれ２倍になるので，映る画面の面積は，２×２＝４(倍)になる。

問5　赤道上では，１年を通して太陽が地平線から垂直にのぼる。そのため，赤道付近では昼の長さと夜の長さが季節によらずほぼ等しくなる。

問6　星の等級では最も明るい星を１等星とし，肉眼でやっと見える星を６等星としている。また，星は表面温度の高い順に，青白色，白色，黄色，オレンジ色に見え，赤色に見える星は表面温度が最も低い。

問7　２倍の濃度《のうど》の塩酸30cm^{3}と，もとの塩酸60cm^{3}にとけている塩化水素の量は等しいので，この塩酸とちょうど中和する水酸化ナトリウム水溶液《すいようえき》の体積は，$40\times\frac{60}{20}=120$(cm^3)となる。

問8　穴から空気が入り，ペットボトルの中の同じ体積の水と入れ替《か》わるので，ペットボトルの中の水は口から出ていき，容器の水面とペットボトルの中の水の水面が同じになると止まる。

2 動物の行動についての問題

問１　ニホンザル，ムクドリ，カタクチイワシなどは群れをつくるが，オオカマキリのように，多くの昆虫《こんちゅう》は群れをつくらない。ただし，アリやハチのように巣をつくって集団生活を営む昆虫もいる。

問２　鳥類は背骨があるセキツイ動物で，肺呼吸をおこなう恒温《こうおん》動物である。また，からだ全体は羽毛でおおわれており，陸上に固いからのある卵をうむ。

問３　それぞれの個体の(つつく個体数，つつかれる個体数)をまとめると，Ａは(４，２)，Ｂは(２，５)，Ｃは(４，２)，Ｄは(４，２)，Ｅは(６，０)，Ｆは(０，６)，Ｇは(２，５)となる。したがって，つつく個体数が最も多いＥの順位が最も高いと考えられる。

問４　ＤはＧよりつつく個体数が多く，つつかれる個体数が少ないので，順位はＤの方がＧよりも高いと考えられる。なお，Ａ，Ｃ，Ｄの個体，およびＢとＧの個体はそれぞれ(つつく個体数，つつかれる個体数)が同じなので，順位は決められない。また，ＣはＢよりつつく個体数が多く，つつかれる個体数が少ないので，Ｃの方が順位は高く，Ｆは他のすべての個体につつかれているので，最も順位が低い。

問５　警かい行動の時間と食物をめぐる争いの時間の和は，曲線ａ，曲線ｂの２つのグラフが交わるときに最も少なくなる。日中の活動時間のうち，ａ，ｂを引いて残った時間が採食行動の時間になるので，イのような山型のグラフになる。

問６　図１より，群れの個体数が多くなるほど，食物をめぐる争いの時間が長くなっている。また，日中の活動時間のうち，警かい行動と食物をめぐる争いの時間の和(ａ＋ｂ)を引いた時間を採食行動に使えるので，(ａ＋ｂ)が大きいほど，採食行動に使える時間が短くなる。

問７　天敵の数が増えた場合，群れの個体数によらず警かい行動の時間が長くなり，㈠のように曲線ａを上側に移動したグラフになる。これにともなって，曲線ｂと交わる位置は右にずれるので，最適な群れの大きさは天敵の数が増える前と比べて大きくなる。

3 ばねの性質，浮力《ふりょく》についての問題

問１　ばねＡは20gで１cmのびるので，ばねＡのもとの長さは，$10-1\times\frac{10}{20}=9.5$(cm)とわかる。

問２　ばねＢは20gで２cmのびるので，ばねＢのもとの長さは，$7.5-2\times\frac{10}{20}=6.5$(cm)とわかる。ばねＡとばねＢのもとの長さは，9.5－6.5＝３(cm)差があり，20gのおもりをつるすと差が１cm縮まる。したがって，20×３＝60(g)のおもりをつるすと，ばねＡとばねＢの長さが12.5cmで等しくなる。

問３　ばねＢがもとの長さになっているとき，おもりはばねばかりだけで支えられているので，ばねばかりは20gを示す。

問４　ばねＢは，8.5－6.5＝２(cm)のびているので，20gの力で引かれていることになる。このとき，ばねＢも20gの力でおもりを引く。したがって，ばねＡにかかる重さは，20＋20＝40(g)になり，ばねＡの長さは，$9.5+1\times\frac{40}{20}=11.5$(cm)となる。

問５　ばねＡは，14－9.5＝4.5(cm)のびているので，ばねＡにかかる重さは，$20\times\frac{4.5}{1}=90$(g)で，このときばねＢを上向きに引く力の大きさは，90－20＝70(g)となる。したがって，ばねＢの長さは，$6.5+2\times\frac{70}{20}=13.5$(cm)と求められる。

問６　ばねばかりが０gのときの長さが9.5cmのばねＡは20gで１cmのび，長さが，$6.5-2\times\frac{20}{20}=4.5$(cm)のばねＢは20gで２cmのびるので，アのグラフを選ぶ。

問７　水からおもりに上向きの力がかかるため，おもりがばねＢを上向きに引く力が大きくなるので，ばねＢは長くなる。しかし，ばねＡにかかる力の大きさは，ばねばかりが引く50gのまま変わらないので，ばねＡの長さは変わらない。

4　マグマの性質と火山の形，岩石についての問題

問１　実験２では，押《お》し出されたマグマのモデルがたて状火山のように横に広がったことから，加えた水の量は実験１よりも多く，マグマのねばりけは実験１よりも弱いと考えられる。

問２　火山の形は，おもにマグマのねばりけによって決まる。よう岩円頂丘《えんちょうきゅう》をつくるマグマのねばりけは強く，昭和新山や雲仙《うんぜん》普《ふ》賢岳《げんだけ》などがあてはまり，たて状火山をつくるマグマのねばりけは弱く，ハワイ島のキラウエア山やマウナロア山などがあてはまる。なお，富士山や桜島は，ねばりけが中程度のマグマが固まってできた山で，成層火山である。

問３　マグマのねばりけが弱いたて状火山の方がおだやかにふん火する。ねばりけが弱いマグマは含《ふく》まれる無色鉱物の割合が小さいため，溶岩や火山灰が黒っぽい。

問４　安山岩やげんぶ岩のように，マグマが冷えて固まってできた岩石を火成岩という。なお，チャートは生物の死がいが押し固められてできた岩石，れき岩はおもに小石や砂が押し固められてできた岩石で，どちらもたい積岩という。

問５　岩石をつくっているそれぞれの鉱物が大きく発達していることから，マグマが地中深くでゆっくり冷え固まってできた岩石だとわかる。

問６　マグマが冷えて結しょうになるとき，Ｂの方が先に結しょうになったので自身の形を保っていて，Ａはあとから結しょうになったので形が変わっている。したがって，Ｂの方が結しょうになるときの温度が高いと考えられる。

5　酸化銅の還元《かんげん》についての問題

問１　試験管Ｙにガラス管を入れたままガスバーナーの火を消すと，試験管Ｘの中の空気が冷やされて体積が小さくなり，石灰水が試験管Ｘに逆流してしまうことがある。また，ゴム管をピンチコックで閉じないと，試験管Ｘに入ってきた空気中の酸素と試験管Ｘにできた銅が結びつき，一部が再び酸化銅に戻《もど》ってしまう。

問２　酸化銅と炭素の混合物を十分に加熱すると，炭素と酸素が結びついて二酸化炭素が発生し，あとに銅が残る。このとき，発生した二酸化炭素の重さは加えた炭素の重さに比例するが，酸化銅がすべて銅に変化すると，二酸化炭素はそれ以上発生しないので，アのグラフのようになる。

問３　実験Ａ～実験Ｃまでは，炭素を0.15g増やすごとに残った固体が0.4gずつ減っているが，実験Ｄ以降は，炭素を0.15g増やすごとに残った固体が0.15gずつ増えていることから，酸化銅８gとちょうど反応した炭素は実験Ｃの0.6gで，このとき二酸化炭素は，８＋0.6－6.4＝2.2(g)発生している。

問４　問３より，実験ＡとＢでは酸化銅と銅が残り，実験Ｃでは銅のみが，実験Ｄ，Ｅ，Ｆでは炭素と銅が残っていることがわかる。

問５　実験Ｆでは，酸化銅８gと炭素0.6gがちょうど反応して銅が6.4gでき，炭素が残る。したがって，残った固体の重さは，6.4＋(1.2－0.6)＝７(g)となる。

問６　酸化銅40gとちょうど反応する炭素の重さは，$0.6\times\frac{40}{8}=3$（g）で，このときにできる銅の重さは，$6.4\times\frac{40}{8}=32$（g）となる。したがって，このとき残った固体の重さは，$32+(5-3)=34$（g）と求められる。

国　語　＜第１回試験＞（50分）＜満点：100点＞

解　答

□一 **問１**　下記を参照のこと。　**問２**　①　青菜　②　背水　**問３**　①　つらくても　②　聞き　**問４**　（例）　パソコンの生産台数は，二〇一五年から二〇一九年にかけて，四〇〇万台増加した。　□二 **問１**　**A**　企業の出す公害　**B**　都市　**問２**　ウ　**問３**　イ　**問４**　**ア**　自然保護　**イ**　公害　**ウ**　拡大　**問５**　**ア**　伝統的　**イ**　適した　**ウ**　多様性　**エ**　生命力　**問６**　エ　**問７**　ア　**問８**　**i**　**ア**　二十世紀的な精神　**イ**　普通の人間　**ii**　（例）　地域的な考え方，知恵や技を重視し，その地域の歴史を継承していく　**iii**　ウ　□三 **問１**　イ　**問２**　（例）　**A**　さつきに負けてしまったことは悲しい　**B**　さつきのジャンプは好きだ　**問３**　**ア**　体型変化で不調　**イ**　理子に勝った　**ウ**　理子のすごさ　**エ**　迷っている途中　**オ**　強くなれる　**問４**　エ　**問５**　ウ　**問６**　**A**　エ　**B**　ウ　**問７**　理子の手が～返してきた　**問８**　ア

●漢字の書き取り

□一 問１　①　専門家　②　移植　③　講義　④　感傷　⑤　証拠　⑥　察知　⑦　潔（く）　⑧　巧（みに）

解　説

□一 **漢字の書き取り，慣用句・ことわざの完成，ことばのかかり受け，グラフの読み取り**

問１　①　ある特定の分野で，専門的な知識や技能を持った人。　②　植物をほかの場所に移し植えること。　③　学問について教え，説明すること。　④　ものごとに感じ，心をいためること。　⑤　ものごとをはっきりさせるためのよりどころ。　⑥　見聞きしたことからおしはかって知ること。　⑦　音読みは「ケツ」で，「潔白」などの熟語がある。　⑧　音読みは「コウ」で，「技巧」などの熟語がある。

問２　①　「青菜に塩」は，すっかり元気を失っているようす。　②　「背水の陣《じん》」は，これ以上後退できない場所にいて，決死の覚悟《かくご》で事にあたること。

問３　①　「たとえ」は呼応の副詞で，後に仮定条件を表す言葉を取るが，その言葉をふくむ文節にかかる。よって，「つらくても」がかかる部分になる。　②　意味上つながるところにかかると考える。「突然《とつぜん》」は，“急に”という意味。「突然」→「聞き」とかかる。

問４　「パソコンの生産台数は」を主部として，生産台数がどう変化したかを，数量や調査年を明記して述べればよい。「二〇一五年から二〇一九年にかけて四〇〇万台増加した」「二〇一五年には四年前より減少したが，二〇一九年にかけ四〇〇万台増加した」などの書き方が考えられる。

□二 **出典は内山節《うちやまたかし》の「私たちは何処《どこ》に行こうとしているのか」による。**自然に対して対立的な，近代的価値基準を基礎《きそ》にする社会に暮らす私たちが，環境《かんきょう》問題に取り組む難しさを述べている。

問１　**Ａ**　[5]段落に注目する。[2]～[4]段落は日本の環境問題をめぐる議論の歴史を述べた部分だが，環境問題をめぐる議論は，鉱毒問題や水俣病《みなまたびょう》など「企業《きぎょう》の出す公害」への批判から始まったといえる。　**Ｂ**　次の文に，都市とその周辺で大気汚染《おせん》や河川・海洋汚染がすすみ，「都市環境の改善」が問題化しだしたと説明されている。「都市」の環境悪化が，明らかになり始めたのである。

問２　ぼう線部①の「このような図式」とは，二文前の「被害者《ひがいしゃ》としての市民，加害者としての企業，行政という図式」を指している。[7]段落にあるように，ぼう線部①は，大気汚染，水質汚染など都市公害が蔓延《まんえん》した責任の一端《いったん》は市民自身にもあるとわかってきたことを言っているので，ウが合う。

問３　次の[9]段落で説明されているように，企業が推進する「大量生産，大量流通，大量消費」の動きに加わって人々は所得を増やし，暮らしを拡大しつづけたが，それが「資源やエネルギーの大量消費」につながり，「公害発生の基盤《きばん》になっていた」のだから，イがあてはまる。

問４　**ア**　公害を発生させるシステムの中にいる市民としての自分たちを認識《にんしき》した人々は，自然を守るべきだと主張するようになったことが[13]段落に書かれている。自然を守ろうとする活動は[4]段落にある「自然保護」にあたる。　**イ，ウ**　[9]段落に，人々は自分たちの「拡大」させた暮らしが「公害」を発生させるとわかっていたとある。環境の悪化を止められないのは，「拡大」させた暮らしを手放せないからである。

問５　**ア**　[15]段落に，「人家近くの里山は，かつては村人が日常的に利用する森として位置づけられていた」とある。[17]段落にあるように，里山の利用は，その地域がつくりだしてきた，自然に働きかける「伝統的」な方法にあたるといえる。　**イ**　地域の自然を利用する暮らしの中で，人々はその地域にもっとも「適した」方法で自然に働きかけてきたことが，[19]段落に述べられている。　**ウ**　[15]段落に，「村人の里山利用」によって，「生物種の多様性」がつくりだされていたとある。　**エ**　[16]段落に，「人間による自然の利用」は，「自然の生命力」を高めると書かれている。

問６　同じ段落に，自然は「地域ごとにさまざまであり～互《たが》いに関係を結びながら，全体の自然が展開している」とある。よって，自然保護とは，「さまざまな自然に適した自然と人間の関係を創造すること」を出発点とし，自然を守る主体は「地域主権を軸《じく》にして形成」すべきだというのだから，エがよい。

問７　ぼう線部⑥のような「技と知恵《ちえ》」あるいは「知恵や技」は，「その地域が生みだした伝統として継承《けいしょう》されてきたもの」だと[23]段落にある。よって，イのように近年始まった方法を用いたり，ウの探査機やエの計測器のような現代の技術にたよったりするのは例として不適切である。

問８　**ⅰ**　**ア**　人々が「捨てたくなった」と開藤さんが言っているのは，【参考】で人々が「脱出《だっしゅつ》したいと思うようになった」とされている「二十世紀的な精神」である。　**イ**　「二十世紀的な精神の習慣にとらわれた普通《ふつう》の人間」と【参考】で言いかえられているのは，特別な人間を目ざした「普通の人間」である。　**ⅱ**　二重ぼう線部の人間は，自然に対しては対立的であった「近代社会の価値観」とは異なる考えを持つ人間にあたる。よって，近代社会では大切にされなかった，「地域的な考え方」，「知恵や技」を重視し，その地域の「歴史の継承」をしていく人間といえる。　**ⅲ**　エの発言でも指摘《してき》されているように，筆者は絶滅危惧《ぜつめつきぐ》種などの特定の生物を取り上げ，再び繁栄《はんえい》できるように努めるべきだと主張しているわけではないので，ウが選べる。

[三] **出典は乾《いぬい》ルカの『向かい風で飛べ！』による。**不調におちいり，クラブチームの練習にも来な

くなった理子《りこ》に，さつきはスキージャンプを続けてほしいと伝え，理子もその覚悟を示す。

問１　「面食らう」は，“予想もしていなかったことに驚《おどろ》き，あわてる”という意味なので，イがよい。

問２　理子は，風を受けて飛ぶさつきのジャンプを思い浮《う》かべて唇《くちびる》をほころばせて「大好き」と言っているので，さつきのジャンプは好きだといった肯定《こうてい》的な内容が空らんＢに入る。逆接の「けれども」でつながれた空らんＡには，さつきのジャンプに対する否定的な内容が入るので，その前の理子の言葉や表情から，さつきに負けてしまったことは悲しいといった内容が適当だろう。

問３　**ア**　ぼう線部②の後のさつきの言葉から，理子は今「体型変化で不調」になっていることがわかる。　**イ**　不調の理子を，さつきは「足を骨折しているボルト」にたとえ，本調子でない理子より良い記録を出しても「理子に勝った」とは思えないと言っている。　**ウ**　ぼう線部②の前で，さつきは，自分には「理子のすごさがわかる」と言っている。　**エ**　空らんＡの前で，さつきは「迷っている途中《とちゅう》の理子じゃなくて，本当の理子に勝ちたい」と言っている。　**オ**　空らんＡの前のさつきの言葉に，「理子がいると強くなれる気がするんだ」とある。

問４　練習に来なくなった理子を，さつきは「理子のジャンプ，大好きだよ」，「絶対また飛べるよ」とはげましている。直前の文にあるように，さつきは理子にジャンプをやめてほしくないと強く思っているが，どういう言葉でそれを表現すればよいかわからず，代わりに手を強く握《にぎ》ったのだから，エが合う。

問５　波線部Ⅰで，さつきと理子はバスに気づいていることや何台ものバスに追い抜《ぬ》かれたのではないことから，アとエは合わない。波線部Ⅱでは，話に夢中になるうち，気づくとずいぶん時間がたっていたとわかるので，ウがよい。気持ちが通じ合ったことは表現されていないので，イはあてはまらない。

問６　**Ａ**　この後，理子は「大好きだよ」と言い，ジャンプをやめずに斉藤《さいとう》選手を見返すつもりでいることが明かされる。また，理子にジャンプを続けてほしいさつきにとって「一番重要な問い」にあたることを考えると，ジャンプに対する理子の思いをたずねるエが入るものとわかる。　**Ｂ**　斉藤選手が指摘した理子の弱点とは，負けて辛《つら》い思いをし，それを乗り越《こ》える経験がないことだった。「最終的に報《むく》われなかったとしても」，理子が「絶対マイナスにならない」と思っているＢとは，負けてもあきらめずに練習を続け，苦しさを乗り越える経験にあたるウである。

問７　理子は，斉藤選手のアドバイスを胸に，負けて辛い思いをしたがあきらめずに練習を続けようと覚悟を決めている。理子にジャンプを続けてほしいという気持ちを伝えようとさつきは理子の手を握ったが，「理子の手がさつきの手をぎゅっと握り返してきた」という一文にその覚悟が示されている。

問８　さつきと理子は自分の思いを言葉を選びながらそれぞれ語っており，「短い会話」ばかりではないこと，物語は第三者の視点から語られていることから，イとウは合わない。（　）はさつきが心の中で思った内容を示しており，理子に伝わっているとはいえないので，エも正しくない。

Dr.福井の 入試に勝つ！脳とからだのウルトラ科学

復習のタイミングに秘密あり！

算数の公式や漢字，歴史の年号や星座の名前……。勉強は覚えることだらけだが，脳は一発ですべてを記憶することができないので，一度がんばって覚えても，しばらく放っておくとすっかり忘れてしまう。したがって，覚えたことをしっかり頭の中に焼きつけるには，ときどき復習をしなければならない。

ここで問題なのは，復習をするタイミング。これは早すぎても遅すぎてもダメだ。たとえば，ほとんど忘れてしまってから復習しても，最初に勉強したときと同じくらい時間がかかってしまう。これはとっても時間のムダだ。かといって，よく覚えている時期に復習しても何の意味もない。

そもそも復習とは，忘れそうになっていることを見直し，記憶の定着をはかる作業であるから，忘れかかったころに復習するのがベストだ。そうすれば，復習にかかる時間が一番少なくてすむし，記憶の続く時間も最長になる。

では，どのタイミングがよいか？　さまざまな研究・発表を総合して考えると，１回目の復習は最初に覚えてから１週間後，２回目の復習は１か月後，３回目の復習は３か月後——これが医学的に正しい復習時期だ。復習をくり返すたびに知識が海馬《かいば》（脳の，知識をためる倉庫みたいな部分）にだんだん強くくっついていくので，復習する間かくものびていく。

この計画どおりに勉強するには，テキストに初めて勉強した日付と，その１週間後・１か月後・３か月後の日付を書いておくとよい。あるいは，復習用のスケジュール帳をつくってもよいだろう。もちろん，計画を立てたら，それをきちんと実行することが大切だ。

ちなみに，記憶量と時間の関係を初めて発表したのがドイツのエビングハウスという学者で，「エビングハウスの忘却《ぼうきゃく》曲線」として知られている。

え-と
1週間後
あ．そうだった！
1ヵ月後
あ．思い出した！
3ヵ月後
もう．覚えてるよ

Dr.福井（福井一成《ふくいかずしげ》）…医学博士。開成中・高から東大・文Ⅱに入学後，再受験して翌年東大・理Ⅲに合格。同大医学部卒。さまざまな勉強法や脳科学に関する著書多数。

2023年度 大宮開成中学校

【算　数】〈特待生選抜試験〉（50分）〈満点：100点〉

注意　円周率は3.14とします。

1　次の□にあてはまる数を求めなさい。

(1)　$100-(10-4\times 2)\div\{(10-4)\times 2\}\times 60=\square$

(2)　$46\times 0.8-23\times 0.6+40\times 0.4-20\times 0.2=\square$

(3)　$2\frac{3}{5}+\left(6\frac{1}{2}-0.125\div\frac{1}{4}\right)\times 3\frac{2}{5}=\square$

(4)　$\frac{1}{4}\times\left(\frac{1}{2}+\square\right)\div 0.6\div 23=\frac{20}{23}$

2　次の各問いに答えなさい。

(1)　長さ15cmのテープを30本つないで，１本にします。つなぎ目を２cmずつ重ねてのりづけすると，何cmのテープができますか。

(2)　分数$\frac{1}{7}$の小数第2023位の数はいくつですか。

(3)　ある仕事をするのにAは６日かかり，Bは８日かかり，Cは12日かかります。２日だけAとBで仕事をし，残りをBとCで協力して終わらせました。この仕事を終えるのに合計何日間かかりましたか。

(4)　新しくできたデパートに，開店前から300人の行列ができています。開店後も1分間に20人ずつ列に加わりますが，入口を2ヶ所開けると，30分で行列がなくなります。入口を8ヶ所開けると，何分で行列がなくなりますか。

(5)　7g，119g，289gの砂糖の袋がたくさんあります。これらを使って，ちょうど1000gの砂糖を作る方法は1通りだけあります。119gの砂糖は何袋必要ですか。ただし，これらの袋は少なくとも1袋は使うこととします。

3　次の各問いに答えなさい。

(1)　右の図のように，正方形の紙があり，2つの頂点がくっつくように折ってあります。アの角は何度ですか。

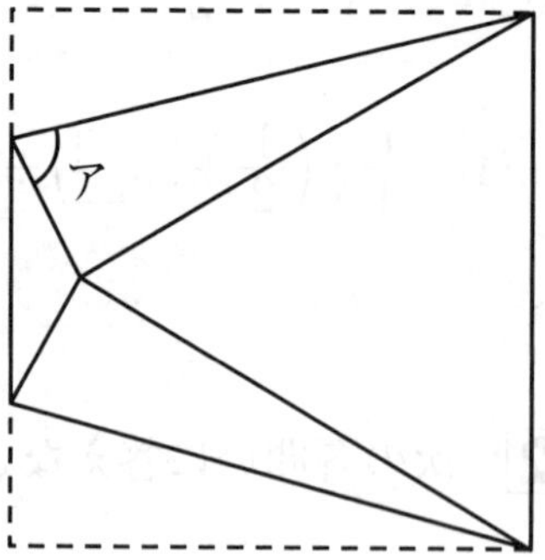

(2)　右の図のように，対角線の長さが6cmの正方形ABCDがあり，点Bを中心として時計回りに30度回転させました。斜線部分の面積は何cm^2ですか。

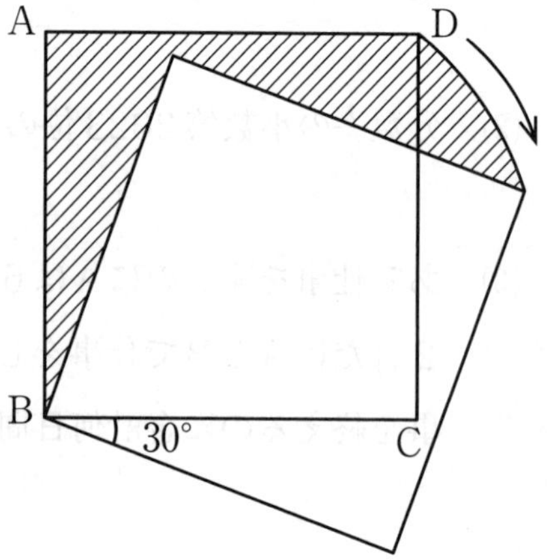

⑶　右の図のような１辺が20 cm の正方形があり，同じ形の斜線部分の図形を切り取り，点線で折り曲げて容器を作りました。この容器の容積は何 cm^3 ですか。

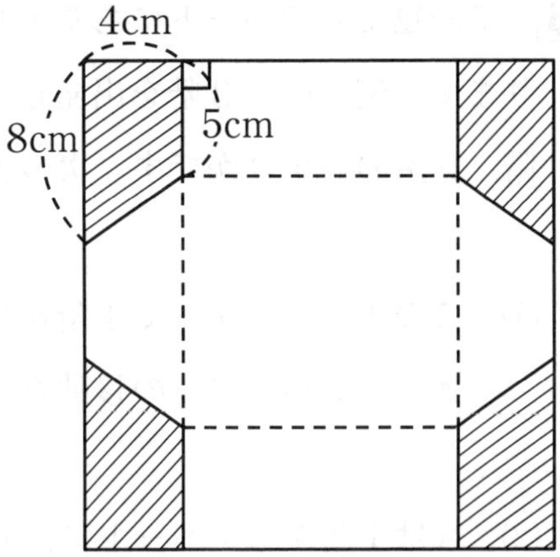

4　３種類の砂糖水Ａ，Ｂ，Ｃがそれぞれ50 g，150 g，120 g あります。Ｃの濃度は５％です。ＡとＢをすべてまぜ合わせると，10％の砂糖水ができ，ＢとＣをすべてまぜ合わせると，３％の砂糖水ができます。次の各問いに答えなさい。

⑴　Ｂの濃度は何％ですか。

⑵　Ａの濃度は何％ですか。

5　7階建てのデパートにあるエレベーターは1階ごと，または2階ごとに必ずとまります。例えば，3階を出発したエレベーターが次にとまる階は，1階，2階，4階，5階のいずれかです。次の各問いに答えなさい。

(1)　このエレベーターで1階から7階まで，一度も進行方向を変えずに移動するとき，エレベーターの移動方法は何通りありますか。

(2)　Aは1階からデパートに入り，エレベーターのみを使って階の移動をしました。エレベーターを使用したときの進行方向は3回以上は変わらず，同じ階には一度しかとまりません。今，はじめて7階に到着して，少なくとも3階と6階では買い物をしてきたようです。このとき，エレベーターの移動方法は何通りありますか。

6　11両編成の電車があります。この電車は1両の長さが30mで，前から順に1号車，2号車，…11号車となっています。今，Aは1号車の先頭に，Bは11号車の最後尾に乗っています。2人がそれぞれ，自分の乗っている場所が橋にさしかかったときから，Aは後ろに，Bは前に同じ速さで走り始めたところ，6号車と7号車の継ぎ目のところで2人は出会い，ちょうどそのとき，2人の出会った場所が橋を渡り切りました。ただし，電車の継ぎ目の長さは考えないものとします。次の各問いに答えなさい。

(1)　電車の速さと，2人の走る速さの比を最も簡単な整数の比で答えなさい。

(2)　橋の長さは何mですか。

7 下の図のような，ABが160 cm，ADが320 cmの長方形ABCDがあり，辺AB，DCそれぞれのまん中の点M，Nをとって，MNを4等分した点を左からP，Q，Rとします。この形をした台の上でボールを打って転がします。ボールが台のまわりにあたったときは同じ角度ではね返り，A，B，C，Dのいずれかに到達するとボールは止まります。今，点Pの上にボールがあり，辺AD上の点Aから220 cmの点Eに向けてボールを打ちました。次の各問いに答えなさい。ただし，ボールの大きさは考えないものとします。

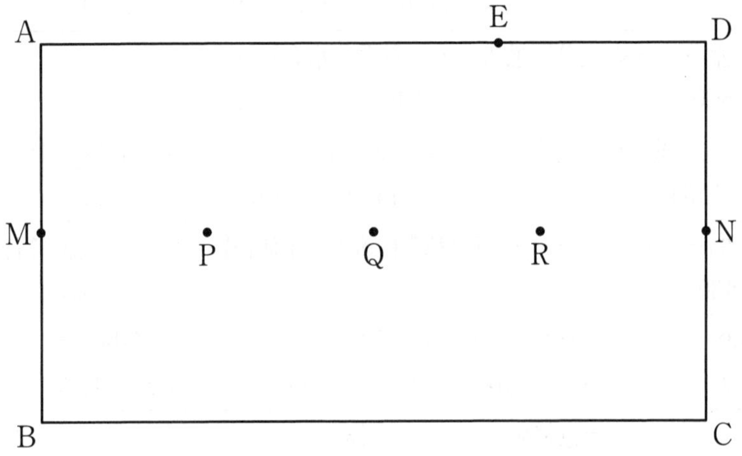

(1) ボールが2回目に辺ADにあたる点をFとすると，点Aと点Fの距離は何cmですか。

(2) ボールがはじめて点Qに到達するまでに，ボールが台のまわりにあたる回数は何回ですか。

【社　会】〈特待生選抜試験〉(30分)〈満点：50点〉

注意　字数制限のある問いでは，句読点や符号（，。「」など）も１字と数えます。

1　次の表は，2022年に実施した本校の伝統文化研修の行程表です。この表を見て，あとの問いに答えなさい。

月/日(曜)	行程	宿泊地
6/17(金)	①東京－－－－－－－－－－－－－－－－③新大阪＝＝＝（高速経由）＝＝ 8:03（②ひかり503号）　10:57　11:20 ＝＝法隆寺＝＝＝＝＝薬師寺＝＝＝＝＝④奈良（宿舎） 12:30　14:10　14:40　16:10　16:40	奈良
6/18(土)	奈良（宿舎）・・・奈良公園散策・・・昼食（宿舎）＝＝ 8:30　11:40　12:45 ＝＝⑤平城宮跡歴史公園＝＝＝＝＝⑥宇治平等院＝＝＝＝＝⑦京都（宿舎） 13:00　14:30　15:30　16:30　17:15	京都
6/19(日)	京都（宿舎）・・・・・・・・・・・【京都市内班別自主研修】・・・・・京都（宿舎） 8:30　16:30頃	京都
6/20(月)	京都（宿舎）＝＝＝＝＝清水寺＝＝＝＝＝三十三間堂＝＝＝＝＝二条城＝＝ 8:00　8:30　10:00　10:15　10:45　11:00　12:00 ＝＝京都駅・・・・・京都－－－－－－－－－－－－－－東京 12:30　13:39（のぞみ108号）　15:54	

備考　鉄道：－－－　バス：＝＝＝　徒歩：・・・

問１　下線部①について，次の（１）・（２）の問いに答えなさい。

（１）東京の雨温図として正しいものを次のア～エから１つ選び，記号で答えなさい。

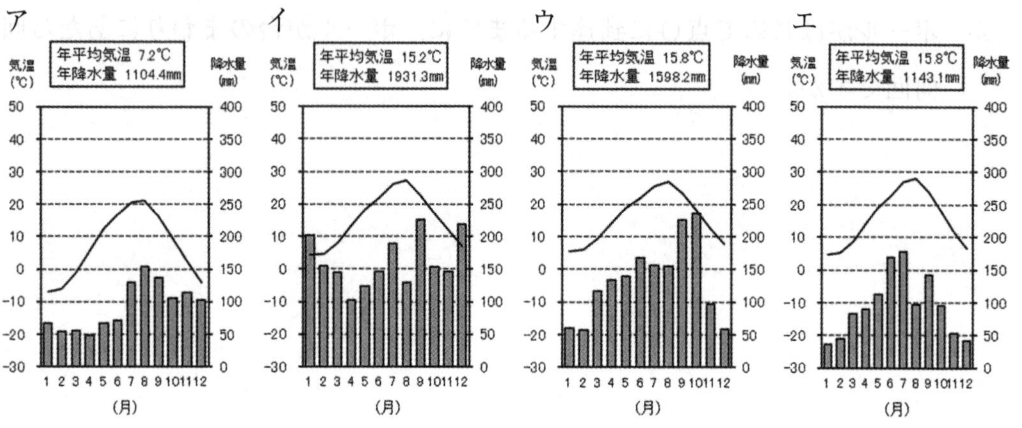

（『理科年表2022』より作成）

（２）次の地図Ａ～Ｄは，東京都を含む首都圏の都道府県における，ある統計数値について示したものです。これらの地図のうち，製造品出荷額等と昼夜間人口比率*とを示したものの組み合わせとして正しいものを下のア～エから１つ選び，記号で答えなさい。

＊昼間人口（従業地・通学地による人口）を夜間人口（常住人口）で割った値。

A

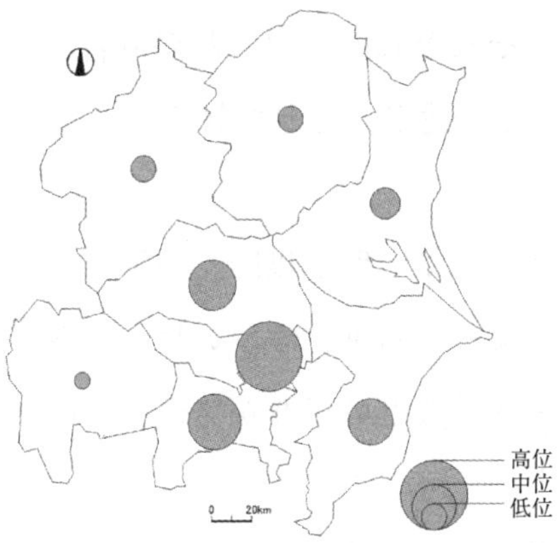

B

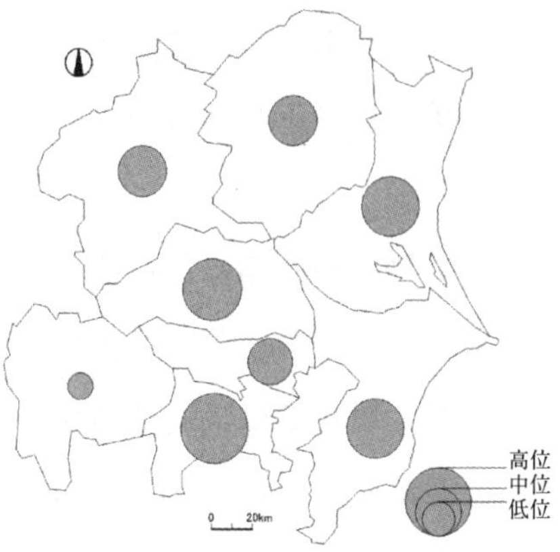

C

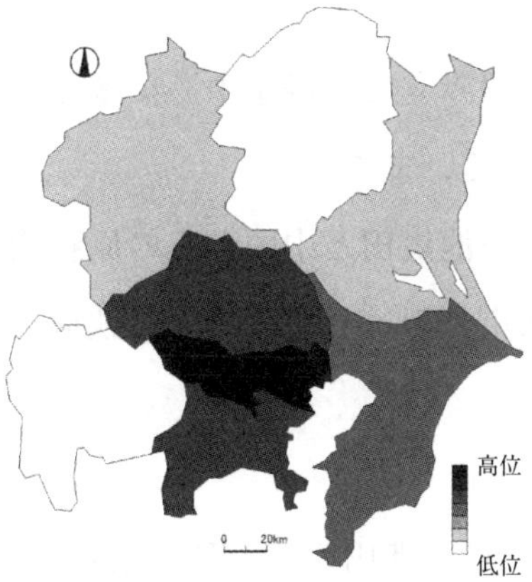

D

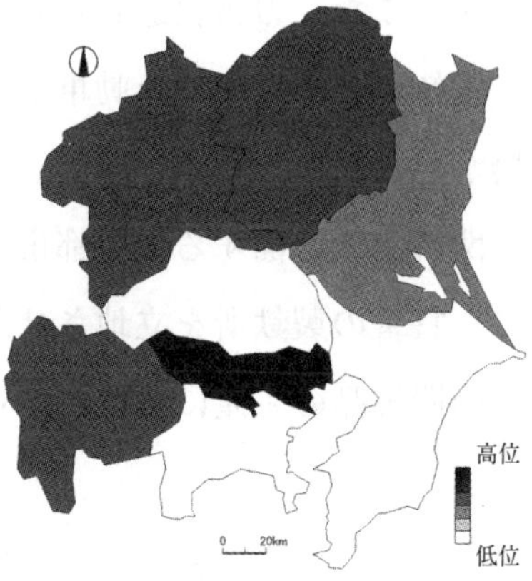

（「国勢調査」・「工業統計調査」などにより作成）

ア　A　製造品出荷額等　　C　昼夜間人口比率

イ　A　製造品出荷額等　　D　昼夜間人口比率

ウ　B　製造品出荷額等　　C　昼夜間人口比率

エ　B　製造品出荷額等　　D　昼夜間人口比率

問2　下線部②について，次の（1）・（2）の問いに答えなさい。

（1）次のア～エは，いずれも東海道新幹線が通過するものです。東京駅を出発した東海道新幹線に乗車しているとき，これらを通過する順番に並べ替え，解答欄に従って記号で答えなさい。

ア　浜松駅　　　イ　静岡駅　　　ウ　浜名湖　　　エ　富士川

（2）次の説明文A～Dは，東海道，および山陽新幹線の沿線地域と関係の深い4つの都市について説明したものです。それぞれの説明文と都市名との組み合わせとして正しいものを下のア～エから1つ選び，記号で答えなさい。

A　伊勢湾の西岸に位置する港湾・工業都市です。明治以降，紡績などの軽工業が発達したのち，第二次世界大戦後には臨海部に石油化学コンビナートが立地しました。現在では，石油精製・化学肥料・機械などの工業が発達しています。また公害が発生したことでも知られています。

B　古くから自治都市として知られた，港湾・工業都市です。第二次世界大戦後，製鉄所・石油化学コンビナートが立地し，関西大都市圏の重要な役割を担っています。また，刃物製造も有名です。

C　愛知県中部にある自動車工業都市です。組み立て工場を中心に多くの下請け工場が見られ，「企業城下町」としても知られています。

D　関門海峡に面する工業都市です。筑豊・三池炭田と中国からの原料輸入を背景に，官営の製鉄所を立地させたのが工業都市化のはじまりです。鉄鋼・化学などの中間製品の生産に特色があります。

ア	A　堺	B　四日市	C　豊田	D　北九州
イ	A　四日市	B　堺	C　豊田	D　北九州
ウ	A　四日市	B　堺	C　北九州	D　豊田
エ	A　堺	B　四日市	C　北九州	D　豊田

問3　下線部③について，次のア～エのグラフは，日本のある工業地帯，および工業地域の産業別出荷額割合を示したものです。大阪市を含む工業地帯を示したものとして正しいものをア～エから1つ選び，記号で答えなさい。

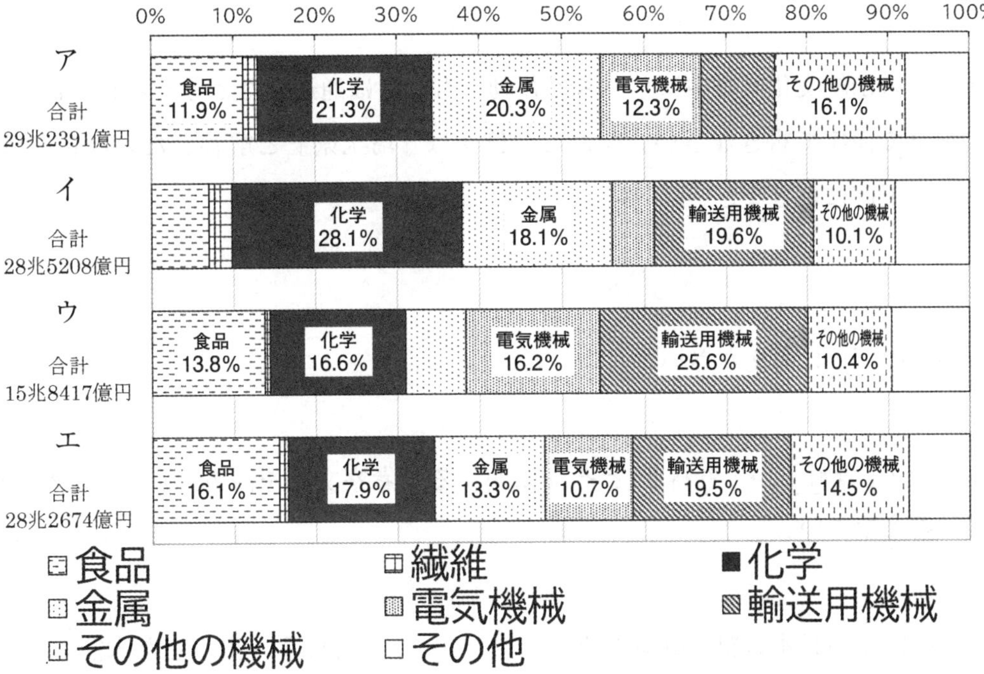

(「2020年工業統計調査」より作成)

問4　下線部④について，奈良県南部は日本の三大人工美林にも数えられ，高級材の吉野すぎの産地としても知られています。この林業地域が位置する山地の名称を，解答欄に従って漢字で書きなさい。

問5　下線部⑤について，旧平城京跡地の街並みには，中国の都にならって施《ほどこ》された，碁盤の目状に区画する都市計画の名残が見られます。この区画制度の名称を漢字で書きなさい。

問6　下線部⑥について，平等院をはじめとして，京都府内における複数の文化財は「古都京都の文化財」として世界遺産に登録されています。世界遺産に登録されている文化財として誤っているものを次のア～エから1つ選び，記号で答えなさい。

ア　慈照寺　　　イ　鹿苑寺　　　ウ　二条城　　　エ　伏見稲荷大社

問7　下線部⑦について，京都市の最高気温は，真夏時には40度近くになることも少なくありません。京都市が猛暑に見舞われる地形的な要因を，その要因から引き起こされる現象名を明らかにし，「盆地」「山越えの風」という語句を用いて簡潔に説明しなさい。

問8　この伝統文化研修中に，バスで移動，もしくは通過したと考えられる都道府県名を全て漢字で書きなさい。ただし，例えば「埼玉県」と解答したい場合には「県」まで正確に書きなさい。

2　あとの問いに答えなさい。

問1　次の 資料Ⅰ ・ 資料Ⅱ とそれに関する〔考察文〕を読み，（1）・（2）の問いに答えなさい。

資料Ⅰ　『日本書紀』改新の詔

一　皇室や豪族の私有地や私有民を廃止する。
一　都城の制度を定め，国や郡を置き，行政区画（国などの境）を定める。
一　戸籍や計帳（課税台帳）をつくり，班田収授法を定める。
一　労役中心の税をやめ，与えた田の面積に応じて税をとる。

（一部要約しています）

資料Ⅱ　出土した木簡

年	木簡の表記
696年	尾治国[*1]尔皮評
700年	若佐国[*2]小丹生評木ツ里
702年	尾治国知多郡
745年	上総国安房郡白浜郷[*3]

＊1　尾張国のこと
＊2　若狭国のこと
＊3　715年（717年とも）に里は郷に改称された。

〔考察文〕

> 文献が少ない当時，都の跡から出土した木簡によって大宝律令施行以前は地方行政単位の「郡」は「［X］」と記されていたことが確認された。そのため改新の詔が出された646年当時も「［X］」が使われていたと考えられる。
>
> このことから［資料Ⅰ］・［資料Ⅱ］より『日本書紀』における「改新の詔」に関する記述は，［Y］と考えられる。

(1)〔考察文〕中の［X］に当てはまる語句を漢字1文字で書きなさい。

(2)〔考察文〕中の［Y］に当てはまる文として正しいものを次のア～エから1つ選び，記号で答えなさい。

ア　詔が出された当時の情報を正確に伝えている

イ　大宝律令をもとに書き換えられた部分がある

ウ　「若佐国」の木簡の表記を参考にしている

エ　中国の法令をもとに書き換えられた部分がある

問2　次の［資料Ⅰ］～［資料Ⅲ］を読み，奈良時代の様子に関して述べた文ａ～ｄについて，組み合わせとして正しいものを下のア～エから1つ選び，記号で答えなさい。

［資料Ⅰ］

> 父母は枕のほうに，妻子たちは足のほうに，私を囲むように嘆き悲しんでいる。かまどにはクモの巣がはっている。…それでもむちを持って税を取り立てる里長の声が寝床まで聞こえてくる。世の中は辛いことばかりだと思うが，鳥ではないので，飛び立って逃げることもできない。
>
> (一部要約しています)

資料Ⅱ

最近，だんだんと人口が増加し，口分田とする土地が不足してきた。そこで国中に奨励して田地を開墾させようと思う。土地を新たに開墾した場合は，面積の大小に関わらず，三世代の私有を認める。 (一部要約しています)

資料Ⅲ

聞くところによると，開墾した田は，三世一身法によって，期限がくると朝廷に取り上げられてしまう。そのため農民には働く意欲がわかず，一度開墾しても，また土地があれてしまうことになるという。今後開墾した田はすべて，自由に私有の財産とし，三世一身法のように，朝廷に取り上げられることは永久にしないこととする。 (一部要約しています)

a　当時の農民の税負担はさほど重いものではなく，新たに開墾に取り組むものもいた。

b　人口増加にともなう口分田の不足を解消するために，土地の私有を認めるかわりに開墾に取り組ませた。

c　墾田永年私財法は，公地として取り上げられる前に耕作を放棄され，荒れ地に戻る三世一身法の問題を改めたものである。

d　墾田永年私財法を制定して徴税の強化をはかる一方，公地公民制を維持する目的も果たした。

ア　a―c　　イ　a―d　　ウ　b―c　　エ　b―d

問３　次の文は平安時代末期の荘園の広がりについて述べたものです。文中の［　　］に当てはまる語句を漢字２文字で書きなさい。

開発した土地の税や［　　］の使者の立ち入りをのがれたい農民などは，自分の土地を有力な貴族や寺社に寄進（寄付）し，自分はその管理者になっていった。

問４　院政を行った白河上皇は，「賀茂川の水，すごろくのさいの目，比叡山の僧兵，これだけが，私の意のままにならない」といって嘆きました。当時の白河上皇を取り巻く状況について説明した文Ａ・Ｂの正誤の組み合わせとして正しいものを次のア～エから１つ選び，記号で答えなさい。

Ａ　大寺院は多くの荘園を所有し，下級の僧侶を僧兵として組織して朝廷に要求を通そうとした。

Ｂ　上皇や天皇は，大寺院の圧力に抵抗することができず，武士を用いて警備や鎮圧にあたらせた。

ア　Ａ　正　Ｂ　正　　イ　Ａ　正　Ｂ　誤
ウ　Ａ　誤　Ｂ　正　　エ　Ａ　誤　Ｂ　誤

問５　次の文章は，鎌倉時代の将軍と御家人の主従関係について述べたものです。文章中の下線部①・②の名称をそれぞれ漢字２文字で書きなさい。

主人である将軍は御家人に対して①先祖伝来の領地の支配を保障したり，新たな領地を与えたりした。これに対し，従者である御家人は，②ふだんは天皇や将軍の御所を交代で警備し，戦時には一族を率いていくさにかけつけた。

問６　次の資料Ⅰ・資料Ⅱを見て，いずれかの資料からわかることとして誤っているものを下のア～エから１つ選び，記号で答えなさい。

資料Ⅰ　阿《あ》氏《て》河荘《がわのしょう》の農民が荘園領主に送った訴状

わたしたちは地頭に人夫としてこき使われ，荘園領主（領家）におさめる木を切る時間もありません。村から逃げた農民の畑に麦をまけといい，まかないのなら，女やこどもをつかまえて耳を切り，鼻をそぎ落とし，髪を切って尼にして，縄でしばって痛めつけるとおどすのです。

（一部要約しています）

資料Ⅱ　東郷荘下地中分絵図(図中の●は執権など幕府の役人のサインを示しています)

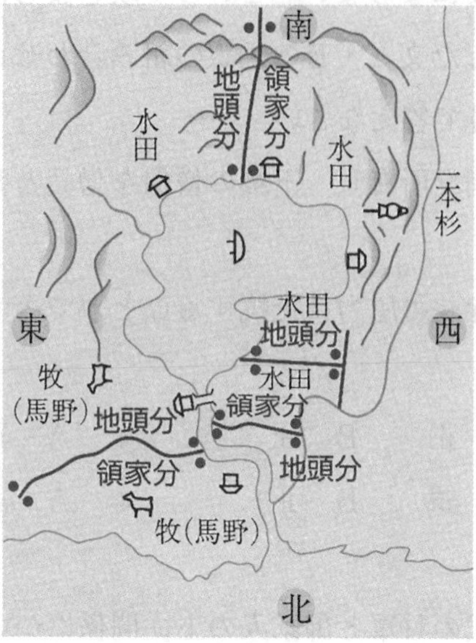

(「山川デジタル素材集」より引用)

ア　農民がただ地頭の横暴にたえていただけではなく，荘園領主への訴えで抵抗していた。

イ　荘園領主と地頭の土地争いは，両者で土地を折半する取り決めを交わす下地中分が行われることもあった。

ウ　下地中分は土地の折半のみでなく，山野河海の折半も行われた。

エ　地頭と荘園領主の間での争いを解決するのに幕府が介入することはなかった。

問７　鎌倉幕府と室町幕府の支配について述べた文として正しいものを次のア～エから１つ選び，記号で答えなさい。

ア　鎌倉時代，政治や財政の仕事を受け持つ問注所が置かれた。

イ　鎌倉時代，元寇後に六波羅探題が置かれ，西国の御家人を統率した。

ウ　室町時代，守護は南北朝の争乱の中で力をつけて，国内の武士たちを家臣とした。

エ　室町時代，将軍の補佐として老中が置かれた。

問８　戦国大名は，下剋上をおさえて領国内を統制しようと法令を定めました。その法令名を漢字３文字で書きなさい。

問９　豊臣秀吉が行った土地調査事業の名称を漢字４文字で書きなさい。

問10　次の写真は，江戸時代に農民たちが一揆をするにあたって出した署名を示したものです。この署名の名称を明らかにし，なぜ円形に署名したのか，簡潔に説明しなさい。

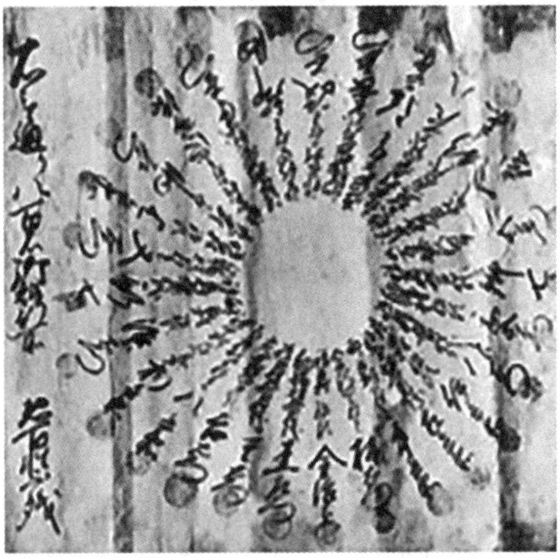

(山川出版社『詳説日本史』より引用)

問11　1930年代の農村は，アメリカから広まった不景気の影響で生糸の輸出が減ったり，凶作がおこったりして大打撃を受けていました。アメリカからはじまった不景気の名称を書きなさい。

問12　次の文は太平洋戦争後，GHQ占領下で行われた農地改革に関するものです。文中の（　１　）・（　２　）に当てはまる語句の組み合わせとして正しいものを下のア～エから１つ選び，記号で答えなさい。

農地改革とは，（　１　）の土地を買収して（　２　）たちに安く売り渡し，自作農を増やすために行われた改革です。

ア　（　１　）財閥　（　２　）小作人　　イ　（　１　）財閥　（　２　）労働者

ウ　（　１　）地主　（　２　）小作人　　エ　（　１　）地主　（　２　）労働者

3 次の問題A・Bに答えなさい。

A あとの問いに答えなさい。

問1 次の（1）～（3）の日本国憲法の条文は，①生命・身体の自由，②精神活動の自由，③経済活動の自由のうち，どの自由にあたりますか，組み合わせとして正しいものを下のア～エから1つ選び，記号で答えなさい。

（1） 何人も，いかなる奴隷的拘束も受けない。又，犯罪に因る処罰の場合を除いては，その意に反する苦役に服させられない。（第18条）

（2） 財産権は，これを侵してはならない。（第29条）

（3） 何人も，公共の福祉に反しない限り，居住，移転及び職業選択の自由を有する。（第22条）

ア	（1）①	（2）②	（3）③
イ	（1）②	（2）②	（3）①
ウ	（1）①	（2）③	（3）③
エ	（1）②	（2）③	（3）②

問2 次の説明文ア～オのうち，経済活動の自由に当てはまるものをア～オから全て選び，記号で答えなさい。

ア 私は東京都の生まれですが，将来的には埼玉県に住みたいと思っています。

イ 私の友人が警察に逮捕されましたが，彼は裁判を受ける権利があります。

ウ 私は大宮開成中学・高等学校を卒業し，大学で歴史学を研究しています。

エ 私の父は会社を経営しており，私に継いでほしいと願っていますが，私は学校の先生になりたいと思っています。

オ 私の父は仏教の信者ですが，私はキリスト教を信仰しています。

問３　憲法第25条にもとづく社会保障について，次の（１）・（２）の問いに答えなさい。

（１）社会保障の種類と，その内容の組み合わせとして正しいものを次のア～エから１つ選び，記号で答えなさい。

ア　公的扶助－児童福祉　　　イ　公衆衛生－上下水道の整備

ウ　社会福祉－生活保護　　　エ　社会保険－生命保険

（２）右の表は，65歳以上の１人を現役世代*の何人で支えるかの割合を示したもので，現役世代の負担が増加していることがわかります。

また，【図１】～【図４】は表が示しているいずれかの年の人口ピラミッドです。この表と図から読み取れるものとして誤っているものを次のア～エから１つ選び，記号で答えなさい。

＊15～64歳の生産年齢人口

年	人
1960年	11.2
1980年	7.4
2000年	3.9
2017年	2.1
2040年	1.5
2065年	1.3

（「国立社会保障・人口問題研究所」より作成）

【図１】

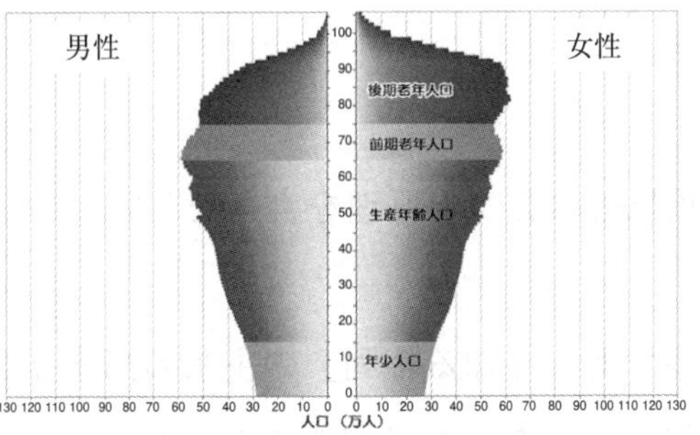

【図２】

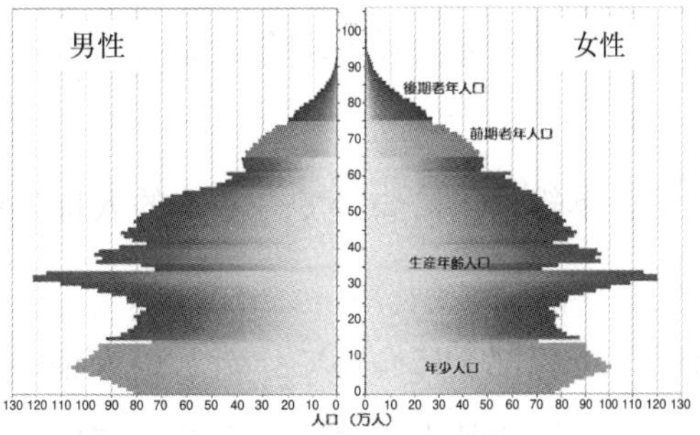

【図３】

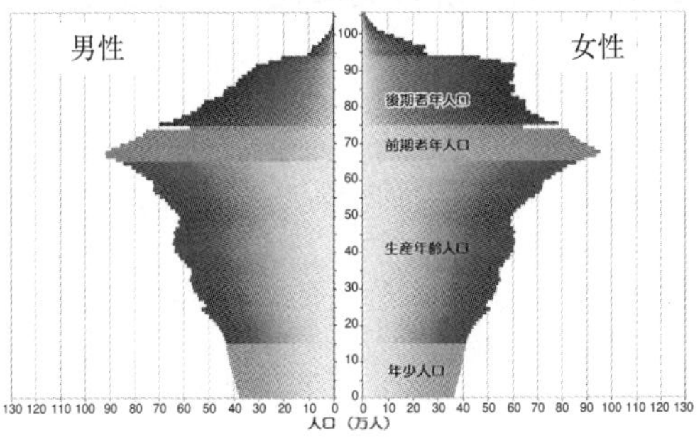

【図４】

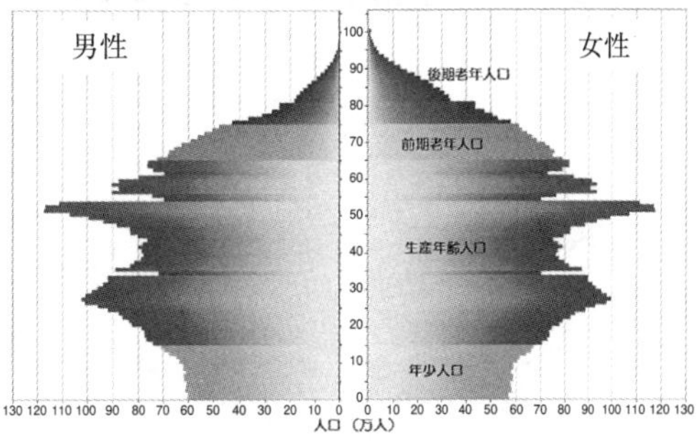

（「国立社会保障・人口問題研究所」より作成）

ア 【図２】の人口ピラミッドは1980年のものであり，【図１】と比べると現役世代の負担は少ない。

イ 人口ピラミッドを古い順に並べ替えると，【図２】【図４】【図３】【図１】の順になる。

ウ 【図３】は【図４】と比べると，出生数が低下したため現役世代の数が減少しており，平均年齢もあがっている。

エ 【図１】と【図４】を比べると，総人口は【図１】のほうが多い。

B 次の文章を読み，あとの問いに答えなさい。

①基本的人権の尊重は，日本国憲法の３つの原理の１つである。しかし，各自が好き勝手なことをなんでもやって良いというわけではない。日本国憲法では，自由や権利は常に公共の福祉のために利用する責任があるということが第12条に書かれている。一方で，時代が変わるにつれて社会の事情に合わせた②新しい人権も広まっている。もともと日本における人権尊重の考え方は，③ヨーロッパで広がっていたものが，明治維新のころに日本に紹介されたのが始まりである。第二次世界大戦後は国際連合が④世界規模で人権を守っていく試みを続けており，人権尊重の考え方は世界共通の理念となってきている。

問１ 下線部①について，基本的人権の尊重以外の２つの原理を書きなさい。

問２ 下線部②について，新しい人権の１つである「知る権利」の主張の高まりを受けて，国や地方公共団体が持っている情報の内容を，国民が知ることができるようにする制度の整備がすすめられました。この制度名を解答欄に従って書きなさい。

問３　下線部③について，次のＡ・Ｂの文章は，それぞれ出版物から引用したものです。Ａ・Ｂの文章ともっとも関係の深い人物を下のア～カからそれぞれ１人ずつ選び，記号で答えなさい。

Ａ　…（中略）…裁判権が立法権や執行権から分離されていない場合にも，自由は全く存在しない。もし，裁判権が立法権に結びついていれば，市民の生命や自由に対し権力は恣意的なものとなろう。…（中略）…これらの三権，すなわち，法を制定する権限，公の決定を施行する権限，犯罪や個人間の紛争を裁く権限を，あわせ行使するようなことがあれば，すべては失われよう。

（一部要約しています）

Ｂ　天は人の上に人を造らず，人の下に人を造らずと云へり。されば天より人を生ずるには，万人は万人，皆同じ位にして，生れながら貴賤上下の差別なく…

（一部要約しています）

ア　ロック　　イ　モンテスキュー　　ウ　モース
エ　新渡戸稲造　　オ　大隈重信　　カ　福沢諭吉

問４　下線部④について，世界規模の人権を守る取り組みの説明として誤っているものを次のア～エから１つ選び，記号で答えなさい。

ア　UNHCRは難民の国際的な保護と救済を目指した団体である。
イ　女性差別撤廃条約は国連に加盟している全ての国が批准している。
ウ　世界人権宣言に法的拘束力を持たせるために，国際人権規約が採択された。
エ　子どもの権利条約で，子どもには自由に自分の意見をあらわす権利があることが示されている。

4 次のイラストはどのようなことを訴えているのか，あなたの考えを50字以内で書きなさい。

(「HuffPost」 日本版 2016年6月4日の記事より引用)

【理　科】〈特待生選抜試験〉(30分)〈満点：50点〉

1　次の問１～問８に答えなさい。

問１　アジ，ペンギン，クジラ，カエル，ヤモリはセキツイ動物のなかまです。次のア～オのうち，これらのセキツイ動物すべてに共通する特ちょうとして正しいものはどれですか，すべて選び記号で答えなさい。

ア．気温が変化しても体温を一定に保つことができる。

イ．背骨をもっている。

ウ．酸素を取り入れて生活に必要なエネルギーをつくっている。

エ．体の表面が毛でおおわれている。

オ．卵をうみ，子孫を残している。

問２　表のＡ～Ｅは，火山のふん火によってできたあれ地に森林ができていく過程について，そのようすを説明したものです。次のア～オのうち，表のＡ～Ｅを，あれ地に森林ができていく順番に並べたものとして最も適当なものはどれですか，１つ選び記号で答えなさい。

	ようす
A	明るい所でよく育つ樹木が生えはじめた。
B	日かげでもよく育つ樹木が生えはじめた。
C	養分が少なくても育つ植物が生えはじめた。
D	日かげでもよく育つ樹木が大きくなった。
E	明るい所でよく育つ樹木が大きくなった。

ア．B→A→C→D→E

イ．C→A→E→B→D

ウ．C→B→D→A→E

エ．A→B→C→E→D

オ．A→E→B→D→C

問３　月面上では，重力の大きさが地球上の$\frac{1}{6}$倍になります。次のア～エのうち，地球上で重さ60 gのおもりを月面上でばねばかりと上皿てんびんを用いてその重さをそれぞれはかったときの，ばねばかりの示した値と上皿てんびんでつりあわせた分銅の重さについて説明したものとして最も適当なものはどれですか，１つ選び記号で答えなさい。

ア．ばねばかりは60 gを示し，上皿てんびんで10 gの分銅とつりあった。

イ．ばねばかりは10 gを示し，上皿てんびんで60 gの分銅とつりあった。

ウ．ばねばかりは10 gを示し，上皿てんびんで10 gの分銅とつりあった。

エ．ばねばかりは60 gを示し，上皿てんびんで60 gの分銅とつりあった。

問４　図１は，金属板上のＡ～Ｃの位置にろうを１てきずつたらし，固めたものを上から見たものです。次のア～ウのうち，図１の×印の位置をろうそくで熱したとき，Ａ～Ｃのろうがとけはじめる順番について説明したものとして最も適当なものはどれですか，１つ選び記号で答えなさい。

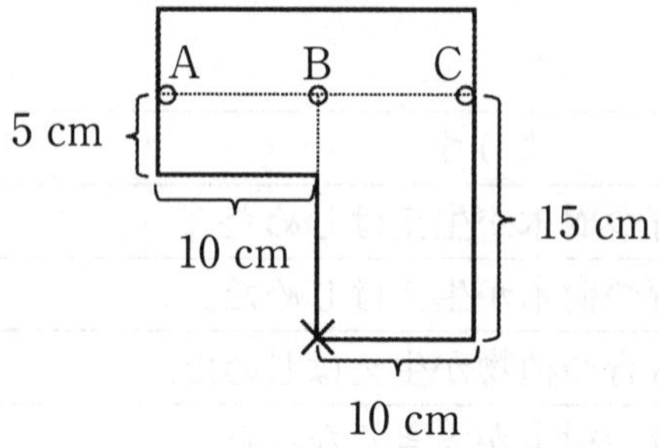

図１

ア．C，B，Aの順番でとけはじめる。

イ．B，C，Aの順番でとけはじめる。

ウ．Bが先にとけはじめ，次にA，Cが同時にとけはじめる。

問５　図２は，ある地点での地層のようすと，その地層のそれぞれの層の中で見つかった化石について模式的に示したものであり，次の文は，図２の地層について説明したものです。次のア～エのうち，文の（　　　）に入る語句の組み合わせとして最も適当なものはどれですか，１つ選び記号で答えなさい。

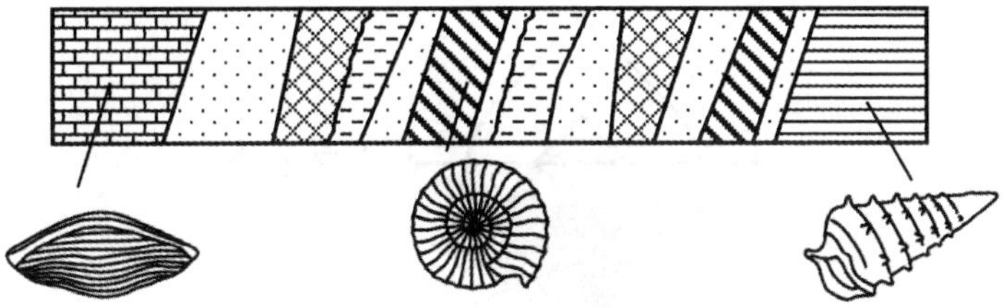

化石Ａ　　　化石Ｂ　　　化石Ｃ

図２

化石Ａはフズリナとよばれ，（　①　）に生息していたことがわかっている。化石Ｂはアンモナイトで，中生代に生息していたことがわかっている。化石Ｃはビカリアという巻貝の一種で，（　②　）に生息していたことがわかっている。このことから，この地層は右にいくほど（　③　）層であることがわかる。

ア．①：新生代　　②：古生代　　③：古い

イ．①：新生代　　②：古生代　　③：新しい

ウ．①：古生代　　②：新生代　　③：古い

エ．①：古生代　　②：新生代　　③：新しい

問６　次のア～エのうち，２番目に高度が高いものとして最も適当なものはどれですか，１つ選び記号で答えなさい。

ア．長距離用旅客機が安定飛行をしている高度

イ．ISS（国際宇宙ステーション）が飛行している高度

ウ．オゾン層がある高度

エ．雨雲が発達する高度

問７　図３は，火のついたろうそくにガラス棒を差しこむようすを模式的に示したものです。しばらくしたあと，ガラス棒を取り出しました。次のア～ウのうち，ガラス棒へのすすの付き方として最も適当なものはどれですか，１つ選び記号で答えなさい。ただし，イ，ウの黒い部分は，すすがついた部分を示しているものとします。

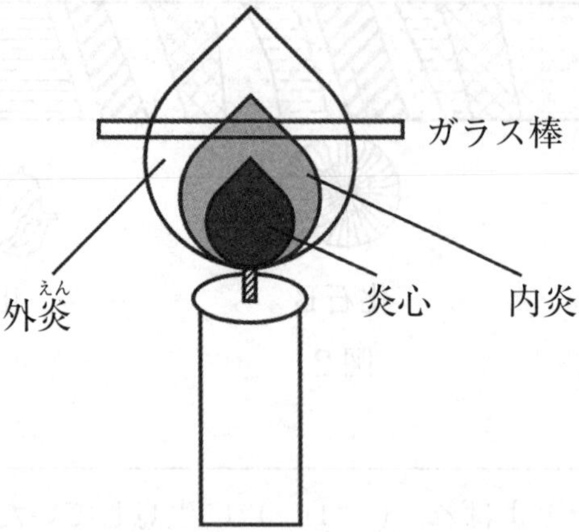

図３

ア　　　イ　　　ウ

問８　次のア～エのうち，五円玉やトタンの材料として用いられ，塩酸と反応してとける金属として最も適当なものはどれですか，１つ選び記号で答えなさい。

ア．金　　イ．銀　　ウ．銅　　エ．あえん

2 次の【A】,【B】について，あとの問１～問８に答えなさい。

【A】 花粉はおしべのやくにできます。花粉はめしべの先にくっつき，受粉をして種子をつくります。受粉の方法はさまざまで，そのひとつに虫によって花粉を運んでもらう方法があり，ハチがアサガオの花をおとずれている光景はよく見られます。

他には，風によって花粉を運んでもらう方法もあります。アカマツやスギの花粉は風によって遠くまで運ばれますが，風まかせで花粉を運ぶため，めしべまでたどりつく花粉はほんのわずかです。そこでアカマツやスギは大量の花粉をとばします。

このように花粉を運ぶ方法はいくつかあり，運ぶ方法が異なる花粉をけんび鏡で観察すると，両者の形は異なっていることがわかります。虫によって運ばれる花粉はとっ起とねん着性があるため，虫にくっつきやすくなっています。また，風によって運ばれる花粉には空気ぶくろがついているものがあります。

問１ 図１はアサガオの花のつくりを模式的に示したものです。図１のア～カのうち，やくはどれですか，１つ選び記号で答えなさい。

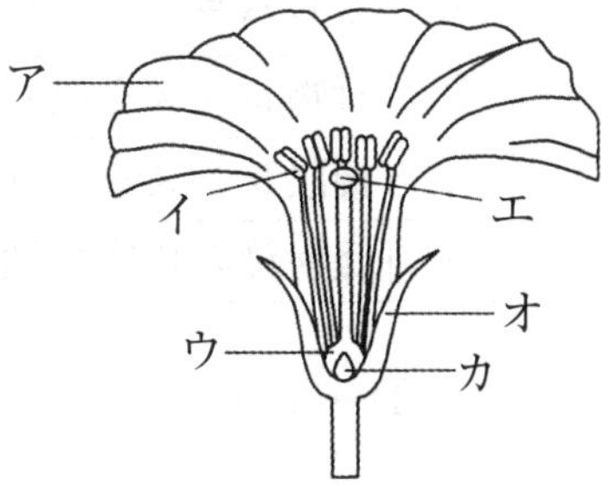

図１

問２ 下線部のような花のなかまを何といいますか，名称を答えなさい。

問３ 次のア～エのうち，花粉が虫によって運ばれる植物の特ちょうとして**誤っているもの**はどれですか，１つ選び記号で答えなさい。

ア．目立つ色の花をさかせる。

イ．香りの強い花をさかせる。

ウ．みつせん（みつを出す組織）を持つ。

エ．葉は細長く，針のような形をしている。

問4　次のア～オのうち，アサガオの花の若いつぼみに実ができなくなる操作として適当なものはどれですか，すべて選び記号で答えなさい。

ア．つぼみにポリエチレン袋をかぶせる。

イ．めしべを取り，そのままにしておく。

ウ．すべてのおしべを取り，つぼみにポリエチレン袋をかぶせる。

エ．めしべを取り，つぼみにポリエチレン袋をかぶせる。

オ．すべてのおしべを取り，そのままにしておく。

問5　表の①～⑤は，けんび鏡の操作について説明したものです。次のア～カのうち，表の①～⑤を，操作の順番に並べたものとして正しいものはどれですか，1つ選び記号で答えなさい。

	操作
①	けんび鏡を明るい，直射日光の当たらない水平な場所におく。
②	プレパラートをステージにのせる。
③	対物レンズを取り付ける。
④	接眼レンズを取り付ける。
⑤	反射鏡の角度を調節して，光がレンズを通るようにする。

ア．①→②→③→④→⑤　イ．①→②→④→③→⑤　ウ．①→③→④→⑤→②

エ．①→③→④→②→⑤　オ．①→④→③→②→⑤　カ．①→④→③→⑤→②

問6　けんび鏡で花粉を観察すると，図2のように見えました。次のア～クのうち，花粉を視野の中央で観察するために，図3のプレパラートを動かす方向として正しいものはどれですか，1つ選び記号で答えなさい。

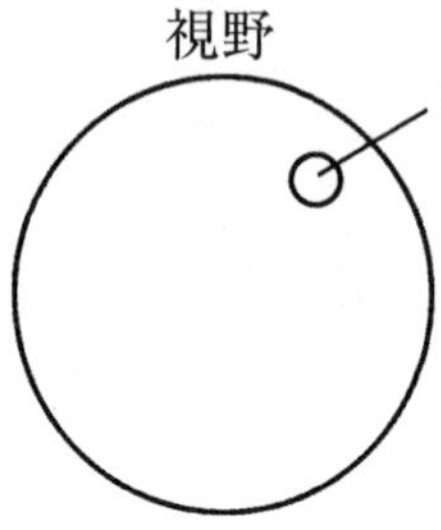

図2

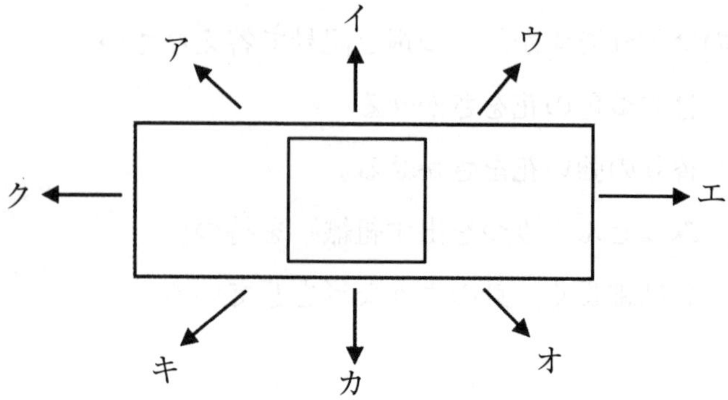

図3

【B】 私たちの身のまわりでは，植物が森林や草原をつくっているようすが観察でき，それらを群落と呼んでいます。群落に見られる植物は，地域ごとに特ちょうがあります。

植物の分布とは，その地域にある群落で最も目立っている植物の種類から決められます。植物の分布は，その地域の気温や降水量などの環境が大きく関わっています。その中でも，気温に注目して植物の分布を決めるときに用いられる，「暖かさの指数」と呼ばれるものがあります。暖かさの指数とは，「月平均気温が５℃をこえた月の月平均気温から５℃を引いた値を，１月から12月まで足した値」のことです。５℃をこえていない月の月平均気温はふくみません。そして，この暖かさの指数によって，その地域の植物の分布をおおまかに知ることができます。

また，標高が上昇するごとに月平均気温が低下するため，同じ地域でも標高に応じて植物の分布に違いが見られます。

表１は，暖かさの指数と植物の分布の関係を示したものであり，表２は日本のある都市の標高０ｍにおける月平均気温［℃］を示したものです。

暖かさの指数	0 ～ 15	15 ～ 45	45 ～ 85	85 ～ 180	180 ～
植物の分布	低木林	針葉樹林	夏緑樹林	照葉樹林	多雨林

表１

	1月	2月	3月	4月	5月	6月	7月	8月	9月	10月	11月	12月
都市Ａ	－2.6	－1.7	1.9	8.4	13.7	18.0	21.1	23.5	18.1	11.4	5.3	0.6
都市Ｂ	1.2	2.5	5.3	9.6	15.1	18.9	25.2	23.0	20.1	15.4	11.6	3.3

表２

問７　次のア～オのうち，暖かさの指数をもとにしたときの，都市Ａの標高０ ｍの地点の植物の分布として最も適当なものはどれですか，１つ選び記号で答えなさい。

ア．低木林　　イ．針葉樹林　　ウ．夏緑樹林

エ．照葉樹林　　オ．多雨林

問８　問７のア～オのうち，暖かさの指数をもとにしたときの，都市Ｂの標高600 ｍの地点の植物の分布として最も適当なものはどれですか，１つ選び記号で答えなさい。ただし，都市Ｂでは標高が100 ｍ上昇するごとに月平均気温が0.5℃低下するものとします。

3 音源や観測者が動くときの音の聞こえ方について調べるために，次のような実験をおこないました。これについて，あとの問1～問6に答えなさい。ただし，音の速さは一定であり，風はふいていないものとします。

【実験1】

図1のように，静止している船Aから船Bが秒速10 mの一定の速さで遠ざかっていった。船Aと船Bの距離が1360 mの地点から船Bは汽笛を鳴らし始め，そのまま8.5秒間鳴らし続けたあと汽笛を鳴らすのを止めた。このとき，船Bの汽笛を鳴らし始めてから，船A上の観測者に音が聞こえ始めるまでに4秒かかった。

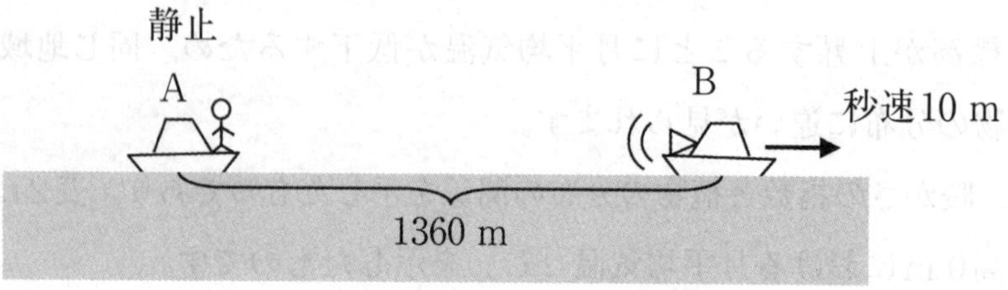

図1

問1　音の速さは秒速何mですか。

問2　実験1において，船Bの汽笛を鳴らすのを止めたときの，船Aと船Bとの距離は何mですか。

問3　実験1において，船A上の観測者が汽笛の音を聞く時間は何秒間ですか。

【実験２】

図２のように，静止している船Bに向かって船Aが秒速10 mの一定の速さで近づいていった。船Bは汽笛を17.5秒間鳴らし続けたあと汽笛を鳴らすのを止めた。このとき，船Bの汽笛を鳴らし始めてから，船A上の観測者に音が聞こえ始めるまでに４秒かかった。

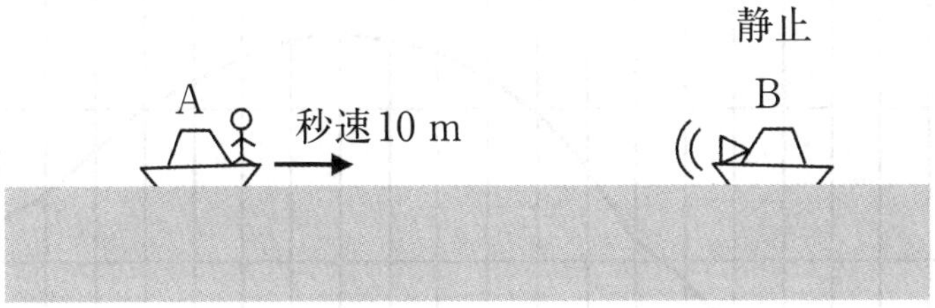

図２

問４　実験２において，船Bが汽笛を鳴らし始めたときの，船Aと船Bの距離は何mですか。

問５　実験２において，船Bの汽笛を鳴らすのを止めたときの，船Aと船Bとの距離は何mですか。

問６　実験２において，船A上の観測者が汽笛の音を聞く時間は何秒間ですか。

4 図１は，ある夏の晴れた日のさいたま市における１日の気温の変化を示したものです。この日の最低気温は27.5℃，最高気温は37.5℃でした。また，翌日も１日を通して晴れており，最低気温が27℃，最高気温が36℃でした。これについて，あとの問１～問７に答えなさい。

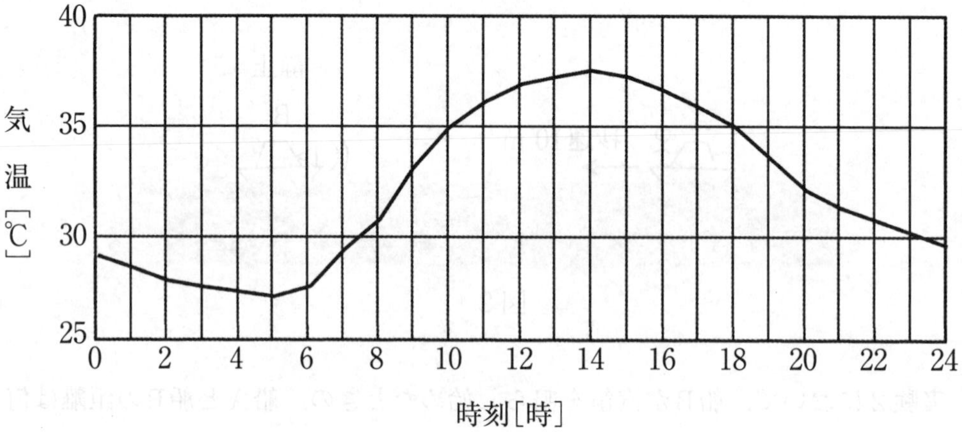

図１

問１　次のア～エのうち，晴れを示す天気記号として正しいものはどれですか，１つ選び記号で答えなさい。

ア

イ

ウ
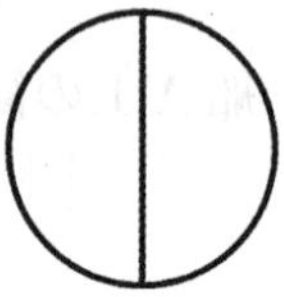

エ
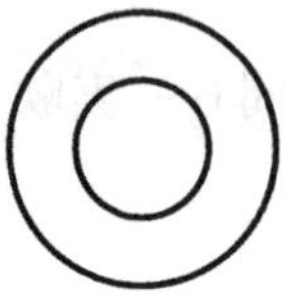

問２　次の文は，この日の気温と気象用語について説明したものです。次のア～エのうち，文の（　　　）に入る語句の組み合わせとして最も適当なものはどれですか，１つ選び記号で答えなさい。

この日の夕方から翌朝までの（　①　）が25℃以上であるので，この日は熱帯夜であったといえる。また，この日は最高気温が35℃以上になったことから，（　②　）であったといえる。

ア．①：最低気温　　②：真夏日　　イ．①：最低気温　　②：もう暑日

ウ．①：平均気温　　②：真夏日　　エ．①：平均気温　　②：もう暑日

問３　この日の太陽の南中時刻は11時47分でした。ところが，図１から最高気温となる時刻は14時ごろであり，およそ２時間ほどのずれがあることがわかります。次のア～エのうち，太陽の南中時刻と最高気温となる時刻にずれが生じる理由を説明したものとして最も適当なものはどれですか，１つ選び記号で答えなさい。

ア．太陽は南中したあとに，より多くの熱を出すため。

イ．太陽によりまず上空の空気があたためられ，その上空の空気が少しずつ下にむけて降りてくるため。

ウ．太陽によりまず地面があたためられ，その地面の熱が少しずつ地表の空気に伝わるため。

エ．太陽の熱は，南中してから約２時間おくれて地球に達するため。

問４　次のア～エのうち，この日の地表から５cm上の位置での空気の温度を示しているものとして最も適当なものはどれですか，１つ選び記号で答えなさい。ただし，点線はこの日の気温を示すものとします。

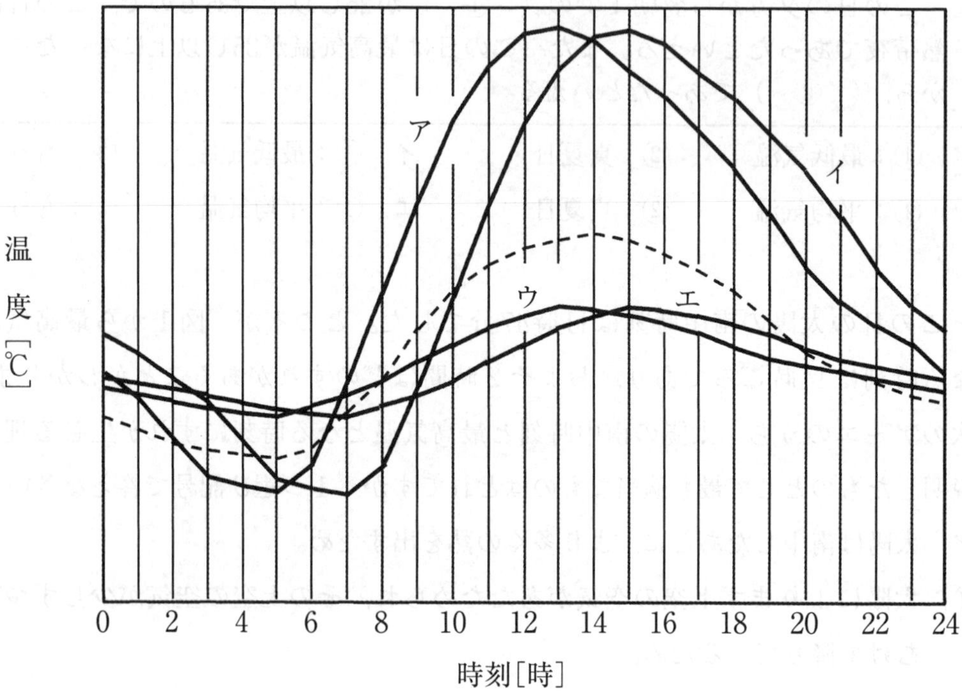

問５　この日のように暑い日には，庭先や道路に水をまくことで，気温を下げる「打ち水」という方法があります。打ち水は水温で冷やすという効果だけではなく，水のある性質を使って周囲の気温を下げるはたらきがあります。次のア～ウのうち，打ち水によって気温が下がるしくみについて説明したものとして最も適当なものはどれですか，１つ選び記号で答えなさい。

ア．水が地中深くへ吸収されるときに，まわりの熱をうばうため。

イ．水が水蒸気になるときに，まわりの熱をうばうため。

ウ．水が地面からの熱を反射して，空気中に出ないようさまたげるため。

図2は，この日に大宮開成中学校のグラウンドに棒を立てたときに，棒のかげができるようすを模式的に示したものであり，図3は，この日の10時と14時にできた棒のかげを真上から見たようすを模式的に示したものです。

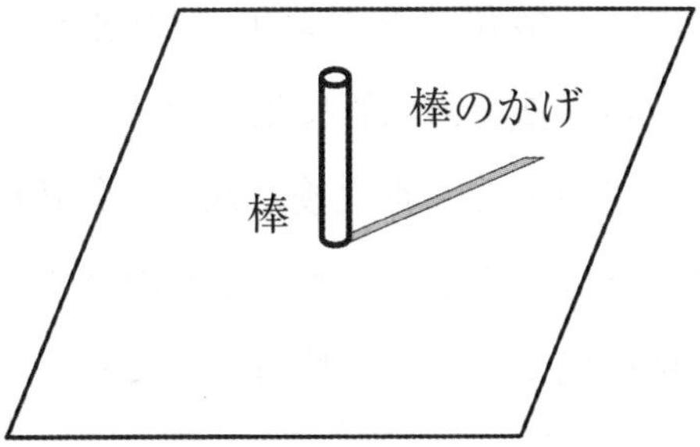

図2

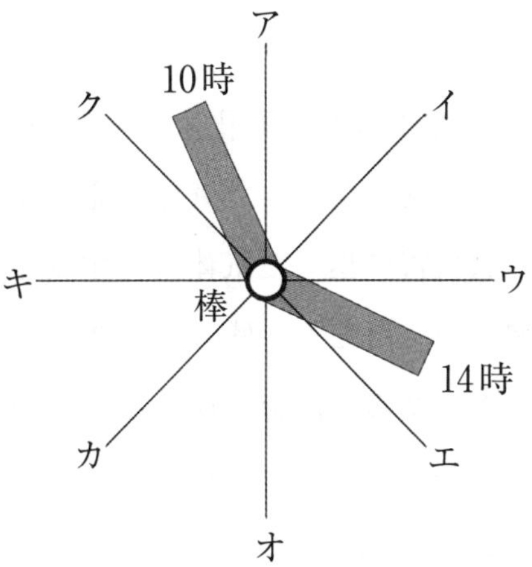

図3

問6　図3のア～クのうち，南の方位として最も適当なものはどれですか，1つ選び記号で答えなさい。

問7　次のア～オのうち，この日の棒のかげの先たんの動きとして最も適当なものはどれですか，1つ選び記号で答えなさい。

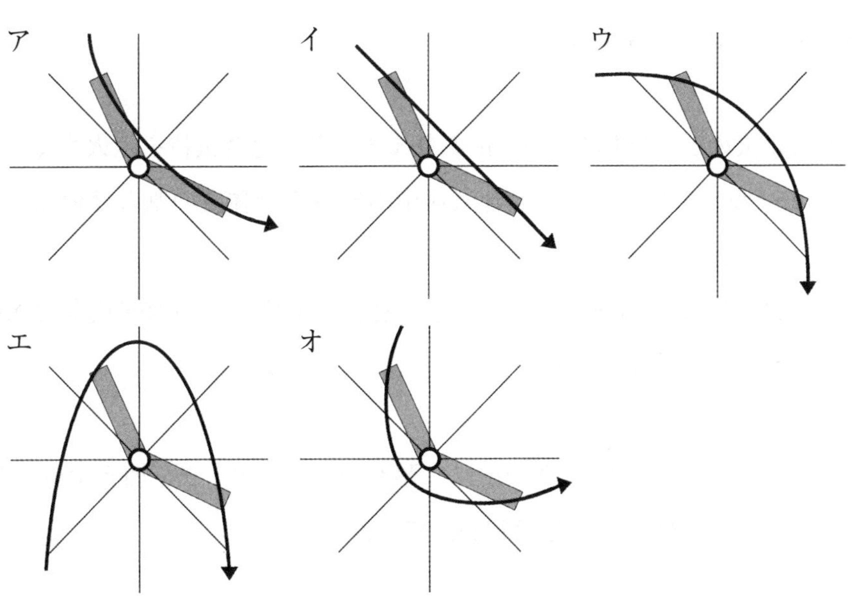

5 過酸化水素水と二酸化マンガンを用いて，次のような実験をおこないました。これについて，あとの問1～問6に答えなさい。ただし，水と濃度3％の過酸化水素水は1 cm^3あたり1 g，濃度30％の過酸化水素水は1 cm^3あたり1.1 gとします。

【実験】

① 濃度3％の過酸化水素水10 cm^3に，二酸化マンガン0.5 gを加えて十分に反応させ，発生した気体Aを全て水上置換法で試験管に集めた。

② 試験管に集めた気体Aに水素を加えて点火し，点火後に残った気体の体積を調べた。ただし，残った気体には水蒸気はふくまれなかったものとする。

③ ①，②の操作を，加える水素の体積を変えながら，数回おこなった。

④ 結果を表にまとめた。

加えた水素の体積[cm^3]	0	40	80	120	160	200	240
残った気体の体積[cm^3]	100	80	60	40	20	0	X

問1 ①において，発生した気体Aは何ですか，名称を答えなさい。

問2 ②において，気体Aと水素が過不足なく反応するときの水素の体積は気体Aの体積の何倍ですか。

問3 表のXに入る数値を答えなさい。

問4 気体Aと水素の混合気体が100 cm^3あります。この混合気体を点火すると，気体Aのみが25 cm^3残りました。この混合気体中の気体Aの体積の割合は何％ですか。

問5 濃度30 ％の過酸化水素水100 cm^3に水を加えて濃度3 ％の過酸化水素水をつくるとき，加える水の体積は何cm^3ですか。

問6 濃度30 ％の過酸化水素水10 cm^3に二酸化マンガン0.5 gを加え十分に反応させました。発生した気体Aの体積は何cm^3ですか。

問八 ――部⑦「自分の意見がはっきり言えない子だとか、面白くない、楽しくない子なんだって周りから思われてるようで、心配で」とありますが、この発言をしているときの「マチ」についての説明として最も適当なものを、次の**ア**～**エ**の中から一つ選んで、記号で答えなさい。

ア 今までは自分の考えを口に出して表現することがなかなかできなかったが、ここでは思い切って口にしており、そのことで少しずつ気持ちが楽になっている。

イ 今までは心の中で思うだけでなかなか嫌だと言えなかったことを、ここでははっきり言葉にすることができており、そのことで自分に自信がつき始めている。

ウ 「琴穂」が本音で話してくれたことで、周りからのほめ言葉がどれだけ苦痛であるかという本音を素直に話せており、そのことで心の不安が解消されつつある。

エ これまでは思っていることを言葉にすることが苦手であったが、ここでは本音が次から次へと言葉となって出てきており、そのことに自分自身で驚いている。

問九 ――部⑧「誰かが見ててくれてるはず」とありますが、これについて大宮開成中学校の生徒が話し合いました。次の会話の□に当てはまることばを、それぞれ本文中からぬき出しなさい。

大場さん　この言葉って、「マチ」が文通相手に向かって胸の中で発した言葉と同じだよね。

宮沢さん　そうだね。そのときは、文通相手の『がんばってれば、見ててくれるかな』というメッセージに対して返した言葉だけど、今回はまだ学校に来られずに**ア**□□□□□□□(七字)で過ごしている「紙音」に訴《うった》えたい言葉だよね。何で「マチ」はこの言葉を「紙音」に伝えたかったんだろう。

開藤さん　もともと「マチ」は、**イ**□□□□□□□□□□(十字)性格を直したいと思っていたし、その性格が原因で陸上部に入部することもやめちゃったんだよね。

成田さん　そうだね。本当は、「マチ」は陸上部に**ウ**□□□□□□(六字)けれど、「琴穂」から陸上部の練習は厳しいし、先輩たちも怖いからやめた方がいいって言われたことを気にしてしまって、結局**エ**□□(二字)が出なかったんだよね。

大場さん　でも、その「琴穂」に、「マチ」は小学生の頃から**オ**□□□□□□□□(八字)と言われたんだよね。きっとそのことが背景にあって、「マチ」は頑張っていれば誰かが見ていてくれるから、「紙音」も一人じゃないよって伝えたかったんだね。

イ　自分は友だちに相談に乗ってもらってばかりで、悩んでいる「紙音」の話を聞いてあげられず、情けなく思っている。

ウ　自分は人の役に立ちたいと思っているが、「紙音」の気持ちに寄りそってあげることができず、胸が締め付けられている。

エ　入学当初に関わりを持ってくれた「紙音」が、今は一人で悩みを抱えた状態になっていると思い、心が苦しくなっている。

問三　――部④「私、行くよ」とありますが、このときの「琴穂」の説明をした次の文の□に当てはまることばを、それぞれ本文中からぬき出しなさい。

「琴穂」は、部活があることを**ア**□□□(三字)にして、「マチ」にずっと仕事をお願いしている上に、**イ**□□□□□□(六字)な「みなみ」にも「紙音」の家を訪問させていることに心苦しく思っている。ここでは「みなみ」の**ウ**□□□□□□□(七字)性格を心配して、自分がみなみの代わりに「紙音」の家に行き、「みなみ」の負担を軽くしたいと思っている。

問四　＝＝部**a**「決まり悪そうに」・**b**「おずおずと」の本文中での意味として最も適当なものを、それぞれ後の**ア**～**エ**の中から一つずつ選んで、記号で答えなさい。

a　「決まり悪そうに」

ア　面目が立たず恥ずかしそうに

イ　つらく当たって申し訳なさそうに

ウ　都合よく利用して反省するように

エ　後味が悪く目を背けるように

b　「おずおずと」

ア　納得できなくて　　**イ**　断りきれなくて

ウ　ためらって　　**エ**　あきれて

問五　**A** に当てはまることばとして最も適当なものを、次の**ア**～**エ**の中から一つ選んで、記号で答えなさい。

ア　いつも責任感の強いみなみが自分の仕事を休んでくれたことが

イ　本音を話さないみなみが自分たちに感謝の気持ちを伝えてくれたことが

ウ　いつもしっかりしているみなみが自分たちを頼ってくれたことが

エ　何を考えているのか分かりづらいみなみが本音で話してくれたことが

問六　――部⑤「自分が無理してることにも気づいてないんじゃないかなあ」とありますが、このときの「琴穂」の説明として最も適当なものを、次の**ア**～**エ**の中から一つ選んで、記号で答えなさい。

ア　「みなみ」は部活も委員の仕事も何でも完璧にこなすが、本当はうまくいっていないことを指摘《してき》しなくてはいけないと思っている。

イ　「みなみ」には申し訳ないけれど、委員長である以上は私たちに弱みを見せずに最後まで仕事をがんばってほしいと思っている。

ウ　「みなみ」は気弱で本音を言えない子だからこそ、仲のよい私たちが「みなみ」の本音を引き出せるようにしてあげたいと思っている。

エ　「みなみ」は責任感が強く弱音を吐かない子だが、彼女《かのじょ》も本当は大変だろうから、助けられるところは助けてあげたいと思っている。

問七　――部⑥「びっくりしたようにマチを見た」とありますが、「琴穂」が「びっくりした」のはなぜだと考えられますか。本文中のことばを用いて、五十字以内で答えなさい。

らくして戻《もど》ってきた紙音のお母さんの表情は明るいものではなかった。

「具合が悪いらしくて、まだ出られないみたい。わざわざ来てくれたのに、ごめんなさいね」

「いえ。よろしく伝えてください」

家を出て行くとき、マチたち二人は無口になっていた。前にカーテンが揺《ゆ》れた窓を振り返っても、今日はカーテンがピクリとも動く気配がない。

(私がそうだったみたいに、高坂さんのことだって、きっと⑧誰かが見ててくれてるはずなのに)

部活が忙しくてもこの家を訪ねようとしていたみなみの姿が思い出された。マチや琴穂だって、また会いにくるつもりだ。

これまでもずっと思っていたことだったが、改めて強く感じる。

(辻村《つじむら》深月《みづき》『サクラ咲《さ》く』による)

※1　みなみ…「マチ」と同じクラスの委員長で、陸上部に所属している。

※2　高坂紙音…「マチ」のクラスメート。ゴールデンウィーク明けからずっと学校を休んでいる。歌が得意。

※3　琴穂…「マチ」と同じクラスの副委員長。バスケットボール部に所属している。合唱の時、ソプラノ(女子の高音域)のパートリーダーをしていた。

問一　――部①「私一人で行くよ」・③「私、一人で行こうか」という発言について、大宮開成中学校の大場さんが自分の考えたことを次のノートにまとめました。これを読んで後の(i)・(ii)に答えなさい。

【ノート】

発言	①「私一人で行くよ」	③「私、一人で行こうか」
主語	みなみ	マチ
背景	**ア**□□□□□□(六字)のため部活の終了が遅くなるから。	**ア**□□□□□□で「みなみ」が**イ**□□□□(四字)だから。

◎それぞれの発言からわかる二人の共通点。

↓

X

(i)　**ア**・**イ**の□に当てはまることばを、それぞれ本文中からぬき出しなさい。

(ii)　**X** に当てはまることばとして最も適当なものを、次の**ア**～**エ**の中から一つ選んで、記号で答えなさい。

ア　責任感が強く、自分の思いをしっかり他者に伝えられる点。

イ　思いやりの心を持っていると同時に、他者に対して気を遣《つか》いすぎてしまう点。

ウ　どれだけ忙しくても、自分に与《あた》えられた仕事は投げ出すことなくやりきろうとする点。

エ　自分自身はあまり関心がないことでも、他者のために行動できる点。

問二　――部②「胸の奥がきゅっとなる」とありますが、このときの「マチ」の説明として最も適当なものを、次の**ア**～**エ**の中から一つ選んで、記号で答えなさい。

ア　「紙音」が一人で悩みを抱えて苦しんでいることを知っておきながら、何も行動に移すことができない自分に歯がゆく思っている。

――はっきり自分の意見が言えない性格を直したい。

今年の四月、マチが中学校に入学するにあたって目標にしたことだ。その一歩が踏《ふ》み出せたようで胸の奥がじん、とあたたかくなる。

琴穂から本音の声を聞いたように思えたら、マチもまた、その本音にこたえたくなる。自分のことについて話してみたくなった。

「私ね、〝いい子〟とか、〝真面目〟って言われるの、少し嫌《いや》なんだ」

今も、琴穂から「普段おとなしいマチ」と言われたばかりだ。おとなしい、優しい、いい子。ほめ言葉なのに、マチを息苦しくさせる言葉たち。琴穂が⑥びっくりしたようにマチを見た。

「どうして？」

「⑦自分の意見がはっきり言えない子だとか、面白くない、楽しくない子なんだって周りから思われてるようで、心配で」

話しながら、だんだんと胸のつかえが取れていく。絶対に人には話せないと思っていたことだったのに、言葉に羽が生《は》えたようだった。琴穂は相変わらず驚いていたが、聞き終えて大きく息を吐《は》き出した。

「ごめんね、私、マチのことたくさん〝いい子〟って言った。ほめ言葉のつもりだったんだけど無神経《むしんけい》だったね」

「ううん。私が気にしすぎるのも確かだから」

「勉強できる子は、悩《なや》みなんかないと思ってた。私、マチのこと羨《うらや》ましかったんだ」

「ええっ？　私こそ、琴穂は運動神経もいいし、友達も多いから悩みなんかないと思ってた」

お互いに驚いたものの、いつの間にか、一緒に笑っていた。

「本当は私、陸上部に入りたかったんだ」

マチはさらに思いきって言ってみた。

「今は科学部が楽しいし、入ったことは後悔《こうかい》してない。だけど、四月の私は勇気がなくて……」

あのときは、琴穂に言われたことを気にしていたのだ。陸上部は練習が厳しいし、先輩《せんぱい》たちもみんな怖《こわ》いからやめた方がいい――、当の琴穂は四月に自分が言ったことを覚えてもいないだろう。だけど、その言葉がマチの気持ちに歯止めをかけた。

案の定、「ふうん」と他人事のように頷いた琴穂が、しかし次の瞬間、意外なことを言った。

「陸上部かあ。確かにマチ、小学校の頃から長距離《ちょうきょり》得意だったもんね」

「え？」

「マラソン大会や体育の時間に見てた。私は最初に勢いよく飛ばして後半バテるのに、マチは根気強いっていうか、ペースに乱れが全然ないんだよね。最初から最後まで自分のペースを守る。すごいなあって思ってたんだ」

すぐに言葉が返せなかった。胸に、ある一文が蘇《よみがえ》る。図書室で、見えない誰かが残した手紙。

『がんばってれば、見ててくれるかな。』

見ててくれるよ。

胸の中で、呼びかけていた。見ててくれる人は、必ず、どこかにいる。手をぎゅっと握《にぎ》り締《し》め、琴穂に向けて「ありがとう」とこたえた。

「あら、今日はマチちゃんと――ええと」

「光田《こうだ》です。光田琴穂」

玄関《げんかん》先まで出てきてくれた紙音のお母さんに向けて、琴穂が頭を下げた。

「副委員長で、今日はみなみのかわりに来ました」

「そうなの。どうもありがとう。――ちょっと、待っててね」

紙音の元に琴穂が来たことを知らせに行ってくれる。しかし、しばマチとみなみは思わず顔を見合わせる。そんな二人に向け、琴穂がさらに続けた。
「私がマチと一緒に行く。今日はバスケ部、陸上部ほど遅くならないと思うから、ちょっと待っててくれれば大丈夫《だいじょうぶ》だよ。私にまかせて、みなみは部活に行って」
「助かるけど、でも」
みなみの声を遮《さえぎ》るように、琴穂がすばやく首を振り動かした。
「みなみってさ、しっかりしてるのはいいんだけど、一人でたくさんのことを抱《かか》えこんでがんばりすぎるんだよね。そんなんじゃ、いつか参っちゃうよ。――今年の新人戦、陸上部の他の子に聞いたけど選手になれそうなんでしょ?」
みなみの顔にはっとした表情が浮《う》かぶ。琴穂がふう、と小さなため息をついた後で笑った。
「だったら、今はそっちがんばり時だよ。もっと頼《たよ》ってよ。――これまで副委員長なのに全然頼りにならなかったのは、私が悪かったからさ」
言いながら、琴穂がマチを見た。「マチに仕事、だいぶ頼っちゃってたし」とa決まり悪そうに告げる。
「マチも、これまで、いろいろごめんね。私、部活を言い訳にしすぎてた。そんなこと言い出せば、みなみだって陸上部が大変なのに、委員の仕事したり、高坂さんの家、行ったりしてたんだもんね」
謝った後で照れくさそうに目を伏《ふ》せた琴穂を前に、みなみがとまどうような表情を浮かべる。ややあってから、bおずおずと「いいの?」と琴穂を見た。
「頼んでも、平気?」
「うん」
琴穂が胸を張って頷《うなず》いた。
一連のやりとりを驚きながら見ていたマチの頬《ほお》がゆるんでいく。「ありがとう」とためらいがちにお礼を言うみなみを、とてもいいと思った。
［ A ］、嬉《うれ》しくなる。
琴穂と二人で紙音の家に向かう途中《とちゅう》、マチは改めて琴穂に礼を言った。
「さっきはありがとう。みなみちゃん、嬉しかったと思う」
横を歩いていた琴穂が、「だって」と笑う。
「みなみ、完璧《かんぺき》すぎるんだもん。あれ、本人何でもないふうにやってるけど、結構大変なはずだよ」
「私も実はちょっとそう思ったことがあったけど、言い出せなかったんだ。琴穂が言ってくれてよかった」
「うーん。みなみ、たぶん、⑤自分が無理してることにも気づいてないんじゃないかなあ。自分のことって、かえってなかなか気がつけないよね。私もそうだったし」
琴穂が「ごめんね」と頭をかく。
「私も合唱の練習、リーダーなのにちゃんとやってなかった。マチに注意されてはっとしたの」
「私こそ、あのときはキツイこと言っちゃってごめん」
あわてて謝ると、琴穂が「そう?」と首を傾《かし》げた。
「全然キツくなかったよ。むしろ普段《ふだん》おとなしいマチから言われるなんて、私、よっぽどだったんだなって反省した。――なんか、ありがとね。陰《かげ》でこそこそ言うんじゃなくて、面と向かって言ってくれたから、かえって気分よかったよ」
「そんな……」
頬がかあっと熱くなった。

ウ　失敗が少ない　　エ　学校を休まない

Z

ア　幼いうちに失敗体験を積み重ねることこそ、自信を持って学校生活を送り、親に指示されなくても自ら行動できるようになることにつながる

イ　何度も挑戦《ちょうせん》して何度も失敗するという経験こそが、学校生活やその先の社会生活において、自分の力で道を切り開いていくことにつながる

ウ　最初に親が正しい見本を見せて、子どもが失敗を重ねながらも親の見本に近づいていく挑戦を続けることが、将来何らかの成果を出すことにつながる

エ　失敗してもそこから何かを学び取ろうとする冷静な姿勢こそが、将来何らかの仕事に就いたときに成功できる、創造力を備えた立派な大人になることにつながる

三　次の文章を読んで、後の問いに答えなさい。

本好きで気弱な中学一年生の「マチ」はある日、図書室の本の中に「サクラチル」と書かれた手紙を見つけた。気になった「マチ」は返事のメッセージを本にはさんだ。それから、顔の見えない相手と手紙での交流を続けている。一方クラスでは、文化祭での合唱が成功に終わり、生徒たちは十二月の部活動の大会(新人戦)に向けて、それぞれ気持ちを高めている。

放課後の教室にも、部活の話題が増えていた。運動部の子たちの顔が心なしか興奮《こうふん》して見える。大変そうだけど、楽しそうだ。

そんな中、ジャージに着替《きが》えた※1みなみがすまなそうに話しかけてきた。

「マチ、今日のことなんだけど……」

科学部に行くしたくをしていたマチは、すぐにピンときた。夏休みに約束して以来、マチとみなみは※2高坂紙音《こうさかしおん》の家を一緒《いっしょ》に訪ねる機会が多くなっていた。お互《たが》いに部活がある日を選んで待ち合わせるのが当たり前になっていたので、今日も紙音の家に一緒に行くつもりだった。

みなみが言った。

「紙音のところ、今日は①私一人で行くよ。陸上部、新人戦前でみんな張りきってるから、科学部よりも終わるの、遅《おそ》くなると思う」

「そうなんだ」

「うん。――紙音の家に行くのも、今日はだいぶ遅くなっちゃうんだけど」

文化祭の合唱練習の間も、みなみとマチは紙音の家を何度も訪ねた。しかし、応対に出てくるのは最初の日と同じように、いつでも紙音のお母さんだけだった。

一学期の最初、マチの制服のしつけ糸を切ってくれたあの子は、今、一人きりの部屋で過ごしているのかもしれない。そう考えると、②胸の奥《おく》がきゅっとなる。

「③私、一人で行こうか」

マチが言うと、みなみがびっくりしたように「え」と呟《つぶや》いた。

「高坂さんの家なら、何度もみなみちゃんと一緒に行ったし、私一人でも大丈夫だよ。みなみちゃん、新人戦の準備で忙《いそが》しそうだし、明日も朝練があって早いんでしょ?」

「そうだけど、マチを一人で行かせるのは悪いよ。遠回りになるし」

みなみが断りかけたとき、思いがけず、背後から「④私、行くよ」という声がした。振《ふ》り返って、驚《おどろ》く。

※3琴穂《ことほ》だった。

家庭教育支援《しえん》のご相談では「ウチの子は打たれ弱いので、前もって指示しておかないと失敗したら学校に行かなくならないか不安で」といった内容のお話をいただきます。

打たれ弱いから親が先回りして失敗をさせないようにしているという親の思いもわからなくはないのですが、私が過去の子育てをひも解いて分析を進めると、その多くは失敗を避けさせてきたから、その子の打たれ弱い傾向《けいこう》が強くなったと考えられることが多いです。

（中略）

私たちは、さまざまな経験をして大人になりました。その経験は成功体験のみではなかったはずです。失敗もたくさん経験して、「次はこうしてみよう」と誰にいわれたわけでもなく、自ら考えて行動を積み重ねてきたはずです。

むしろ家庭教育では、「失敗おめでとう！」といえるくらい、親が子どもの失敗を愛してあげることが大切です。失敗は成功の母ともいいますしね。

小学校に上がった後は、お母さんが常に子どもの隣《となり》にいて指示や提案をして失敗を避けさせてやることはできません。子どもたちは学校で恥《はじ》をかくこと、つらいこと、腹がたつこと、悲しいことなど、さまざまな体験をすることで、社会を知って成長していきます。

もちろん、はじめてやることについては親が教えてやることは大事です。ですが、失敗体験を奪《うば》うことにつながらないように配慮するのが、これからの時代の子育てでは重要です。

親が先回りして子どもの失敗体験を奪わないようにすることが、転んでも立ち上がれるたくましい子に育て、子どもの自立心を伸《の》ばしていくのです。

（水野達朗《たつろう》『子どもには、どんどん失敗させなさい』による
問題作成のために本文を一部変更したところがあります）

大場さん　【文章二】を読んで改めて考えてみたら、ぼくは今までいろんな失敗をしてきたけど、その時に親から怒《おこ》られた記憶《きおく》ってないな。

宮沢さん　それってまさに、大場さんの親が　X　ような教育をしてきたっていうことだね。

開藤さん　そうだね。確かにそういう風に考えると、大場さんは誰よりも　Y　っていう印象があるよ。

大場さん　自分ではあんまりわからないけどなあ。

成田さん　【文章二】は子どもを持つ親が読むための教育書って感じだけど、　Z　という点では【文章一】の主張と共通しているね。

X

ア　大場さんにあえて忘れ物をさせて、恥《は》ずかしい思いをすることで成長させる

イ　大場さんに失敗体験をさせないことで、たくましくて自立心の強い子どもに育てる

ウ　声かけなどの先回りをせずに、大場さんにどんどん失敗をさせる

エ　大場さんの失敗に対して、自信を持って「失敗おめでとう！」って言える

Y

ア　打たれ強い　　イ　親思い

とばを、それぞれ本文中からぬき出しなさい。

エラーをたくさんすることは、その分正解に到達《とうたつ》するまでの選《せん》択肢《たくし》がア□□□□□□□□（八字）ということであり、徐々《じょじょ》に頭も整理されてくるため、イ□□□□□□□□□（九字）に向かっていくことができる。

問六 本文の具体例や特徴《とくちょう》に関する説明として最も適当なものを、次の**ア**～**エ**の中から一つ選んで、記号で答えなさい。

ア [5]の「将棋のプロ棋士」と[6]の「フェルマーの最終定理」の話は、解決の難しい問題に長い時間をかけて本気で取り組むことの具体例として紹介《しょうかい》されており、[7]以降の筆者の主張にもつながっていくものである。

イ [9]の「ランニング」の例は、一度始めてしまえばその行為自体が知的満足感を得られるものになるという点で、「考える」行為と似ているということを示している。

ウ 「イノベーション」「アイデア」「トライ」「エラー」など、あえて聞き慣れたカタカナ語を用いることで、筆者が難解な内容を読者に身近なものとして感じてもらおうとしている。

エ 「考える力」「分かったようなつもり」「頭の良し悪しは生まれつき」「諦めない人間力」など、カギカッコ内のことばはすべて本文中におけるキーワードであり、筆者が他のことばより強調して用いようとしているものである。

問七 中学一年生の大場さんは、**【文章一】**を読んだ後にこれと関連する本を探していたところ、家の中に次の**【文章二】**が載《の》せられた本を見つけました。さらに、大場さんを含《ふく》む四人の生徒が、**【文章一】**と**【文章二】**を読んで「失敗すること」について話し合いました。これらを読んで、後の[X]～[Z]に当てはまる適当なものを、それぞれ後の**ア**～**エ**の中から一つずつ選んで、記号で答えなさい。

【文章二】

子どもに失敗をさせたくない親が増えているように感じられます。

子どもに忘れ物などの失敗をさせたくないから、親が先回りをして「ハンカチもった？」「ここに置いていたら宿題忘れそうだよ！　ランドセルに入れておかないと！」「お箸《はし》忘れてるよ！」などと子どもが失敗しないように声をかけ続けてしまいます。

「えっ、それって何か問題でもあるの？」と思われたあなた。

おそらくそんなあなたは、子どもが忘れ物をするのを見るのが耐《た》えられない、または子どもがかわいそうだと感じてしまうタイプの親なのかもしれません。

先ほども書きましたが、目先のかわいそうよりも、将来的なかわいそうを優先できる親になるほうが結果的に子どもは自立をしていきますので、これからご説明する内容を、素直に心に刻んでいただきたいと思います。

なぜ先回りをして子どもに失敗を避《さ》けさせるのがよくないのでしょうか。

理由としては、小さな失敗を経験してこなかった子というのは、裏返していえば、失敗から立ちなおる経験に乏《とぼ》しく、何よりも失敗から学んできた経験が少なくなります。

そのような子が、学校生活などで親の直接的なサポートがない状態で失敗すると、極端《きょくたん》に落ち込んでしまうという事例を目にします。好きじゃない作文の発表がうまくできなかったというだけで挫折《ざせつ》をしてしまい、翌日から不登校になるなんていう子もいました。

ぞめません。人間は失敗したときにはじめて深く学ぶチャンスを得るのです。失敗の原因をよく分析して、少なくとも同じ過ちを繰り返さないように次のトライを計画すべきです。

[21] エラーは決してムダではありません。「トライ・アンド・エラー」をした分だけ、答えにたどり着くルートは絞りこまれているからです。誤りの原因を徹底的《てっていてき》に分析し、ときには振り出しに戻《もど》って本来どうあるべきかを考え直す。そのような作業を繰り返すうちに、頭がだんだんと整理され、二次的なあまり本質的でない部分がそぎ落とされ、問題の本質が煮詰《につ》まってくるのです。

[22] その結果、次に行うトライの質もどんどん高まっていき、本質的な問題の解決が近づきます。この「トライ」→「エラー」→「分析と修正」→「新たなトライ」というサイクルを繰り返すことによって、問題解決に至るあなた独自の道が切り開かれていきます。

[23] 実証するデータはありませんが、私は、「トライ・アンド・エラー」を100回繰り返すことのできる人は、必ず1つの答えを見つけ出せると確信しています。そして、ひとたびこの成功体験をした人は、次の100回の「トライ・アンド・エラー」を繰り返す勇気と自信を獲得《かくとく》するのです。

[24] 失敗から何かを学び取ろうとする前向きな意識を持ち続ければ、同じ失敗を繰り返すことはありません。失敗は成功の母。恐《おそ》れる必要はありません。決して諦めず、希望を持って最後までやりぬくことが成功に至る秘訣《ひけつ》なのです。

（上田正仁『東大物理学者が教える「考える力」の鍛え方』による
問題作成のために本文を一部変更《へんこう》したところがあります）

※ イノベーション…新しく生まれた、それまでより発展的なもの。技術革新。

問一 [A] に入る四字熟語として最も適当なものを、次の**ア**～**エ**の中から一つ選んで、記号で答えなさい。また、選んだ四字熟語の読みも書きなさい。

ア 一喜一憂　**イ** 一朝一夕　**ウ** 一問一答　**エ** 一期一会

問二 ――部①「まだ誰も答えたことのない問題に本気で取り組む」とありますが、その結果人間に起こることとして**適当ではないもの**を、次の**ア**～**カ**の中から二つ選んで、記号で答えなさい。

ア 強い好奇心が呼び起こされる。
イ 「考える力」が鍛えられる。
ウ 画期的な大発見の瞬間に立ち会える。
エ インターネットにおける情報の間違いの多さに気づける。
オ 自らの思考活動に疑問や不安が生まれる。
カ 脳が活性化される。

問三 ――部②「考えるという行為そのものが、脳を活性化させ、興奮と深い満足感を脳に与える」とありますが、筆者は人間がどのような状態になると「興奮と深い満足感」が得られると述べていますか。本文中のことばを用いて五十字程度で答えなさい。

問四 [I]～[V] に当てはまることばとして適当なものを、それぞれ次の**ア**～**ソ**の中から一つずつ選んで、記号で答えなさい。ただし同じ記号を二度以上使ってはいけません。

ア 孤独《こどく》　**イ** 満足　**ウ** 理想　**エ** 基本
オ 一夜　**カ** 学習　**キ** 専門　**ク** 協同
ケ 発見　**コ** 創造　**サ** 寝食《しんしょく》　**シ** 努力
ス 泥沼《どろぬま》　**セ** 社会　**ソ** 未踏《みとう》

問五 ――部③「エラー」とありますが、筆者は、「エラー」をすることによって、人間はどのようになることができると述べていますか。そのことを説明した次の文の**ア**・**イ**の□に当てはまるこ経験が意識的な訓練によって誰にでもできるようになるということです。正しい訓練を積むことでだれにでもスポーツが楽しめ上達できるように、考える力も訓練によって鍛えることができるのです。

11 皆《みな》さんは「頭の良し悪しは生まれつき」というマニュアルを頭から信じていませんでしたか？　本書をここまで読んでくださった読者の皆さんには、そんなことはないということをご理解いただけるはずです。

12 さて、考え続けているときには、成果は出ません。脳内でさまざまな試行錯誤《さくご》が繰り返され活発な思考活動が行われていても、傍目《はため》からは何も確認することができないのです。それは非効率な行為のように見えるかもしれません。

「万が一、答えが出せなかったらどうしよう」

「答えは本当にあるんだろうか」

13 当然、考え続けている本人にも不安は生まれます。費やした時間のすべてが無駄《むだ》なものになってしまったらどうしようという恐怖心《きょうふしん》とも戦わなければなりません。実際、要領の良い人はそのような問題にはさっさと見切りをつけ、もっとテキパキと答えの出る効率のいい問題を選びがちです。

14 しかし、大発見や画期的な※イノベーションのほとんどは、長い時間をかけた格闘《かくとう》の末に誕生しています。創造は、［Ⅱ］にして成し遂《と》げられるものではないのです。

15 あなたが今、生み出そうとしているものは、これまで他の誰も答えたことのない問題の解答、まだ誰も思いついていないアイデアです。このような地図のない、案内人もいない、［Ⅲ］の世界に踏《ふ》み込《こ》み、最後まで努力し、考え続け、答えにたどり着くために必要な力が、この講のテーマ、「諦めない人間力」です。

（中略）

16 正解を誰も知らない問題を解決するための道のりは、「トライ・アンド・エラー」の連続と言えます。問題・課題を解決するための糸口を考え、新しいアイデアを着想したら、それが正しいのかを具体的に検証する。これがトライです。しかし、むずかしい本質的な問題であるほど、その大半は間違《まちが》い（＝③エラー）であることが判明するでしょう。そこから間違いの原因について考えをめぐらせたり、また新たなアイデアがないかの思索を続けることになります。

17 最初に思いついたアイデアが、そのまま答えに結びつけばたしかに楽でしょう。そうでなくても、トライの数は少ないほうが［Ⅳ］的に思えます。しかし、［Ⅴ］的なテーマにおいては、そんな幸運に恵《めぐ》まれることは滅多《めった》にありません。だからこそ、今まで誰も答えを出していないのです。

18 長い時間をかけて、試行錯誤を繰り返すのには「諦めない人間力」が必要です。新しい着想を得た瞬間《しゅんかん》は、ゴールに近づいたのではないかという期待で気持が高揚《こうよう》するものですから、その試みがエラーであると分かったら、誰でも落ち込んでしまうでしょう。新たなトライをする気力を失うかもしれませんし、自分のアイデアが捨てきれず、持論への執着《しゅうちゃく》から答えの出ない堂々巡《めぐ》りに陥《おちい》ることも珍しくありません。

19 このとき最も重要なのはエラーをしてもへこたれず、何度でも粘《ねば》り強くトライを繰り返す「人間力」です。また、失敗から何かを学び取ろうとする冷静な分析力です。失敗したときに再びトライするやる気を失ってしまったら、それでおしまいです。頭と体を休めることは必要ですが、諦めてはいけないのです。

20 他方、やる気があっても同じ過ちを繰り返している限り前進はの

（注意事項）
1 文の主語を明らかにすること。
2 数字を表記する際、次の例を参考にすること。
（例 五〇〇億円 五百億円 二〇一三年）

二 次の文章を読んで、後の問いに答えなさい。

【文章一】

1 創造的な問いを自ら見い出し、それを類型化したり要素化していくつかの段階に分解し、それらをできるところから個別に解決していく。「考える力」を鍛《きた》える手段として、こうした作業にはじめは戸惑《とまど》うことでしょう。しかし、それを意識的に積み重ねることによって、あなたを問題解決へと導いてくれる考える力はぐっとアップしていきます。

2 自分の頭で解決したときに得られる知的満足感をひとたび経験すると、次の問題へと立ち向かう勇気が生まれます。また、いろいろな状況《じょうきょう》を分析的《ぶんせきてき》にとらえるスキルは一生の宝物になります。

3 しかし、訓練をしても答えになかなかたどり着けない問題はたくさんあります。残念ながら、実社会や研究の世界ではそちらのほうがずっと多いのです。しかし、簡単に諦《あきら》めてしまってはいけません。 A に答えが出せるようなものではない問題にこそ、大切な時間を費やし、あなたの頭脳を働かせ続ける価値があるのです。

4 インターネットでざっと検索《けんさく》して、「分かったようなつもり」で済ませることが増えている情報化社会の現代だからこそ、私たちはこうした、①まだ誰《だれ》も答えたことのない問題に本気で取り組むべきです。

5 たとえば、将棋《しょうぎ》のプロ棋士《きし》は、次の一手を指すために1時間以上ずっと考えることがあります。彼らのタイトル戦は1局を1日〜2日かけて指します。そのあいだずっと頭を振《ふ》り絞《しぼ》り、さまざまな可能性を考慮《こうりょ》しながら100手以上先まで考え続けているのです。

6 考え続けるという例では、数学の「フェルマーの最終定理」の話もよく知られています。この数学における大問題を360年ぶりに解いたプリンストン大学のアンドリュー・ワイルズ教授は、この定理を証明するために7年間研究に没頭《ぼっとう》しました。信じられないかもしれませんが、物理学や数学の世界では1つの問いの答えを出すために数年間を費やすことは決して珍《めずら》しくありません。

7 なぜそんなことが可能なのでしょうか？ それは、②考えるという行為《こうい》そのものが、脳を活性化させ、興奮と深い満足感を脳に与《あた》えるからです。それを強い好奇心《こうきしん》と呼んでもいいかもしれません。この感覚が高じてくると、文字通り I することすら惜しく感じられるようになります。

8 では、どうしたらそのような精神状態へもっていけるのでしょうか。それは、自分が選んだ課題に諦めずに取り組み続けることです。最初は苦しくても続けているとだんだんと脳が考えている対象に慣れてきて、ちょっとしたきっかけでスイッチが入り、集中的に考えられるようになります。このような状態になるまで意識が高まると、考えるという行為そのものが深い知的満足感を与えてくれるようになるのです。

9 私は考えるという行為は、ランニングと似ていると思います。ランニングもよほど好きでない限りは、走り出すまではおっくうなものです。しかし、ひとたび走り出すと体のスイッチが入ったように快調に走ることができ、走ったあとはとても気持ちのいい爽快感《そうかいかん》に満たされるのです。

10 本書でお伝えしたい最も大切なメッセージの1つは、そのような

2023年度 大宮開成中学校

【国　語】〈特待生選抜試験〉（五〇分）〈満点：一〇〇点〉

注意　字数制限のある問いでは、句読点や符号（、。「」など）も一字と数えます。

一　次の各問いに答えなさい。

問一　次の――部のカタカナを漢字に直しなさい。

① 先生が私のカンゲイカイを開いてくれた。

② この春から人事課へのイドウが決まった。

③ 行く手をケイカイする。

④ 事態をシュウシュウする。

⑤ 結果よりカテイが大切だ。

⑥ 作品がゼッサンされる。

⑦ エネルギー消費をオサえる。

⑧ 変化にトんだ風景

問二　次の四字熟語について、間違《まちが》っている漢字を一字ぬき出し、例にならって正しい漢字に直しなさい。

（例　絶対絶命　対→体）

① 短刀直入

② 才色兼美《けんび》

問三　次の各文の――部が直接かかる部分を以下の例のようにぬき出しなさい。ただし、句読点は含《ふく》みません。

（例　雨が　降ったので、洗濯物《せんたくもの》が　ぬれた。　解答＝降ったので）

① 彼《かれ》の　となりに　座って　同じ　写真を　ながめたのが　懐《なつ》かしく　思われる。

② いそいで　出ていく　兄が　玄関《げんかん》に　落とした　私の　手帳は、無残に　汚《よご》れて　いた。

問四　次のグラフ中の電子書籍《しょせき》の売り上げの変化に着目し、そこから読み取れることを一つあげ、四十字程度で書きなさい。その際、（注意事項《じこう》）の１・２にしたがうこと。

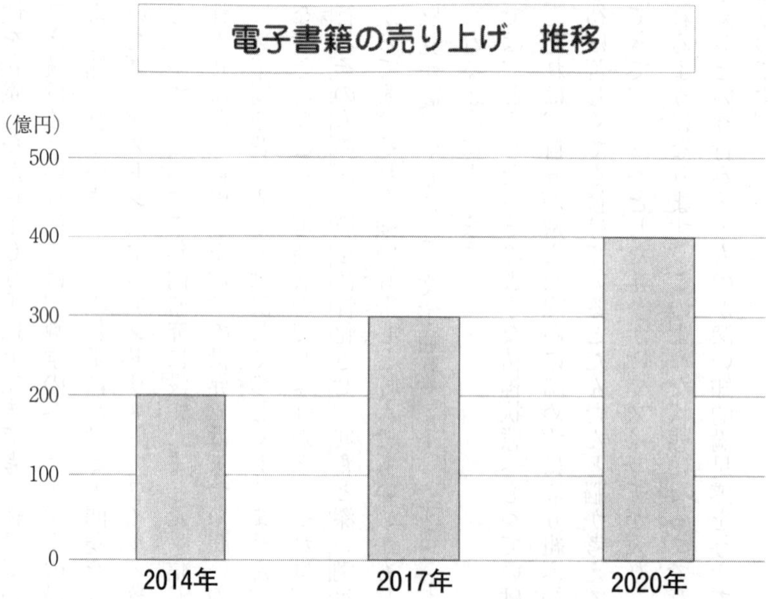

【公益社団法人　全国出版協会　出版市場規模】をもとに一部改変

2023年度

大宮開成中学校　▶解説と解答

算　数　＜特待生選抜試験＞（50分）＜満点：100点＞

解　答

1 (1) 90　(2) 35　(3) 23　(4) $47\frac{1}{2}$　**2** (1) 392cm　(2) 1　(3) 4日間　(4) 3分　(5) 1袋　**3** (1) 75度　(2) 9.42cm^2　(3) 336cm^3　**4** (1) 1.4%　(2) 35.8%　**5** (1) 13通り　(2) 13通り　**6** (1) 11：1　(2) 1800m　**7** (1) 140cm　(2) 11回

解　説

1 **四則計算，計算のくふう，逆算**

(1) $100-(10-4\times2)\div\{(10-4)\times2\}\times60=100-(10-8)\div(6\times2)\times60=100-2\div12\times60=100-2\times\frac{1}{12}\times60=100-10=90$

(2) $46\times0.8-23\times0.6+40\times0.4-20\times0.2=23\times2\times0.8-23\times0.6+16-4=23\times1.6-23\times0.6+12=23\times(1.6-0.6)+12=23\times1+12=35$

(3) $2\frac{3}{5}+\left(6\frac{1}{2}-0.125\div\frac{1}{4}\right)\times3\frac{2}{5}=2\frac{3}{5}+\left(\frac{13}{2}-\frac{1}{8}\times\frac{4}{1}\right)\times\frac{17}{5}=2\frac{3}{5}+\left(\frac{13}{2}-\frac{1}{2}\right)\times\frac{17}{5}=2\frac{3}{5}+\frac{12}{2}\times\frac{17}{5}=2\frac{3}{5}+6\times\frac{17}{5}=2\frac{3}{5}+\frac{102}{5}=\frac{13}{5}+\frac{102}{5}=\frac{115}{5}=23$

(4) $\frac{1}{4}\times\left(\frac{1}{2}+\square\right)\div0.6\div23=\frac{20}{23}$より，$\frac{1}{4}\times\left(\frac{1}{2}+\square\right)=\frac{20}{23}\times23\times0.6=12$，$\frac{1}{2}+\square=12\div\frac{1}{4}=12\times\frac{4}{1}=48$　よって，$\square=48-\frac{1}{2}=47\frac{2}{2}-\frac{1}{2}=47\frac{1}{2}$

2 **植木算，周期算，仕事算，ニュートン算，調べ**

(1) つなぎ目を重ねずにつなぐと，15×30＝450(cm)になる。実際は，つなぎ目が，30－1＝29(ヶ所)あり，つなぎ目1ヶ所につき2cm短くなるから，テープの長さは，450－2×29＝392(cm)となる。

(2) $\frac{1}{7}$＝1÷7＝0.1428571…より，小数第1位から{1，4，2，8，5，7}の6つの数がくり返される。よって，2023÷6＝337あまり1より，小数第2023位の数は{1，4，2，8，5，7}が337回くり返されたあとの1番目の数だから，1とわかる。

(3) この仕事全体の量を6，8，12の最小公倍数である24とすると，Aは1日に，24÷6＝4，Bは1日に，24÷8＝3，Cは1日に，24÷12＝2の仕事ができる。AとBで2日仕事をすると，(4＋3)×2＝14の仕事ができるので，残りの仕事の量は，24－14＝10となる。これをBとCですると，10÷(3＋2)＝2(日)で終わるから，合計，2＋2＝4(日間)かかったとわかる。

(4) 30分で列に加わる人数は，20×30＝600(人)なので，入口を2ヶ所開けるとき，入口2ヶ所で30分間に，300＋600＝900(人)が入ることになる。よって，1分間に入口1ヶ所から，900÷30÷2＝15(人)が入るとわかる。すると，入口を8ヶ所開けるとき，1分間に，15×8＝120(人)入るから，行列の人数は1分間に，120－20＝100(人)減る。したがって，300÷100＝3(分)で行列がなくなる。

(5)　ちょうど1000gの砂糖を作るとき，1000÷289＝3あまり133より，289gの砂糖を3袋《ふくろ》にすると，7g，119gの砂糖の重さの合計は，1000－289×3＝133(g)になる。このとき，119gの砂糖を1袋にすると，7gの砂糖だけで，砂糖を，133－119＝14(g)にすればよいので，14÷7＝2(袋)より，7gの砂糖を2袋，119gの砂糖を1袋，289gの砂糖を3袋にすれば1000gになる。

3　角度，図形の移動，面積，体積

(1)　下の図1で，BC，BD，CDの長さはいずれも正方形の1辺の長さと等しいので，三角形BDCは正三角形とわかる。よって，角BCDの大きさは60度であり，○印の2つの角の大きさは等しいから，角BCEの大きさは，(90－60)÷2＝15(度)となる。また，角EBCは直角だから，三角形BCEに注目すると，アの角は，180－(90＋15)＝75(度)と求められる。

(2)　下の図2で，太線で囲んだ㋐の部分は，三角形ABDから三角形BFEを除いた図形で，三角形BFGは三角形EBGから三角形BFEを除いた図形である。また，三角形ABDと三角形EBGの面積は等しいから，㋐の部分と三角形BFGの面積も等しくなる。よって，斜線《しゃせん》部分の面積はおうぎ形BDGの面積と等しいことがわかる。さらに，30度回転させたので，おうぎ形BDGの中心角は30度だから，おうぎ形BDGの面積，つまり，斜線部分の面積は，$6\times6\times3.14\times\frac{30}{360}=9.42$(cm^2)と求められる。

(3)　下の図3の台形ABCDを底面とし，EFを高さとする四角柱の容器ができる。台形ABCDは，ABの長さが，20－8×2＝4(cm)，DCの長さが，20－5×2＝10(cm)で，高さが4cmだから，その面積は，(4＋10)×4÷2＝28(cm^2)となる。また，EFの長さは，20－4×2＝12(cm)だから，容器の容積は，28×12＝336(cm^3)と求められる。

図1

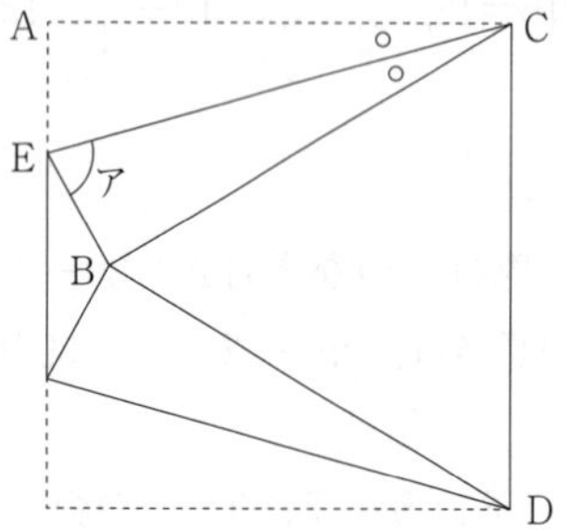

図2

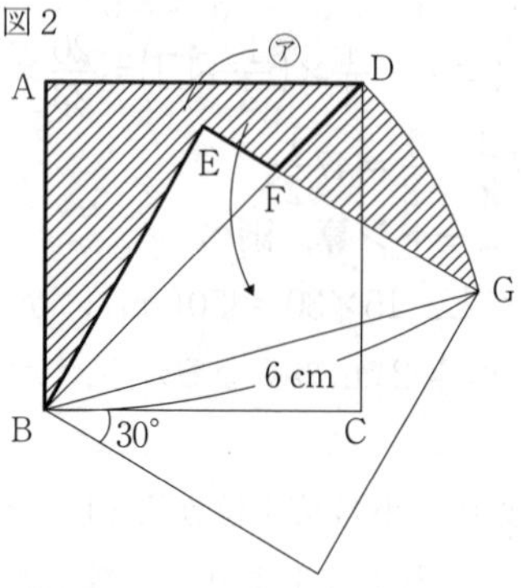

図3

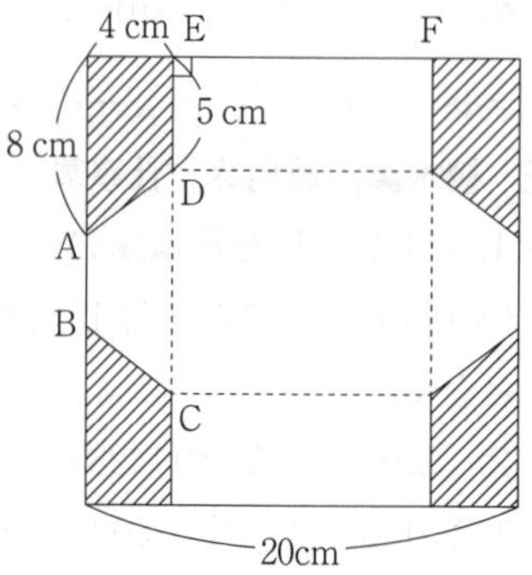

4　濃度《のうど》

(1)　B150gとC120gをすべてまぜ合わせると，3％の砂糖水が，150＋120＝270(g)でき，この中に砂糖は，270×0.03＝8.1(g)ふくまれる。また，Cの濃度は5％だから，Cの中に砂糖は，120×0.05＝6(g)ふくまれる。よって，Bの中に砂糖は，8.1－6＝2.1(g)ふくまれるから，Bの濃度は，2.1÷150×100＝1.4(％)とわかる。

(2)　A50gとB150gをすべてまぜ合わせると，10％の砂糖水が，50＋150＝200(g)でき，この中に砂糖は，200×0.1＝20(g)ふくまれる。また，(1)より，Bの中に砂糖は2.1gふくまれるから，Aの中に砂糖は，20－2.1＝17.9(g)ふくまれる。よって，Aの濃度は，17.9÷50×100＝35.8(％)とわかる。

5 場合の数，調べ

(1)　1つ上の階へ移動することを①，2つ上の階へ移動することを②と表すことにする。2階までの移動方法は{①}の1通り，3階までの移動方法は{②}，{①→①}の2通りある。4階までの移動方法は，2階から2つ上に移動するか，3階から1つ上に移動するかのどちらかになるので，2階までの移動方法の数と3階までの移動方法の数の合計となり，1＋2＝3(通り)ある。同様に考えると，5階までの移動方法は，3階までと4階までの移動方法の数の合計で，2＋3＝5(通り)あり，6階までの移動方法は，4階までと5階までの移動方法の数の合計で，3＋5＝8(通り)あり，7階までの移動方法は，5階までと6階までの移動方法の数の合計で，5＋8＝13(通り)ある。

(2)　進行方向が3回以上は変わらないので，移動方法は，㋐一度も進行方向を変えずに上り続けるか，㋑進行方向を2回変える(上って下りて，また上る)のいずれかとなる。㋐のとき，1階から3階までは，{②}，{①→①}の2通りあり，それぞれの場合で，3階から6階までは，{②→①}，{①→②}，{①→①→①}の3通り，6階から7階までは{①}の1通りあるから，7階までの移動方法は，2×3×1＝6(通り)ある。㋑のとき，3階と6階には必ずとまり，同じ階には一度しかとまらないことに注意して，初めて進行方向を変える階によって場合分けすると，右の図のようになる。初めて進行方向を変える階が3階の場合は2通り，4階の場合は1通り，5階の場合は2通り，6階の場合は2通りがあるので，合わせて，2＋1＋2＋2＝7(通り)の移動方法がある。よって，移動方法は全部で，6＋7＝13(通り)ある。

3階	1→3→2→4→6→7
	1→3→2→4→5→6→7
4階	1→2→4→3→5→6→7
5階	1→3→5→4→6→7
	1→2→3→5→4→6→7
6階	1→3→4→6→5→7
	1→2→3→4→6→5→7

6 通過算，速さと比

(1)　2人が出会ったのは6号車と7号車の継《つ》ぎ目のところなので，1号車の先頭から，30×6＝180(m)，11号車の最後尾《び》から，330－180＝150(m)のところである。また，2人は同じ速さで走ったので，2人が出会ったところは，Bが走り始めたときにAとBがいたところのちょうど真ん中となる。よって，Bが走り始めるまでにAが走っていた距離《きょり》は，180－150＝30(m)とわかる。さらに，Aが走り始めてからBが走り始めるまでに電車が進んだ距離は，車両11両分の，30×11＝330(m)になる。すると，速さの比は，同じ時間に進む距離の比と等しいから，電車と2人の走る速さの比が，330：30＝11：1とわかる。

(2)　2人が出会うまでにAが進んだ距離は180mだから，電車が進んだ距離は，$180\times\frac{11}{1}=$ 1980(m)である。これは，右の図のように，橋の長さよりもAが進んだ距離の分だけ長いから，橋の長さは，1980－180＝1800(m)と求められる。

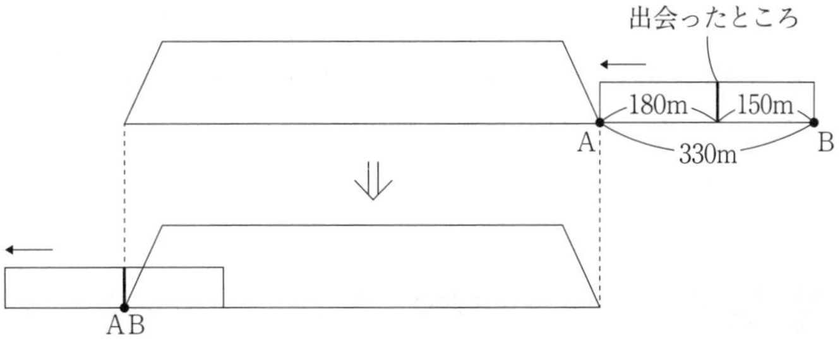

7 平面図形―点の移動，相似

(1)　点Pから点Fまでボールが進むようすは下の図1のようになる。三角形PGEで，GE：GP＝140：80＝7：4だから，ボールがPからEへ動く間，横に動いた距離と縦に動いた距離の比は常に7：4である。同様に考えると，壁《かべ》にぶつかるたびに，横に動いた距離と縦に動いた距離の比は常に7：4である。このことから，ボールが横に動いた距離の合計と縦に動いた距離の合計の比は7：4になることがわかる。ここで，ボールが点Pから点Fまで動く間に，縦に動いた距離の合計は，80＋160＋160＝400(cm)だから，横に動いた距離の合計は，400×$\frac{7}{4}$＝700(cm)となる。点Pから点Jまで動く間に横に動いた距離の合計は，140＋100＋320＝560(cm)だから，点Jから点Fまで動く間に横に動いた距離，つまり，AFの長さは，700－560＝140(cm)と求められる。

図1

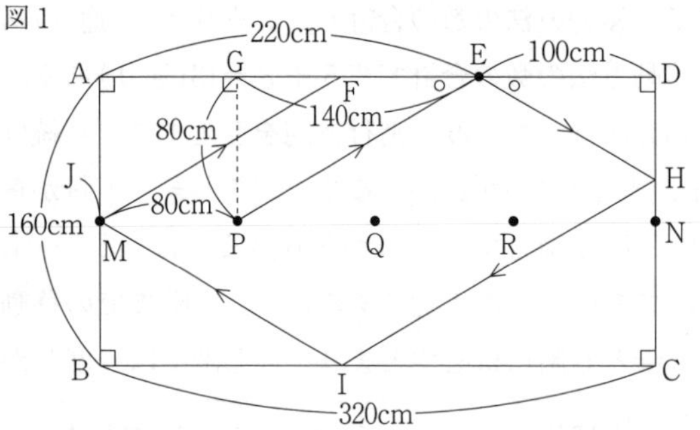

図2

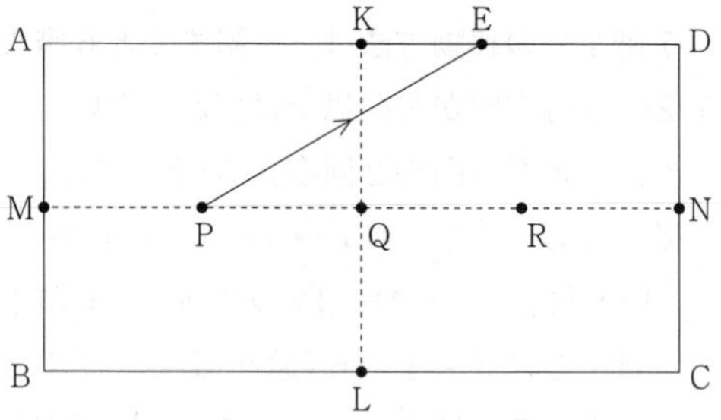

(2)　上の図2のように，辺AD，BCの真ん中の点をそれぞれK，Lとすると，ボールが直線MNとKLをはじめて同時に横切るとき，ボールははじめて点Qに到達《とうたつ》する。ボールがはじめてMNを横切るのは，点Pから縦に，80×2＝160(cm)動いたときで，その後も縦に160cm動くごとにMNを横切る。これより，(1)と同様に考えると，ボールが点Pから横に，160×$\frac{7}{4}$＝280(cm)動くごとにMNを横切ることがわかる。また，ボールがはじめてKLを横切るのは横に80cm動いたときであり，その後，横に，80×2×2＝320(cm)動くごとにKLを横切る。よって，点Pから横に80cm，400cm，720cm，1040cm，1360cm，1680cm，…，動いたときにKLを横切る。これらの長さのうち，280cmの倍数となる最も短い長さは1680cmだから，点Pから横に1680cm動いたとき，はじめて点Qに到達する。次に，ボールがはじめて辺CDにあたるのは点Pから横に，80×3＝240(cm)動いたときで，その後，横に320cm動くごとに辺ABまたは辺CDにあたるから，はじめて点Qに到達するまでに辺ABまたは辺CDにあたるのは，点Pから横に240cm，560cm，880cm，1200cm，1520cm動いたときで，その回数は5回となる。また，ボールがはじめて辺ADにあたるのは，(1)より，横に140cm動いたときで，その後，横に，160×$\frac{7}{4}$＝280(cm)動くごとに辺ADまたは辺BCにあたるから，はじめて点Qに到達するまでに辺ADまたは辺BCにあたるのは，点Pから横に140cm，420cm，700cm，980cm，1260cm，1540cm動いたときで，その回数は6回となる。したがって，はじめて点Qに到達するまでに，台のまわりにあたる回数は，5＋6＝11(回)と求められる。

社　会　＜特待生選抜試験＞(30分)＜満点：50点＞

解　答

1 **問1**　(1)　ウ　(2)　エ　**問2**　(1)　エ→イ→ア→ウ　(2)　イ　**問3**　ア　**問4**　紀伊(山地)　**問5**　条坊制　**問6**　エ　**問7**　(例)　山地に囲まれた盆地の地形になっていて，熱が逃げにくいことに加え，山越えの風がフェーン現象を引き起こすこともあるため。

問8　大阪府，京都府，奈良県　　**[2]**　**問1**　⑴　評　　⑵　イ　　**問2**　ウ　　**問3**　国司
問4　ア　　**問5**　①　御恩　　②　奉公　　**問6**　エ　　**問7**　ウ　　**問8**　分国法　　**問9**
太閤検地　　**問10**　(例)　首謀者を隠すために，からかさ連判状を作成した。　　**問11**　世界
恐慌　　**問12**　ウ　　**[3]**　**A**　**問1**　ウ　　**問2**　ア，エ　　**問3**　⑴　イ　　⑵　エ　　**B**
問1　平和主義，国民主権(主権在民)　　**問2**　情報公開(制度)　　**問3**　**A**　イ　　**B**　カ
問4　イ　　**[4]**　(例)　水道があれば楽に水を利用できるため，水を運ぶ必要がなくなり，学校に通う女性が増加するということ。

解説

[1]　日本の人口や産業，気候などについての問題

問1　⑴　東京は，梅雨や台風の時期は降水量が多いが，冬は少雨となる太平洋側の気候に属している。なお，アは北海道の気候に属する旭川《あさひかわ》市(北海道)，イは日本海側の気候に属する鳥取市，エは瀬戸内の気候に属する岡山市の雨温図。　⑵　製造品出荷額等は，大規模な工場がいくつもある神奈川県や千葉県などが東京都を上回っており，神奈川県の製造品出荷額等は愛知県についで全国第２位である。また，昼夜間人口比率は，通勤・通学で多くの人が集まる東京都が高くなる一方で，そうした人たちが流出して昼間人口が少なくなる神奈川県・千葉県・埼玉県では低くなる。統計資料は『日本国勢図会』2022／23年版による(以下同じ)。

問2　⑴　東京駅を出た新幹線は神奈川県を通って静岡県に入り，熱海《あたみ》駅・三島駅・新富士駅を過ぎたあと，富士川を渡る。その後は静岡駅・掛川《かけがわ》駅・浜松駅の順に通過し，浜松駅を出てすぐに浜名湖を通る。　⑵　A　四日市市は三重県北東部に位置する工業都市で，第二次世界大戦後に大規模な石油化学コンビナートがつくられた。1960年ごろ，ここから排出《はいしゅつ》された煙《けむり》にふくまれていた亜硫酸《ありゅうさん》ガス(二酸化硫黄《いおう》)が原因となり，四日市ぜんそくという公害病が発生した。　B　堺《さかい》市は大阪府中部の大阪湾岸に位置し，古くから港町として発展してきた。堺市では，刀などをつくる金属加工業が伝統的に行われ，戦国時代には国内有数の鉄砲の産地となった。また，このころには有力な商工業者によって自治が行われた時期があった。　C　豊田市は愛知県中部に位置する工業都市で，世界的な自動車メーカーとその関連工場が立地したことで成長した企業城下町として知られている。　D　北九州市は福岡県北東部に位置する工業都市で，関門海峡《かいきょう》をはさんで本州と向かい合っている。明治時代後半の1901年には，筑豊《ちくほう》・三池炭田から産出する石炭と，中国から輸入される鉄鉱石を原燃料として，官営の八幡製鉄所が操業を開始した。

問3　大阪市は，大阪府と兵庫県の大阪湾岸を中心に広がる阪神工業地帯にふくまれる。阪神工業地帯は，金属工業の割合が約20％とほかの工業地帯に比べて高いことや，機械工業に占《し》める輸送用機械の割合が比較《ひかく》的低いことが特徴《とくちょう》といえる。

問4　紀伊山地は紀伊半島を三重・奈良・和歌山の３県にまたがっておおむね東西に連なる山地で，林業がさかんな地域がある。奈良県南部の吉野には，尾鷲《おわせ》ひのき(三重県)，天竜《てんりゅう》すぎ(静岡県)と並んで日本の三大人工美林に数えられる吉野すぎの林が広がっている。

問5　飛鳥時代末，奈良盆地北部に平城京がつくられた。平城京は唐(中国)の都・長安を手本としてつくられ，都の北部中央に平城宮(大内裏《だいり》)が置かれるとともに，道路が東西南北に碁盤目《ごばんめ》状に走る条坊《じょうぼう》制が採用された。710年には，元明天皇が藤原京から平城京へ都をうつした。

問6　伏見稲荷《ふしみいなり》大社は京都市にある神社で，朱色《しゅいろ》の鳥居が連なる独特の景観が多くの観光客を集め

ているが，ユネスコ(国連教育科学文化機関)の世界文化遺産である「古都京都の文化財」にはふくまれていない。なお，慈照《じしょう》寺は銀閣，鹿苑《ろくおん》寺は金閣があることで知られる寺院。

問7　京都市は周囲を山々に囲まれた盆地にあるため，熱や湿気が逃《に》げにくい。また，山の風下側では，山越《ご》えの風が高温のかわいた風となって吹《ふ》き下ろすフェーン現象が起こることがある。京都市で夏にフェーン現象が起こると，地形的な条件も重なって，猛暑《もうしょ》になることが多い。

問8　(＝＝＝)で表されたバス移動のルートが，想定される一般的なルートをたどったと考える。まず，６月17日の新大阪から奈良への移動では，大阪府から奈良県に入る。６月18日は，奈良県から京都府へと入る。６月20日のバス移動は，すべて京都府内を回るものである。

2　各時代の歴史的なことがらについての問題

問1　(1)，(2)　資料Ⅰの改新の詔《みことのり》では，地方区分として国・郡の２つをおくとしている。これを資料Ⅱと照らし合わせると，702年と745年の木簡《もっかん》には「郡」の文字が見えるが，696年と700年の木簡にはこれが見られず，「国」の下に「評」という行政区分があったことが読み取れる。大宝律令が701年に施行されていることから，〔考察文〕では，これを境に「評」が「郡」になった，つまり大宝律令の施行を機に改新の詔が書き換《か》えられたのではないかという考察がなされている。

問2　資料Ⅰは，山上憶良《やまのうえのおくら》がよんだ「貧窮問答歌《ひんきゅうもんどうか》」の一部で，『万葉集』に収められている。この歌からは，税負担が重く，苦しい生活を送る当時の農民のようすが読み取れる。資料Ⅱは723年に出された三世一身法，資料Ⅲは743年に出された墾田《こんでん》永年私財法の内容で，ｂとｃは資料を正しく読み取っている。一方，田を増やすことで税収の増加をはかろうとしたことは資料から推測できるが，田を「私有の財産」にしてよいと認めたことで，土地・人民はすべて天皇(国家)のものであるという公地公民制は，くずれることとなった。

問3　荘園は私有地で，大貴族や大寺院などの有力者が所有することも多かった。彼らはその権威《けんい》を背景として，朝廷から，税を納めなくてよい権利である不輸の権を認めてもらうようになった。こうした特権を得ようと，有力者に土地を寄進(寄付)して領主となってもらい，自分は土地の管理者となる農民が増えていった。すると，領主の権威を利用して，土地調査などのために国司が派遣する役人の立ち入りを認めないという不入の権を得る荘園も増えていった。

問4　白河天皇は1086年，子の堀河《ほりかわ》天皇に位を譲《ゆず》ると，自分は上皇となって政治を動かした。この政治は院政とよばれ，白河上皇は大きな権力をふるったが，たびたび氾濫《はんらん》を起こす賀茂《かも》川の水，すごろくのさいころの目，要求を通そうと押しかけてくる比叡《ひえい》山延暦《えんりゃく》寺の僧兵だけは，自分の思い通りにならないといって嘆《なげ》いたと伝えられている。僧兵に対抗するため，上皇は武士をやとって警備にあたらせるようになった。

問5　①，②　鎌倉時代，将軍と御家人は土地を仲立ちとした御恩と奉公《ほうこう》の関係で結ばれていた。このうち御恩とは，将軍が御家人の持っている先祖伝来の領地を保護・保障したり，手がらを立てた者に新しい領地や役職を与えたりすることをいう。これに対し，御家人は鎌倉や京都の警護をし，いくさのさいには命がけで将軍のために戦うという奉公で，将軍の御恩に報いた。

問6　資料Ⅱの「東郷荘下地中分《とうごうのしょうしたじちゅうぶん》絵図」には「執権《しっけん》など幕府の役人のサイン」があるのだから，地頭と荘園領主の争いを解決するために幕府が介入《かいにゅう》していたことがわかる。

問7　ア　鎌倉幕府には，訴訟《そしょう》・裁判を担当する役所として問注所がおかれた。政治や財政は，政所《まんどころ》(最初は公文《くもん》所)が担当した。　イ　六波羅《ろくはら》探題は，朝廷や西国の武士の監視《かんし》のため，1221

年の承久《じょうきゅう》の乱のあとにおかれた。　ウ　室町時代の守護について，正しく説明している。エ　「老中」ではなく「管領《かんれい》」が正しい。老中は，江戸幕府において政務をまとめた役職である。

問8　戦国大名は，家臣を城下町に集めたり独自の法令を定めたりして領国内の統制をはかった。各地の戦国大名がそれぞれ定めた法令は，まとめて「分国法」とよばれる。

問9　1582年，豊臣秀吉は農民から年貢《ねんぐ》を確実に取り立てるため，太閤《たいこう》検地とよばれる土地調査を始めた。太閤検地では，統一したものさしやますを用いて測量した結果から，田畑の収穫量(石高《こくだか》)が算出され，これが税の基準とされた。また，土地の耕作者を検地帳(土地台帳)に記録し，税や耕作の責任者とした。

問10　江戸時代には，年貢の軽減などを求めて農民たちがたびたび一揆《いっき》(百姓一揆)を起したが，一揆の首謀《しゅぼう》者(リーダー)は厳しい処罰《しょばつ》の対象とされた。一揆では，団結心を強めるため，参加者による署名が行われることがあったが，首謀者がだれであるかをかくし，参加者が平等であることを示すため，円形に署名が並ぶという工夫がなされたものも見られる。こうした署名は，からかさ連判状(「からかさ」は傘《かさ》のこと)とよばれる。

問11　1929年，アメリカのニューヨークで株価が大暴落したことから，世界恐慌《きょうこう》とよばれる不景気が世界各国に広がった。日本でも生糸の輸出が激減するなど，その影響を強く受けた。

問12　太平洋戦争後，GHQ(連合国軍最高司令官総司令部)の主導で民主化政策が進められ，その１つとして農地改革が行われた。農地改革では，その土地に住んでいない地主(不在地主)の土地など，小作地の大部分を政府が強制的に買い上げ，土地を持たない小作人に安く払い下げた。これにより，多くの自作農が生み出された。

3　日本国憲法の三大原則と人権についての問題

A　問1　⑴は生命・身体の自由，⑵と⑶は経済活動の自由に分類される。なお，集会・結社の自由や言論の自由をふくむ表現の自由などが，精神活動の自由にあたる。

問2　アは居住・移転の自由，エは職業選択《せんたく》の自由にあたり，いずれも経済活動の自由に分類される。イは裁判を受ける権利にあたり，これは請求権にふくまれる。ウは学問の自由，オは信教の自由にあたり，いずれも精神活動の自由に分類される。

問3　⑴　日本国憲法第25条にもとづいて整備されている社会保障制度には，社会保険・社会福祉・公的扶助《ふじょ》(生活保護)・公衆衛生の４つがある。このうち公衆衛生は，上下水道の整備や伝染病の予防など，国民の健康な生活を保障するための制度にあたる。なお，公的扶助は生活保護ともよばれ，生活に困る人を支援するしくみである。社会福祉には，児童福祉や高齢者福祉などがある。生命保険は，民間企業が行う事業である。　⑵　【図１】と【図４】を比べると，50歳代で男女とも人口が約120万人いるなど，全体的に横はばの広い【図４】のほうが，総人口が多いと判断できる。

B　問1　日本国憲法は，基本的人権の尊重とともに，政治のあり方を決める最終的な権限が国民にあるという国民主権(主権在民)，戦争をしないという平和主義の３つを原理としている。

問2　「知る権利」は日本国憲法に直接規定されていない新しい人権の１つで，国や地方が持っている情報の公開を求める権利である。この権利を保障するために情報公開制度が整備され，1999年には情報公開法が制定された。

問3　Ａでは国家が持つ３つの権力が１か所に集中することの危険性が述べられており，これを３

つに分けるべきだという主張が読み取れる。この考え方を三権分立といい，フランスの政治思想家モンテスキューがその著書『法の精神』のなかで明らかにした。Bは福沢諭吉の著書『学問のすゝ《す》め』の書き出しの部分で，人間の平等を説いた言葉として知られている。

問4　女子差別撤廃《てっぱい》条約は1979年に国連総会で採択され，1981年に発効したが，批准《ひじゅん》（国家として承認すること）していない加盟国もある。

[4] イラストの内容を読み取り，記述する問題

左の絵には，水がめを頭にのせた，女性と思われる人物がえがかかれている。その横の札には「WATER（水）　7KM」とあり，この人物が遠くまで水をくみに行こうとしているのだと推測できる。一方，右の絵では水がめの代わりに本が頭にのせられ，札には「SCHOOL（学校）」と書かれている。また，水道とバケツもえがかれている。水がなかなか手に入らない発展途上国では，水くみが女性や子どもの仕事となっており，これによって仕事や学習の機会がうばわれていることが問題となっている。示されたイラストもこの問題を指摘《してき》したもので，水道があればイラストの人物は学校に行けるのだから，水道の普及や整備をすすめるべきだというメッセージが読み取れる。

理　科　＜特待生選抜試験＞（30分）＜満点：50点＞

解　答

[1] 問1　イ，ウ　**問2**　イ　**問3**　イ　**問4**　イ　**問5**　エ　**問6**　ウ　**問7**　ウ　**問8**　エ　**[2] 問1**　イ　**問2**　虫ばい花　**問3**　エ　**問4**　イ，ウ，エ　**問5**　カ　**問6**　ウ　**問7**　ウ　**問8**　ウ　**[3] 問1**　秒速340m　**問2**　1445m　**問3**　8.75秒間　**問4**　1400m　**問5**　1225m　**問6**　17秒間　**[4] 問1**　ウ　**問2**　イ　**問3**　ウ　**問4**　ア　**問5**　イ　**問6**　カ　**問7**　ウ　**[5] 問1**　酸素　**問2**　2倍　**問3**　40　**問4**　50%　**問5**　$990cm^3$　**問6**　$1100cm^3$

解　説

[1] 小問集合

問1　アジは魚類，ペンギンは鳥類，クジラはほ乳類，カエルは両生類，ヤモリはは虫類のなかまで，いずれもセキツイ動物であり，背骨をもっている。また，これらの動物は体外から取り入れた食べ物の栄養分と酸素から，生活に必要なエネルギーをつくっている。なお，セキツイ動物のうち，アは鳥類とほ乳類，エはほ乳類，オはほ乳類以外がもつ特ちょうである。

問2　火山のふん火によってできたあれ地に，地衣類やコケ植物のような養分が少なくても育つ植物が生えることで土ができる。すると，草が生えるようになり，やがて明るいところでよく育つ樹木（陽樹）が成長し，陽樹林ができる。その後，陽樹林内の日かげでもよく育つ樹木（陰樹）が成長して，陰樹林ができていく。

問3　重さとは物体にはたらく重力のことで，その大きさはばねばかりを用いてはかることができる。そのため，地球上で重さ60gのおもりの重さを月面上でばねばかりではかると，$60\times\frac{1}{6}=10$（g）を示す。また，月面上では，おもりと同じように分銅にかかる重力の大きさも$\frac{1}{6}$倍になるため，同じおもりを月面上で上皿てんびんにのせると60gの分銅とつりあう。

問4　熱は金属板を熱した部分から順に伝わっていく。図1で加熱部である×印からA～Cまでの金属板での最短の長さを見ると，Bが最も短く，Aが最も長い。したがって，とけ始めるのが早いものから順に並べると，B，C，Aになる。

問5　フズリナは古生代，アンモナイトは中生代，ビカリアは新生代の代表的な化石である。図2の地層では，左から右にいくにつれて新しい時代の化石が見つかっていることから，右にいくほど新しい層であるとわかる。

問6　長距《きょ》離《り》用旅客機が安定飛行をしている高度は約10km，ISSが飛行している高度は約400km，オゾン層がある高度は約10～50km，雨雲が発達する高度は約2～7kmである。したがって，ア～エを高度が高いものから順に並べると，イ，ウ，ア，エになる。

問7　ろうそくの炎《ほのお》の3つの部分のうち，内炎《ないえん》は十分な酸素がないため不完全燃焼しており，すすが生じる。したがって，図3のようにろうそくの炎にガラス棒を差しこんで取り出すと，ウのように内炎の部分にふれていたところにすすがつく。

問8　五円玉は銅とあえんの合金でできており，トタン(板)はおもに鉄でできた板の表面をあえんでうすくおおったものをいう。あえんは塩酸と反応すると，水素を発生しながらとける。

2　花のつくりや花粉，暖かさの指数と植物の分布についての問題

問1　おしべの先にある花粉をつくっている部分をやくという。図1で，アは花びら，イはやく，ウは子ぼう，エは柱頭，オはがく，カは子ぼうの内側にあるはいしゅを示している。

問2　虫に花粉を運んでもらう花を虫ばい花，風によって花粉が運ばれる花を風ばい花という。

問3　虫ばい花は虫をおびき寄せて花粉を運んでもらうために，目立つ色の花をさかせる。また，香りを出したり，みつせんからみつを出したりするものも多い。

問4　おしべのやくでつくられた花粉がめしべの柱頭について受粉すると，めしべの子ぼうがふくらんで実ができる。そのため，イやエのようにめしべを取ったり，ウのようにめしべの柱頭に花粉がつかないようにしたりすると実ができなくなる。なお，アサガオの花は，花が開くときにおしべのやくがめしべの柱頭について受粉する(自花受粉)ので，アのようにしても実ができる。オのようにした場合，他の花の花粉が運ばれてくれば受粉するため，実ができる可能性がある。

問5　けんび鏡を操作するときには，まず，けんび鏡を直射日光の当たらない明るくて水平な場所に置く。そして，鏡とうにほこりが入るのを防ぐため，接眼レンズ，対物レンズの順にレンズを取り付ける。その後，接眼レンズをのぞき，反射鏡の角度を調整して，光がレンズを通るようにして視野を明るくしてから，プレパラートをステージにのせ，ピントをあわせる。

問6　けんび鏡で観察すると，上下左右が逆さまになって見える。そのため，図2で視野の右上にある花粉を左下に動かして中央に位置するようにするためには，図3のウのようにプレパラートを右上に動かせばよい。

問7　都市Aの標高0mの地点における暖かさの指数は，表2で月平均気温が5℃をこえている4～11月の8か月の月平均気温を合計し，5×8＝40(℃)を引いて求めればよい。すると，8.4＋13.7＋18.0＋21.1＋23.5＋18.1＋11.4＋5.3－40＝79.5となり，表1より，都市Aの標高0mの地点での植物の分布は夏緑樹林となる。

問8　都市Bの標高600mの地点における月平均気温は，標高0mの地点に比べて，$0.5\times\frac{600}{100}=3$(℃)低くなる。そのため，都市Bの標高600mの地点では月平均気温が5℃をこえるのが4～11月

の８か月となり，暖かさの指数は，9.6＋15.1＋18.9＋25.2＋23.0＋20.1＋15.4＋11.6－３×８－５×８＝74.9と求まる。よって，この地点の植物の分布は，表１より，夏緑樹林である。

3 音の伝わり方についての問題

問１　船Ａから1360mはなれた地点で鳴らし始めた音が４秒後に船Ａ上の観測者に聞こえたので，このときの音の速さは秒速，1360÷４＝340(m)と求められる。

問２　船Ｂの汽笛を鳴らすのを止めたとき，船Ｂは汽笛を鳴らし始めたときよりも，10×8.5＝85(m)船Ａから遠ざかっているため，船Ａと船Ｂとの距離は，1360＋85＝1445(m)になっている。

問３　船Ａ上の観測者が最後の汽笛の音を聞いたのは，汽笛を鳴らし始めてから，8.5＋1445÷340＝12.75(秒後)である。船Ａ上の観測者がはじめに汽笛の音を聞いたのは汽笛を鳴らし始めてから４秒後なので，船Ａ上の観測者が汽笛の音を聞く時間は，12.75－４＝8.75(秒間)となる。

問４　音の速さは一定なので，問１より音の速さは秒速340mである。船Ｂが汽笛を鳴らし始めてから船Ａ上の観測者に音が聞こえ始めるまでの４秒間に音と船Ａが進んだ距離より，船Ｂが汽笛を鳴らし始めたときの船Ａと船Ｂの距離は，(340＋10)×４＝1400(m)とわかる。

問５　船Ｂが汽笛を鳴らし続けていた17.5秒間に船Ａが進んだ距離は，10×17.5＝175(m)である。したがって，船Ｂが汽笛を鳴らすのを止めたときの，船Ａと船Ｂとの距離は，1400－175＝1225(m)と求められる。

問６　船Ａ上の観測者が最後の汽笛の音を聞くのは，汽笛を鳴らし始めてから，17.5＋1225÷(340＋10)＝21(秒後)である。よって，船Ａ上の観測者が汽笛の音を聞く時間は，21－４＝17(秒間)になる。

4 気温や太陽の動きについての問題

問１　アは雪，イは雨，ウは晴れ，エはくもりを示す天気記号である。

問２　夜間の最低気温が25℃以上の日を熱帯夜という。また，最高気温が25℃以上になった日を夏日，30℃以上になった日を真夏日，35℃以上になった日をもう暑日とよぶ。

問３　太陽の熱はまず地面をあたため，地面からの熱によって空気があたためられる。また，よく晴れた日は，太陽の高さが最も高い南中時刻ごろに，地面は太陽からの熱を多く受けることになる。そのため，南中時刻をむかえたあとに，地面の温度がその日の最高となり，それからおくれて空気の温度(気温)が最高になる。

問４　高さ150cm付近ではかる気温より，地表付近の空気の温度の方が最高になったときの温度が高い。また，地表から５cm上の位置の空気の温度が最高になる時刻は，気温が最高となる時刻より早くなる。したがって，アが選べる。

問５　水が水蒸気になるときにまわりから熱(気化熱)をうばうため，庭先や道路に水をまくとその上の空気の温度が下がる。

問６　日本では太陽は東→南→西と動いて見えるため，棒のかげの先たんは西→北→東と移動し，12時ごろに南中をむかえるとかげは真北にのびる。図３では10時と14時のかげの位置から，イが北の方位を示していると考えられる。よって，エは東，カは南，クは西の方位を示しているとわかる。

問７　夏は，太陽が北寄りの東からのぼり，真南を通って，北寄りの西にしずむため，棒のかげの先たんは南寄りの西→北→南寄りの東に移動する。また，棒のかげは太陽が高くなるほど短くなるので，かげが真北にできたときに棒からかげの先たんまでの長さが１日のうちで最も短くなる。図

3ではイが北の方位であることから，棒のかげの先たんの動きはウのようになる。

5 酸素の発生についての問題

問1 過酸化水素水に二酸化マンガンを加えると，過酸化水素水にとけていた過酸化水素が分解して酸素が発生し，あとに水が残る。このとき，二酸化マンガンそのものは変化せずに，過酸化水素の分解を助けるはたらきをする。

問2 加えた水素の体積が0 cm^3のときに残った気体の体積が100cm^3であることから，①で発生した気体Aの体積は100cm^3であるとわかる。また，点火後に残った気体の体積が0 cm^3になったときに，気体Aと水素が過不足なく反応したと考えられるので，気体A100cm^3と水素200cm^3が過不足なく反応する。このときの水素の体積は気体Aの体積の，200÷100＝2（倍）になっている。

問3 気体A100cm^3と水素200cm^3が過不足なく反応するため，水素240cm^3を加えたときには水素が，240－200＝40（cm^3）残る。

問4 気体Aと水素が過不足なく反応したときの体積の比は，（気体A）：（水素）＝100：200＝1：2である。ここでは，反応した気体Aと水素の体積の合計が，100－25＝75（cm^3）なので，反応した気体Aの体積は，$75\times\frac{1}{1+2}$＝25（cm^3）になる。したがって，混合気体中の気体Aの体積の割合は，（25＋25）÷100×100＝50（％）とわかる。

問5 濃度《のうど》30％の過酸化水素水100cm^3の重さは，1.1×100＝110（g）で，これにとけている過酸化水素の重さは，110×0.3＝33（g）である。そのため，水を加えて濃度3％の過酸化水素水をつくるときには，全体の重さが，33÷0.03＝1100（g）になるように，水を，1100－110＝990（g），つまり水を990cm^3加えればよい。なお，ここでは水を加えて濃度を，$3\div30=\frac{1}{10}$（倍）にするので，全体の重さが10倍になるように水を加えればよいことから，110×10－110＝990（g）より，加える水の体積は990cm^3と求めることもできる。

問6 実験より，濃度3％の過酸化水素水10cm^3にとけている過酸化水素の重さは，10×0.03＝0.3（g）で，この過酸化水素が十分に反応すると気体Aが100cm^3発生する。濃度30％の過酸化水素水10cm^3にとけている過酸化水素の重さは，1.1×10×0.3＝3.3（g）なので，この過酸化水素水に二酸化マンガンを加えて十分に反応させたときに発生する気体Aの体積は，$100\times\frac{3.3}{0.3}$＝1100（cm^3）である。

国語 ＜特待生選抜試験＞（50分）＜満点：100点＞

解答

一 **問1** 下記を参照のこと。 **問2** ① 短→単 ② 美→備 **問3** ① ながめたのが ② 落とした **問4** （例） 電子書籍の売り上げは，二〇一四年から二〇一七年にかけて，一〇〇億円増えている。 **二** **問1** **記号**…イ **読み**…いっちょういっせき **問2** ウ，エ **問3** （例） 自らの課題に諦めず取り組み続けることで脳が慣れ，少しのきっかけで集中して考えられるまで意識が高まった状態。 **問4** **Ⅰ** サ **Ⅱ** オ **Ⅲ** ソ **Ⅳ** ウ **Ⅴ** コ **問5** **ア** 絞りこまれている **イ** 本質的な問題の解決 **問6** ア **問7** **X** ウ **Y** ア **Z** イ **三** **問1** （i） **ア** 新人戦の準備 **イ** 忙しそう（大変そう） （ii） イ **問2** エ **問3** **ア** 言い訳 **イ** 陸上部が大変 **ウ** がんばりすぎる **問4** **a** ア **b** ウ **問5** ウ **問6** エ **問7** （例） 琴穂がほめ言葉

だと思っていた言葉が，マチにとっては嫌な言葉だと知り，意外だったから。　**問8**　ア
問9　**ア**　一人きりの部屋　**イ**　自分の意見が言えない　**ウ**　入りたかった　**エ**　勇気
オ　長距離得意だった

●漢字の書き取り

[一] **問1**　①　歓迎会　②　異動　③　警戒　④　収拾　⑤　過程　⑥　絶賛　⑦　抑(える)　⑧　富(んだ)

解説

[一] 漢字の書き取り，四字熟語の知識，ことばのかかり受け，グラフの読み取り

問1　①　新しいメンバーなどをよろこんでむかえる目的で開く集まり。　②　職場や地位が変わること。　③　悪いことが起こらないように注意すること。　④　みだれた状態を取りまとめて整えること。　⑤　物事が進行していく途中《とちゅう》。　⑥　この上なくほめること。　⑦　音読みは「ヨク」で，「抑制」などの熟語がある。　⑧　音読みは「フ」「フウ」で，「富裕《ふゆう》」「富貴」などの熟語がある。訓読みにはほかに「とみ」がある。

問2　①「単刀直入」は，前置きなしに，いきなり本題に入ること。　②「才色兼備《さいしょくけんび》」は，女性の才能や知恵《ちえ》が豊かで，顔立ちもきれいであること。

問3　ことばのかかり受けでは，直接つなげてみて意味のまとまる部分が答えになる。　①「座《すわ》って」写真を「ながめた」のだから，「ながめたのが」がぬき出せる。　②「兄が」手帳を「落とした」のだから，「落とした」にかかる。

問4　グラフによると，電子書籍《しょせき》の売り上げは二〇一四年から二〇二〇年にかけて順調に増えている。売り上げの規模もわかるように「二〇一四年から二〇一七年にかけて一〇〇億円増えている」「二〇一四年から順調に増え，二〇二〇年には倍の四〇〇億円に達している」などとすればよい。

[二]　【文章一】の出典は上田正仁《うえだまさひと》の『東大物理学者が教える「考える力」の鍛《きた》え方―想定外の時代を生き抜《ぬ》くためのヒント』，【文章二】の出典は水野達朗《みずのたつろう》の『子どもには，どんどん失敗させなさい―わが子が12歳《さい》になるまでに知っておきたい「自信あふれる子」の育て方』による。【文章一】では，「考える力」は，創造的な問いを自ら発し，それをいくつかの段階に分解し，できるところから個別に解決していくことを諦《あきら》めずに続けていくことで養われるということと，「考える力」を用いて正解がわからない問題を解決していくにあたっては，失敗を恐《おそ》れず最後までやりぬくことの大切さが述べられている。【文章二】では，子どもの自立心を伸《の》ばすには，親が先回りして失敗から学ぶ機会を奪《うば》わないことの大切さが説かれている。

問1「訓練をしても答えになかなかたどり着けない問題」，つまり，すぐに答えが出せるようなものではない問題にこそ，大切な時間を費やし，頭脳を働かせ続ける価値があると筆者は述べているので，“きわめて短い時間”という意味の「一朝一夕《いっちょういっせき》」が入る。なお，「一喜一憂《いっきいちゆう》」は，喜んだり悲しんだりすること。「一問一答」は，一つの質問に一つの返答をくり返すこと。「一期一会《いちごいちえ》」は，一生に一度の出会い。

問2　考え続けることで活性化した脳に生まれる興奮と深い満足感は，「強い好奇心《こうきしん》」と呼んでもいいかもしれないと[7]段落で述べられているので，アとカは合う。また，諦めずに考える訓練を続けると考える力が鍛えられるが，思考活動の成果が出ない間は疑問や不安が生まれると[10]，[12]，[13]

段落にあるので，イとオもよい。

問３　⑧段落の最初に「では，どうしたらそのような精神状態へもっていけるのでしょうか」とある。この「精神状態」とは，⑦段落の「強い好奇心」である。自分が選んだ課題に諦めずに取り組み続けると脳が慣れ，少しのきっかけで集中的に考えられるようになるが，そうなるまでに意識が高まった状態になると深い満足感が得られると，⑧段落では述べられている。

問４　Ⅰ　考え続けることで脳に興奮と深い満足感が生じた結果，思考に没頭《ぼっとう》するあまり，「寝《しん》食《しょく》」する時間すら惜《お》しいと思うようになるはずである。「寝食」は，眠《ねむ》ることと食事すること。
Ⅱ　直前の一文にあるように，創造は「長い時間をかけた格闘《かくとう》の末」に実を結ぶのだから，「一夜にして成し遂《と》げられるものではない」といえる。　Ⅲ　「地図のない，案内人もいない」世界とは，人が足を踏《ふ》み入れていない「未踏《みとう》」の世界である。　Ⅳ　次の文で「幸運」としているとおり，トライの数が少ないことは，すなわち，楽に解決できることは，「理想」的だと感じられると想像できる。　Ⅴ　今まで誰《だれ》も答えを出していない問題は「創造」的なテーマを持つといえる。「創造」は，今までにないものを初めてつくり出すこと。

問５　ア　㉑段落に，「トライ・アンド・エラー」を何度もすることで，正解にたどり着くための「ルートは絞《しぼ》りこまれている」とある。　イ　㉑，㉒段落に，エラーの分析《ぶんせき》や修正をくり返すと頭も徐々《じょじょ》に整理され，問題の本質が煮詰《につ》まって「本質的な問題の解決」が近づくと書かれている。

問６　⑨段落で，ランニングは，最初は苦しかったりおっくうだったりするがいったんスイッチが入るとうまくいく点において，考えることと似ているとされている。カタカナ語は必要に応じて用いており，難解な内容を身近に感じさせる目的があるとはいえない。カギカッコ内のことばのうち，「頭の良《よ》し悪《あ》しは生まれつき」は，一般《いっぱん》に言われる内容でキーワードではない。よって，イ～エは合わない。

問７　Ｘ　大場さんの親は大場さんの失敗を怒《おこ》らなかったのだから，【文章二】の筆者がすすめているように，失敗する体験の大切さをふまえ，先回りをして失敗を避《さ》けさせることはしてこなかったと考えられる。よって，ウが合う。　Ｙ　【文章二】には，親が先回りした結果，失敗から学ぶ経験の少なかった子どもは打たれ弱くなる傾向《けいこう》があると書かれている。よって，たくさん失敗してきた大場さんは「打たれ強い」ことになる。　Ｚ　【文章二】では，何度も失敗し，失敗から学ぶ経験の大切さが述べられている。【文章一】でも，「トライ・アンド・エラー」をくり返すことで自力で道を切り開けるようになると書かれているので，イが選べる。

三　出典は辻村深月《つじむらみづき》の『サクラ咲《さ》く』による。委員の仕事をこれまであまりしてこなかったことを謝《あやま》り，みなみを部活に出させた琴穂《ことほ》とマチは，紙音《しおん》の家に向かう道々，本音で語り合う。

問１　(i)　ア　みなみの部活の終了が遅《おそ》くなるのは，「新人戦の準備」のためである。　イ　みなみは新人戦の準備で「忙《いそが》しそう」だから，紙音の家には自分一人で行こうかとマチはみなみに言っている。また，本文最初の部分に，みなみが属する陸上部をふくむ運動部の子たちは「大変そう」だと書かれている。　(ii)　みなみは，自分の部活が長引いてマチを待たせるのは申しわけないと思い，マチは忙しそうなみなみを気づかって，紙音の家に自分一人で行くことをたがいに提案し合っている。二人とも，他者を思いやり，気づかっているので，イがふさわしい。

問２　直前に「そう考えると」とあるが，「そう」は直前の文の内容を指している。入学当初にマチに親切にしてくれた紙音が，今は登校もせず，一人で部屋で悩《なや》んでいるのではないかと思って心が苦しくなっているのだから，エがあてはまる。

問3　**ア**　琴穂は，今まで委員の仕事をあまりしてこなかったことについて，部活を「言い訳」にしすぎていたと謝っている。　**イ**　みなみは「陸上部が大変なのに」，委員の仕事をしたり，紙音の家を訪問したりしていたと，琴穂は言っている。　**ウ**　部活に行くように琴穂に言われたみなみがためらうと，琴穂はみなみが「がんばりすぎる」から心配だと伝え，紙音の訪問は自分が引き受けると言っている。

問4　**a**「決まり悪い」は，ていさいが悪く，はずかしいようす。　**b**「おずおずと」は，おそるおそる。こわごわ。

問5　琴穂は，みなみはしっかりしているが，がんばりすぎていつか限界が来るのではと心配し，自分たちをもっと頼《たよ》り，今日は部活を優先してほしいと言っている。紙音の家への訪問も引き受けるという琴穂の言葉をためらいながらもみなみが受け入れたことを，マチも喜んでいるので，ウがよい。

問6　琴穂は「完璧《かんぺき》すぎる」みなみがすることを「本当はうまくいっていない」とは思っていないこと，がんばりすぎるので自分たちをもっと頼ってほしいと思っていることから，アとイは合わない。「気弱で本音を言えない子」として描《えが》かれているのはみなみではなくマチなので，ウも誤りである。

問7　この前後のマチと琴穂のやりとりから，琴穂は，ほめ言葉のつもりでマチを“いい子”だと言っていたが，マチ本人はそれを嫌《いや》な言葉だと思っていたと知り，意外に思って驚《おどろ》いたことがわかる。

問8　中学入学にあたり，マチは，自分の意見がはっきり言えない性格を直したいと目標を決めた。ここでは，琴穂の本音を聞いたことで，マチも思い切って自分の思いを口にしている。後に，「話しながら，だんだんと胸のつかえが取れていく」とあるように，マチは自分の考えを話したことで，楽になっていくことを感じたのであるから，アがあてはまる。

問9　**ア**　ぼう線部②の前に，紙音は学校に来られず，「一人きりの部屋で過ごしている」と書かれている。　**イ**　マチは「はっきり自分の意見が言えない性格を直したい」と思っていたことが，ぼう線部⑥の少し前に述べられている。　**ウ**　ぼう線部⑦の後で，マチは「本当は私，陸上部に入りたかったんだ」と言っている。　**エ**　陸上部に入りたかったけれど入部しなかった自分を，マチは「四月の私は勇気がなくて」と回想している。　**オ**　陸上部に入りたかったとマチが言うのを聞いた琴穂は，「確かにマチ，小学校の頃《ころ》から長距離《きょり》得意だったもんね」と返している。

2022年度　大宮開成中学校

〔電　話〕　(048)641－7161
〔所在地〕　〒330－8567　埼玉県さいたま市大宮区堀の内町１－615
〔交　通〕　JR線・東武アーバンパークライン「大宮駅」よりバス７分

【算　数】〈第１回試験〉（50分）〈満点：100点〉

1　次の □ にあてはまる数を求めなさい。

(1)　$165\div5-(7-8\div4)\times6=\square$

(2)　$20\times22-17\times22+22\times53-13\times44=\square$

(3)　$1\frac{2}{5}-\left(3\frac{1}{3}-2\frac{5}{6}\times0.25\right)\div5\frac{1}{4}=\square$

(4)　$(0.5-\square)\times\frac{3}{4}\div0.25+2\frac{1}{6}=2\frac{2}{3}$

2　次の各問いに答えなさい。

(1)　毎日５題か７題ずつ問題を解いたところ，40日間で250題解けました。７題解いたのは何日ですか。

(2)　A，B，Cの所持金の割合は25：18：7です。AがCに500円あげたところ，A，B，Cの所持金の割合は10：9：6になりました。３人の所持金の合計は何円ですか。

(3)　ある問題集を買うために，一定期間貯金します。１日40円ずつ貯金すると800円足りず，１日50円ずつ貯金しても200円足りません。問題集は何円ですか。

⑷　40人で行えば40分で終わる仕事があります。この仕事をはじめの10分間は45人で行い，そこから50人で最後まで行いました。全部で何分かかりましたか。

⑸　草刈《か》りをするとき，14人でするとく10日で草がなくなり，29人ですると4日で草がなくなります。24人ですると何日で草はなくなりますか。

3　次の各問いに答えなさい。

⑴　右の図のように正方形の紙を折りました。アの角は何度ですか。

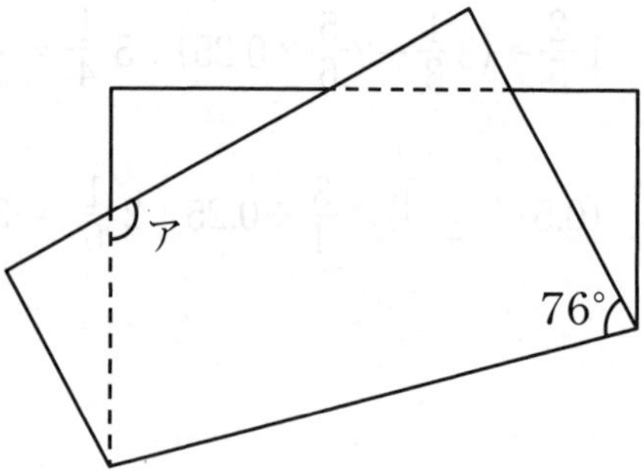

⑵　右の図のように，同じ円が５個重なっています。斜線部分の面積は１つの円の面積の何倍ですか。

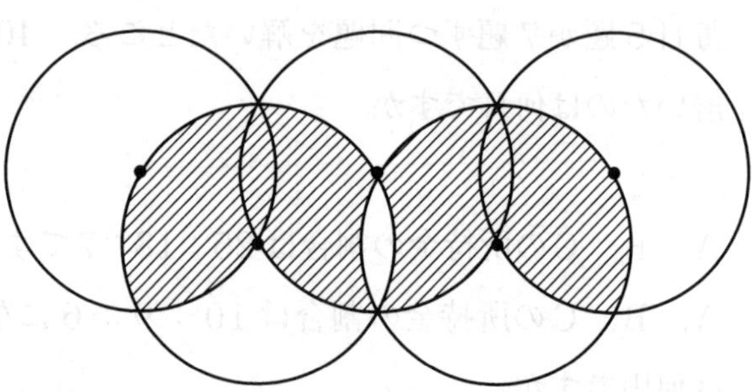

(3)　右の図のような直角二等辺三角形を直線Aを軸に180度回転させたときにできる立体の体積は何cm^3ですか。ただし，円周率は3.14とします。

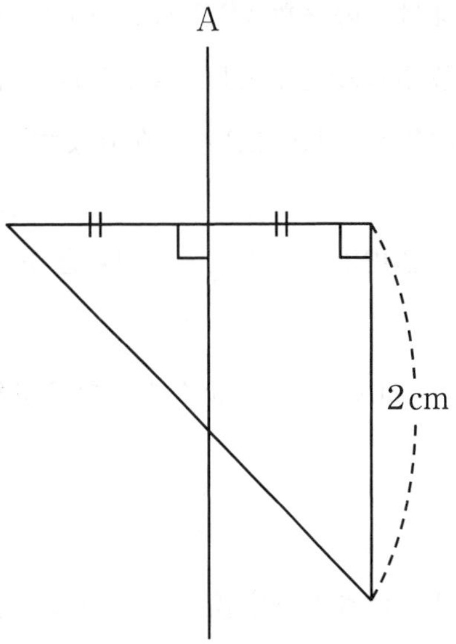

4　A，B，Cの３つの容器があり，Aには食塩水100gが入っています。B，Cは空です。最初にAから90gの食塩水をとり出してBに入れ，さらにBに水10gを入れました。次にBから80gの食塩水をとり出してCに入れ，さらにCに水20gを入れました。このときCの食塩水の濃度は8.64％になりました。次の各問いに答えなさい。

(1)　Bに入っている食塩水の濃度は何％ですか。

(2)　すべての作業が終わった後で，Aに水90gを加えると，Aに入っている食塩水の濃度は何％になりますか。

5 ４けたの整数ABCDについて，各位の数の和をE，上２けたの数ABと下２けたの数CDの差をFとし，ABCD＝《E，F》と表します。例えば，4321＝《10，22》，2143＝《10，22》となります。次の各問いに答えなさい。

(1) 2022＝《 ア ， イ 》となるア，イの数を答えなさい。

(2) 《20，22》となる４けたの整数のうち４番目に大きい数を答えなさい。

6 Ａ君は家から学校へ行くのに，家からＰ停留所まで歩き，Ｐ停留所からＱ停留所までバスで移動し，その後Ｑ停留所から学校まで歩きます。Ａ君の母親はＡ君が家を出発してしばらくしてから，Ａ君の忘れ物に気づき，同じ道を自動車で追いかけたところ，２人は同時に学校に着きました。下のグラフは，Ａ君が家を出発してからの時間と，Ａ君と母親との距離の関係を表したものです。歩く速さ，バスの速さ，自動車の速さは常に変わらないものとします。次の各問いに答えなさい。

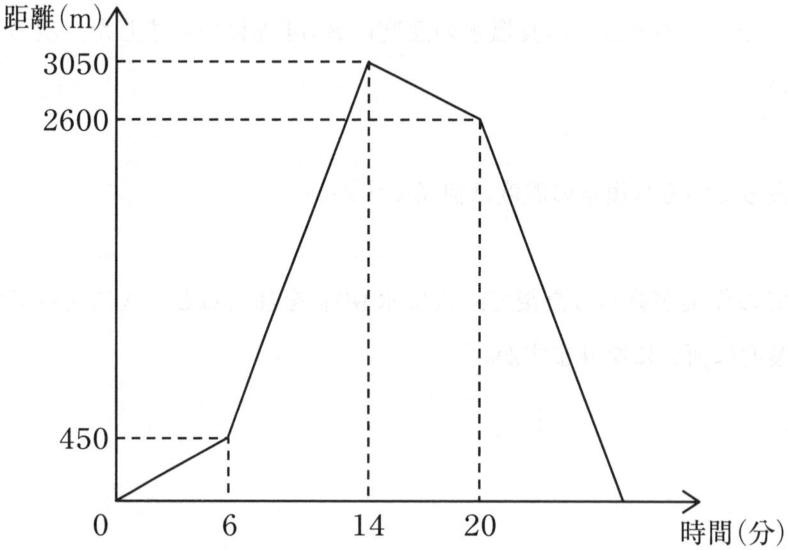

(1) 自動車の速さは分速何ｍですか。

(2) 家から学校までの距離は何ｍですか。

7 下の図のように，OA＝9 cm，AB＝12 cm，OB＝15 cm の長方形と，OAを半径とする半円があります。半円はOを中心に時計回りに毎秒２度，長方形はOを中心に反時計回りに毎秒１度の速さで回転します。半円がちょうど１回転するまで長方形も回転します。次の各問いに答えなさい。ただし，円周率は3.14とします。

(1) 40秒後に半円と長方形が重なっている部分の面積は何 cm^2 ですか。

(2) 半円が長方形によって３つのおうぎ形に分けられるとき，そのおうぎ形の面積が小さい順に１：２：３の比になるのは全部で４回あります。はじめから数えて３回目までに，辺ABが動いてできた図形の面積は何 cm^2 ですか。

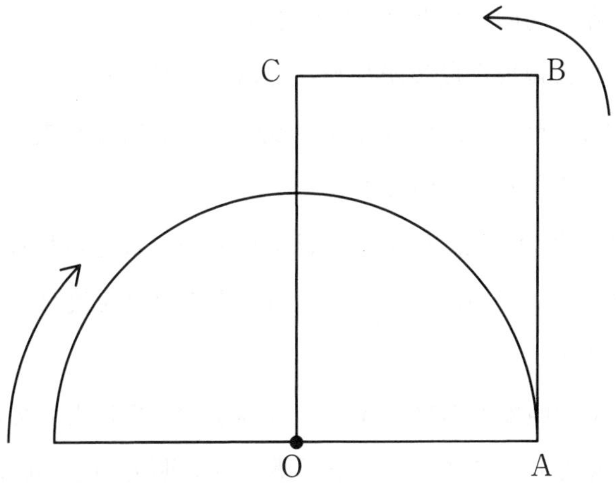

【社　会】〈第１回試験〉（30分）〈満点：50点〉

【受験上の注意】字数制限のある問いでは，句読点や符号（，。「」など）も一字と数えます。

１　次の文章Ａ～Ｆは，ある６つの都道府県をそれぞれ紹介したものです。これを読み，あとの問いに答えなさい。

Ａ　都道府県庁所在地が政令指定都市に指定されており，レモンや牡蠣《かき》の生産量が全国１位です（2018年）。都道府県の南部が工業地域になっていて，工業もさかんです。また，２つの世界遺産を有しており，国際的知名度が高いです。

Ｂ　瀬戸内海最大の島である（　１　）島を有しており，1998年に世界最長のつり橋である明石海峡大橋が本州と（　１　）島との間で開通したことで，①本州と四国が道路で結ばれました。古くから②交通の要所であったことから，日本における国際貿易の拠点となっています。

Ｃ　広大な農地で大規模な農業が行われており，じゃがいもや大根の生産量が全国１位です（2019年）。また，③石狩平野では，稲作や酪農，沿岸部では，④漁業もさかんにおこなわれています。

Ｄ　東京から北に約300km，蔵王など日本百名山に数えられる山々に囲まれ，日本の三大急流の１つである（　２　）川が庄内平野を流れるなど，美しい自然に囲まれています。

Ｅ　朝鮮半島までの距離が約200kmで，大陸文化の窓口として歴史的・文化的に重要な役割を果たしてきました。玄界灘と⑤有明海の２つの海に接しており，日本三大松原の１つである虹の松原が有名です。また，唐津市は⑥工芸品の産地として知られています。

Ｆ　内陸県の１つで，周辺を2,000ｍ～3,000ｍを超す山々に囲まれており，盆地が形成され，扇状地が多くみられます。また，富士山のふもとにある「富士五湖」と総称される湖が有名です。農地はわずかですが，⑦果樹栽培では生産量日本一を誇るものが複数あり，「果物王国」として全国に知られています。

問１　Ａ～Ｆの都道府県の中で，都道府県名と都道府県庁所在地名が異なるものを全て選び，記号で答えなさい。

問２　文章中の（　１　）・（　２　）に当てはまる語句を漢字で書きなさい。

問３　Ａの都道府県の都道府県庁所在地における雨温図として正しいものを次のア～エから１つ選び，記号で答えなさい。

ア

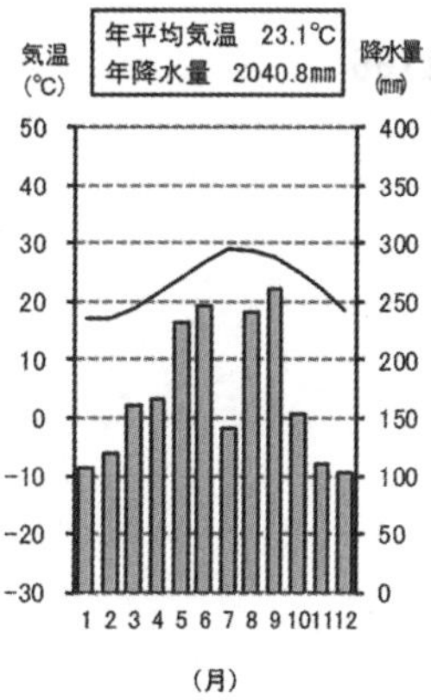

イ

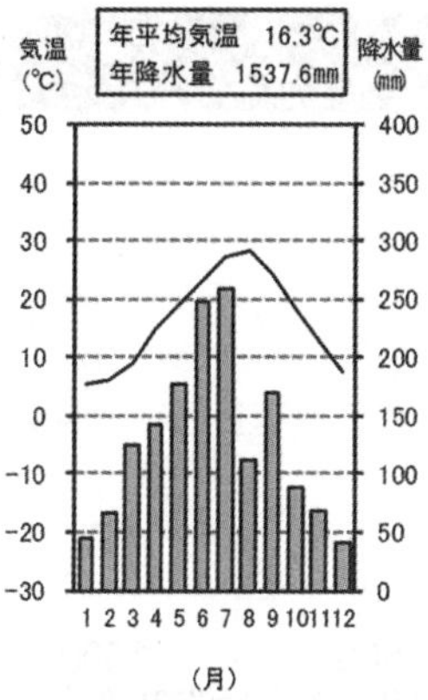

ウ

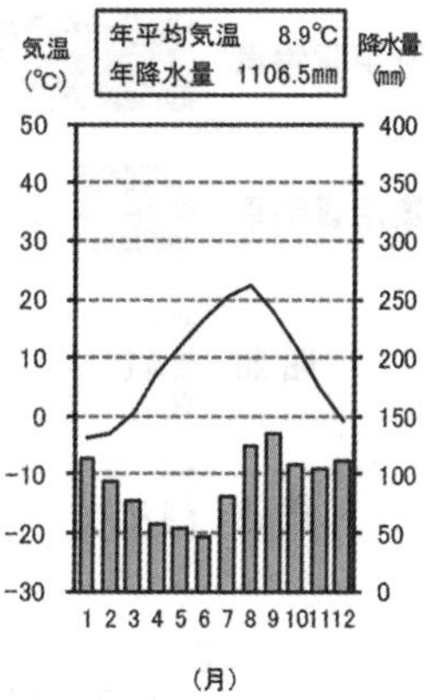

エ

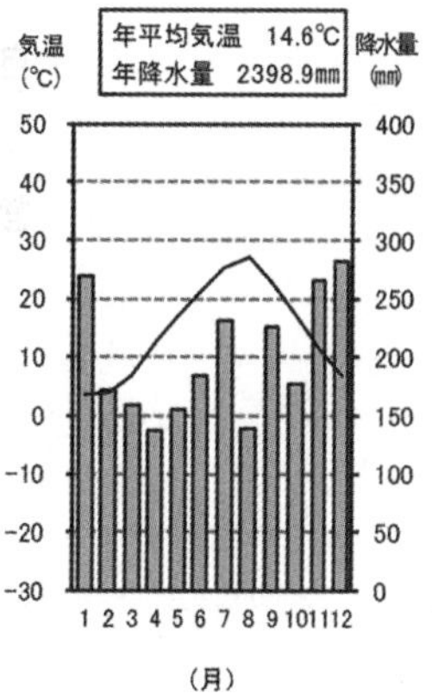

（『理科年表2021』より作成）

問４　下線部①について，本州と四国を結ぶ道路として瀬戸大橋も当てはまります。瀬戸大橋は２つの都道府県を結んでいますが，その組み合わせとして正しいものを次のア～エから１つ選び，記号で答えなさい。

ア　岡山県と香川県　　　　イ　岡山県と愛媛県
ウ　広島県と香川県　　　　エ　広島県と愛媛県

問５　下線部②について，次の図は2019年度の貨物における輸送量当たりの二酸化炭素排出量を示したものです。これによると，自家用貨物車・営業用貨物車が二酸化炭素を多く排出していることがわかりますが，近年では環境への配慮から輸送方法が見直されてきています。こうした中で進められている，環境負荷の大きい自家用貨物車・営業用貨物車から，船舶・鉄道などに輸送手段を転換することを何といいますか，カタカナで書きなさい。

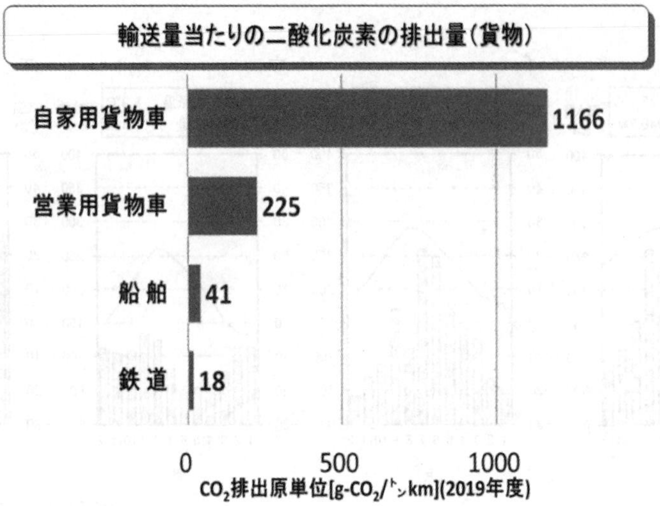

（国土交通省「運輸部門における二酸化炭素排出量」より作成）

問６　下線部③について，次の地形図は石狩平野のものです。地形図中の〇で示した部分にみられる地形名を漢字で書きなさい。

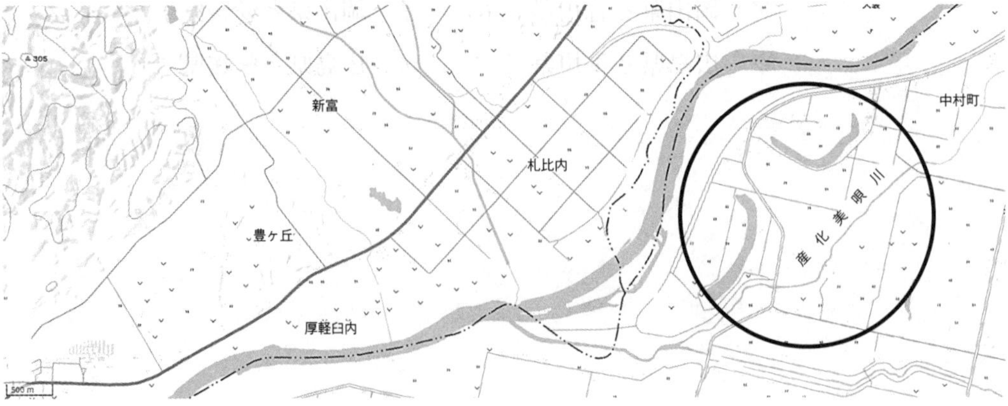

（「地理院地図」より作成）

問７　下線部④について，次のグラフは，日本の2005年から2020年までのサンマの水揚げ量の推移を示したものです。グラフを見ると，サンマの水揚げ量は2020年にかけて減少傾向にあることがわかります。この原因として考えられることを，環境問題との関係に着目しつつ簡潔に説明しなさい。

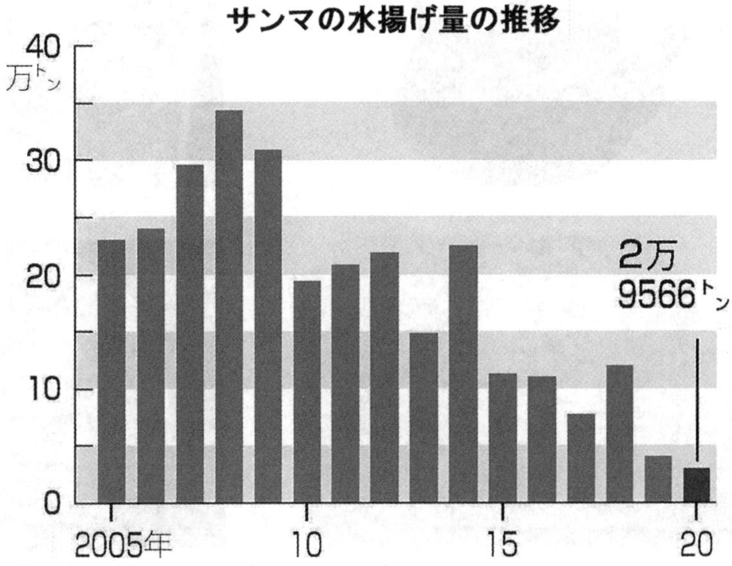

（「全国さんま棒受網漁業協同組合調べ」より作成）

問８　下線部⑤について，有明海を説明した次の文章中の（　Ｘ　）・（　Ｙ　）に当てはまる語句をそれぞれ書きなさい。ただし，（　Ｙ　）は漢字２文字で書きなさい。

有明海は，満潮時と干潮時の深さの差が日本一で，日本最大の干潟となっています。海水と太陽光を交互に吸収できるので，（　Ｘ　）の養殖がさかんに行われています。また，干潟に堤防を築いて排水し，そこを陸地や耕地とする（　Ｙ　）も行われています。

問９　下線部⑥について，Ｅの都道府県の伝統的工芸品として正しいものを次のア～エから１つ選び，記号で答えなさい。

ア

イ

ウ

エ

問10　下線部⑦について，次の表Ａ・Ｂは，ある果物の収穫量の全国に占める割合の上位５都道府県を示したものです。表Ａ・Ｂに当てはまる果物名の組み合わせとして正しいものをア～エから１つ選び，記号で答えなさい。

Ａ

都道府県	全国に占める割合(％)
山梨県	23.9
長野県	17.8
山形県	9.2
岡山県	8.8
福岡県	4.2

Ｂ

都道府県	全国に占める割合(％)
長崎県	30.8
千葉県	16.1
鹿児島県	9.2
香川県	8.1
兵庫県	5.7

(『日本国勢図会 2020/21年版』をもとに作成)

ア　Ａ　ぶどう　Ｂ　みかん　　イ　Ａ　もも　Ｂ　みかん

ウ　Ａ　ぶどう　Ｂ　びわ　　エ　Ａ　もも　Ｂ　びわ

2　Ａさんは戦乱の歴史に興味を持ち，疑問に思ったことをカードにまとめました。次のカード①～⑥を読み，あとの問いに答えなさい。

カード①

『後漢書』東夷伝には，志賀島で発見された金印に関する記述がみられる。また「倭国大いに乱れ」とあるので，戦乱がおこっていたのではないだろうか。

カード②

壬申の乱では，［　　　］。このできごとの後に，天皇の権威が高まったのではないだろうか。

カード③

平安時代は「貴族の時代」のイメージが強いが，新たに武士が登場する時代ともいえるのではないだろうか。

カード④

南北朝の動乱は，日本の歴史における大きな内乱ではないだろうか。このような内乱が60年近く続いた理由は何だろうか。

カード⑤

応仁の乱をきっかけとして戦国時代になっていった。都である京都が焼け野原になるなんて，どれだけ大きな戦乱だったのだろうか。

カード⑥

織田信長・豊臣秀吉・徳川家康の３人は，どのような方法で天下統一を目指したのだろうか。

問１　カード①について，「倭国大いに乱れ」の記述から考えられることとして誤っているものを次のア～エから１つ選び，記号で答えなさい。

ア　狩猟用の弓矢が，戦いにも用いられたのではないだろうか。

イ　集落の周りを堀で囲み，敵の侵入を防いだのではないだろうか。

ウ　沿岸部に防人を置いて，敵の侵入を見張っていたのではないだろうか。

エ　稲作が始まっていて，土地や水をめぐってムラやクニ同士で争っていたのではないだろうか。

問２　カード②について，文章中の［　　　］に当てはまるように，次の条件１・２をふまえて簡潔に説明しなさい。

条件１　誰と誰が戦ったのかを示すこと。

条件２　戦いの結果がどうなったのかを示すこと。

問３　カード③について，次の（１）・（２）の問いに答えなさい。

（１）平将門の乱と藤原純友の乱の共通点の組み合わせとして正しいものを次のア～エから１つ選び，記号で答えなさい。

a　貴族たちが武士の実力を認識するようになった。

b　鎮圧した人物は，のちに征夷大将軍になった。

c　都でおこった。

d　地方でおこった。

ア　a―c　　イ　a―d　　ウ　b―c　　エ　b―d

（２）陸奥国（現在の東北地方の一部）の国司に任命された源氏の父と子が，勢力をふるっていた豪族の安倍氏を滅ぼした事件の名称を書きなさい。

問４　カード④について，次のⅠ～Ⅳは南北朝の動乱の推移をまとめたものです。ここから考えられる文章A・Bの正誤の組み合わせとして正しいものを次のア～エから１つ選び，記号で答えなさい。

Ⅰ　後醍醐天皇は京都から吉野へ逃れ，みずからの朝廷の正当性を主張した。

Ⅱ　新田義貞や楠木正成などの武将たちが相次いで敗れ，後醍醐天皇も病死した。

Ⅲ　後醍醐天皇の皇子は九州地方を拠点に戦いを続けた。

Ⅳ　足利尊氏は征夷大将軍となり，弟と分担して政治にあたった。しかし，兄弟間の対立が表面化し一枚岩ではなかった。

A　都の周辺では南朝勢力は弱体化していたが，北朝は内部で対立が起こっていたため，一気に攻勢をかけることができなかった。

B　南朝は地方の武士を統率し，北朝に抵抗を続け，南北朝を統一した。

ア　A　正　B　正　　イ　A　正　B　誤

ウ　A　誤　B　正　　エ　A　誤　B　誤

問５　カード⑤について，次の文章は応仁の乱を説明したものです。文章中の□に当てはまる人物名を書きなさい。

応仁の乱は，８代将軍足利義政のあとつぎ問題をめぐり，義政の弟の義視と，子の義尚とその母の□にそれぞれ有力な守護大名がついて始まった戦いである。

問６　カード⑥について，次の（１）・（２）の問いに答えなさい。

（１）次の写真にある鐘をきっかけにおこった戦乱の説明として正しいものをア～エから１つ選び，記号で答えなさい。

（出典：CCsearch）

（鐘に刻まれた文字の一部）
国家安康　君臣豊楽

ア　多くの大名が朝鮮に出兵したが，朝鮮の水軍や民衆の抵抗にあい，日本側は苦戦した。

イ　豊臣秀頼の政権を守ろうとする石田三成などの大名が，政治の実権を握ろうとした徳川家康を倒すために兵をあげた。

ウ　大阪城にいる豊臣秀頼が反旗をひるがえすことを恐れ，徳川家康が，二度にわたって大阪城を攻撃した。

エ　キリスト教徒への弾圧や厳しい年貢の取り立てに苦しむ島原や天草の人々が大きな一揆をおこした。

（２）織田信長や豊臣秀吉に関わるできごとを時代順に並べ替えた時，３番目になるものを次のア～エから１つ選び，記号で答えなさい。

ア　山崎の戦い　　イ　長篠の戦い　　ウ　小田原攻め　　エ　桶狭間の戦い

3　次のカードは近代以降に日本と関係が深くなったＡ～Ｃの国の歴史についてまとめたものです。カードの文章を読み，あとの問いに答えなさい。

Ａの国

幕末：この国と①和親条約を結んだことで，鎖国が終わった。さらに②初代駐日総領事の求めによって，修好通商条約が結ばれた。

明治時代：日本人が多くこの国に移住した。

昭和時代（戦前）：日本は1941年にこの国と戦争を開始した。1945年８月14日にポツダム宣言を受諾して終戦を迎えた。

昭和時代（戦後）：[　　　]

Ｂの国

幕末：この国は当時オランダと争っており，オランダ船を追いかけて長崎に来航したことがあった。この国とも和親条約や修好通商条約を結んだ。

明治時代：この国と日本はＣの国の脅威を背景に同盟関係にあった。

大正時代：③第一次世界大戦では，日本はこの国との同盟関係を理由に連合国側として戦った。

Ｃの国

幕末：たびたび使者が訪れ，開国と国境の策定を求めた。この国とも和親条約や修好通商条約を結んだ。

明治時代：1904年にこの国と戦争になった。翌年ポーツマス条約を結んだ。

大正時代：第一次世界大戦では，日本はこの国とともに連合国側として戦った。しかし，この国で革命が起こったことにより，④日本はＡ・Ｂの国とともにこの国に出兵した。

問１　日付変更線を西端として見た時にＡ～Ｃの国の首都を西から順に並べ替え，記号で答えなさい。

問２　下線部①について，Ａの国との和親条約によって開かれた港として正しいものを次の地図中のア～エから２つ選び，記号で答えなさい。

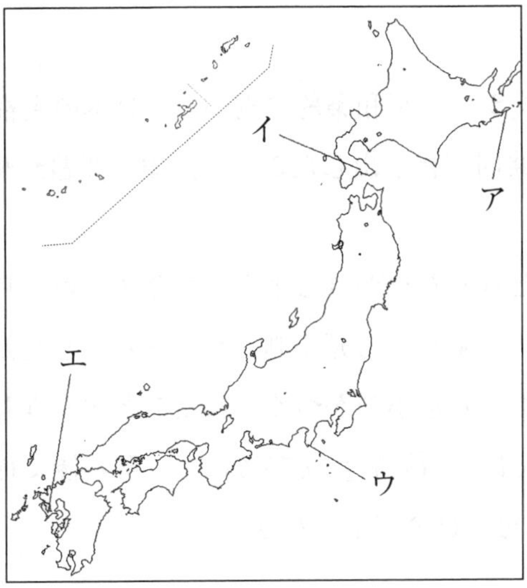

問３　下線部②の人物名を書きなさい。

問４　文章中の[　　　]には戦後の日本とＡの国との関係について述べた次のア～エの文が入ります。時代順に並べ替え，記号で答えなさい。

ア　サンフランシスコ平和条約を結んだ後，日本と条約を交わし，Ａの国の軍隊が引き続き日本に駐留することが定められた。

イ　マッカーサーが来日し，五大改革指令を出した。

ウ　岸信介内閣の時に，Ａの国との条約改正に反対した人々が，国会を取り囲む事態が発生した。

エ　GHQの要請に従い，警察予備隊が設置された。

問５　下線部③について，Ａ～Ｃの国のほかに連合国側として戦った国として正しいものを次のア～エから１つ選び，記号で答えなさい。

ア　スイス　　イ　ドイツ　　ウ　オーストリア　　エ　フランス

問６　下線部④のできごとの名称を書きなさい。

問７　昭和時代以降の日本とＣの国との関係について述べた文として正しいものを次のア～エから１つ選び，記号で答えなさい。

ア　日本とＣの国は，1941年に中立条約を結んだ。

イ　Ａの国が原子爆弾を投下した後，ヤルタ会談が行われ，Ｃの国の対日参戦が決定した。

ウ　Ｃの国がサンフランシスコ平和条約に調印し，日本の主権が回復した。

エ　1956年にＣの国と共同宣言を出したことで，領土問題が解決した。

問８　開国以降Ａ～Ｃの国と貿易が行われるようになりました。日本の金貨が海外に流出するのを防ぐために，1860年に万延小判がつくられましたが，その結果物価が上昇することとなりました。万延小判がつくられたことがどうして物価の上昇につながったのか，その理由を次の【資料】を参考にし，解答欄に従って簡潔に説明しなさい。その際，〔指定語句〕を全て用いなさい。

【資料】小判の重量と金の含有量の推移

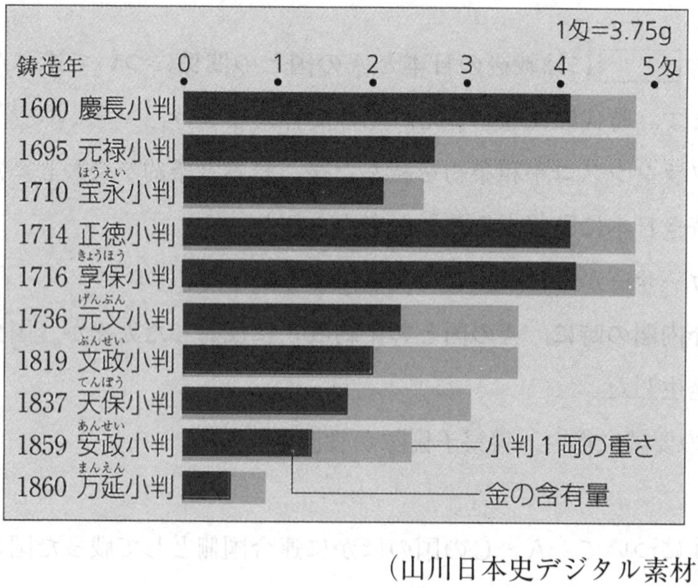

(山川日本史デジタル素材集より転載)

〔指定語句〕　金の含有量　　貨幣の価値

4 次の文章を読み，あとの問いに答えなさい。

日本国憲法では，「国民は，すべての基本的人権の享有を妨げられない。この憲法が国民に保障する基本的人権は，侵すことのできない（　1　）として，現在及び将来の国民に与へられる。」としている。

例えば，人は法律で定める手続きによらなければ刑罰を受けることはない。また，警察に逮捕される場合は，現行犯を除いて（　2　）の出す令状が必要である。

問１　文章中の（　1　）に当てはまる語句を５文字で書きなさい。

問２　文章中の（　2　）に当てはまる語句として正しいものを次のア～エから１つ選び，記号で答えなさい。

ア　警察官　　イ　裁判官　　ウ　検察官　　エ　刑務官

問３　現実に罪を犯していないにも関わらず疑われたり，罰せられたりすることを何といいますか，書きなさい。

問４　次の文章Ａ・Ｂは，それぞれ日本の政治制度を説明しています。これらの説明文について，Ａ・Ｂの正誤の組み合わせとして正しいものをア～エから１つ選び，記号で答えなさい。

Ａ　裁判の種類には民事裁判・刑事裁判・行政裁判があり，民事裁判は公開の法廷で行われるが，その他は公開されていない。

Ｂ　地方議会は国会と異なり一院制をとっており，条例の制定・改廃や，予算を議決することができる。

ア　Ａ　正　Ｂ　正　　イ　Ａ　正　Ｂ　誤

ウ　Ａ　誤　Ｂ　正　　エ　Ａ　誤　Ｂ　誤

5 次の年表を見て，あとの問いに答えなさい。

年　代	できごと
1950年	①特需景気が発生する。
1955年	高度経済成長が始まる。
1964年	②東京オリンピックが開催される。
1973年	石油危機の影響を受けて，高度経済成長が終わる。
1974年	日本の実質経済成長率が戦後初のマイナスを記録する。
1985年	プラザ合意が成立して，円高が進み，景気が悪化する。
1987年	バブル経済が始まる。
1991年	バブル経済が崩壊し，以降，経済の低成長が続く。
1993年	衆議院議員総選挙が行われ，③政権交代が起こり，55年体制が終わる。

問１　次のア～エのグラフは，日本の経済成長率の推移を10年ごとにまとめたもので，1960年代，1970年代，1980年代，1990年代のいずれかのデータを示しています。グラフの横軸は時系列を示しており，例えば，1960年代のグラフでは０～９の数字がそれぞれ1960～1969年の各年を表しています。縦軸の数値は実質GDPに基づく年ごとの経済成長率を，パーセントで表しています。年表を参考にし，ア～エのグラフを時代順に並べ替え，記号で答えなさい。

ア

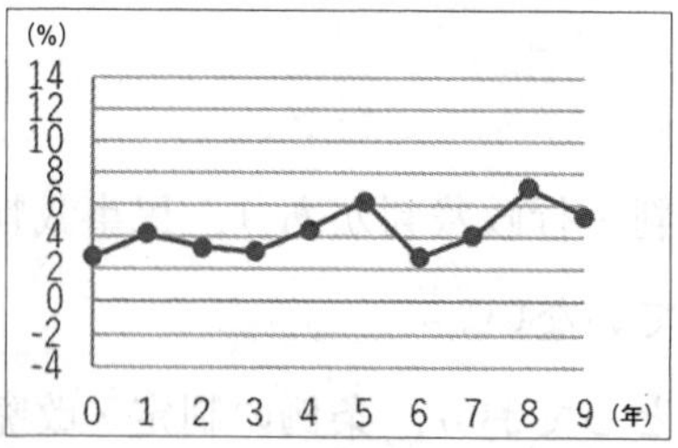

イ

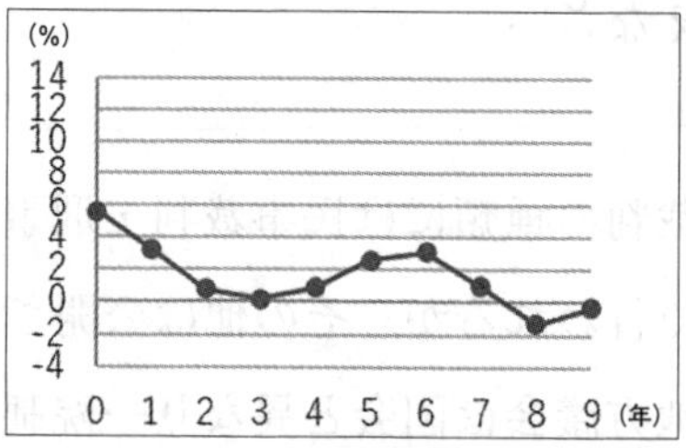

ウ

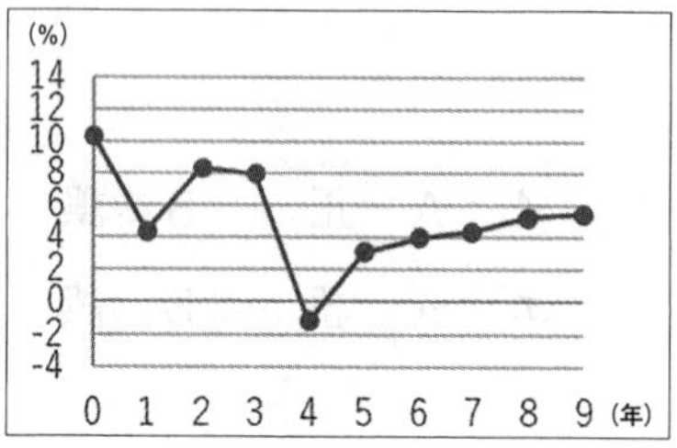

エ

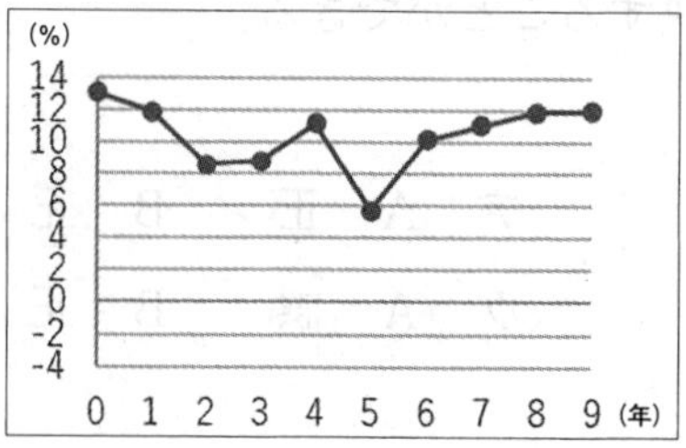

（年は暦年，内閣府GDP統計より作成）

問２　下線部①の要因となった戦争の名称を書きなさい。

問３　下線部②の開催前後に整備された交通機関・施設として誤っているものを次のア～エから１つ選び，記号で答えなさい。

ア　東京モノレール　　　イ　首都高速道路

ウ　東海道新幹線　　　エ　成田国際空港

問４　下線部③の時に内閣総理大臣に任命された人物として正しいものを次のア～エから１人選び，記号で答えなさい。

ア　中曽根康弘　　イ　細川護熙　　ウ　小泉純一郎　　エ　鳩山由紀夫

6　近年，地球環境問題の観点から，発電時に二酸化炭素を出さない再生可能エネルギーが注目されています。しかし，世界と比べると日本では導入があまり進んでいません。今後，あなたは日本の発電において，どのような発電方法を推奨しますか。発電方法を書いた上で，その理由を50字以内で書きなさい。

【理　科】〈第１回試験〉(30分)〈満点：50点〉

1　次の問１～問８に答えなさい。

問１　次のア～エのうち，ヒトの血液中の不要物をこし出す器官として正しいものはどれですか，１つ選び記号で答えなさい。

ア．心臓　　イ．かん臓　　ウ．じん臓　　エ．小腸

問２　うまれたばかりのサケの腹部にはふくらみが見られ，このふくらみはしだいになくなります。次のア～エのうち，このふくらみについて説明したものとして最も適当なものはどれですか，１つ選び記号で答えなさい。

ア．ういたりしずんだりするためのうきぶくろになっている。

イ．うまれてからしばらく成長するための栄養が入っている。

ウ．流れにさからって泳ぐための筋肉になっている。

エ．内臓が先に発達するため，からだからはみ出した内臓が入っている。

問３　図１は，ピンセットを模式的に示したものです。Ａ～Ｃは支点・力点・作用点のいずれかです。次のア～カのうち，Ａ～Ｃの組み合わせとして正しいものはどれですか，１つ選び記号で答えなさい。

ア．Ａ：支点　　Ｂ：力点　　Ｃ：作用点

イ．Ａ：支点　　Ｂ：作用点　　Ｃ：力点

ウ．Ａ：力点　　Ｂ：支点　　Ｃ：作用点

エ．Ａ：力点　　Ｂ：作用点　　Ｃ：支点

オ．Ａ：作用点　　Ｂ：支点　　Ｃ：力点

カ．Ａ：作用点　　Ｂ：力点　　Ｃ：支点

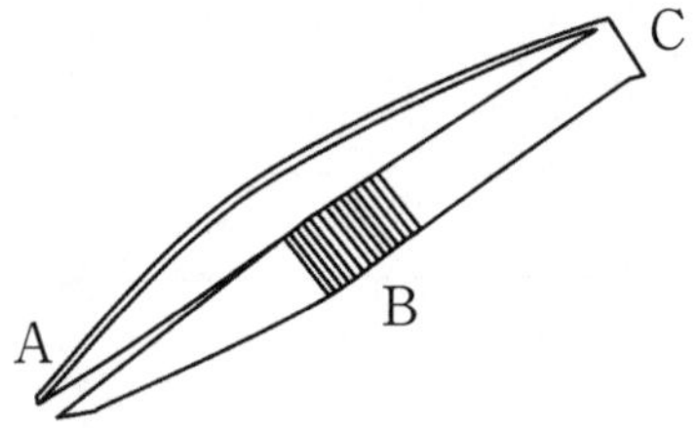

図１

問４　図２は，Ａさんが鏡で全身を見るときのようすを模式的に示したものです。図２のア～ウのうち，Ａさんから見て，自分のつま先がうつって見える位置として最も適当なものはどれですか，１つ選び記号で答えなさい。

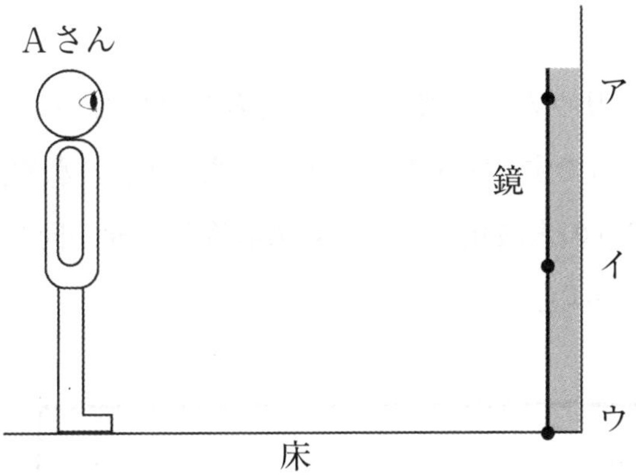

図２

問５　次のア～エのうち，月食のときに欠けて見える月のようすを模式的に示したものとして適当なものはどれですか，すべて選び記号で答えなさい。

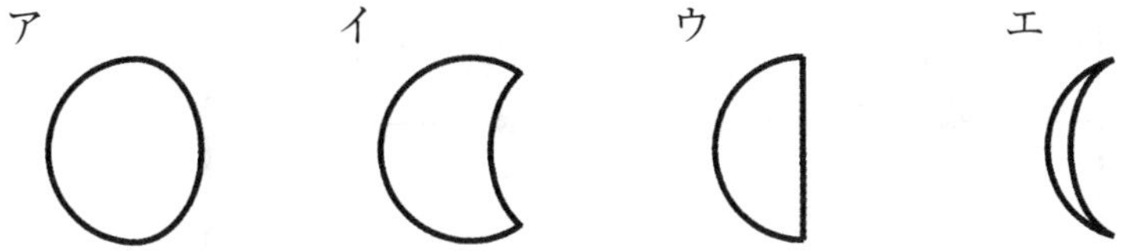

問６　図３は，ある川を模式的に示したものです。図３のア～ウのうち，流れが最もはやいところはどれですか，１つ選び記号で答えなさい。

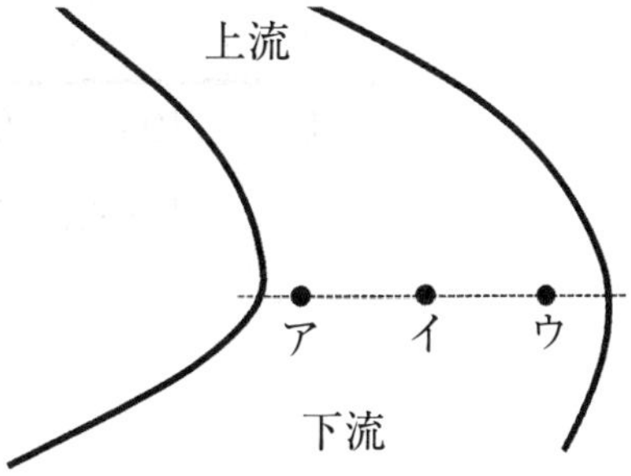

図３

問７　工場や自動車などからはい出された気体が，雨にとけて酸性雨となって降ることがあります。次のア～エのうち，酸性雨の原因となる気体として最も適当なものはどれですか，１つ選び記号で答えなさい。

ア．一酸化炭素　　イ．二酸化炭素　　ウ．二酸化ちっ素　　エ．酸素

問８　図４は，水酸化ナトリウム水溶液の重さとそれにとけている水酸化ナトリウムの重さの関係を示したものです。図４のＡ～Ｅのうち，４ｇの水酸化ナトリウムを水にとかしてつくった150ｇの水酸化ナトリウム水溶液と濃度が同じものはどれですか，１つ選び記号で答えなさい。

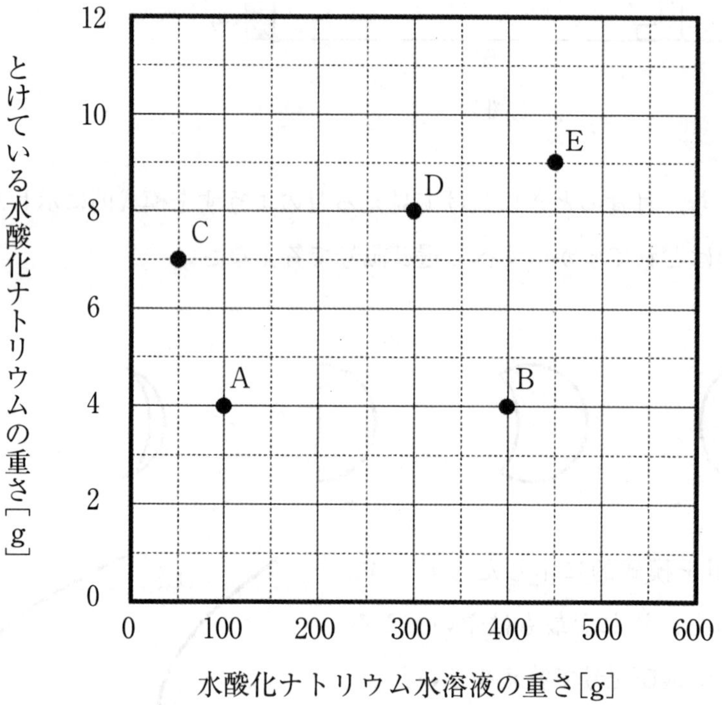

図４

2 インゲンマメを用いて，次のような実験をおこないました。これについて，あとの問１～問７に答えなさい。

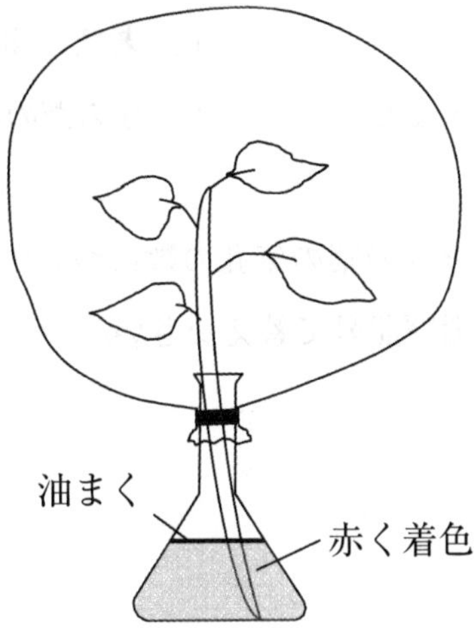

【実験】

① 葉のついたインゲンマメの茎を切り，図のようにインクで赤く着色した水につけた。蒸発を防ぐため，フラスコ内の水面に油まくをはり，図のように葉をポリエチレンの袋でおおい，１日おいた。

② 葉と茎をうすく切り，それぞれの断面をけんび鏡で観察し，スケッチした。

問１ 次のア～エのうち，子葉の枚数がインゲンマメと同じ植物はどれですか，１つ選び記号で答えなさい。

ア．イチョウ　　イ．サクラ　　ウ．イネ　　エ．トウモロコシ

問２ 実験①のあと，ポリエチレンの袋の内側に水てきがついていました。次のア～エのうち，この水てきの色として最も適当なものはどれですか，１つ選び記号で答えなさい。

ア．もとの赤く着色した水と同じ赤色　　イ．緑色

ウ．もとの赤く着色した水よりも濃い赤色　　エ．無色

問３　ポリエチレンの袋の内側に水てきがついていたのは，蒸散がおこったためです。次のア～エのうち，植物が蒸散する理由として最も適当なものはどれですか，１つ選び記号で答えなさい。

ア．葉の温度を上げるため。
イ．老はい物をはい出するため。
ウ．二酸化炭素を吸収しやすくするため。
エ．からだの水分量を調節するため。

問４　次のア～ウのうち，インゲンマメの葉の気孔の数について述べたものとして最も適当なものはどれですか，１つ選び記号で答えなさい。

ア．葉の裏より表のほうが多い。
イ．葉の表より裏のほうが多い。
ウ．葉の表と裏で等しい。

問５　次のア～エのうち，実験②のインゲンマメの茎の断面をスケッチしたものとして最も適当なものはどれですか，１つ選び記号で答えなさい。ただし，ア～エの図で黒くぬりつぶされた部分は，赤く染まっている部分を示すものとします。

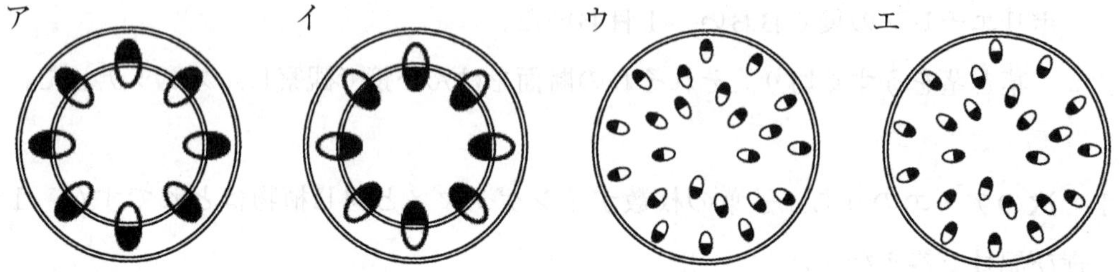

問６　次のア〜エのうち，実験②のインゲンマメの葉の断面をスケッチしたものとして最も適当なものはどれですか，１つ選び記号で答えなさい。ただし，ア〜エの図で黒くぬりつぶされた部分は，赤く染まっている部分を示すものとします。

ア

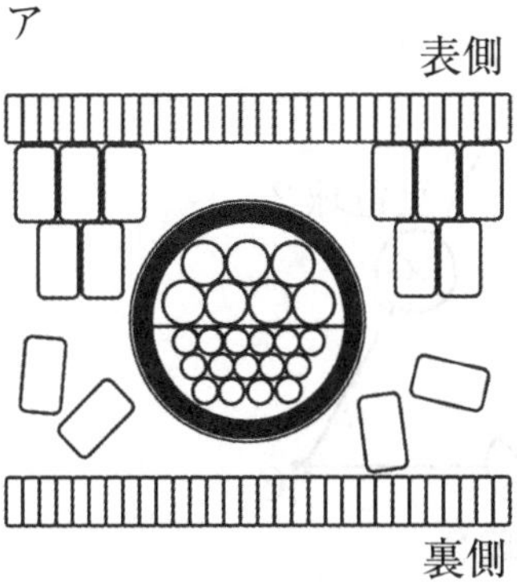

イ

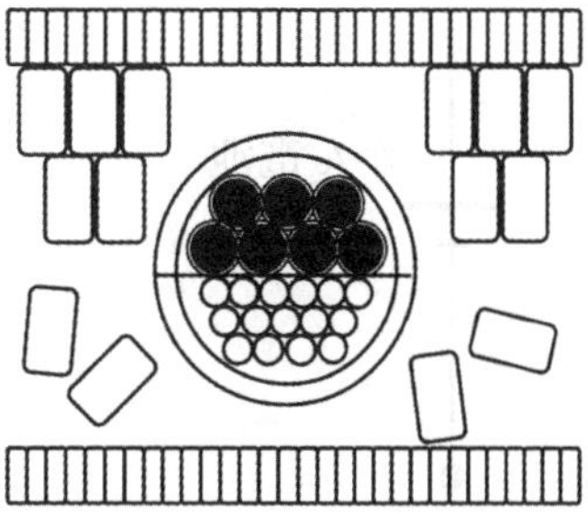

ウ

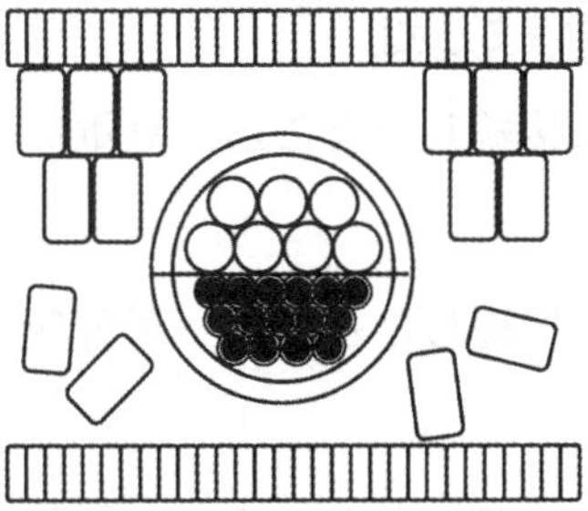

エ

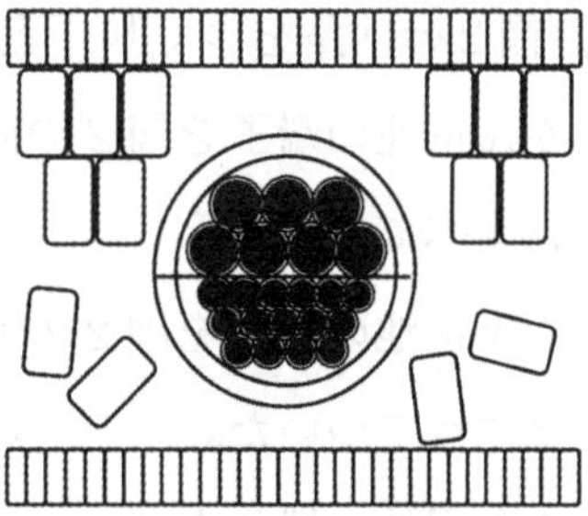

問７　表のア〜カのうち，インゲンマメの種子が発芽する条件の組み合わせとして適当なものはどれですか，すべて選び記号で答えなさい。

	温度	光	種子を置く場所
ア	25 ℃	当てる	水でしめらせたガーゼの上
イ	25 ℃	当てる	かわいたガーゼの上
ウ	25 ℃	当てる	水を満たした容器の中
エ	25 ℃	当てない	水でしめらせたガーゼの上
オ	5 ℃	当てる	水でしめらせたガーゼの上
カ	5 ℃	当てない	かわいたガーゼの上

3　図１のようなかん電池の端《たん》子（●）を，図２～５のような回路の端子（●）に接続して，豆電球のつき方や明るさを調べる実験をおこないました。これについて，あとの問１～問７に答えなさい。ただし，用いた豆電球とかん電池はすべて同じものとします。

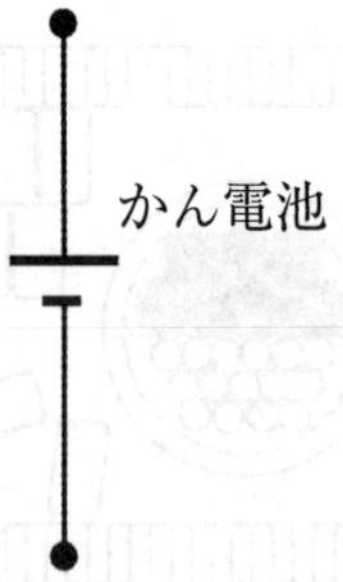

図１

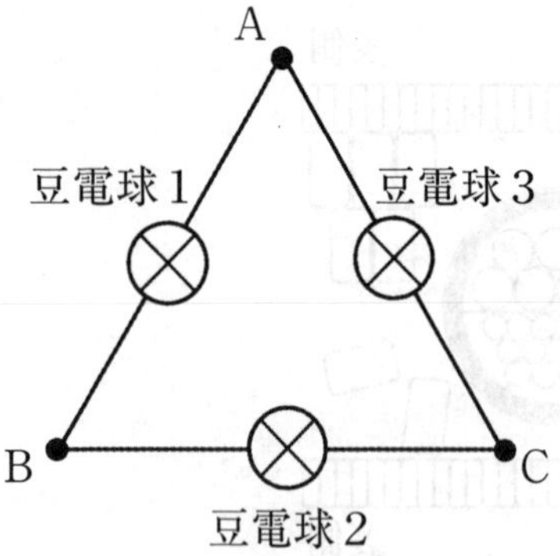

図２

はじめに，図２の回路をつくり，実験１～３をおこないました。

【実験１】かん電池の端子を図２の回路の端子A，Bに接続したところ，豆電球１～３はすべてついた。

【実験２】かん電池の端子を図２の回路の端子B，Cに接続したところ，豆電球１～３はすべてついた。

【実験３】かん電池の端子を図２の回路の端子A，Cに接続したところ，豆電球１～３はすべてついた。

問１　次のア～ウのうち，実験１における豆電球１と豆電球２の明るさについて説明したものとして正しいものはどれですか，１つ選び記号で答えなさい。

ア．豆電球１は豆電球２よりも明るい。

イ．豆電球２は豆電球１よりも明るい。

ウ．豆電球１と豆電球２は同じ明るさである。

問２　実験１～３のうち，豆電球３を取り外したときに，豆電球１，２の明るさが変わらない実験はどれですか，１つ選び番号で答えなさい。

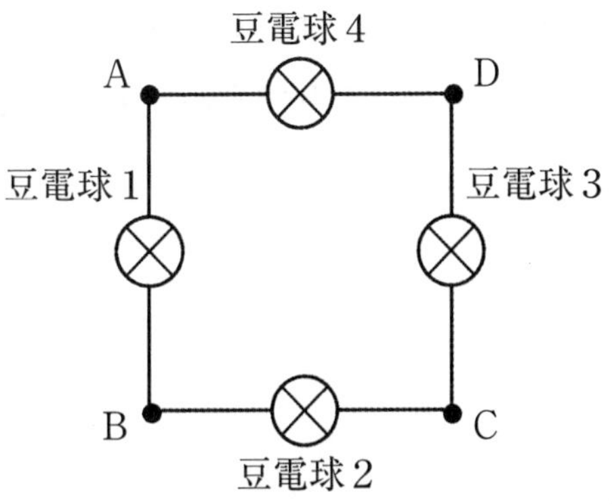

図３

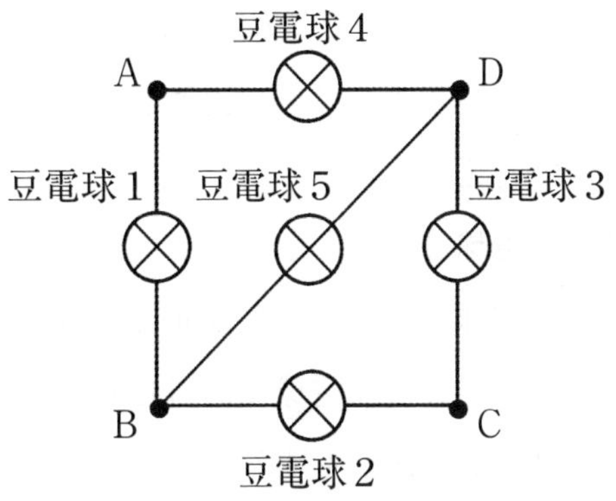

図４

次に，図３と図４の回路をつくり，実験４～６をおこないました。

【実験４】かん電池の端子を図３の回路の端子Ａ，Ｃに接続したところ，豆電球１～４はすべてついた。

【実験５】かん電池の端子を図４の回路の端子Ａ，Ｃに接続したところ，豆電球１～４はすべてついたが，豆電球５はつかなかった。

【実験６】かん電池の端子を図４の回路の端子Ｂ，Ｄに接続した。

問３　次のア～カのうち，実験４における豆電球１～４の豆電球の明るさについて説明したものとして正しいものはどれですか，２つ選び記号で答えなさい。

ア．豆電球１は豆電球２よりも明るい。

イ．豆電球２は豆電球１よりも明るい。

ウ．豆電球１と豆電球２は同じ明るさである。

エ．豆電球１は豆電球４よりも明るい。

オ．豆電球４は豆電球１よりも明るい。

カ．豆電球１と豆電球４は同じ明るさである。

問４　次のア～カのうち，実験５における豆電球１～４の豆電球の明るさについて説明したものとして正しいものはどれですか，２つ選び記号で答えなさい。

ア．豆電球１は豆電球２よりも明るい。

イ．豆電球２は豆電球１よりも明るい。

ウ．豆電球１と豆電球２は同じ明るさである。

エ．豆電球１は豆電球４よりも明るい。

オ．豆電球４は豆電球１よりも明るい。

カ．豆電球１と豆電球４は同じ明るさである。

問５　実験５のあと，豆電球１を取り外しました。次のア～オのうち，残り４つの豆電球２～５の明るさについて説明したものとして正しいものはどれですか，すべて選び記号で答えなさい。

ア．豆電球２はつかない。

イ．豆電球２と豆電球５は同じ明るさである。

ウ．豆電球３と豆電球４は同じ明るさである。

エ．豆電球４が最も明るい。

オ．豆電球５はつかない。

問６　豆電球１～５のうち，実験５，６の両方において同じ明るさで光っていた豆電球の個数は何個ですか。ただし，豆電球５については，実験６においてもつかなかった場合は同じ明るさで光っていた豆電球にふくむものとし，同じ明るさで光っていた豆電球がない場合は「０」と答えなさい。

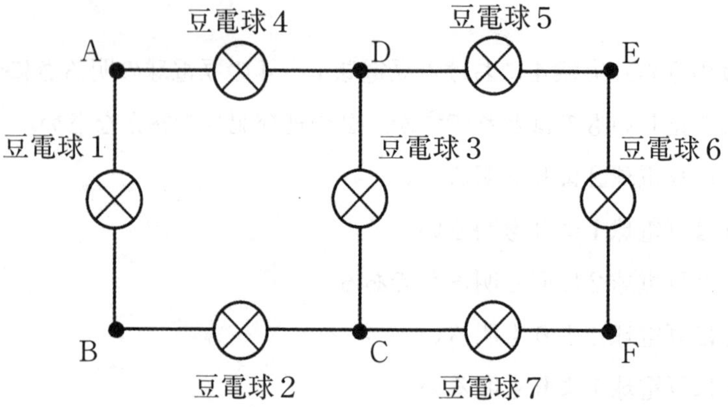

図５

最後に，図５の回路をつくり，実験７をおこないました。

【実験７】かん電池の端子を図５の回路の端子A，Bに接続したところ，豆電球１～７はすべてついた。

問７　次のア～オのうち，実験７における豆電球１～７の明るさについて説明したものとして正しいものはどれですか，すべて選び記号で答えなさい。

ア．最も明るい豆電球は１つだけである。

イ．豆電球２，３，４は同じ明るさである。

ウ．豆電球５，６，７は同じ明るさである。

エ．豆電球５は豆電球３より明るい。

オ．豆電球７は豆電球２より明るい。

4　さいたま市に住んでいるあきよしさんは，友達のひとしさん，てつやさんとテレビ電話を用いて話をしました。ひとしさんは沖縄に，てつやさんはシンガポールに住んでいます。次の文は，そのときの会話の内容を記したものです。また，図は３人の住んでいる位置関係をおおよその緯度・経度とともに模式的に示したものです。これについて，あとの問１～問８に答えなさい。ただし，３人は科学的に正しいことを話しているものとします。

あきよし「ひとし，てつや！久しぶり！」

ひとし　「久しぶり！なつかしいなぁ。２年ぶりだね！」

てつや　「僕はもう５年会ってないけど，２人とも元気そうだね！」

あきよし「元気だよ！そう言えば，ひとし。沖縄では昨日の台風大丈夫だった？」

ひとし　「結構風が強かったけど，家は何ともなかったよ。あきよしの方のさいたまこそ大丈夫？」

あきよし「もともと関東地方に来る予報だったけど，①太平洋高気圧が張りだしてくれて進路がそれたから大丈夫そう。」

てつや　「台風かぁ。シンガポールにはほとんど台風が来ないんだよね。今，シンガポールでは雲ひとつなくて，星がよく見えるよ。」

あきよし「さいたまでも星がよく見えるよ。この前買ってもらった②望遠鏡を使って北極星を見たり，肉眼で北の空を見たりしていたところだったんだ。」

てつや　「北極星ね。シンガポールでは，北極星は［　A　］ように見えるよ。
あと，こっちでは満月が見えているけど，さいたまでは月の形はどう？」

あきよし「こっちでも満月だよ。だけど見えている方角はちがうはずだよね。

シンガポールでは，さいたまよりも月が［　B　］南中して見えるんじゃないかな。」

ひとし　「沖縄だとちょうど南中したところだね。」

あきよし　「さいたまだと［　C　］かな。こんなに晴れていると観察しやすくていいね。それにしても，さっきから窓を開けて観察しているけど，外はとても暑いね。」

ひとし　「もう７月のおわりだからね。でも暑さで言ったら沖縄も暑いよ。」

てつや　「太陽が出ている時間で比べると，この季節は［　D　］よね。」

あきよし　「２人はいいなぁ，海が近くてうらやましいよ。」

ひとし　「今度遊びに来なよ！」

あきよし　「いいね！てつやは次帰国する予定はいつ？」

てつや　「ちょっと家族に聞いてみるね！」

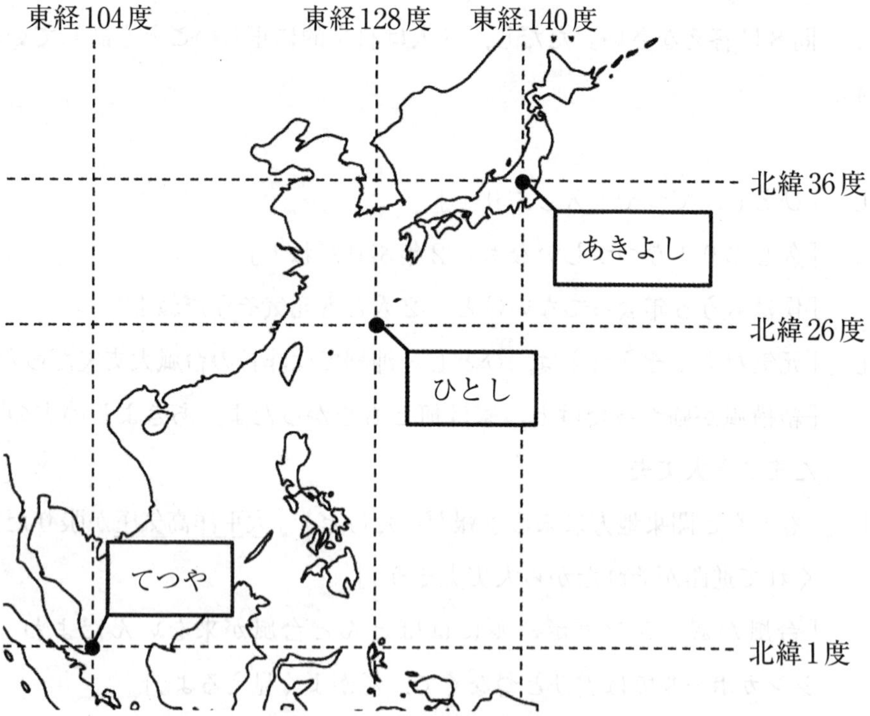

問１　次のア～エのうち，下線部①の太平洋高気圧が関係しているものとして適当なものはどれですか，すべて選び記号で答えなさい。

ア．春先に移動性高気圧をうみ出す。

イ．梅雨の時期にオホーツク海高気圧とせめぎ合う。

ウ．夏に太平洋側にもう暑をもたらす。

エ．冬に日本海側に大雪を降らせる。

問２　次のア～エのうち，北半球における台風の雲のうずの巻き方，および地表付近での風のふく方向を模式的に示したものとして最も適当なものはどれですか，１つ選び記号で答えなさい。

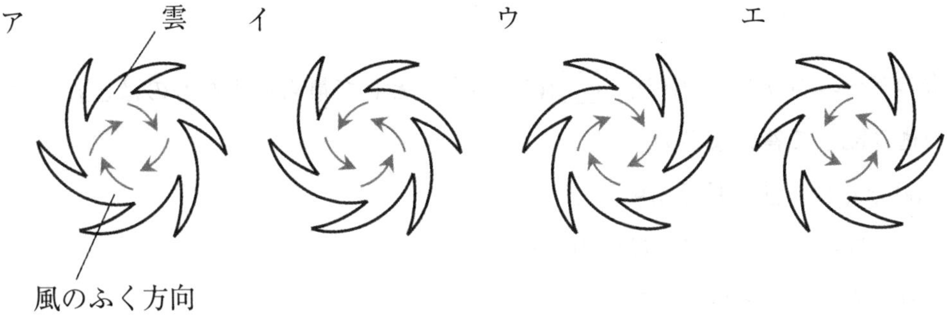

問３　次のア～エのうち，下線部②で用いた望遠鏡の角度として最も適当なものはどれですか，１つ選び記号で答えなさい。

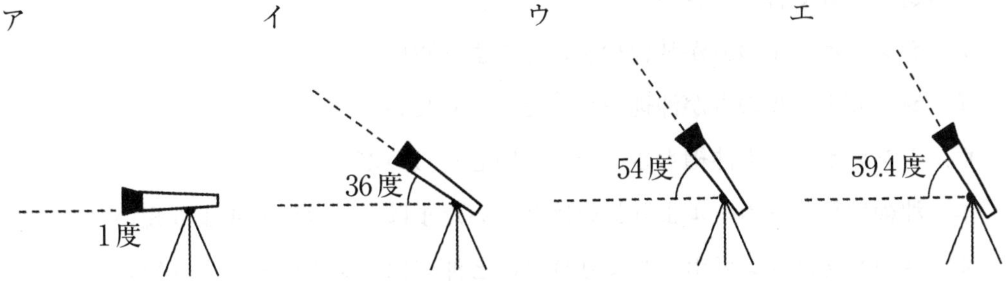

問４　次のア～エのうち，下線部②で肉眼で北の空に見えた星座として最も適当なものはどれですか，１つ選び記号で答えなさい。

ア．オリオン座　　イ．さそり座　　ウ．カシオペア座　　エ．おおいぬ座問５　次のア～エのうち，文中の［　A　］に入るものとして最も適当なものはどれですか，１つ選び記号で答えなさい。

ア．真上で動かない

イ．東の空から西の空へと動く

ウ．南の空で動かない

エ．北の地平線すれすれで動かない

問６　次のア～カのうち，文中の［　B　］に入るものとして最も適当なものはどれですか，１つ選び記号で答えなさい。

ア．30分ほど遅れて

イ．１時間半ほど遅れて

ウ．２時間半ほど遅れて

エ．30分ほど早く

オ．１時間半ほど早く

カ．２時間半ほど早く

問７　次のア～エのうち，文中の［　C　］に入るものとして最も適当なものはどれですか，１つ選び記号で答えなさい。

ア．50分くらい前に月は南中した

イ．１時間半くらい前に月は南中した

ウ．月が南中するまであと50分くらい

エ．月が南中するまであと１時間半くらい

問８　次のア～オのうち，文中の［　D　］に入るものとして最も適当なものはどれですか，１つ選び記号で答えなさい。

ア．シンガポールの方が沖縄やさいたまより短い

イ．シンガポールの方が沖縄やさいたまより長い

ウ．シンガポールも沖縄もさいたまも同じくらいだ

エ．沖縄はシンガポールより長いけどさいたまはシンガポールより短い

オ．さいたまはシンガポールより長いけど沖縄はシンガポールより短い

5 うすい塩酸，炭酸カルシウムおよびチョークを用いて，次のような実験をおこないました。これについて，あとの問１～問７に答えなさい。ただし，チョークは炭酸カルシウムを主成分とし，チョークにふくまれる炭酸カルシウム以外の物質は塩酸と反応しないものとします。

【実験】

① ビーカーＡ～Ｊを用意し，それぞれに塩酸を50 cm^3入れ，重さをはかった。

② ビーカーＡ～Ｅに炭酸カルシウムを，ビーカーＦ～Ｊにチョークを，それぞれ重さを変えて加えると気体が発生した。

③ 反応後の水溶液が入ったビーカーＡ～Ｊの重さをはかり，結果を表にまとめた。

ビーカー	A	B	C	D	E
ビーカーと塩酸の重さ[g]	100	100	100	100	100
炭酸カルシウムの重さ[g]	1	2	3	4	5
反応後の水溶液が入ったビーカーの重さ[g]	100.56	101.12	101.68	102.68	103.68

ビーカー	F	G	H	I	J
ビーカーと塩酸の重さ[g]	100	100	100	100	100
チョークの重さ[g]	1	2	3	4	5
反応後の水溶液が入ったビーカーの重さ[g]	100.67	101.34	102.01	102.68	X

問１ 次のア～エのうち，この実験で発生した気体の性質を説明したものとして最も適当なものはどれですか，１つ選び記号で答えなさい。

ア．石灰水に通じると白くにごる。

イ．ものを燃やすはたらきがある。

ウ．鼻をさすにおいがある。

エ．マッチの火を近づけると音を立てて燃える。

問２　次のア～エのうち，実験で用いた塩酸の体積を150 cm^{3}にしたとき，加えた炭酸カルシウムの重さと発生した気体の重さの関係を示すグラフとして正しいものはどれですか，１つ選び記号で答えなさい。ただし，横軸《じく》は加えた炭酸カルシウムの重さ[g]，縦軸は発生した気体の重さ[g]を表しています。

ア

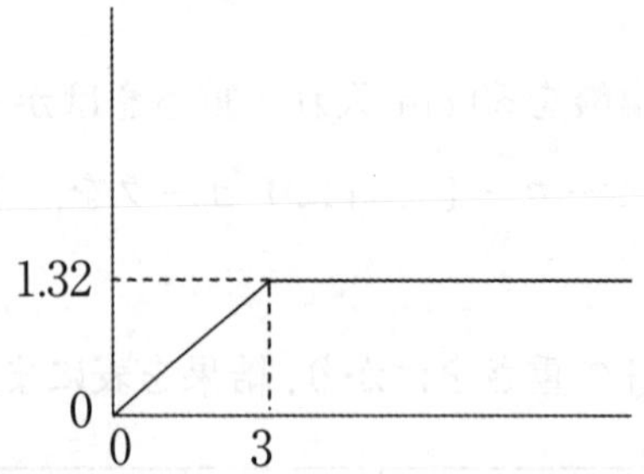

イ

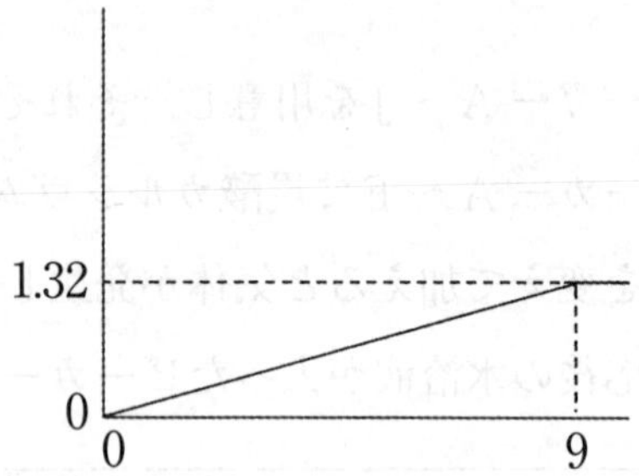

ウ

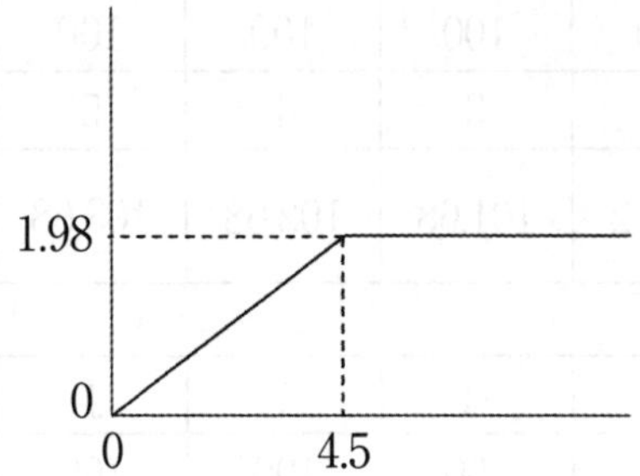

エ

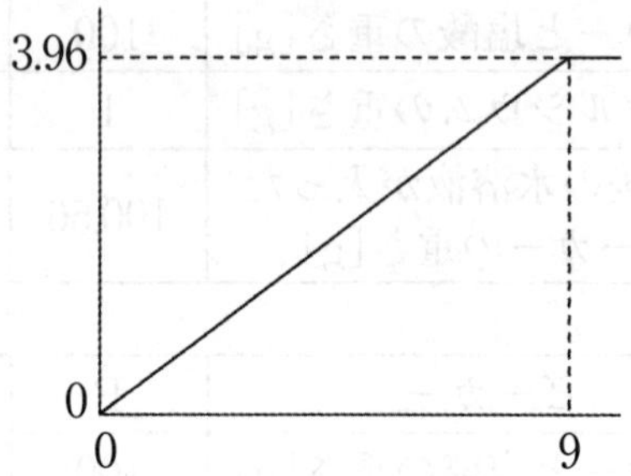

問３　この塩酸50 cm^{3}とちょうど反応するチョークの重さは何gですか。

問４　チョーク１gにふくまれる炭酸カルシウムの重さは何gですか。

問５　表のXに入る数値を答えなさい。

問６　この塩酸100 cm^{3}に炭酸カルシウム３ gとチョーク２ gを加えて反応させました。このとき発生する気体の重さは何gですか。

問７　この塩酸100 cm^{3}に炭酸カルシウムとチョークの混合物5.5 gを加えて反応させると気体2.2 gが発生しました。この混合物5.5 gにふくまれるチョークの重さは何gですか。

先生　「ヨッちゃん」はなぜ真鯉だけをつないだ竿を持っていたのでしょう。

大場さん　「少年」と「ヨッちゃん」は竿を持って、川に向かったんですよね。

宮沢さん　「ヨッちゃん」はその川について、「タケシくん」と「いつも河原で**ア**□□□□(四字)」って言っているから、二人にとって思い入れの深い川だったんだろうね。

開藤さん　真鯉は、「タケシくん」の家のベランダからだと**イ**□□□□□□(六字)から、「ヨッちゃん」は持って来たんじゃないかな。

大場さん　そうか、「ヨッちゃん」は「タケシくん」の家の真鯉を、二人がいつも**ア**□□□□という思い出の場所に連れて行ったんだ。

先生　そうですね。みなさん良いところに気がつきましたね。では、ここでの真鯉はどういう意味をもっているのでしょう。

成田さん　分かった。この真鯉は単なる真鯉ではなくて**ウ**□□□□□(五字)を象徴しているんですね。

問八　――部⑥「強く握りしめた」とありますが、この時の「少年」の様子として最も適当なものを、次の**ア**～**エ**の中から一つ選んで、記号で答えなさい。

ア　「おばさん」の家から出てきた「ヨッちゃん」に、「少年」は気持ちの良い笑い方を見せることができるようになった。しかし、「ヨッちゃん」との仲を取り持ってくれた「タケシくん」はもういないということを実感し、寂しくなっている。

イ　「少年」には、「ヨッちゃん」と親密になれてうれしいという気持ちと、「タケシくん」を失った「ヨッちゃん」がかわいそうだという気持ちとが同時に起こった。「少年」は、そうした感情が表にあふれ出そうになっているのを抑《おさ》えている。

ウ　「少年」と「ヨッちゃん」は「おばさん」の家から真鯉のつながれた竿を持ちだした。けれども「タケシくん」の家の真鯉は思っていた以上に重く、風を受けてどこか遠くに飛んで行ってしまいそうなので力を込めて必死にこらえている。

エ　「おばさん」の家で「少年」と「ヨッちゃん」はぎくしゃくしていたので、「おばさん」は「少年」が出ていった後、「ヨッちゃん」をさとした。「おばさん」のこの行動によって「ヨッちゃん」と仲良くなれて、「少年」は「おばさん」に心から感謝している。

問九　――部⑦「そういうのって、いいんだよ、もう」とありますが、「少年」がそう思ったのはなぜですか。自分で考えて、二十五字程度で答えなさい。

問十　二か所の D には同じことばが入ります。当てはまることばを本文中から三字でぬき出しなさい。

「ヨッちゃん」の名前が突然出てきたから。

エ　「おばさん」の息子の「タケシくん」は、「ヨッちゃん」のいちばんの友だちであったと知ったから。

問二　═══部「しみじみと」の本文中での意味として最も適当なものを、後の**ア**～**エ**の中から一つ選んで、記号で答えなさい。

「しみじみと」

ア　おおいに感動して

イ　繰り返し繰り返し

ウ　目に涙を浮かべて

エ　深く心に感じて

問三　――部②「しょうがないだろ」とありますが、この時の「少年」の状況を説明した次の文の□に当てはまることばを、それぞれ本文中からぬき出しなさい。

「少年」は、「おばさん」の「ヨッちゃんは ア□□(二字)を見てくれるか」という質問に、うなずいたつもりだった。しかし、「おばさん」は「少年」が「ヨッちゃん」と イ□□□□□□□(七字)ということにうなずいたと ウ□□□(三字)して、 エ□□□□□(五字)に微笑んだ。さらにその ウ□□□から「おばさん」は「少年」が オ□□□□□□□□(八字)だと考え、いっそう エ□□□□□にするので帰れなくなってしまった。

問四　――部③「そうするつもり」とありますが、「少年」がそう思っていたのはなぜですか。その理由として最も適当なものを、次の**ア**～**エ**の中から一つ選んで、記号で答えなさい。

ア　「タケシくん」の家で、「少年」は寂しそうにしている「おばさん」とようやくうちとけてきたが、そこにやってきた「ヨッちゃん」のことを「少年」は苦手にしているため不愉快《ふゆかい》になったから。

イ　「タケシくん」と友だちだという嘘によって、久しぶりに「おばさん」が楽しそうに過ごせるようになっていたのに、「ヨッちゃん」が来たことでそれが嘘だと知られてしまうと思ったから。

ウ　勘違いを繰り返す「おばさん」を傷つけないように配慮《はいりょ》していたが、「おばさん」はただただ幸せそうに笑うだけで、「少年」の気づかいに全く気付いてくれず空《むな》しく思えてきたから。

エ　「おばさん」の喜びを裏切ってしまう不安感から家にいたものの、本当の友だちでない「タケシくん」の写真の前で嘘をつき続けるのが嫌で、「おばさん」の家に居づらくなっていたから。

問五　[A]、[B]、[C]に当てはまることばとして最も適当なものを、それぞれ次の**ア**～**エ**の中から一つずつ選んで、記号で答えなさい。

ア　うやうやしく　**イ**　悔《くや》しそうに

ウ　あわてて　**エ**　うれしそうに

問六　――部④「このまま帰ってしまうのも、なんとなく嫌だった」とありますが、それはなぜですか。その理由を説明した次の文の□に当てはまることばを、それぞれ本文中からぬき出しなさい。

「ヨッちゃん」はゲームをしながら ア□□□□□□□(七字)ようにはなったが、しっかり イ□□□(三字)をしたわけではないので、気持ちがすっきりしていないから。

問七　――部⑤「真鯉だけをつないだ竿を持っていた」とありますが、これについて大宮開成中学校の生徒が話し合いました。次の会話文の□に当てはまることばを、それぞれ本文中からぬき出しなさい。

っていたのかもしれない。そう思うと、急にうれしくなり、でも急に悲しくもなって、竿をぎゅっと⑥強く握りしめた。

　河原に出た。空も、川も、土手も、遠くの山も、夕焼けに赤く染まっていた。

　ヨッちゃんは土手のサイクリングロードに出ると自転車を停め、少年からこいのぼりを受け取った。

「俺《おれ》ら……友だちなんだって？」

　少年は、ごめん、とうつむいた。おばさんが勝手に勘違いしただけだ、とは言いたくなかった。

「べつにいいけど」

　ヨッちゃんはまたさっきのように笑って、手に持った竿を振ってこいのぼりを泳がせた。

「タケシって……すげえいい奴だったの。サイコーだった。俺、いまでも親友だから」

「……うん」

「でも……おばさん、もう来るなって。ヨッちゃんは新しい友だちをどんどんつくりなさい、って……そんなのヤだよなあ、関係ないよなあ、俺が友だちつくるのとかつくんないのとか、自分の勝手だよなあ……」

　ヨッちゃんは、［C］竿を振り回す。こいのぼりは身をくねらせ、ばさばさと音をたてて泳ぐ。

「こいのぼり、ベランダからだと、川が見えないんだ。俺らいつも河原で遊んでたから、見せてやろうかな、って」

　へへっと笑うヨッちゃんを、少年はじっと見つめた。ヨッちゃんはそのまなざしに気づくと、ちょっと怒《おこ》った顔になって、「拾ってくれてサンキュー」と言った。

　少年は黙《だま》って、首を横に振った。

「あそこの橋渡って、ぐるーっと回って、向こうの橋を通って帰るから」

　向こう岸を指さして言ったヨッちゃんは、行こうぜ、とペダルを踏みこんだ。

　ハンドルが揺《ゆ》れる。自転車が道幅《みちはば》いっぱいに蛇行《だこう》する。片手ハンドルで自転車を漕ぐのは、あまり得意ではなさそうだ。

　少年はヨッちゃんの自転車に並んで、手を差し伸《の》べた。「持ってやろうか」と声をかけると、ヨッちゃんは少し間をおいて「悪い」と竿を渡した。「べつにいいよ」と竿を受け取ったあと、ほんとうはもっと別の言葉を言わなきゃいけなかったのかもな、と思った。でも、⑦そういうのって、いいんだよ、もう、と竿を持った右手を高く掲《かか》げた。

　こいのぼりが泳ぐ。金色にふちどられたウロコが、夕陽を浴びてきらきらと光る。

　ヨッちゃんの自転車が前に出た。少年は友だちを追いかける。右手で、［D］の［D］を握りしめる。振り向いたヨッちゃんが、「転ぶなよお」と笑った。

（重松　清の文章による）

問一　――部①「胸がどきんとした」とありますが、それはなぜですか。その理由として最も適当なものを、次の**ア**～**エ**の中から一つ選んで、記号で答えなさい。

ア　「少年」と初対面である「おばさん」が、知るはずのない「ヨッちゃん」のことまでよく知っていたから。

イ　「ヨッちゃん」のことを親切だと言っているので、「おばさん」が「ヨッちゃん」の味方だと分かったから。

ウ　転校したての頃は仲が良かったが、今は気まずくなっている生の頃《ころ》に遊んだものだった。タケシくんが生きてれば友だちになったよな、絶対そうだよな、と少年は思う。去年発売されたシリーズの新作はもっと面白い。タケシくんが生きてれば絶対にハマっただろうな。

ヨッちゃんはゲームがうまかった。少年といい勝負——勝ったり負けたりを繰《く》り返す二人を、「ひさしぶりにゲームすると、指と目が疲《つか》れちゃうねえ」と途中から見物に回ったおばさんは、にこにこ微笑んで見つめていた。

ヨッちゃんと仲直りをしたわけではない。ヨッちゃんは家に入って少年を見たとき、一瞬《いっしゅん》、なんでおまえなんかがここにいるんだよ、という顔をした。少年も、②しょうがないだろ、とにらみ返して、そっぽを向いた。

おばさんがジュースのお代わりを取りに台所に立ったとき、「さっさと帰れよ」とヨッちゃんに小声で言われ、肩《かた》を小突《こづ》かれた。

少年も最初は③そうするつもりだった。おばさんに嘘《うそ》がばれるのが嫌《いや》だったし、嘘をついたままタケシくんの写真に見つめられて遊ぶ自分が、もっと嫌だった。

でも、おばさんはジュースを持って戻《もど》ってくると、二人に言った。

「タケシも喜んでるわよ、ヨッちゃんに新しいお友だちができて」

帰れなくなった。頬《ほほ》が急に熱くなり、赤くなって、そこからはいままで以上にゲームに夢中になったふりをした。ヨッちゃんも、ゲームのコントローラーを動かしながら、ときどき、テレビの画面を見つめたまま話しかけてくるようになった。そんな二人を、おばさんはずっと——ほんとうにずうっと、にこにこと［A］見つめていた。

先に「さようなら」と言った少年が団地の建物の外に出ても、ヨッちゃんはなかなか出てこなかった。放っておいて帰るつもりで自転車にまたがったが、④このまま帰ってしまうのも、なんとなく嫌だった。困ったなあと思ってタケシくんの家のベランダを見上げていたら、窓が開いて、おばさんがベランダに顔を出した。少年に気づくと、「ちょっと待っててね」と笑って声をかけ、フェンスからこいのぼりの竿《さお》をはずした。

しばらくたって外に出てきたヨッちゃんは、⑤真鯉《まごい》だけをつないだ竿を持っていた。

「すぐ帰らないとヤバい？」

少年に顔を向けずに訊《き》いた。

「べつに……いいけど」

「片手ハンドル、できる？」

「自転車の？」

簡単だよ、そんなの、と笑った。道が平らだったら両手を離しても漕《こ》げる。

ヨッちゃんはこいのぼりを少年に渡した。

「おまえに持たせてやる」

「……どうするの？」

「ついて来いよ。タケシのこいのぼり、ぴんとなるように持ってろよ」

そう言って、自分の自転車のペダルを勢いよく踏《ふ》み込んだ。

少年は［B］追いかける。風を呑《の》み込んだこいのぼりは、尾びれまでぴんと張って泳ぎはじめた。意外と重い。しっかりと竿を握《にぎ》っていないと、飛んでいってしまいそうだ。

ヨッちゃんの自転車は団地を抜《ぬ》けて、細い道を何度も曲がっていく。片手ハンドルの運転ではなかなかスピードを上げられない。ヨッちゃんも途中でブレーキをかけたり自転車を停めたりして、少年を待ってくれた。「かわってやろうか」と言われて、「ぜんぜん平気だよ」と応えると、ふうん、と笑われた。いままでとは違う——転校したての頃とも違う笑い方だった。タケシくんと一緒だった頃もこんなふうに笑

研究内容を理解できるように易しく説明している。

ウ　我々の身近にある雑草について理解を深めるために、各所に科学的な根拠を用いて雑草の強さを印象づけている。

エ　読者も知っている雑草に関する具体例を複数挙げることで、馴染《なじ》みのない雑草の研究成果を分かりやすく説明している。

三　**次の文章を読んで、後の問いに答えなさい。**

一か月ほど前に「少年」は都会から引っ越してきた。当初、クラスのみんなは少年の周りに集まってきていたが、少年の発言がもとで関係が悪くなってしまった。特に男子のリーダー格のヨッちゃんとは親友になりたいと思っていたが、この一週間で気まずくなっている。ある日、少年が自転車で町の探検をしていると、団地の一室のベランダに掛《か》けられたこいのぼりが風に飛ばされてきた。こいのぼりを拾って届けると、寂《さび》しそうに見えるおばさんが出てきて、家の中に少年を招き入れた。

おばさんの息子は、タケシくんという。三年生の秋、交通事故で亡くなった。生きていれば東小学校の五年生――少年と同じ五年二組だったかもしれない。仏壇《ぶつだん》に供《そな》えられた超合金《ちょうごうきん》ロボやトレーディングカードは少年の好きなものと一緒《いっしょ》だったから、仲良しの友だちになれた、かもしれない。

おばさんは東小学校のことをあれこれ教えてくれた。髪《かみ》の薄《うす》い校長先生のあだ名が「はげっち」だということ、秋の運動会に親子競技があること、冬になるとクラスでストーブ委員を決めること、学校のプールは真ん中が深くなっていて背が立たないかもしれない、ということ……。

ヨッちゃんの名前が出た。①胸がどきんとした。タケシくんのいちばんの友だちはヨッちゃんだったらしい。

「ヨッちゃんと同じクラスなの？　じゃあ、もう友だちになったでしょ。あの子元気だし、面白いし、意外と親切なところもあるから」

タケシくんが小学校に上がって最初に仲良くなったのがヨッちゃんで、最後まで――いまでもヨッちゃんは、ときどき仏壇にお線香をあげに来てくれるのだという。

「ヨッちゃん、いろいろ面倒見てくれるから、すぐに友だちになれたでしょ」

少年は黙ってうなずいた。一週間前までは、確かにそうだった。通学路の近道も、学校でいちばん冷たい水が出る水飲み場の場所も、教室を掃除するときの手順も、ぜんぶヨッちゃんに教わった。

「そうかあ、ヨッちゃんと友だちかあ……」

おばさんはうれしそうに微笑《ほほえ》んで、しみじみとつぶやくように言った。勘違《かんちが》い――でも、そんなの、打ち消すことなんてできない。

「じゃあ、タケシとも友だちってことだね」

おばさんはもっとうれしそうに言った。

少年がしかたなく「はあ……」と応《こた》えると、玄関《げんかん》のチャイムが鳴った。

外からドアが開く。

「おばちゃん！　こいのぼり、黒いのがなくなってる！　飛んでったんじゃないの！」

玄関に駆《か》け込《こ》んできたのは、ヨッちゃんだった。

五時のチャイムが鳴るまで、少年はヨッちゃんと一緒にタケシくんの家にいた。おばさんに「やろう、やろう」と誘《さそ》われて、三人でテレビゲームをした。タケシくんの家にあったゲームはみな、少年も三年わからない。

ウ　小学生用のグラウンドでは狭《せま》いので、テクニックがいかせない。ボールも小学生用だとサイズが小さいので、うまく蹴れないかもしれない。

エ　成長途中《とちゅう》の小学生に本気を出してしまうとけがをさせてしまうかもしれない。応援《おうえん》する人たちも小学生チームを味方するに決まっている。

問五　――部②「弱い植物が強い植物に勝つことはできない」とありますが、「弱い植物」が自然界で生き残っていくためには何が必要ですか。そのことを説明した次の文の□に当てはまることばを、それぞれ本文中からぬき出しなさい。

　強い植物が力を発揮できない ア□□□□□（五字）環境と、それを乗り越えるための戦略や戦術を生み出す イ□□（二字）が必要となる。

問六　――部③「安定した環境」とありますが、「強い植物」にとっての安定した環境の例として最も適当なものを、次のア～エの中から一つ選んで、記号で答えなさい。

ア　安全に車や自転車が走れるようなコンクリートで舗装《ほそう》された道路。

イ　土を耕して肥料をまき、栄養分・水分をたくさん含ませた畑。

ウ　気候が穏《おだ》やかで、地震や火山活動が起こらない山間部。

エ　公園や学校のグラウンドなど、子供たちが安全に遊べる場所。

問七　この文章から次の一文がぬけています。この一文が入る最も適当な部分を、文章中の（ア）～（エ）の中から一つ選んで、記号で答えなさい。

　ところが、人間が現れると、雑草の生活は一変する。

問八　══部「ニッチ」とありますが、これについて大宮開成中学校の生徒が話し合いました。後の各問いに答えなさい。

大場さん　「ニッチ」っていうのは、ビジネスの世界では「隙《すき》間《ま》」のような意味で使われることが多く、生物の世界では自分たちの ア□□□□□□（六字）を意味すると書かれているよね。

宮沢さん　そうだね。弱い植物は自然界で生き残るために、他の強い植物たちのいない「ニッチ」を探しているんだろうな。どんなにそこが イ□□□□□（五字）であったとしても、適応することさえできれば、弱い植物にとって ウ□□□□□□□□□（九字）がいない場所は生存の可能性が出てくるわけだし。

開藤さん　そう考えると、今生えている雑草もそれぞれの環境を克服し、「ニッチ」としての自分の エ□□□（三字）を見つけることができた植物なんだね。だから、筆者は雑草も自然界の「勝ち組」と言っているんだね。

成田さん　そうだね。弱い植物とされている雑草が強い植物に負けずに自分の「ニッチ」を見つけたからこそ、筆者は［　X　］って表現を使っているんじゃないかな。

（i）　ア～エの□に当てはまることばを、それぞれ本文中からぬき出しなさい。

（ii）　［X］に当てはまることばとして最も適当なものを、本文中の波線部ⓐ～ⓓの中から一つ選んで、記号で答えなさい。

問九　本文の内容に関する説明として最も適当なものを、次のア～エの中から一つ選んで、記号で答えなさい。

ア　雑草の歴史と人類の歴史を説明することで、人類の繁栄《はんえい》と雑草の繁栄が密接に関わっていることを印象づけている。

イ　短文を多く用いることで、知識の少ない子供たちでも難解な来はある生物種が生息する環境を意味する言葉である。

※2マーケティングの世界でいう「ポジショニング」という言葉が、これと似ているだろう。

自然界の生き物は、自分たちの生息場所をポジショニングする。このポジショニングができない生物は生き残ることができないのである。

強い植物は、③安定した環境である深い森がニッチである。そうではない植物たちは、強い植物のいない場所をニッチとしなければならない。

サボテンはライバルのいない砂漠というニッチを選んだ。高山植物はライバルのいない氷雪の地をニッチとして選んだ。

そして、雑草と呼ばれる植物は、予測不能な環境をニッチとして選んだのである。しかし、雑草も種類によって、生える場所がだいたい決まっている。

じつは畑というのは、雑草にとって過酷な環境なのである。いつ耕されるかわからないし、いつ抜かれるかわからない。そういう条件を克服した雑草だけが、「畑の雑草」となることができるのである。

実際に観察してみると、畑の中に生えている雑草と、畑のまわりに生えている雑草は種類が違《ちが》う。畑のまわりの雑草は、畑の中に生えることができないものが多いのである。

公園を見ても、芝生に生えている雑草と、花壇《かだん》に生えている雑草では種類が違う。

歩道を見ると、よく踏まれる歩道の真ん中に生えることができる雑草と、歩道には生えることができずに、植え込みなどに生えている雑草がある。

それぞれの雑草は、自分のニッチをしっかりとポジショニングしているのである。

こうして環境に適応し、スミレもタンポポも、およそこの世にある雑草は、すべて環境を克服し、自分の居場所を見つけた「勝ち組」なのである。

逆にいえば、自分の居場所を見つけることのできなかった植物は滅んでいく。負け組の生存を許すほど、自然界は甘くはない。

そして、どんな雑草にも、明確なポジショニング戦略があり、かならず、その居場所で生き抜くための戦術があるのである。

（稲垣栄洋『都会の雑草、発見と楽しみ方』による）

※1　駆逐…敵対するものや邪魔《じゃま》なものを追いはらうこと。

※2　マーケティング…商品を売り買いする仕組み。

問一　Ⅰ～Ⅲ に当てはまることばとして適当なものを、それぞれ次の**ア**～**オ**の中から一つずつ選んで、記号で答えなさい。ただし、同じ記号を二回以上選ぶことはできません。

ア　ところで　**イ**　もし　**ウ**　つまり

エ　むしろ　**オ**　しかし

問二　二カ所の A に当てはまる共通した四字熟語を答えなさい。

問三　――部①「世の中がすべて、強い植物ばかりになってしまう」とありますが、筆者がこのように述べるのはなぜですか。次の文の□に合うように、本文中のことばを用いて、四十字以内で答えなさい。

自然界は、□と考えることもできるから。

問四　B に当てはまる最も適当なものを、次の**ア**～**エ**の中から一つ選んで、記号で答えなさい。

ア　審判は雨の中で仕事をしたことが無いので、うまく笛を吹くことができない。泥だらけのグラウンドで審判を務めた経験も無いので、うまく走れない。

イ　強く降る雨でボールがどこにあるのかもわからないし、味方の位置も見えない。風に飛ばされてボールもどっちへ転がるかしてくれる条件となるのである。

恐竜《きょうりゅう》がいた時代は、地球の歴史のなかでももっとも安定した環境であった。

気候は温暖で、地殻《ちかく》変動もない。そんな時代には、力がすべてだった。

恐竜たちは、こぞって大きさを競った。植物たちも大型化し、ツクシの仲間が何十メートルもの高さまで、そびえ立っていたのである。

（　ア　）

雑草と呼ばれる植物の祖先が現れたのは、氷河期の終わりごろであるといわれている。氷河の跡《あと》にできた不毛の土地が、彼らの最初の生息の場だったのである。

そして、氷河期が終わり、環境が大きく変化する不安定な時代になると、洪水《こうずい》が頻繁《ひんぱん》に起こる河原や土砂崩れ後の山の斜面など、予測不能で、大型の植物が生えない場所が出現した。そこが雑草の棲《す》みかとなっていったのである。

（　イ　）

木が切られ、村ができると、人びとに踏《ふ》みつけられたところは大きな植物は生えることができない。森が拓《ひら》かれ農耕が始まると、土は耕され、草取りもおこなわれる。こうして人間が環境を改変し、次々と予測不能な環境が作られたのである。

（　ウ　）

新石器時代の遺跡《いせき》からは、すでに雑草の種子が発掘《はっくつ》されている。人類が人間としての歴史を刻み始めたとき、そこには、もう道ばたの雑草があったのである。

そして、人類が生息環境を広げていくにつれて、雑草たちもその分布を広げていった。いまや雑草は私たちの身の回りの、ありとあらゆるところを棲みかとしている。

好むと好まざるとにかかわらず、雑草は私たち人類とともに、繁栄《はんえい》を遂《と》げてきたのである。

（　エ　）

雑草は予測不能な乱世を好む植物である。いまや、身の回りは「予測不能な環境」であふれている。まさに(d)雑草たちの時代がやってきたのである。

人類が作りだした都市という環境は、特殊な環境である。

土もなく、水も少ない。人や車が、引っ切りなしに通っていく。自然界を生きる植物にとって、都会はけっして「住みやすい場所」とは言えないだろう。

しかし、過酷な環境であるということは、それだけ敵が少ないということである。ライバルとなる植物も少ないし、生存を脅《おびや》かすような害虫も少ない。

［Ⅱ］、都会という厳しい環境に適応することさえできれば、そこはライバルも天敵もいない楽園となるのである。

ナンバー1の実力を持つ強い植物にとって、都市は住むべき環境ではない。しかし、［A］の生存競争のなかで、勝ち抜くことのできない弱い植物たちにとって都市は、生存の可能性がある魅力《みりょく》的な場所である。

逆境に挑《いど》む「雑草」と呼ばれる植物にとって、都市は、生き残り戦略が試される場所である。

ライバルとなる植物はいない。ただ求められるのは、都市という厳しい環境を乗り越《こ》える知恵なのである。

「ニッチ」というと、ビジネスの世界では「隙間《すきま》」のような意味で使われることが多い。［Ⅲ］大きな市場と、大きな市場の隙間にある、小さな市場がニッチといわれる。

生態学では、ニッチというのは、「生態的地位」という意味で、本

二　**次の文章を読んで、後の問いに答えなさい。**

「雑草はたくましい」と評される。そして人びとは、(a)雑草の強さにあこがれる。

ところが、植物学の分野では、雑草は強いとはされていない。

［　Ｉ　］雑草は、「弱い植物である」とされているのである。

自然界は、［　Ａ　］である。強いものが生き残り、弱いものは滅《ほろ》び去っていく。

植物のなかにも生育が旺盛《おうせい》で、ほかの植物を圧倒する強いものがある。

お山の一本杉のようなものがその典型だ。ほかの植物を※１駆逐《くちく》して、最後に生き残ったのが、一本杉なのである。

あるいは、深い森の中に生い茂《しげ》る巨木たちは、生存競争の勝者たちだ。

タンポポやスミレのような雑草は、暗く深い森の中に暮らすことはできない。「雑草」と呼ばれる植物は、ほかの植物との生存競争に対して「弱い植物」なのである。

それでは、①世の中がすべて、強い植物ばかりになってしまうかといえば、かならずしもそうではないのが(b)自然界のおもしろいところだ。

じつは、「強い植物」が力を発揮できない場所があるのである。

それは、「予測不能な環境」である。

強い植物は、安定した条件で力を発揮する。ところが、なにが起こるかわからないという不安定な状況《じょうきょう》では、力を発揮することができないのである。

サッカーの試合を考えてみよう。

芝《しば》は天然芝の最高のコンディション。お天気は快晴で、風もない。

誰《だれ》だって、そんな恵まれた条件で試合をしてみたいと願うだろう。

この恵まれた条件のなかで、プロのサッカーチームと、小学生チームが対戦したとしたらどうだろう。結果は見るまでもない。プロのサッカーチームが勝つに決まっているだろう。

ところが最悪のコンディションを考えてみよう。天気は大雨。風も吹《ふ》き荒れている。グラウンドは、ドロドロにぬかるんでいて、水たまりさえたくさんある。

［　Ｂ　］

そんな恵まれない条件でサッカーをやるのは、誰だってイヤである。

しかし、そんな不安定な条件で試合をしたとしたら、どうだろう。

もしかすると、(c)番狂《くる》わせの可能性が出てくるかもしれない。

そして、小学生チームが、練習の条件に恵まれず、いつも泥んこの河川敷《かせんじき》のグラウンドで、強い風が吹きすさぶなかで練習を積み重ねているとしたら、どうだろう。

弱いはずの小学生チームが、強いはずのプロのチームに勝つ可能性は高まるだろう。

雑草の立つ瀬もまさに、そこなのである。

誰だって恵まれた環境で勝負したい。しかし、安定した環境で勝負を挑んでも、②弱い植物が強い植物に勝つことはできないのだ。

弱い植物である雑草は、強い植物が力を発揮できない予測不能な環境に、活路を見出した。

予測不能な環境で成功するために必要なものは、強い植物に勝つ「力」ではない。予測不能な環境を克服する「知恵」なのである。

これが雑草の生き方の基本的な哲学である。

逆境は誰にとってもいやなものである。しかし、逆境があるおかげで、弱い植物である雑草に成功のチャンスが訪れる。

逆境さえ、乗り切ることができれば、逆境は自分たちの成功を約束

二〇二二年度 大宮開成中学校

【国　語】〈第一回試験〉（五〇分）〈満点：一〇〇点〉

注意　字数制限のある問いでは、句読点や符号（、。「」など）も一字と数えます。

一　次の各問いに答えなさい。

問一　次の各文の――部のカタカナを漢字に直しなさい。

①　ユウランセンで湖を一周する。
②　ユウシュウの美をかざる。
③　高いケンシキを備えた人物。
④　ウンカイの上に日の出が見える。
⑤　友のアンピを尋《たず》ねる。
⑥　二つの委員をケンニンする。
⑦　約束にソムく行動だ。
⑧　布をタつ。

問二　次の慣用句・ことわざを含む文について、□に当てはまる漢字一字を答えなさい。

①　対戦相手が強すぎて全く□が立たない。
②　このチームは、監督《かんとく》が手□に掛《か》けて大切に育ててきた。

問三　次の各文の――部が直接かかる部分を以下の例のようにぬき出しなさい。ただし、句読点は含みません。

（例　雨が　降ったので、洗濯物《せんたくもの》が　ぬれた。　答え　降ったので）

①　毎日、牛乳を　取りに　行くのが、私の　仕事だ。
②　私は、次第に　秋の　色が　深まる　この時期が　好きだ。

問四　次のグラフ中の日本の空家数の変化に着目し、そこから読み取れることを一つあげ、四十字程度で書きなさい。その際、（注意事項《じこう》）の１・２にしたがうこと。

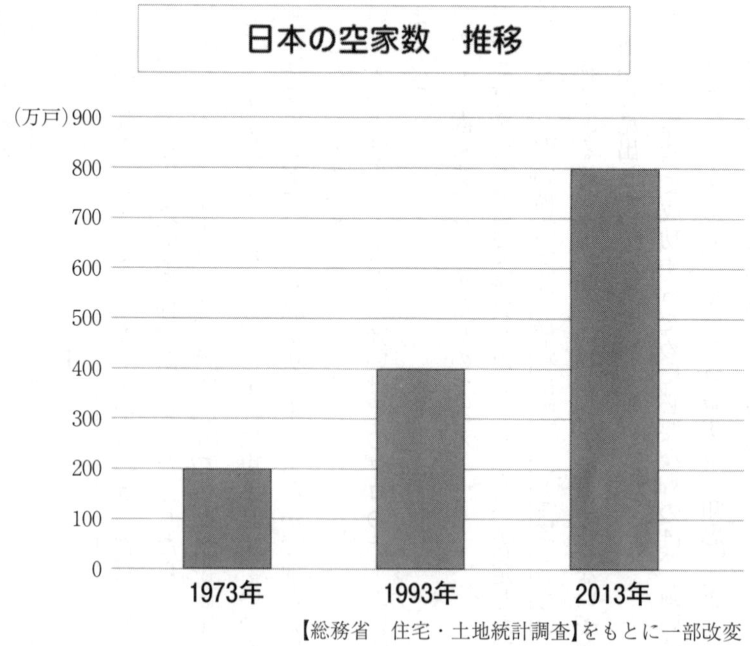

【総務省　住宅・土地統計調査】をもとに一部改変

（注意事項）
１　文の主語を明らかにすること。
２　数字を表記する際、次の例を参考にすること。
（例　三百万戸　一九八五年　二〇〇〇年）

2022年度

大宮開成中学校 ▶解説と解答

算 数 ＜第１回試験＞（50分）＜満点：100点＞

解 答

1 (1) 3 (2) 660 (3) $\frac{9}{10}$ (4) $\frac{1}{3}$ 2 (1) 25日 (2) 5000円 (3) 3200円 (4) 33分 (5) ５日 3 (1) 118度 (2) $1\frac{1}{3}$倍 (3) 3.14cm^3 4 (1) 10.8% (2) 1.2% 5 (1) ア 6 イ 2 (2) 7193 6 (1) 分速400m (2) 5600m 7 (1) 42.39cm^2 (2) 163.28cm^2

解 説

1 四則計算，計算のくふう，逆算

(1) $165\div5-(7-8\div4)\times6=33-(7-2)\times6=33-5\times6=33-30=3$

(2) $20\times22-17\times22+22\times53-13\times44=20\times22-17\times22+53\times22-13\times2\times22=20\times22-17\times22+53\times22-26\times22=(20-17+53-26)\times22=30\times22=660$

(3) $1\frac{2}{5}-\left(3\frac{1}{3}-2\frac{5}{6}\times0.25\right)\div5\frac{1}{4}=1\frac{2}{5}-\left(\frac{10}{3}-\frac{17}{6}\times\frac{1}{4}\right)\div\frac{21}{4}=1\frac{2}{5}-\left(\frac{10}{3}-\frac{17}{24}\right)\div\frac{21}{4}=1\frac{2}{5}-\left(\frac{80}{24}-\frac{17}{24}\right)\div\frac{21}{4}=1\frac{2}{5}-\frac{63}{24}\times\frac{4}{21}=1\frac{2}{5}-\frac{1}{2}=1\frac{4}{10}-\frac{5}{10}=\frac{14}{10}-\frac{5}{10}=\frac{9}{10}$

(4) $(0.5-\square)\times\frac{3}{4}\div0.25+2\frac{1}{6}=2\frac{2}{3}$より，$(0.5-\square)\times\frac{3}{4}\div0.25=2\frac{2}{3}-2\frac{1}{6}=2\frac{4}{6}-2\frac{1}{6}=\frac{3}{6}=\frac{1}{2}$，$0.5-\square=\frac{1}{2}\times0.25\div\frac{3}{4}=\frac{1}{2}\times\frac{1}{4}\times\frac{4}{3}=\frac{1}{6}$ よって，$\square=0.5-\frac{1}{6}=\frac{1}{2}-\frac{1}{6}=\frac{3}{6}-\frac{1}{6}=\frac{2}{6}=\frac{1}{3}$

2 つるかめ算，倍数算，差集め算，仕事算，ニュートン算

(1) 40日間，毎日５題ずつ解いたとすると，解けた問題数は，５×40＝200(題)となり，実際よりも，250－200＝50(題)少ない。７題ずつ解く日を１日増やすごとに，解ける問題数は，７－５＝２(題)ずつ増えるから，50題増やすには，50÷２＝25(日)，７題ずつ解けばよい。よって，７題解いたのは25日とわかる。

(2) ＡがＣに500円あげても，Ｂの所持金は変わらない。そこで，Ｂの所持金の比の数を18にそろえると，Ａ，Ｂ，Ｃのはじめの所持金の比は25：18：７で，ＡがＣに500円あげた後の所持金の比は，(10×２)：(９×２)：(６×２)＝20：18：12となる。この比の，25－20＝５にあたる金額が500円なので，比の１にあたる金額は，500÷５＝100(円)とわかる。３人の所持金の合計は，比の，25＋18＋７＝50にあたるから，100×50＝5000(円)と求められる。

(3) １日50円ずつ貯金すると，１日40円ずつ貯金するときと比べて，800－200＝600(円)多くお金がたまる。よって，１日あたりの貯金額の差である，50－40＝10(円)が，貯金する日数だけ集まったものが600円だから，貯金する日数は，600÷10＝60(日)とわかる。したがって，問題集の値段は，40×60＋800＝3200(円)となる。

(4) １人が１分間に行う仕事の量を１とすると，この仕事全体の量は，40×40＝1600となる。また，はじめの10分間を45人で行うと，45×10＝450の仕事ができるから，残りの仕事の量は，1600−450＝1150となる。この仕事を50人で行うと，あと，1150÷50＝23(分)で終わるから，全部で，10＋23＝33(分)かかる。

(5)　１日に生える草の量を①とし，１人が１日に刈《か》る草の量を[1]とする。14人で刈ると10日で草がなくなるとき，10日で生えた草の量は，①×10＝⑩，刈った草の量は，[1]×14×10＝[140]だから，右の図のアのようになる。同様に，29人で刈ると４日で草がなくなるとき，４日で生えた草の量は，①×４＝④，刈った草の量は，[1]×29×４＝[116]だから，図のイのようになる。ア，イより，⑩−④＝⑥と，[140]−[116]＝[24]が等しいので，①にあたる量，つまり，１日に生える草の量は，[24]÷６＝[4]となる。よって，はじめに生えていた草の量は，[140]−⑩＝[140]−[4]×10＝[100]とわかる。また，24人ですると，１日に刈る草の量は[24]だから，草は１日に，[24]−[4]＝[20]ずつ減っていく。したがって，草は，100÷20＝５(日)でなくなる。

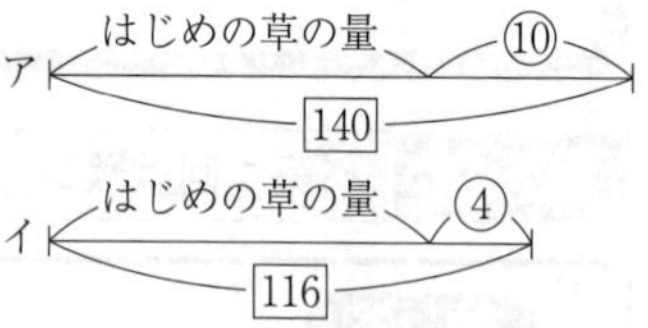

3　角度，面積，体積

(1)　右の図１で，四角形ABCDの内角の和は360度だから，イの角の大きさは，360−90×２−76＝104(度)である。また，折り曲げているので，ウの角の大きさはイの角と等しく104度となる。よって，エの角の大きさは，104×２−180＝28(度)とわかる。したがって，三角形ABEの内角と外角の関係から，アの角の大きさは，90＋28＝118(度)と求められる。

図１

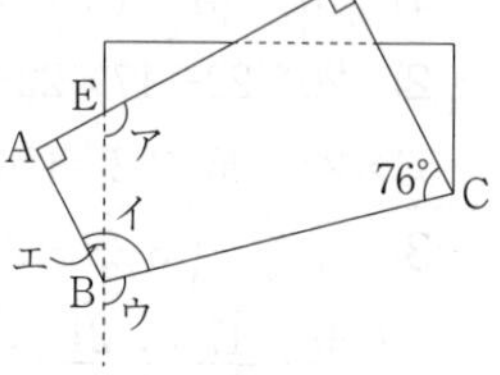

(2)　右の図２で，点線で示された８個の三角形は，辺の長さがすべて円の半径の長さと等しい正三角形だから，１つの内角は60度とわかる。また，斜線《しゃせん》部分の一部を図のように移動すると，斜線部分の面積は，半径が１つの円と同じ長さで中心角が60度のおうぎ形が８個分になる。１つの円の面積は，中心角が60度のおうぎ形６個分の面積になるので，斜線部分の面積は１つの円の面積の，$8 \div 6 = \frac{4}{3} = 1\frac{1}{3}$(倍)と求められる。

図２

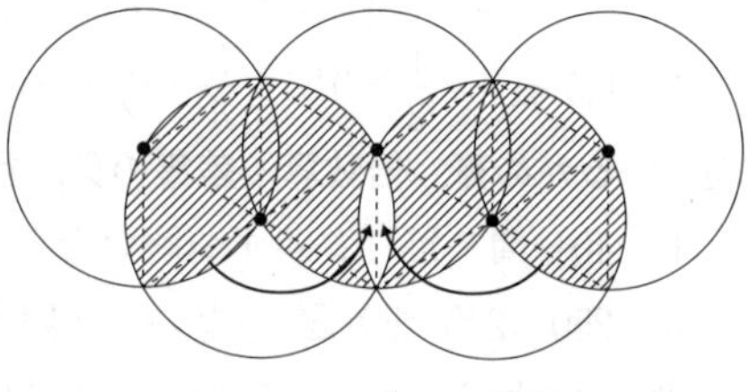

(3)　右の図３で，三角形PSTは直角二等辺三角形なので，PSの長さは２cmとなり，PQとQSの長さは，それぞれ，２÷２＝１(cm)で，三角形PQRも直角二等辺三角形だから，QRの長さも１cmになる。次に，三角形PQRを180度回転させると，右上の図４のような円すいを半分にした立体ができ，台形QRTSを180度回転させると，右上の図５のような円柱㋐から円すい㋑をくり抜《ぬ》いた立体を半分にした立体ができる。よって，三角形PSTを180度回転させてできる立体は，図４の円すいの半分と図５の立体の半分を

図３

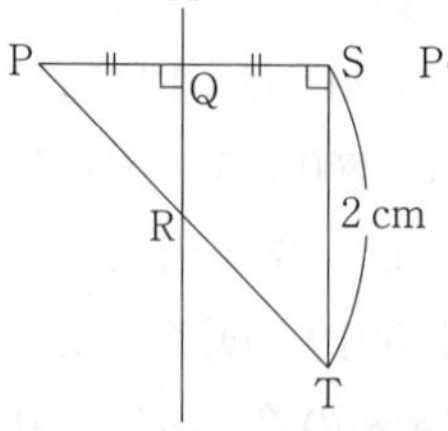

図４

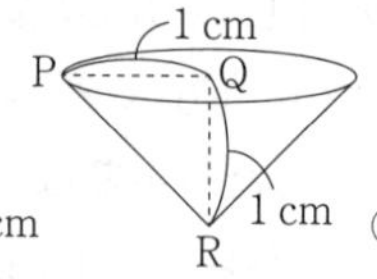

図５

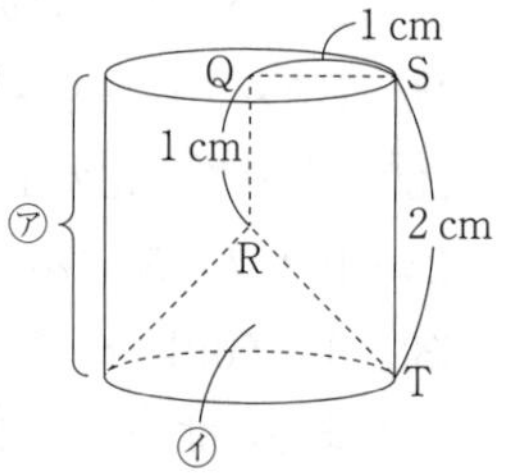

合わせた立体となる。ここで，図５の円すい㋑と図４の円すいは，どちらも底面の半径が１cm，高さが１cmで，体積が等しいから，図４の円すいと図５の立体の体積の和は，図５の円柱㋐の体積と等しくなる。したがって，求める体積は，円柱㋐の体積の半分だから，１×１×3.14×２÷２＝3.14(cm^3)である。

4 濃度《のうど》

⑴ 作業後にＣに入っている食塩水の重さは，80＋20＝100(g)で，その濃度は8.64％だから，その中に食塩は，100×0.0864＝8.64(g)ふくまれている。これは，ＢからＣに入れた80gの食塩水の中にふくまれていたものだから，Ｂに入っていた食塩水の濃度は，8.64÷80＝0.108より，10.8％とわかる。したがって，作業後にＢに入っている食塩水の濃度も10.8％である。

⑵ Ｂに，Ａからの食塩水90gと水10gを入れると，Ｂの食塩水の重さは，90＋10＝100(g)になる。このとき，Ｂの食塩水の濃度は，⑴より，10.8％だから，食塩は，100×0.108＝10.8(g)ふくまれている。これは，ＡからＢに入れた90gの食塩水の中にふくまれていたものなので，Ａに入っていた食塩水の濃度は，10.8÷90＝0.12より，12％である。したがって，作業後にＡに入っている食塩水の濃度も12％で，食塩水の重さは，100－90＝10(g)だから，作業後のＡには食塩が，10×0.12＝1.2(g)ふくまれている。これに水90gを加えると，食塩の重さは1.2gのままで，食塩水の重さは，10＋90＝100(g)になり，その濃度は，1.2÷100＝0.012より，1.2％となる。

5 整数の性質，調べ

⑴ 2022の各位の数の和は，２＋０＋２＋２＝６なので，アは６である。また，上２けたの数は20，下２けたの数は22で，その差は，22－20＝２だから，イは２となる。

⑵ 各位の数の和が20で，上２けたの数と下２けたの数の差が22になる４けたの整数を考えればよい。まず，差が22になる２つの２けたの数の組み合わせは，数の大きい順に，(99，77)，(98，76)，(97，75)，…のようになり，それぞれの２つの数を左右に並べると，例えば，9977，7799，9876，7698のように，上２けたの数と下２けたの数の差が22になる４けたの整数ができる。また，それぞれの組み合わせからできる４けたの整数の各位の数の和は下の表のようになる。各位の数の和は，(92，70)までは２ずつ減っていくので，最初に各位の数の和が20になるのは，(32－20)÷２＝６より，(99，77)から６ずつ減らした(93，71)のときである。よって，9371と7193は《20，22》になる。次に，(89，67)から(82，60)まで各位の数の和は２ずつ減っていくので，(30－20)÷２＝５より，(89，67)から５ずつ減らした(84，62)のときも各位の数の和は20となる。よって，8462と6284も《20，22》になる。同様に考えると，(79，57)から４ずつ減らした(75，53)のときも各位の数の和は20となるから，7553と5375も《20，22》になる。ここまでで示した《20，22》となる４けたの整数のうち，４番目に大きいのは7193であり，まだ示していない《20，22》となる４けたの整数の中に7000以上の数はないから，《20，22》となる４けたの整数全体のうち，４番目に大きいのは7193とわかる。

大きい方の数	99	98	97	…	92	91	90	89	…	82	81	80	79	…
小さい方の数	77	76	75	…	70	69	68	67	…	60	59	58	57	…
各位の数の和	32	30	28	…	18	25	23	30	…	16	23	21	28	…

6 グラフ―速さ，旅人算

⑴ 問題文中のグラフより，Ａ君が家を出発してから６分後にＡ君はバスに乗り，14分後に母親が

家を出発し，20分後にＡ君がバスを降りたことがわかる。よって，バスは，14－６＝８(分間)に，3050－450＝2600(m)進んだから，バスの速さは分速，2600÷８＝325(m)である。また，20－14＝６(分間)に，Ａ君と母親との距離《きょり》は，3050－2600＝450(m)縮まったので，母親の自動車はバスよりも１分間に，450÷６＝75(m)多く進む。したがって，自動車の速さは分速，325＋75＝400(m)と求められる。

(2)　Ａ君は出発してから６分後までに450m歩いたので，Ａ君の歩く速さは分速，450÷６＝75(m)である。また，Ａ君が家を出発してから20分後にバスを降りたとき，２人の距離は2600m離《はな》れている。その後，Ａ君は分速75m，母親の自動車は分速400mで進むから，２人の距離は１分間に，400－75＝325(m)の割合で縮まっていくので，母親がＡ君に追いついたのは，Ａ君がバスを降りてから，2600÷325＝８(分後)となる。このとき，２人は同時に学校に着いたので，母親は家から学校まで自動車で，６＋８＝14(分間)進んだことになる。したがって，家から学校までの距離は，400×14＝5600(m)と求められる。

7　平面図形―図形の移動，面積

(1)　半円を時計回りに毎秒２度，長方形を反時計回りに毎秒１度回転させるかわりに，長方形を固定し，半円だけを時計回りに毎秒，２＋１＝３(度)回転させても，それぞれの時間で重なっている部分の面積は，実際の場合と変わらない。このとき，40秒後までに，半円は，３×40＝120(度)回転するので，40秒後のようすは下の図１のようになり，重なっているのはかげをつけた部分となる。この部分は半径が９cmで，中心角が，180－120＝60(度)のおうぎ形だから，その面積は，$9\times9\times3.14\times\frac{60}{360}=42.39(\text{cm}^2)$とわかる。

図１

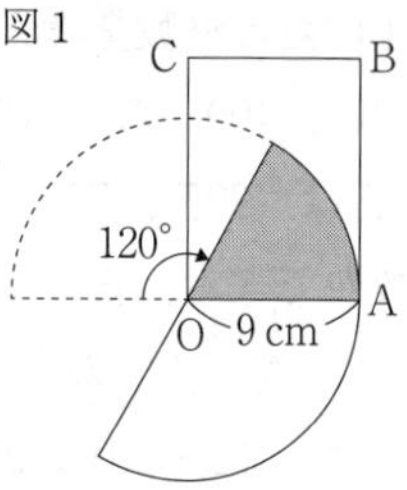

図２

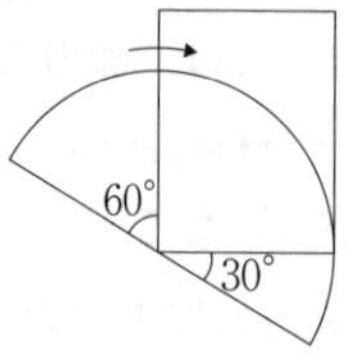

図３

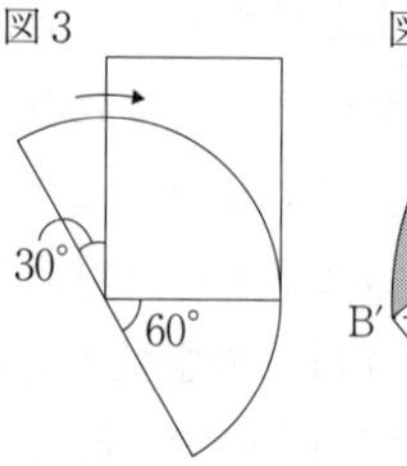

図４

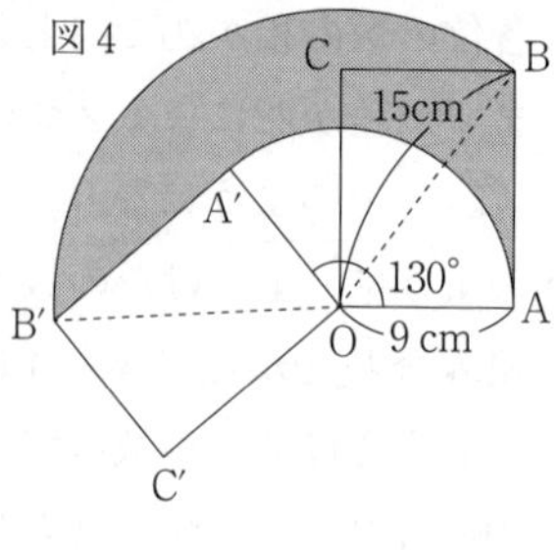

(2)　(1)と同様に長方形を固定して考える。おうぎ形の面積の比が１：２：３になるのは，３つのおうぎ形の中心角が，$180\times\frac{1}{1+2+3}=30$(度)，$180\times\frac{2}{1+2+3}=60$(度)，$180\times\frac{3}{1+2+3}=90$(度)になるときだから，半円だけを回転させる場合，おうぎ形の面積の比が１：２：３になるのは，１回目と３回目が上の図２，２回目と４回目が上の図３のときとなる。これより，半円だけを回転させる場合，３回目におうぎ形の面積の比が１：２：３になるのは，半円と長方形が合わせて，360＋30＝390(度)回転したときだから，390÷３＝130(秒後)である。このとき長方形は反時計回りに，１×130＝130(度)回転するので，辺ABが動いてできた図形は，上の図４のかげをつけた部分となる。かげをつけた部分の面積は，図４の図形全体の面積から，おうぎ形OAA′の面積と長方形OA′B′C′の面積をひくと求められる。図形全体の面積は，おうぎ形OBB′の面積と，直角三角形OAB，OB′C′の面積の和だから，おうぎ形OBB′の面積と長方形OA′B′C′の面積の和に等しくなる。したがって，かげをつけた部分の面積は，(おうぎ形OBB′の面積)＋(長方形OA′B′C′の面積)－(おうぎ形OAA′の面積)－(長方形OA′B′C′の面積)＝(おうぎ形OBB′の面積)－

（おうぎ形OAA′の面積）となるから，$15\times15\times3.14\times\frac{130}{360}-9\times9\times3.14\times\frac{130}{360}=(15\times15-9\times9)\times3.14\times\frac{130}{360}=144\times3.14\times\frac{130}{360}=52\times3.14=163.28(\mathrm{cm}^2)$と求められる。

社　会　＜第１回試験＞（30分）＜満点：50点＞

解　答

1　**問１**　B，C，F　**問２**　**1**　淡路　**2**　最上　**問３**　イ　**問４**　ア　**問５**　モーダルシフト　**問６**　三日月湖　**問７**　（例）　地球温暖化の影響で海水温が上昇し，冷たい海を好むサンマが日本近海に近づかなくなったため。　**問８**　**X**　のり　**Y**　干拓　**問９**　エ　**問10**　ウ　2　**問１**　ウ　**問２**　（例）　大海人皇子と大友皇子が戦い，大海人皇子が勝利し，天武天皇になった　**問３**　(1)　イ　(2)　前九年の役（前九年合戦）　**問４**　イ　**問５**　日野富子　**問６**　(1)　ウ　(2)　ア　3　**問１**　A→B→C　**問２**　イ，ウ　**問３**　ハリス　**問４**　イ→エ→ア→ウ　**問５**　エ　**問６**　シベリア出兵　**問７**　ア　**問８**　（例）　（万延小判は，）金の含有量が少なかったため，貨幣の価値が下がったから。　4　**問１**　永久の権利　**問２**　イ　**問３**　冤罪　**問４**　ウ　5　**問１**　エ→ウ→ア→イ　**問２**　朝鮮戦争　**問３**　エ　**問４**　イ　6　（例）　日本は火山大国で，地下にあるマグマの熱エネルギーを利用することができるため，地熱発電を推奨する。

解　説

1　６つの都道府県の特色についての問題

問１　Aは広島県，Bは兵庫県，Cは北海道，Dは山形県，Eは佐賀県，Fは山梨県を紹介《しょうかい》した文章である。これらのうち，兵庫県神戸市，北海道札幌市，山梨県甲府市の３つは，都道府県名と都道府県庁所在地名が異なる。

問２　**1**　淡路《あわじ》島は，兵庫県南部に位置する瀬戸内海最大の島で，北東部は明石海峡《あかしかいきょう》大橋で本州と，南西部は大鳴門《おおなると》橋で四国と結ばれている。　**2**　最上川は，山形県と福島県の県境に位置する吾妻《あづま》山群を水源として山形県内の米沢盆地・山形盆地・新庄盆地を流れ，庄内平野の酒田市で日本海に注ぐ。また，最上川は，富士川（山梨県・静岡県），球磨《くま》川（熊本県）とともに日本三大急流に数えられる。

問３　広島市は，夏の南東季節風を四国山地に，冬の北西季節風を中国山地にさえぎられるため，一年を通じて降水量が少なく，比較《ひかく》的温暖な瀬戸内の気候に属しているが，梅雨の時期には降水量が多くなる。なお，アは南西諸島の気候に属する沖縄県那覇《なは》市，ウは北海道の気候に属する札幌市，エは日本海側の気候に属する石川県金沢市の雨温図。

問４　瀬戸大橋は３つある本州四国連絡橋の１つで，岡山県倉敷《くらしき》市児島《こじま》と香川県坂出《さかいで》市を結んでいることから，児島—坂出ルートともよばれる。本州四国連絡橋では唯一《ゆいいつ》鉄道が走っており，鉄道と高速道路の併用《へいよう》橋となっている。なお，本州四国連絡橋にはこのほか，広島県と愛媛県を，瀬戸内海の島々をつないで結ぶ尾道—今治ルート（瀬戸内しまなみ海道），明石海峡大橋と淡路島，大鳴門橋で兵庫県と徳島県を結ぶ神戸—鳴門ルートがある。

問５　貨物を自動車（トラック）から鉄道や船舶《せんぱく》に切りかえて輸送することを，モーダルシフトという。資料からもわかるように，自動車(資料では「貨物車」)は二酸化炭素の排出量が船舶や鉄道に比べて多く，環境負荷が大きい。モーダルシフトは，一度に大量輸送ができる船舶や鉄道を活用することで，環境への負担を軽減する取り組みである。

問６　蛇行《だこう》していた川の流路が直行することによってかつての流路が取り残され，湖になったものを三日月湖という。北海道を流れる石狩川は流路が蛇行したところが多く，石狩平野には三日月湖がいくつも見られる。

問７　冷たい海を好むサンマは一般に，秋ごろ，寒流である親潮(千島海流)に乗って太平洋を南下するところで漁獲《ぎょかく》される。しかし，地球温暖化によって海水温が上昇すると，それまでよりも漁場が北になるため，日本近海ではとれなくなってしまう。なお，サンマの不漁の原因としては，外国船との競争が激しくなったことや，サンマをとりすぎてしまった可能性なども指摘《してき》されている。

問８　**Ｘ**　九州北西部に広がる有明海では，干満差が大きく海水と日光を交互《こうご》に吸収できることや，多くの川が流入する栄養分豊かな海であるという好条件を生かし，のりの養殖がさかんに行われている。有明海に面する佐賀県はのりの収獲量が全国第１位で，福岡県も第３位に入る。統計資料は『日本国勢図会』2021／22年版による(以下同じ)。　　**Ｙ**　湖や浅瀬などを堤防で区切り，水をぬいて陸地をつくることを干拓という。有明海の干拓事業は，江戸時代から現代まで長く続けられてきた。

問９　佐賀県の西部に位置する有田町は，陶磁器《とうじき》の有田焼の生産地として知られ，有田焼は豊臣秀吉の朝鮮出兵のさいに日本へ連行された朝鮮人陶工の李参平《りさんぺい》によって始められた。有田焼は伊万里《いまり》港から出荷されていたため，伊万里焼ともよばれる。なお，アは岩手県でつくられる南部鉄器，イは京都府でつくられる西陣《にしじん》織，ウは福井県でつくられる越前《えちぜん》和紙で，いずれも国の伝統的工芸品に指定されている。

問10　ぶどうの収穫量は山梨県が全国第１位で，長野県がこれにつぐ。また，マスカットの産地として知られる岡山県が上位に入る。また，びわの収穫量は長崎県が全国のおよそ３割を占《し》めて最も多く，千葉県がこれにつぐ。なお，ももの収穫量は山梨県・福島県，みかんの収穫量は和歌山県・愛媛県が，それぞれ全国第１位，第２位となっている。

２　戦乱の歴史についての問題

問１　カード①にある『後漢書』東夷《とうい》伝には，弥生時代にあたる１世紀ごろの日本のようすが記されている。防人《さきもり》は，７世紀なかばの白村江《はくすきのえ》の戦いにやぶれた日本が，九州地方の沿岸警備のために置いた兵士で，８世紀に律令制度が整うと，成年男子の兵役の１つとされた。

問２　671年に天智天皇が亡くなると，翌72年，そのあとつぎをめぐって天智天皇の子の大友皇子と弟の大海人《おおあまの》皇子による争いが起こった。この戦いは，このときの干支《えと》(十干十二支《じっかんじゅうにし》)をとって壬《じん》申《しん》の乱とよばれる。壬申の乱に勝利した大海人皇子は翌73年に天武天皇として即位《そくい》し，武力で皇位についたことから，天皇の権威《けんい》が高まった。

問３　⑴　平安時代には，土地を守る必要性などから，各地で武士が成長した。こうしたなか，10世紀なかばには関東地方で平将門が，瀬戸内海で藤原純友があいついで反乱を起こした(承平《じょうへい》・天《てん》慶《ぎょう》の乱)。いずれも朝廷が派遣した武士によって鎮圧《ちんあつ》されたが，中央の貴族たちは武士の実力を認識し，武士を積極的に用いるようになった。　⑵　前九年の役(前九年合戦，1051～62年)は，反乱を起こした安倍氏を源頼義《よりよし》・義家父子が滅《ほろ》ぼした戦いで，源氏が東北地方に勢力を広げるきっかけとなった。なお，その後に起こった後三年の役(後三年合戦，1083～87年)の結果，源氏とともに戦い，勝利した清原清衡《きよひら》が藤原姓に戻し，奥州藤原氏の祖として繁栄《はんえい》の基礎を築いた。

問４　Ａ　ⅡとⅢからは，南朝勢力が都の周辺では弱体化し，都から離れたところを拠点《きょてん》にしていたことが，Ⅳからは，北朝内で内部の対立があったことが読み取れる。よって，正しい。　Ｂ　南朝が地方の武士を統率できたかどうかや，南北朝を統一できたかどうかは，Ⅰ～Ⅳから読み取れない。なお，南北朝は，1392年，室町幕府の第３代将軍足利義満のとき，南朝の後亀山天皇が北朝の後小松天皇に譲位《じょうい》するという形で合一された。

問５　室町幕府の第８代将軍足利義政と，その妻である日野富子の間には子どもができなかったため，あとつぎは義政の弟の義視《よしみ》と決められた。しかしその翌年，日野富子が義尚《よしひさ》を産んだことから，義視と義尚の間であとつぎ争いが起こった。これに，山名氏・細川氏ら有力守護大名の勢力争いなどが結びつき，1467年に応仁の乱が起こった。戦いは1477年まで続いたが決着はつかず，主戦場となった京都は焼け野原となった。

問６　(1)　写真は，京都方広寺大仏殿の鐘《かね》を写したものである。豊臣秀吉の子・秀頼がつくったもので，ここには「国家安康　君臣豊楽」と刻まれていた。徳川家康はこれを，「家康」の名を引きさき，豊臣氏の繁栄を願うものだとしていいがかりをつけた。そして，これを口実として冬(1614年)，夏(1615年)の二度にわたる大阪の陣を起こし，大阪城を攻撃《こうげき》して豊臣氏を滅ぼした。なお，アは豊臣秀吉による二度の朝鮮出兵(1592～93年の文禄の役と1597～98年の慶長の役)，イは関ヶ原の戦い(1600年)，エは島原・天草一揆《いっき》(1637～38年)についての説明。　(2)　アは1582年，イは1575年，ウは1590年，エは1560年に起こった戦乱なので，時代順にエ→イ→ア→ウとなる。

3　日本と関係が深い国の歴史についての問題

問１　Ａはアメリカ合衆国で首都はワシントンＤ.Ｃ.(西経77度)，Ｂはイギリスで首都はロンドン(経度０度)，Ｃはロシア(ソ連)で首都はモスクワ(東経37度)である。日付変更線は180度の経線を基準として引かれた線で，太平洋のほぼ中央を縦にのびている。この線を西端として東へ進むと，西経に位置するＡ→経度０度のＢ→東経に位置するＣの順になる。

問２　1854年，江戸幕府はアメリカ合衆国使節のペリーと日米和親条約を結び，これによってイの箱館(函館，北海道)とウの下田(静岡県)の２港が開かれた。なお，アは根室，エは長崎の位置。

問３　日米和親条約が結ばれると，初代駐日《ちゅうにち》総領事としてハリスが来日した。ハリスは江戸幕府に通商条約を結ぶよう求め，江戸幕府の大老井伊直弼《なおすけ》は朝廷の許しを得ないまま，1858年にハリスとの間で日米修好通商条約を結んだ。

問４　アは1951年，イは1945年，ウは1960年，エは1950年のできごとなので，時代順にイ→エ→ア→ウとなる。

問５　第一次世界大戦(1914～18年)では，イギリス・フランス・ロシアなどの連合国が，ドイツ・オーストリアなどの同盟国と戦った。日本は日英同盟を理由に連合国側で参戦し，戦勝国となった。なお，スイスは永世中立国として中立を守った。

問６　第一次世界大戦中の1917年，ロシア革命が起こり，社会主義政権であるソビエトの樹立が宣言された。社会主義革命の影響が自国におよぶことをおそれた日本・アメリカ合衆国・イギリス・フランスは，チェコスロバキア軍を助けるという名目のもと，1918年からシベリア出兵を行い，革命に干渉《かんしょう》した。

問７　ア　太平洋戦争開戦前の1941年４月，日本はソ連と日ソ中立条約を結び，北方の安全を確保したうえで東南アジア地域への進出をはかった。よって，正しい。　イ　1945年２月にヤルタ会談が行われ，ソ連の対日参戦が決められた。その後，７～８月のポツダム会談をへて，アメリカ合衆国は８月６日には広島，９日には長崎への原子爆弾投下を実施した。　ウ　1951年のサンフランシスコ講和会議のさい，サンフランシスコ平和条約の内容を不服としたソ連は調印を拒否《きょひ》した。　エ　1956年に日ソ共同宣言が結ばれて日本はソ連との国交を回復したが，北方領土をめぐる領土問題は解決していない。

問８　万延小判のように金の含有《がんゆう》量がそれまでのものより低く，価値の低い貨幣《かへい》をつくると，同じものを買うためにより多くの貨幣が必要となるため，物価が上昇することになる。

4 国民の権利保障についての問題

問１　基本的人権とは，人間が生まれながらにして持っている最も基本的な権利のことで，日本国憲法は第11条でこれを「侵《おか》すことのできない永久の権利」として国民に保障している。

問２　警察が犯罪の被疑者を逮捕《たいほ》する場合は，現行犯の場合を除き，裁判官が発行し，かつ理由となっている犯罪を明示する令状が必要となる(日本国憲法第33条)。

問３　実際には罪を犯していないのに，捜査《そうさ》ミスなどによって疑われたり，逮捕されて刑罰を受けたりすることを冤罪《えんざい》という。冤罪は国民の基本的人権をひどく侵害《しんがい》することになるため，捜査や裁判は慎重に行われる。

問４　A　裁判の種類にかかわらず，裁判は原則として公開の法廷で行われる。ただし，一部の例外を除き，裁判官全員が一致した場合は，非公開とできる(日本国憲法第82条)。　B　地方議会について正しく説明している。

5 戦後の日本経済についての問題

問１　1974年のできごととして「日本の実質経済成長率が戦後初のマイナスを記録する」とあるので，４の年にマイナスまで落ちこんでいるウが1970年代で，マイナスになっていないアかエのどちらかが1960年代のものとわかる。年表に，高度経済成長が1955年から始まったとあり，ウの1970年の経済成長率からも推測できるように，この時期には経済成長率が10％を超《こ》える年が何年もあったので，エが1960年代のものと判断できる。残るアとイのうち，1991年に「以降，経済の低成長が続く」とあることから，イが1990年代のもので，アが1980年代のものになる。

問２　1950年，北緯38度線付近で朝鮮民主主義人民共和国(北朝鮮)と大韓民国(韓国)が武力衝突《しょうとつ》を起こし，朝鮮戦争が始まった。このとき，日本にいたアメリカ軍が韓国を支援するために出撃し，日本に大量の軍需《ぐんじゅ》物資を注文したことから，特需景気とよばれる好景気をむかえた。

問３　成田国際空港は千葉県北部にある国際空港で，1978年に新東京国際空港として開港した。なお，東京モノレールと東海道新幹線は1964年，首都高速道路は1962年に開業・開通した。

問４　1993年，政治改革の失敗などから宮沢喜一《きいち》内閣に対する内閣不信任案が可決された。その後，衆議院議員総選挙が行われ，1955年から38年間にわたり政権を担ってきた自由民主党の議席が過半数を下回った。その結果，政権交代が起こり，自由民主党と共産党をのぞく８会派による細川護熙《もりひろ》内閣が発足した。なお，アの中曽根《なかそね》康弘はこれ以前，ウの小泉純一郎とエの鳩山《はとやま》由紀夫はこれ以後に内閣総理大臣になった人物。

6 再生可能エネルギーについての問題

再生可能エネルギーは，自然の力で再生され，半永久的に補充されるエネルギーのことで，代表的なものに太陽光・風力・地熱・水力・バイオマスがある。発電時に二酸化炭素を排出しないため導入が進められているが，たとえば太陽光や風力は，天候の影響や設備を設置する敷地《しきち》が問題になる。地熱は火山やその周辺に建設地域が限られるうえ，景観や環境の保全との両立が課題になる。このような短所もふまえ，日本にはどの形式の発電が適しているかを考えて書けばよい。

理　科　＜第１回試験＞（30分）＜満点：50点＞

解　答

1 問１　ウ　問２　イ　問３　カ　問４　イ　問５　イ，エ　問６　ウ　問７　ウ　問８　D　2 問１　イ　問２　エ　問３　エ　問４　イ　問５　イ　問６　イ　問７　ア，エ　3 問１　ア　問２　実験３　問３　ウ，カ　問４　ウ，カ　問５　イ，エ　問６　４個　問７　ア，ウ　4 問１　イ，ウ　問２　イ　問３　イ　問４　ウ　問５　エ　問６　ウ　問７　ア　問８　ア　5 問１　ア　問２　エ　問３　４ｇ　問４　0.75ｇ　問５　103.68　問６　1.98ｇ　問７　２ｇ

解　説

1　小問集合

問１　かん臓でつくられた尿素《にょうそ》などの血液中の不要物は，じん臓でこし取られ，尿にふくまれて体外に出される。

問２　うまれたばかりのサケは，腹部に栄養をたくわえている。この栄養を使って，えさを取らずに約２か月生活する。

問３　ピンセットはＢの部分に力を加えて，Ａの部分で細かいものをはさんで使う。したがって，Ａが作用点，Ｂが力点，Ｃが支点である。

問４　Ａさんのつま先から出た光は，右の図のように鏡の面で反射してＡさんの目にとどく。したがって，つま先は鏡のイの位置にうつって見える。

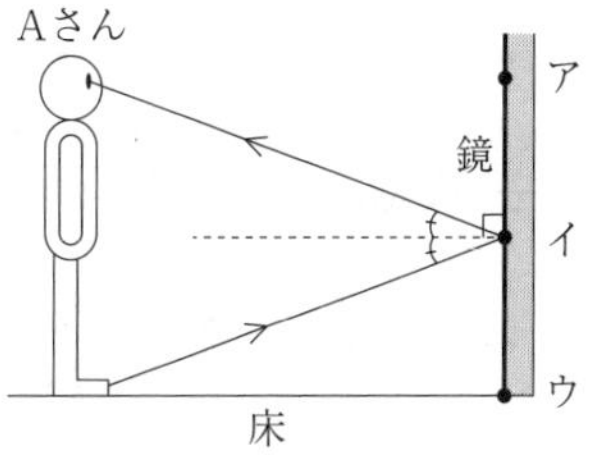

問５　月食は満月のときに，月が地球のかげに入って，その一部や全部が見えなくなる現象である。地球から見ると，月は月よりも大きな円形の地球のかげを横切り，欠けて見えるため，アやウのような欠け方はしない。

問６　川の曲がっている部分では，その外側付近ほど流れがはやい。

問７　工場や自動車からはい出された二酸化ちっ素などのちっ素酸化物や，二酸化硫黄《いおう》が雨にとけ，ふつうより強い酸性を示す雨となって降るものを酸性雨という。

問８　４ｇの水酸化ナトリウムを水にとかしてつくった水酸化ナトリウム水溶液《すいようえき》と同じ濃度《のうど》になるものは，右の図のグラフの線上にあるものである。

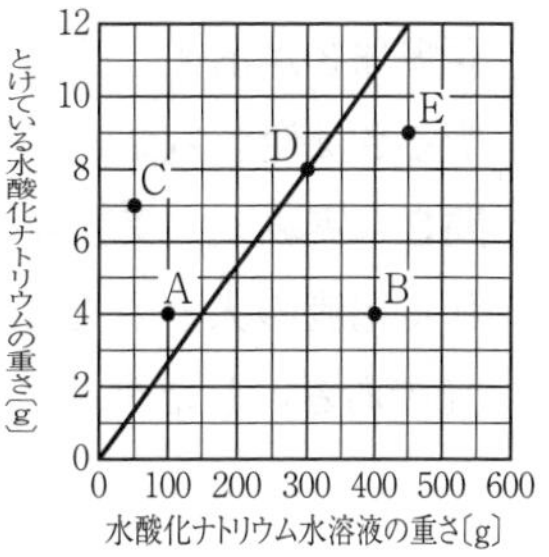

2 インゲンマメの蒸散についての問題

問１　はいしゅが子房《しぼう》に包まれている植物を被子《ひし》植物といい，被子植物のうち，インゲンマメやサクラのように発芽のときに子葉を２枚出す植物をそう子葉類という。これに対して，イネやトウモロコシのように子葉を１枚出す植物を単子葉類という。なお，イチョウは子房がなく，はいしゅがむき出しの裸子《らし》植物である。イチョウの子葉の枚数は，２枚またはそれより多い。

問２　ポリエチレンの袋《ふくろ》の内側についた水てきは，おもにインゲンマメの葉から出された水蒸気が，袋の中の空気中にふくみきれなくなって水に変化したものである。したがって，この水てきの色は無色である。

問３　植物が葉などから水を水蒸気として出すはたらきを蒸散という。蒸散は，植物のからだの水分量を調節することや，からだの温度が上がりすぎるのを防ぐことなどに役立っている。

問４　水蒸気は，おもに葉にある小さなすきまの気孔《きこう》から出ていく。多くの陸上の植物は，葉の裏のほうが表よりも気孔の数が多い。

問５　根から吸収した水などの通り道を道管，葉でできた栄養分の通り道を師管という。そう子葉類では，道管と師管が集まって束のようになったものが輪のようにならんでいて，道管はそれぞれの束の内側にある。

問６　道管は葉では葉脈の部分にあり，葉の表側に近いほうを通っている。

問７　インゲンマメの種子が発芽する条件は，発芽に適した温度（約20～25℃），水，空気の３つが満たされることで，光は必要ない。

3 回路と豆電球の明るさについての問題

問１　実験１～実験３の回路図を示すと，下の図①～図③のようになる。これより，実験１では，豆電球２，豆電球３が直列につながれたものに豆電球１が並列につながれている。ここで，豆電球１に流れる電流の大きさを１とすると，豆電球２，豆電球３に流れる電流の大きさはそれぞれ0.5である。豆電球は大きな電流が流れるほど明るくなるため，豆電球１は豆電球２よりも明るい。

図①（実験１）

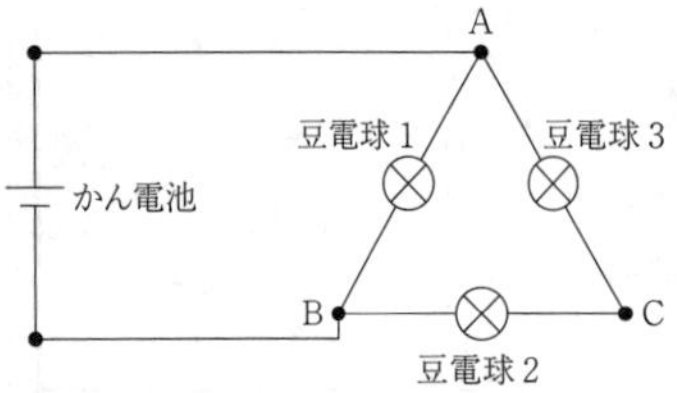

図②（実験２）

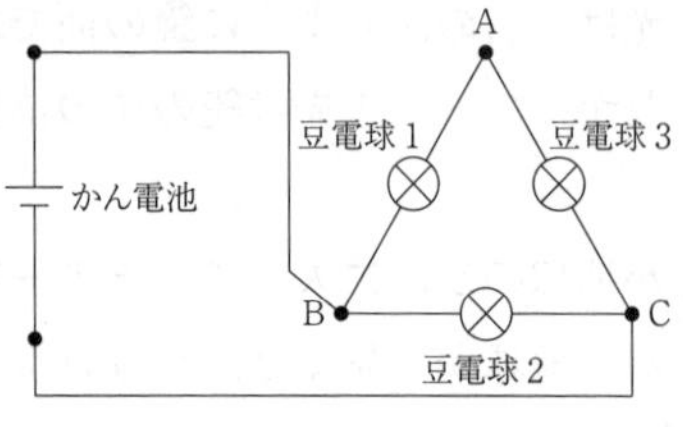

図③（実験３）

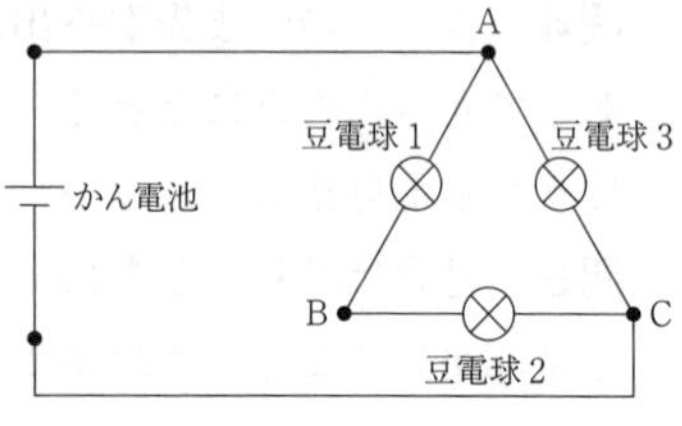

問２　それぞれの実験で豆電球３を取り外したとき，豆電球３と直列につながれている豆電球は消える。したがって，実験１では豆電球２と豆電球３，実験２では豆電球１と豆電球３，実験３では豆電球３が消え，それ以外の豆電球には豆電球３を取り外す前と同じ大きさの電流が流れるので，明るさは変わらない。

問３　実験４～実験６の回路図を示すと，下の図④～図⑥のようになる。実験１で，豆電球１に流れる電流の大きさを１とすると，実験４で豆電球１～豆電球４に流れる電流の大きさはそれぞれ0.5である。したがって，豆電球１～豆電球４はすべて同じ明るさになる。

図④（実験４）

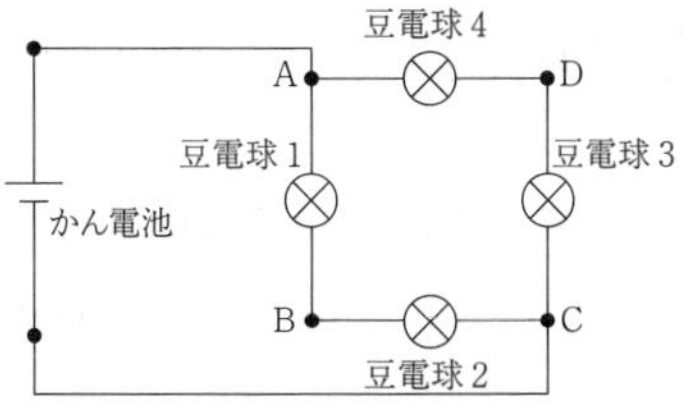

図⑤（実験５）

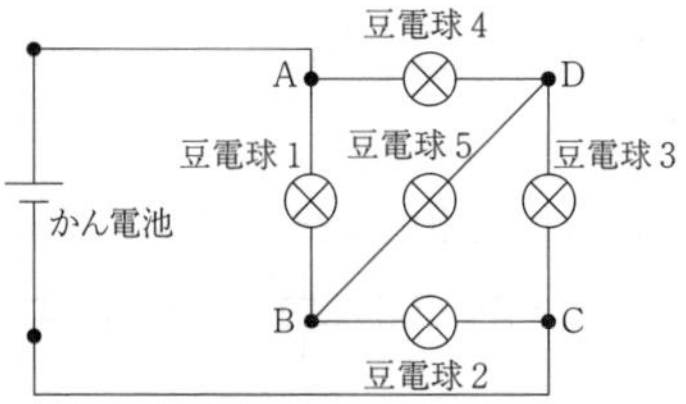

図⑥（実験６）

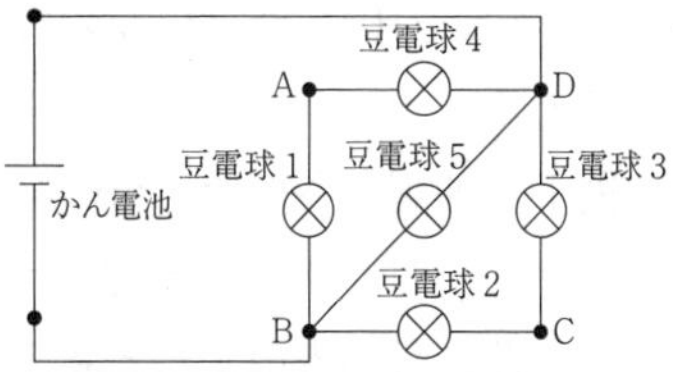

問４　実験５では豆電球１～豆電球４はすべて同じ明るさでつき，豆電球５には電流が流れないためつかない。

問５　実験５で豆電球１を取り外したとき，電流は右の図⑦の太線部分を流れる。このときの豆電球に流れる電流の大きさの関係は，豆電球４＞豆電球３＞豆電球２＝豆電球５となり，豆電球４が最も明るく，豆電球２と豆電球５は同じ明るさでつく。

図⑦

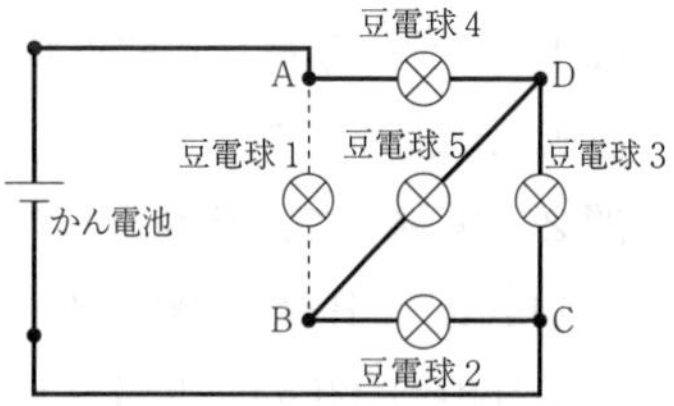

問６　実験１で，豆電球１に流れる電流の大きさを１とすると，実験５の豆電球１～豆電球４に流れる電流の大きさはそれぞれ0.5で，豆電球５には電流が流れない。また，実験６の豆電球１～豆電球４に流れる電流の大きさはそれぞれ0.5で，豆電球５に流れる電流の大きさは１である。したがって，実験５，実験６の両方において，豆電球１～豆電球４に流れる電流の大きさはすべて0.5で，この４個の豆電球はすべて同じ明るさで光る。

問７　実験７のとき，回路は右の図⑧のように表される。このときの豆電球に流れる電流の大きさの関係は，豆電球１＞豆電球２＝豆電球４＞豆電球３＞豆電球５＝豆電球６＝豆電球７となる。したがって，最も明るいのは豆電球１で，豆電球５～豆電球７は同じ明るさである。

図⑧

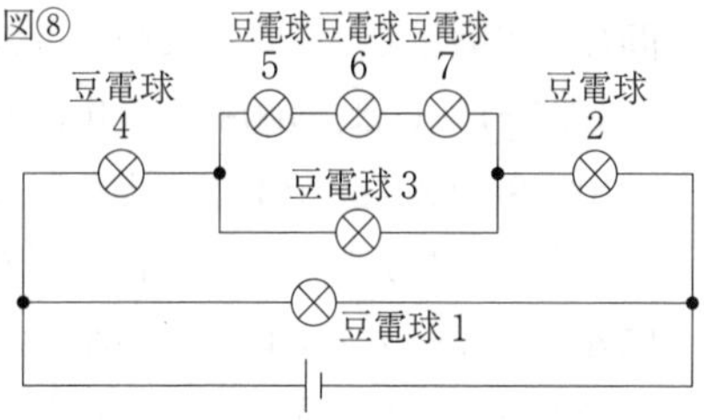

4　気象や天体の観測についての問題

問１　太平洋高気圧は，梅雨の時期にオホーツク海高気圧とせめぎ合う高気圧で，梅雨が明けると日本列島は太平洋高気圧におおわれる。なお，春先の移動性高気圧は大陸側からやってくる。もう暑はさまざまな要因が考えられ，冬に日本海側に大雪を降らせるのはシベリア高気圧が関係している。

問２　台風は低気圧の一種である。地表付近にふく風は反時計回りにふきこんでいて，雲のうずもこの流れにそって外側から反時計回りに内側に向かう。

問３　北半球では，北極星は観測する土地の緯度《いど》とほぼ同じ高さに見える。さいたま市の緯度は北緯36度だから，イのように望遠鏡を真北に向け，36度上向きにして観測する。

問４　さいたま市で北の空に見える星座はカシオペヤ座で，オリオン座，おおいぬ座は冬の南の空，さそり座は夏の南の空などに見える。

問５　北極星は地軸《ちじく》の北極側の延長線上にあるので，北半球では緯度の高さに見え，北の空でほぼ動かない。シンガポールはほぼ赤道上に位置するため，北極星は北の地平線すれすれに見える。

問６　地球は１時間(60分)で約15度西から東に自転しているため，さいたま市より西に位置しているシンガポールでは，月はさいたま市より遅《おく》れて南中する。さいたま市とシンガポールの経度の差は，140－104＝36(度)なので，月が南中する時間の差は，$60\times\frac{36}{15}=144$(分)より，およそ２時間半である。

問７　沖縄《おきなわ》とさいたま市の経度の差は，140－128＝12(度)で，さいたま市のほうが東に位置しているため，月が南中する時刻が早い。また，$60\times\frac{12}{15}=48$(分)より，さいたま市では沖縄より50分くらい前に月が南中したと考えられる。

問８　赤道上の地点では，１年を通して昼の長さは約12時間である。7月のおわりごろの日本における昼の長さは12時間より長い。

5　塩酸と炭酸カルシウムの反応についての問題

問１　うすい塩酸に炭酸カルシウムを加えると，二酸化炭素が発生する。これを石灰水に通じると，石灰水が白くにごる。

問２　実験１で，それぞれのビーカーから発生した二酸化炭素の重さは，Ａは，100＋１－100.56＝0.44(g)，Ｂは，100＋２－101.12＝0.88(g)，Ｃは，100＋３－101.68＝1.32(g)，Ｄは，100＋４－102.68＝1.32(g)，Ｅは，100＋５－103.68＝1.32(g)である。Ａ～Ｄは炭酸カルシウムの重さと発生した二酸化炭素の重さが比例し，ＤとＥは発生した二酸化炭素の重さは等しいことから，塩酸50cm^{3}と過不足なく反応する炭酸カルシウムの重さは３gで，このとき1.32gの二酸化炭素が発生することがわかる。したがって，塩酸150cm^{3}と過不足なく反応する炭酸カルシウムの重さは，$3\times\frac{150}{50}=9$(g)，発生する二酸化炭素の重さは，$1.32\times\frac{150}{50}=3.96$(g)となる。

問３　実験２で，それぞれのビーカーから発生した二酸化炭素の重さは，Ｆは，100＋１－100.67＝0.33(g)，Ｇは，100＋２－101.34＝0.66(g)，Ｈは，100＋３－102.01＝0.99(g)，Ｉは，100＋４－102.68＝1.32(g)である。実験１より，この塩酸50cm^{3}とちょうど反応して1.32gの二酸化炭素が発生するのだから，実験で用いた塩酸50cm^{3}とちょうど反応するチョークの重さは４gとわかる。

問４　チョーク４g中には炭酸カルシウムが３gふくまれているので，チョーク１gにふくまれる炭酸カルシウムの重さは，$1\times\frac{3}{4}=0.75$(g)になる。

問５　ＪではＩと同じく1.32gの二酸化炭素が発生したと考えられるので，反応後の水溶液が入ったビーカーの重さは，100＋５－1.32＝103.68(g)となる。

問６　この塩酸100cm^{3}と過不足なく反応する炭酸カルシウムの重さは，$3\times\frac{100}{50}=6$(g)である。チョーク２g中にふくまれている炭酸カルシウムの重さは，$2\times\frac{3}{4}=1.5$(g)だから，反応した炭酸カルシウムの重さは，３＋1.5＝4.5(g)になる。したがって，このとき発生する二酸化炭素の重さは，$1.32\times\frac{4.5}{3}=1.98$(g)である。

問７　それぞれが１gずつ完全に反応したときに発生する二酸化炭素の重さは，問２より，炭酸カルシウムは0.44g，チョークは0.33gである。混合物5.5gがすべて炭酸カルシウムだとすると，発生する二酸化炭素は，0.44×5.5＝2.42(g)となる。ここで，炭酸カルシウム１gをチョーク１gにかえていくと，１gかえるごとに，発生する二酸化炭素は，0.44－0.33＝0.11(g)ずつ減る。よって，混合物にふくまれるチョークの重さは，(2.42－2.2)÷0.11＝２(g)と求められる。

国　語　＜第１回試験＞（50分）＜満点：100点＞

解　答

一　**問１**　下記を参照のこと。　**問２**　①　歯　②　塩　**問３**　①　行くのが　②　深まる　**問４**　（例）　日本の空家数は，一九七三年から二〇一三年にかけて四倍に増加している。　二　**問１**　Ⅰ　エ　Ⅱ　イ　Ⅲ　ウ　**問２**　弱肉強食　**問３**　（例）　強いものが生き残り，弱いものが滅び去っていく世界であり，植物も同じだ　**問４**　イ　**問５**　**ア**　予測不能な（恵まれない）　**イ**　知恵　**問６**　ウ　**問７**　イ　**問８**　(i)　**ア**　生息する環境　**イ**　過酷な（厳しい）環境　**ウ**　ライバルとなる植物（実力を持つ強い植物）　**エ**　居場所（棲みか）　(ii)　b　**問９**　ア　三　**問１**　ウ　**問２**　エ　**問３**　**ア**　面倒　**イ**　友だちになれた　**ウ**　勘違い　**エ**　うれしそう　**オ**　タケシとも友だち　**問４**　エ　**問５**　**A**　エ　**B**　ウ　**C**　イ　**問６**　**ア**　話しかけてくる　**イ**　仲直り　**問７**　**ア**　遊んでた　**イ**　川が見えない　**ウ**　タケシくん　**問８**　イ　**問９**　（例）　ヨッちゃんと本当の友だちになれたと確信しているから。　**問10**　友だち

●漢字の書き取り

一　問１　①　遊覧船　②　有終　③　見識　④　雲海　⑤　安否　⑥　兼任　⑦　背（く）　⑧　裁（つ）

解　説

一　**漢字の書き取り，慣用句の知識，ことばのかかり受け，資料の読み取り**

問１　①　景観の良い場所を見て回るために航行する船。　②　ものごとを最後までやりとおし，立派な結果を出すこと。　③　確かでしっかりした考えや意見。　④　高い所から見下ろしたときに，一面に広がって海のように見える雲。　⑤　無事であるかどうかということ。　⑥　仕事などを同時に二つ以上受け持つこと。　⑦　音読みは「ハイ」で，「背景」などの熟語がある。　⑧　音読みは「サイ」で，「裁判」などの熟語がある。

問２　①　「歯が立たない」は，自分の力量では相手に対してとてもかなわないようす。　②　「手塩に掛《か》ける」は，いろいろと世話をして大切に育てること。

問３　ことばのかかり受けでは，直接つなげてみて意味のまとまる部分が答えになる。　①　「毎日」→「行くのが」仕事なのである。　②　「次第《しだい》に」→「深まる」とつながる。

問４　グラフなどの資料を読み取るときには，数値などが大きく変化している部分に着目し，どれくらいの増減があるかをとらえるとよい。

二　**出典は稲垣栄洋《いながきひでひろ》の『都会の雑草，発見と楽しみ方』による。**雑草と呼ばれる植物は決して強い植物ではないが，予測不能な環境《かんきょう》をニッチとして選ぶことによって自然界の生存戦略での「勝ち組」になったと解説している。

問１　Ⅰ　雑草について，前では「強いとはされていない」，後では「『弱い植物である』とされている」と述べているので，二つのことを並べて，前のことがらより後のことがらを選ぶ気持ちを表す「むしろ」が合う。　Ⅱ　「都会という～適応することさえできれば」という仮定の表現が続いているので，“かりにこうだとすると”という意味の，あることを仮定する場合に使う「もし」

が合う。　Ⅲ　前の部分で「ニッチ」について「ビジネスの世界では『隙間《すきま》』のような意味」だと述べた後，「大きな市場と，大きな市場の隙間にある，小さな市場」と言葉をかえて説明し直しているので，“要するに”という意味の「つまり」があてはまる。

問２　最初の空らんＡに続けて「強いものが生き残り，弱いものは滅《ほろ》び去っていく」と述べられていることに着目する。この意味を表す四字熟語は「弱肉強食」である。

問３　自然界は「強いものが生き残り，弱いものは滅び去っていく」世界であると筆者は述べている。その条件を植物にそのまま適用した場合，「お山の一本杉」のような「生育が旺盛《おうせい》で，ほかの植物を圧倒《あっとう》する強いもの」のみが生き残り，「雑草」のように「ほかの植物との生存競争に対して『弱い植物』」は滅び去ってしまうことになる。そのため「世の中がすべて，強い植物ばかりになってしまう」ことになるというのである。

問４　サッカーの試合での「最悪のコンディション」が話題になっていることに着目する。具体的には「天気は大雨。風も吹《ふ》き荒《あ》れて」おり，その天候の中でサッカーをすればどうなるかを考えると，イが選べる。

問５　**ア**，**イ**　「安定した環境で勝負」をする場合，「弱い植物」である雑草が「強い植物」に勝つことはできない。しかし，サッカーの試合の例で，不安定な条件であれば「弱いはずの小学生チームが，強いはずのプロのチームに勝つ可能性は高まる」ことと同じように，植物の世界でも「強い植物が力を発揮できない予測不能な環境」であれば，活路を見つけだすことができると筆者は述べている。そのうえで，「予測不能な環境で成功するために必要なもの」として「力」ではなく「知《ち》恵《え》」が必要であることをつけ加えている。

問６　「安定した環境」として「深い森」が示されていることに着目する。(ア)の前の部分で「気候は温暖で，地殻《ちかく》変動もない」状況《じょうきょう》では，植物も「力がすべて」だったとあることから，ウが選べる。

問７　(ア)に続く部分で，雑草は「氷河の跡《あと》にできた不毛の土地」や「洪水《こうずい》が頻繁《ひんぱん》に起こる河原や土砂崩《どしゃくず》れ後の山の斜面《しゃめん》など，予測不能で，大型の植物が生えない場所」に生息していたとある。(イ)に続く部分では，人間が農耕を始め「予測不能な環境が作られた」ことが述べられている。もどす文を，人間が現れて以降のことが説明される前の(イ)に入れると文脈に合う。

問８　(i)　**ア**　「ニッチ」について解説している部分で，筆者は「生態学では，ニッチというのは，『生態的地位』という意味で，本来はある生物種が生息する環境を意味する言葉である」と述べている。　**イ**　弱い植物が自然界で生き残る可能性があるのは「強い植物が力を発揮できない予測不能な環境」であり，それは「土もなく，水も少ない。人や車が，引っ切りなしに通っていく」都会のような「過酷《かこく》な環境」「厳しい環境」なのである。　**ウ**　「厳しい環境」には「ライバルとなる植物も少ないし，生存を脅《おびや》かすような害虫も少ない」ので，そういった環境に適応できれば生存の可能性が生まれると説明されている。「ライバルとなる植物」とは，雑草よりも「実力を持つ強い植物」のことでもある。　**エ**　「ニッチ」は，「ある生物種が生息する環境」のこと。筆者はこの言葉を「居場所」と言いかえて「およそこの世にある雑草は，すべて環境を克服《こくふく》し，自分の居場所を見つけた『勝ち組』」だと説明している。

(ii)　弱肉強食の自然界では「強いものが生き残り，弱いものは滅び去っていく」が，弱いとされている雑草が強い植物に負けずに自分の「ニッチ」を見つけ，「勝ち組」となったことを，筆者は

「自然界のおもしろいところ」だと表現している。誤りやすいのは(c)だが，雑草が強い植物に勝って生育場所を増やしたということではないので，「番狂《くる》わせ」というわけではない。

問９　本文では，人類が農耕を始め，都市という環境を作りだすことで，「次々と予測不能な環境」が作られ，「雑草たちもその分布を広げていった」ことが説明されている。筆者はこれを「雑草は私たち人類とともに，繁栄《はんえい》を遂《と》げてきた」と述べており，アの内容に合っている。イは「難解な研究内容」が，ウは「科学的な根拠《こんきょ》を用いて雑草の強さを印象づけている」が，エは「馴染《なじ》みのない雑草の研究成果」が合わない。

三　**出典は重松 清《しげまつきよし》の『小学五年生』所収の「友だちの友だち」による。**都会から引っ越《こ》してきたものの，クラスのみんなと関係を悪くしてしまった「少年」が，小学校三年生の秋に交通事故で亡《な》くなった「タケシくん」という男の子の存在を通じてクラスの男子のリーダー格である「ヨッちゃん」と気持ちを通じ合わせていくようすがえがかれている。

問１　前書きにもあるように，「少年」はクラスの「リーダー格のヨッちゃんとは親友になりたいと思っていた」。しかし，友だちになれそうだったのは「一週間前まで」で，今は関係が悪くなっていたから，「ヨッちゃん」の名前に反応してしまったのだと考えられる。

問２　「しみじみと」は，心の底から深く心に感じるようすを表す。こいのぼりを届けてくれた「少年」が，死んだ息子《むすこ》の「タケシくん」の友だちであった「ヨッちゃん」と友だちであることを知り，「おばさん」が心から「タケシくん」のことを思い出していることがわかる。

問３　**ア，イ**　「ヨッちゃん，いろいろ面倒《めんどう》見てくれるから，すぐに友だちになれたでしょ」というおばさんの問いかけに，具体的に「面倒見てくれた」ことを思い出しながら「少年」はうなずいた。しかし，「おばさん」は「そうかあ，ヨッちゃんと友だちかあ……」と言っている。「少年」が「友だちになれた」からうなずいたと思ったことがわかる。　**ウ，エ**　「ヨッちゃんと友だちかあ……」と「うれしそうに微笑《ほほえ》ん」だ「おばさん」に対して，「少年」は「勘違《かんちが》い」だと思っている。「少年」は「ヨッちゃん」とはまだ友だちになれていなかったが，その勘違いを打ち消すことができなかったのである。　**オ**　「少年」が「ヨッちゃん」と友だちであるならば，「ヨッちゃん」の友だちであった「タケシとも友だちってことだね」と「おばさん」はもっとうれしそうに話している。

問４　「そうするつもり」とは，ヨッちゃんに言われたように，さっさと帰るつもりだったということ。「少年」がそう考えたのは，「おばさんに嘘《うそ》がばれるのが嫌《いや》だったし，嘘をついたままタケシくんの写真に見つめられて遊ぶ自分が，もっと嫌だった」からである。ここでの「嘘」とは，「ヨッちゃん」と友だちになれたという「おばさん」の勘違いのこと。自分からついた「嘘」ではないが，「勘違い」を打ち消さないまま，その場にいることに気まずさを感じたのである。アは「『ヨッちゃん』のことを『少年』は苦手にしているため不愉快《ふゆかい》になったから」が合わない。イは「『タケシくん』と友だちだという嘘」が合わない。「嘘」は「ヨッちゃん」と友だちだということ。ウは「『少年』の気づかいに全く気付いてくれず空《むな》しく思えてきた」が合わない。

問５　**A**　「おばさん」は「少年」と「ヨッちゃん」がゲームをするようすを，にこにこと見つめていたのだから，「うれしそうに」が合う。　**B**　「タケシのこいのぼり」を持たされた「少年」は，なぜ持たされたのか，また，「ヨッちゃん」がどこに行こうとしているのかわからないままでいる。だから「ヨッちゃん」が先に出発しようとするのを「あわてて」追いかけたのである。

C 「ヨッちゃん」は「おばさん，もう来るなって。ヨッちゃんは新しい友だちをどんどんつくりなさい，って……そんなのヤだよなあ」と話している。今でも「タケシ」のことを親友だと思っているのに，新しい友だちをつくれと言われることが悔《くや》しかったのだと考えられる。

問６　ア，イ　「少年」と「ヨッちゃん」がゲームをしているときのようすに着目する。「少年」は，まだ「ヨッちゃん」と「仲直り」をしていたわけではないから，最初は「ヨッちゃん」から「なんでおまえなんかがここにいるんだよ，という顔」をされ，「さっさと帰れよ」と言われた。しかし，「おばさん」に「タケシも喜んでいるわよ，ヨッちゃんに新しいお友だちができて」と言われたことで帰れなくなってしまったのである。その後，ゲームをしているうちに，ときどき「ヨッちゃん」が「話しかけてくるようになった」ことが少年はうれしかったから，一人で先に帰るのをためらっているのだとわかる。

問７　ア～ウ　河原にこいのぼりを持っていった理由を，「ヨッちゃん」は「こいのぼり，ベランダからだと，川が見えないんだ。俺らいつも河原で遊んでたから，見せてやろうかな，って」と話している。「ヨッちゃん」は，今は亡くなってしまった「タケシくん」にいつも一緒《いっしょ》に遊んでいた川を見せてやりたかったのである。

問８　「ヨッちゃん」がいままでとは違《ちが》う笑い方をしているのを見て，「タケシくんと一緒だった頃《ころ》」の笑い方なのではないかと思い，「急にうれしくなり，でも急に悲しくもなって」とあるのに注目する。親友であった「タケシくん」に見せていたような笑い方を自分にも見せてくれたことでうれしくなった反面，その「タケシくん」はすでに亡くなっていることを思い「悲しく」なったのである。よって，イが合う。アは「『ヨッちゃん』に，『少年』は気持ちの良い笑い方を見せることができるようになった」が合わない。「気持ちの良い笑い方」を見せているのは「ヨッちゃん」である。ウは，「しっかりと竿《さお》を握《にぎ》っていないと，飛んでいってしまいそうだ」に合っているが，この場面の「少年」の心中にふれていない。エは「『おばさん』は『少年』が出て行った後，『ヨッちゃん』をさとした」が合わない。この内容は本文からは読み取れない。

問９　「そういうの」というのは，「悪い」と言ってこいのぼりを手渡した「ヨッちゃん」に「べつにいいよ」という以外に「別の言葉を言わなきゃいけなかったのかもな」と考えてしまうこと。そうやっていちいち言葉を選んで話しかけることをしなくてもいいと「少年」が思えたのは，「ヨッちゃん」と友だちになれたという思いを持ち始めたからである。その思いは，文章の最後の「少年は友だちを追いかける」という表現からも伝わってくる。

問10　右手で持っているのは「タケシくん」の「こいのぼり」である。この「こいのぼり」は「ヨッちゃん」が「タケシくん」と二人で一緒に遊んだ川を「見せてやろうかな」と話したように，「タケシくん」を象徴《しょうちょう》している。最初の場面で，「少年」が「おばさん」から「そうかあ，ヨッちゃんと友だちかあ……」「じゃあ，タケシとも友だちってことだね」と言われていることや，ゲームをしているときに「タケシくんが生きてれば友だちになったよな，絶対そうだよな」と思っていることに着目する。「ヨッちゃん」という友だちを通じて，「タケシくん」とも友だちになれたという思いから，「こいのぼり」を「友だちの友だち」と考えているのである。

2022年度　大宮開成中学校

〔電　話〕　(048)641－7161
〔所在地〕　〒330－8567　埼玉県さいたま市大宮区堀の内町１－615
〔交　通〕　JR線・東武アーバンパークライン「大宮駅」よりバス７分

【算　数】〈特待生選抜試験〉（50分）〈満点：100点〉

1　次の □ にあてはまる数を求めなさい。

(1)　$\{(6+11)\times3+20\div5\}\div5=\square$

(2)　$12.6\times4+2.52\div0.25-0.504\times4\times5=\square$

(3)　$0.375\times4-\left\{\left(1-\frac{1}{3}\right)\times\frac{1}{2}+\frac{1}{6}\right\}=\square$

(4)　$2\frac{2}{3}\times\left(1\frac{3}{8}+0.5\right)-4-(1-0.25)\times\square=\frac{2}{3}$

2　次の各問いに答えなさい。

(1)　赤玉 51 個，白玉 190 個を何人かの子どもにそれぞれ同じ数ずつ分けます。その結果，白玉が３個余りました。子どもは何人いますか。

(2)　大人と子どもが合わせて 390 人います。大人の人数の$\frac{2}{3}$と子どもの人数の$\frac{4}{7}$が等しいとき，子どもは何人いますか。

(3)　84 円切手と 94 円切手を合わせて 50 枚買ったところ合計金額は 4420 円でした。84 円切手は何枚買いましたか。

(4)　ある会場の入場口には 450 人の行列ができていました。並ぶ人は毎分 12 人ずつ増えていきます。入場口を１つ開けると行列は 150 分でなくなります。入場口を２つ開けると行列は何分でなくなりますか。

(5)　6人で12日かかる仕事があります。毎日6人で仕事を行う予定でしたが，6人で5日，5人で3日仕事をした後，残りを3人で仕上げました。このとき，仕事にかかった日数は予定より何日のびましたか。

3　次の各問いに答えなさい。

(1)　右の図のように，正三角形と正五角形が重なっています。アの角は何度ですか。

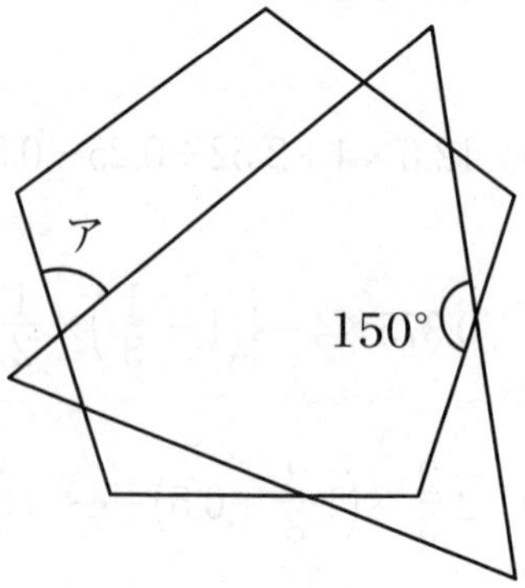

(2)　右の図のように，Oを中心とする半径4 cmの円の中に3つの正方形が入っています。斜線部分の面積は何cm^2ですか。ただし，円周率は3.14とします。

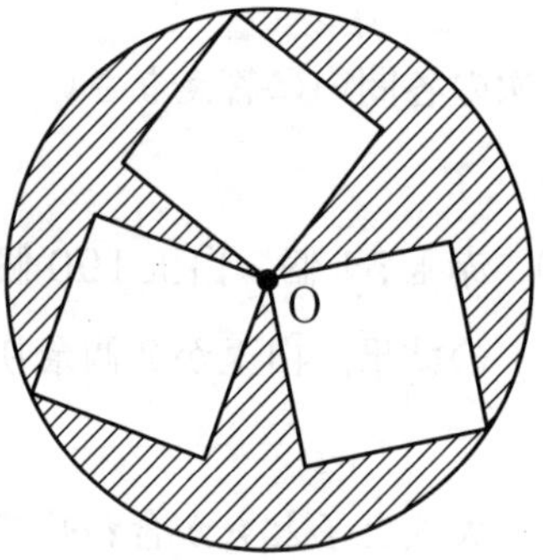

(3)　右の図のように，直方体を組み合わせて階段状の立体を作りました。その表面積が1300 cm^2のとき，その体積は何cm^3ですか。

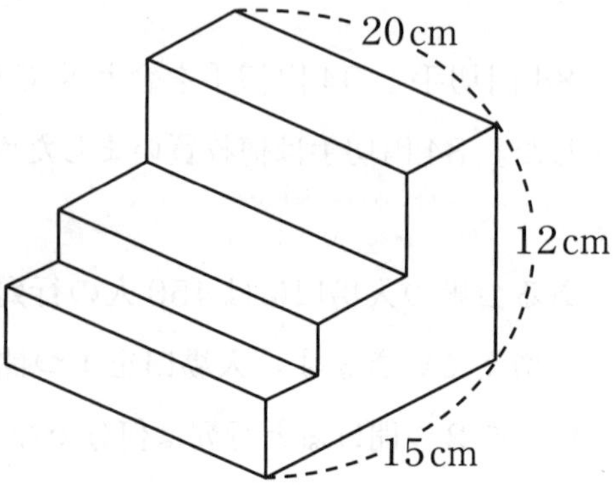

4 杭《くい》を土の中にハンマーで4回打ったところ，土の中に入っている部分と出ている部分の長さの差が30 cmで，出ている部分は全体の長さの$\frac{2}{5}$になりました。次の各問いに答えなさい。

(1) 杭の長さは何cmですか。

(2) ハンマーで打つたびに，この杭が土の中に入っていく長さは，その前に入った長さの半分です。1回目に打ったときに，この杭が土の中に入った長さは何cmですか。

5 下のように，0と2から作られる整数を小さい順に並べます。次の各問いに答えなさい。

0，2，20，22，200，202，………

(1) 2022は小さい方から数えて何番目ですか。

(2) 小さい方から数えて100番目の数はいくつですか。

6 Ｐ地点からＱ地点までの道のりは9600 mです。この道をＡ君とＣ君はＰからＱに向かって，Ｂ君はＱからＰに向かって，それぞれ一定の速さで進みます。Ａ君が7時に分速80 mで出発すると同時にＢ君が出発したところ，7時40分にＡ君とＢ君は出会いました。また，Ｃ君はＡ君より何分か遅れて分速320 mで出発したところ，しばらくしてＡ君に追いつき，さらにその8分後にＢ君と出会いました。次の各問いに答えなさい。

(1) Ｂ君の速さは分速何mですか。

(2) Ｃ君は何時何分に出発しましたか。

7 ある時刻に広場のA地点に40cmの棒Bを立てると，その影は90cmでした。同じ時刻に，図1のように棒Cを立て，A地点から3m離れた地点に高い壁をつくりました。このとき，地面と壁に合わせて5mの影ができました。次の各問いに答えなさい。ただし，棒や壁は地面に対して垂直に立っているものとします。

(1) 棒Cの長さは何mですか。

(2) 図2のように，A地点に棒Cと同じ高さの直方体を立てます。直方体の底面は対角線の長さが1mの正方形であり，対角線の交点がA地点と重なっています。地面と壁にある影の面積は何m^2ですか。

［図1］

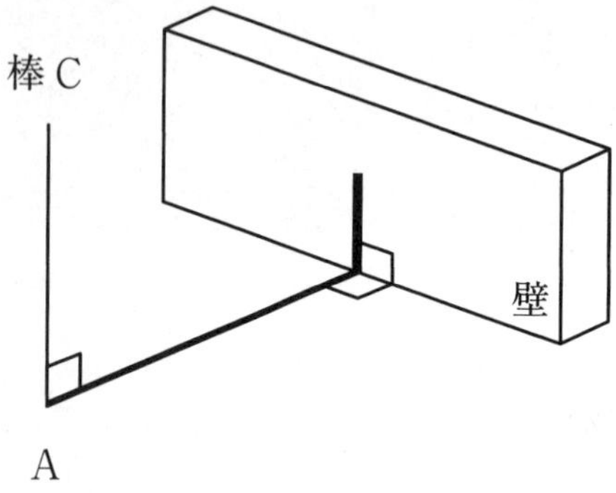

［図2］

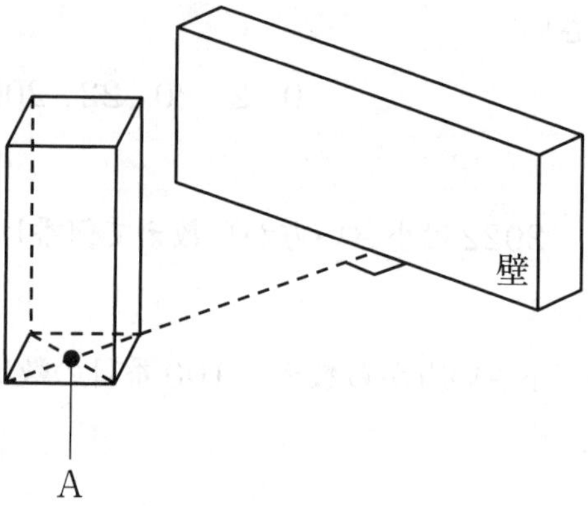

【社　会】〈特待生選抜試験〉（30分）〈満点：50点〉

【受験上の注意】字数制限のある問いでは，句読点や符号（，。「」など）も一字と数えます。

1　次の文章と地図を読み，あとの問いに答えなさい。

文章

東北地方は，本州の最北部を占める地域です。文化面では，①世界遺産である平泉の中尊寺金色堂が代表的です。自然面では，夏に②やませと呼ばれる冷たい風が強く吹くこともありますが，③各地で稲作が行われています。現在でも，単位面積当たりの収穫量が全国平均より多く，水田面積が広いため「日本の穀倉地帯」と呼ばれています。冬になると，雪におおわれる地域が多いですが，第二次世界大戦以降，各種の④果樹栽培が盛んになり，全国有数の産地になっています。

地図

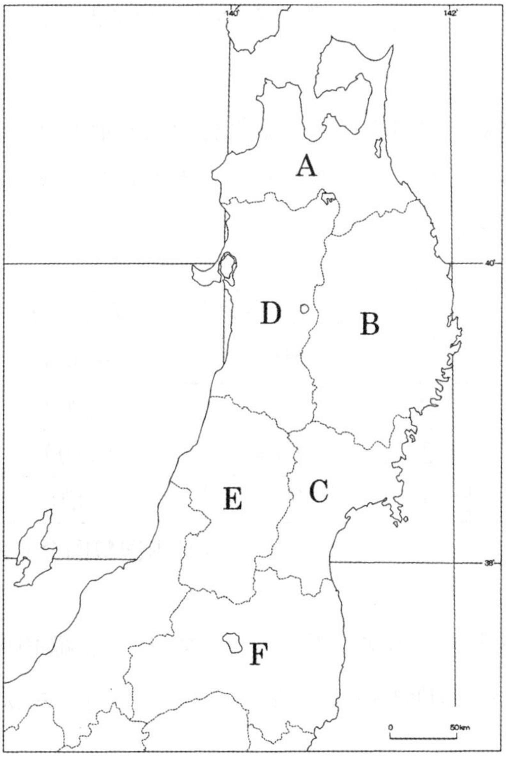

問１　下線部①について，次のア～エの世界遺産の登録年を時代順に並べ替えた時，２番目になるものをア～エから１つ選び，記号で答えなさい。

ア　白神山地　　　　　　　　　イ　紀伊山地の霊場と参詣道

ウ　富岡製糸場と絹産業遺産群　エ　知床

問２　下線部②について，「やませ」の吹く方向を示したものとして正しいものを次のア～エから１つ選び，記号で答えなさい。

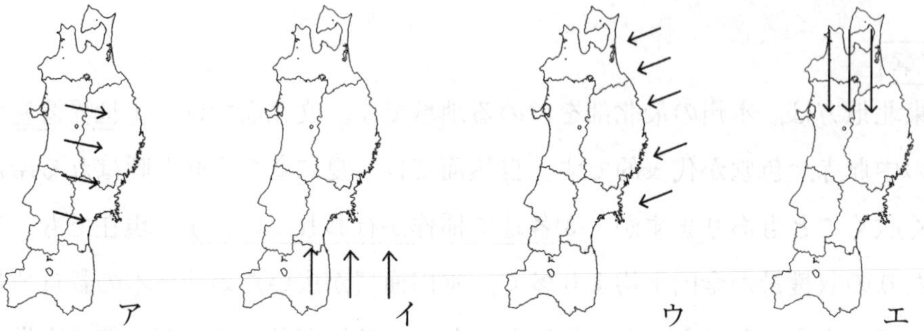

問３　下線部③について，特に第二次世界大戦以降，東北地方で稲作の生産性が向上した理由を，「改革」・「寒さ」という語句を用いて簡潔に説明しなさい。

問４　下線部④について，次の表は，ある果物の生産量上位４都道府県を示したものです。この果物名を書きなさい。ただし，表中のＥとＦは５ページの地図中のＥとＦの都道府県と同じです。

順位	都道府県	生産量（ｔ）
1	山梨県	39,400
2	F	24,200
3	長野県	13,200
4	E	8,070

（『日本国勢図会　2020/21年版』より作成）

問５　八郎潟の干拓地として有名な秋田県大潟村は，北緯40度線が通る場所として知られています。北緯40度線が通る国として正しいものを次のア～エから１つ選び，記号で答えなさい。

ア　エジプト　　イ　メキシコ　　ウ　スペイン　　エ　韓国

問６　次の資料は，1990年と2018年の日本国内の貨物輸送量を交通機関ごとに比較したもので，資料中のア～エには自動車・船舶・航空・鉄道のいずれかが当てはまります。さらに，下の文章は，その中のある交通機関について説明したものです。文章で説明されている交通機関として正しいものを資料中のア～エから１つ選び，記号で答えなさい。また，その交通機関名を書きなさい。

資料

交通機関	1990年 (百万トンキロ*)	2018年 (百万トンキロ)
ア	27,196	19,369
イ	274,244	212,110
ウ	244,546	179,089
エ	799	979

*トンキロとは物流用語の一つで，貨物輸送量を表す単位です。
重量(トン)×輸送距離(キロ)で計算します。例えば１トンのものを100キロ先まで輸送した場合は100トンキロとなります。

(『日本国勢図会　2020/21年版』より作成)

文章

この交通機関による貨物輸送量は1990年以降増加しており，４つの交通機関の中では，1990年と2018年の間で貨物輸送量の増加率が最も大きくなっています。この交通機関では，主にIC（集積回路）などの電気部品や魚介類，生花などが運ばれています。

問7　次の図1と図2を見て，（1）・（2）の問いに答えなさい。

図1

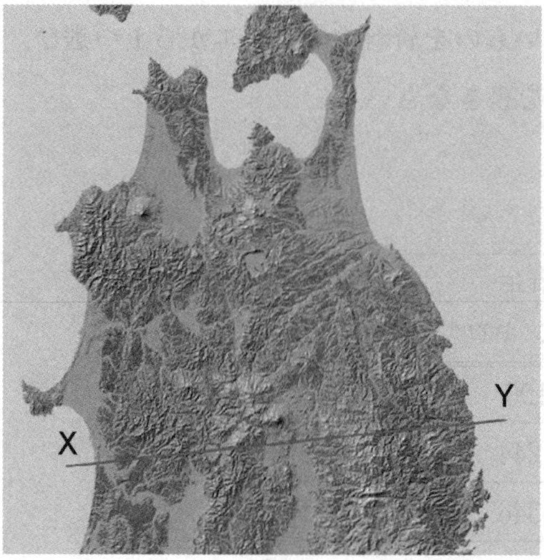

図2

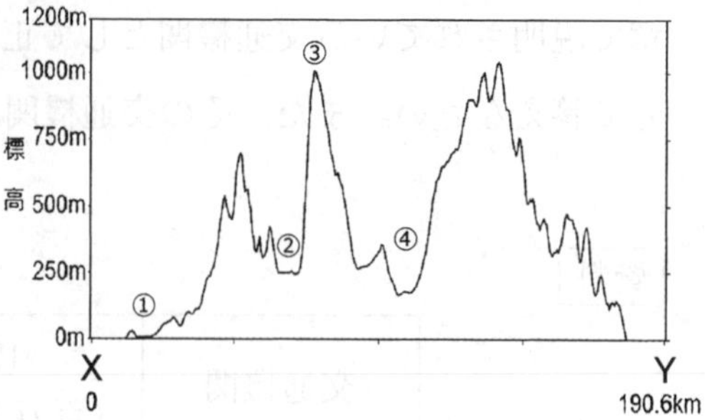

（1）図2は，図1のX－Y間の断面図です。図2の①～④の地形名の組み合わせとして正しいものを次のア～カから1つ選び，記号で答えなさい。

ア	①庄内平野	②十和田湖	③北上高地	④横手盆地
イ	①庄内平野	②田沢湖	③出羽山地	④山形盆地
ウ	①能代平野	②十和田湖	③奥羽山脈	④北上盆地
エ	①能代平野	②田沢湖	③北上高地	④横手盆地
オ	①秋田平野	②十和田湖	③出羽山地	④山形盆地
カ	①秋田平野	②田沢湖	③奥羽山脈	④北上盆地

（2）図1の太平洋岸一帯は，2011年に起こった大地震による津波の被害が大きかった地域です。特にこの地域で津波の被害が大きくなる理由を，地形の特徴に注目して簡潔に説明しなさい。

問８　５ページの地図中のＡの県庁所在地における雨温図として正しいものを次のア～エから１つ選び，記号で答えなさい。

ア

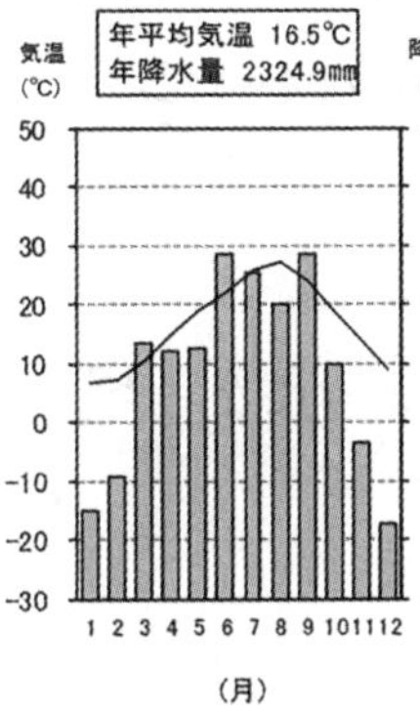

イ

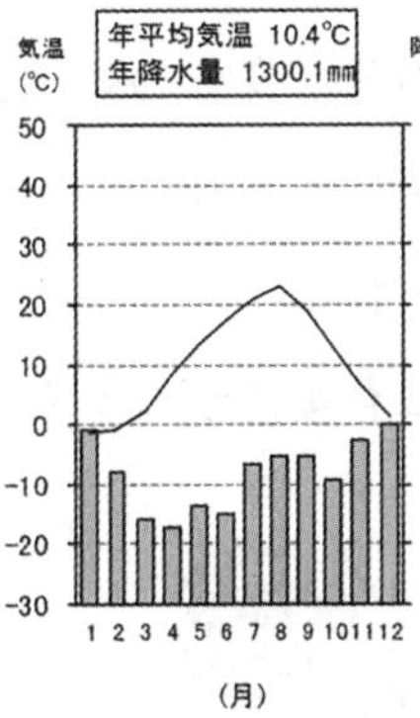

ウ

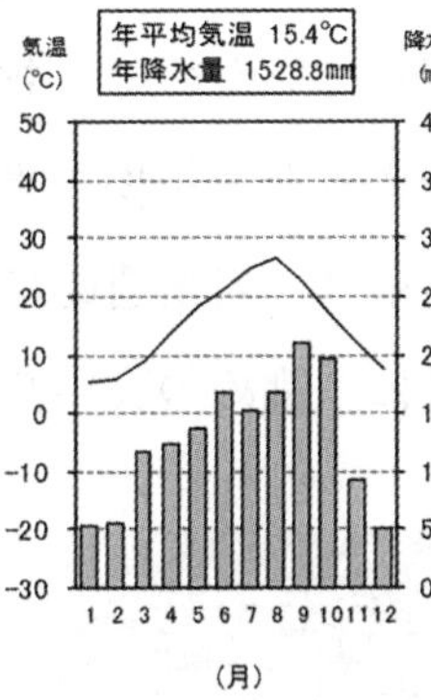

エ

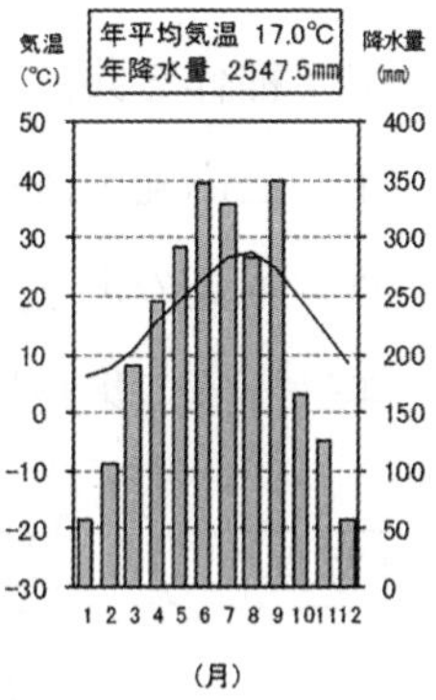

（『理科年表2021』より作成）

問９　次の表Ｘ・Ｙは，ある養殖品の収穫量の，全国に占める割合の上位３都道府県を示したものです。Ｘ・Ｙの組み合わせとして正しいものをア～エから１つ選び，記号で答えなさい。ただし，表中のＢとＣは５ページの地図中のＢとＣの都道府県と同じです。

Ｘ

順位	都道府県	主産地の割合
1	B	36%
2	C	33%
3	徳島県	12%

Ｙ

順位	都道府県	主産地の割合
1	北海道	73%
2	B	24%
3	C	3%

（『日本国勢図会　2020/21年版』より作成）

ア　Ｘ　わかめ　Ｙ　こんぶ　　イ　Ｘ　真珠　Ｙ　こんぶ
ウ　Ｘ　わかめ　Ｙ　のり　　エ　Ｘ　真珠　Ｙ　のり

2　あとの問いに答えなさい。

問１　弥生時代には次の写真のような集落が見られるようになりました。弥生時代の集落に関する説明として正しいものを次のア～エから１つ選び，記号で答えなさい。

ア　稲作を共同で行っていたので，貧富の差や身分の差は発生しなかった。

イ　三内丸山遺跡のような大規模な集落が形成された。

ウ　写真のような集落は，岩宿遺跡に見られる。

エ　写真の集落以外に，眺めの良い高台にも集落がつくられるようになった。

写真

（出典：CCsearch）

問２　古代の宮都について，図１･図２を見て，次の（１）～（３）の問いに答えなさい。

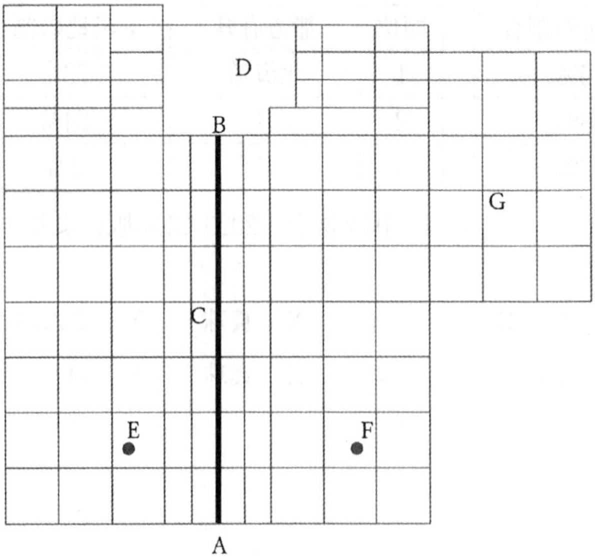

図１　平城京平面図

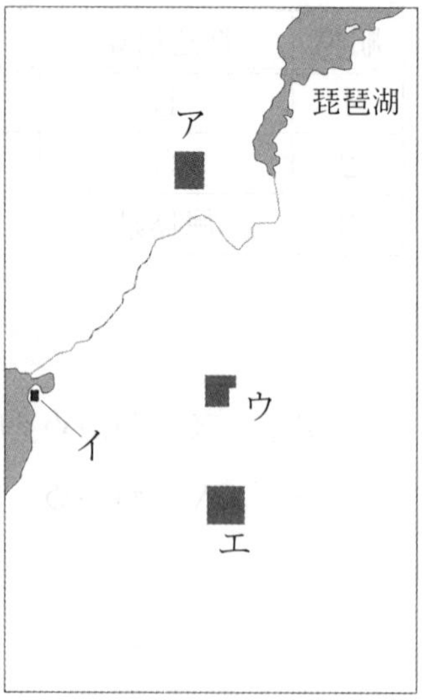

図２　古代宮都変遷図

（1）図1に関する説明として正しいものを次のア～エから1つ選び，記号で答えなさい。

ア　北のA地点と南のB地点を結ぶCの大路が走っていた。

イ　都の中枢部であるDの平城宮には，天皇の日常生活の場である内裏などが置かれていた。

ウ　Eを含む地域を左京，Fを含む地域を右京，Gを含む地域を外京と呼んだ。

エ　この都は，朝鮮の都にならって碁盤の目のように区画された。

（2）図2について，桓武天皇が遷都した場所として正しいものを図2のア～エから1つ選び，記号で答えなさい。

（3）平安時代，都には多くの貴族の住宅が築かれました。有力貴族の住宅の建築様式の名称を漢字3文字で書きなさい。

問3　鎌倉時代に農業生産が飛躍的に増大した理由として誤っているものを次のア～エから1つ選び，記号で答えなさい。

ア　刈敷や草木灰などの肥料が開発されたから。

イ　耕作する際に，牛馬を利用したから。

ウ　西日本を中心に二毛作が広まったから。

エ　備中鍬などの農具の改良が行われたから。

問4　室町文化について述べた文として正しいものを次のア～エから1つ選び，記号で答えなさい。

ア　足利義政が金閣を建てた。　　イ　お伽草子が民衆に広く読まれた。

ウ　世阿弥が生け花を大成した。　　エ　千利休がわび茶を大成した。

問5　室町時代以降，商工業がさかんになると陸海の交通が発達し，さまざまな都市が形成されました。特に，宇治山田（三重県）では宗教施設を中心に都市が形成され，江戸時代にはお蔭《かげ》参りも行われました。この都市が形成された背景を，宗教施設の名称を明らかにして簡潔に説明しなさい。

問６　次の史料について述べた文として正しいものをア～エから１つ選び，記号で答えなさい。

史料

> 安土城下の町中への定め
> 一，安土城下では楽市とされた以上は，いろいろな座の規制・座役・座の雑税を免除する。
> 一，土木工事への徴発を免除する。
> 一，領国の中で徳政を実施しても，この地では徳政を実施しない。
> （一部要約しています）

ア　この法令は，豊臣秀吉によって出されたものである。

イ　この法令によって商人の往来が制限された。

ウ　領国内で徳政令が出されても，安土城下では一切認めないものとする。

エ　領国内での商売で得た利益の一部を営業税として領主に納めるものとする。

3　次の年表を見て，あとの問いに答えなさい。

年　代	できごと
1868年	五箇条の御誓文が出される
	【　ア　】
1886年	□号事件がおこる……………………………… ①
1905年	ポーツマス条約が結ばれる
	【　イ　】
1920年	国際連盟が発足する
1937年	日中戦争がおこる……………………………… ②
1950年	朝鮮戦争がおこる……………………………… ③
1972年	日中共同声明が出される…………………… ④
	【　ウ　】
1979年	東京で先進国首脳会議が開かれる

問1　年表中の【　ア　】の時期に明治政府は朝鮮や清国と条約を結びました。条約名とその内容の組み合わせとして正しいものを次のア～エから1つ選び，記号で答えなさい。

【条約名】　a　日朝修好条規　　　b　日清修好条規

【内容】　X　日本が外国と初めて対等な内容として結んだ条約である。

Y　日本にとって不平等な内容の条約である。

ア　a―X　　イ　a―Y　　ウ　b―X　　エ　b―Y

問2　年表中の①について，日本国内では［　　　］号事件をきっかけとして条約改正の声が高まりました。［　　　］に当てはまる語句をカタカナで書きなさい。

問3　年表中の【　イ　】の時期におこった次のア～エを時代順に並べ替えた時，3番目になるものをア～エから1つ選び，記号で答えなさい。

ア　日本は日英同盟を理由に出兵し，中国におけるドイツの拠点を攻撃した。

イ　独立運動家の安重根によって伊藤博文が暗殺された。

ウ　日本が朝鮮を植民地化し，京城（現在のソウル）に朝鮮総督府を置いた。

エ　京城には数千人が集まり，「独立万歳」とさけんで，デモ行進をおこなった。

問4　年表中の②について，日中戦争から太平洋戦争の時期にかけてさかんに使われた標語・スローガンとして適当でないものを次のア～エから1つ選び，記号で答えなさい。

ア　欲しがりません勝つまでは　　　イ　石油の一滴，血の一滴

ウ　ぜいたくは敵だ　　　エ　臥薪嘗胆

問5　年表中の③について，次の（1）・（2）の問いに答えなさい。

（1）朝鮮戦争中の日本国内のできごととして正しいものを次のア～エから1つ選び，記号で答えなさい。

ア　自衛隊が発足した。　　　イ　日米安全保障条約が調印された。

ウ　国際連合に加盟した。　　　エ　日本国憲法が施行された。

（2）この戦争の休戦協定によって決められた軍事境界線は，北緯何度線付近に設定されましたか。解答欄に従って，数字を書きなさい。

問6　年表中の④について，このできごとに関連する写真として正しいものを次のア～エから１つ選び，記号で答えなさい。

ア

（出典：読売新聞社）

イ

（出典：時事通信フォト）

ウ

（出典：朝日新聞デジタル）
「撮影　首相訪中同行特派員団」

エ

（出典：青瓦台写真記者団）

問7　年表中の【　ウ　】の時期について，次の 資料Ⅰ ・ 資料Ⅱ は1978年の那覇市内の様子を撮影したものです。1978年７月30日前後でどのような変化が見られるか，この６年前のできごとに触れながら簡潔に説明しなさい。

資料Ⅰ

1978年７月30日より前に撮影された写真

資料Ⅱ

1978年７月30日に撮影された写真

（写真　那覇市歴史博物館蔵）

4　次の表は，各国の国家形態と政治制度をまとめたものです。この表を見て，あとの問いに答えなさい。

	国家形態	政治制度
日本	単一国家	□制
イギリス	単一国家	□制
①アメリカ	②連邦国家	大統領制
ロシア	連邦国家	半大統領制*

*直接選挙された大統領と，議会に責任を負う政府が併存するしくみのこと。
［調査と情報―Issue Brief―No.973（国会図書館　調査及び立法考査局）より作成］

問１　表中の□に共通して当てはまる語句を漢字４文字で書きなさい。

問２　次の図は日本の政治体制のしくみを示しています。図中の A ～ D に当てはまる語句として正しいものをア～オから１つずつ選び，記号で答えなさい。

図

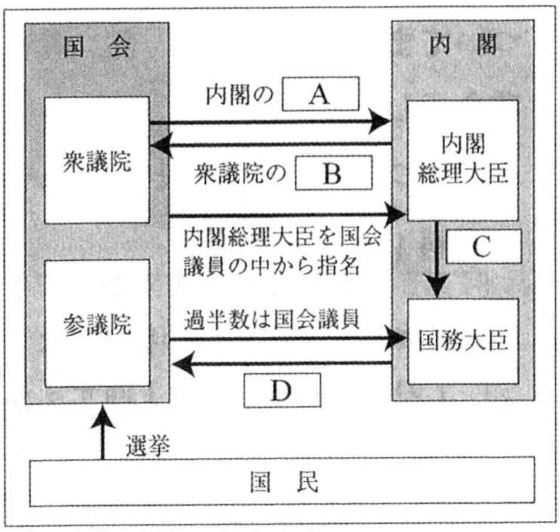

ア　信任・不信任の決議
イ　連帯責任
ウ　任命・罷免
エ　解散の決定
オ　違憲審査

問3　表中の下線部①について，アメリカでは2020年に新たな大統領が選挙で選ばれました。この大統領の名前と所属している政党の組み合わせとして正しいものを次のア～エから1つ選び，記号で答えなさい。

ア　大統領：トランプ　所属：共和党
イ　大統領：トランプ　所属：民主党
ウ　大統領：バイデン　所属：共和党
エ　大統領：バイデン　所属：民主党

問4　表中の下線部②の説明として誤っているものを次のア～エから1つ選び，記号で答えなさい。

ア　2つ以上の国や州が1つの主権の下に結合して形成する国家形態である。
イ　連邦国家は地方分権が進んでいるため，共通の憲法は存在しない。
ウ　地方自治が進み，州ごとの法律が設定されている連邦国家もある。
エ　多種多様な民族を含む1つの国家を形成する場合に採用されやすい国家形態である。

5　あとの問いに答えなさい。

問1　商品の生産と消費を結びつける働きを何といいますか，書きなさい。

問2　公共料金に当てはまるものとして正しいものを次のア～オから全て選び，記号で答えなさい。

ア　鉄道運賃　イ　水道料金　ウ　演劇鑑賞料金
エ　携帯電話通話料　オ　乗合バス運賃

問3　一般に，不況時に行われる政府の財政政策として正しいものを次のア～エから1つ選び，記号で答えなさい。

ア　所得税などの税率を低くして，税金を減らす。
イ　公共事業を減らして，政府の支出を減らす。
ウ　手形や国債を買い，通貨の流通量を増やす。
エ　金利を引き上げて，通貨の流通量を増やす。

問4　次の文章中の（　1　）～（　4　）には，SDGs（持続可能な開発目標）のうち特に関連する5つの目標ア～オのいずれかが入ります。（　1　）～（　4　）に入る目標として最も適当なものをア～オから1つずつ選び，記号で答えなさい。ただし，記号は1つにつき1度までの使用になります。

Aのマークをライスインキマークといいます。これは，国産の米ぬかを原材料としたインキであることを示すマークです。通常の大豆油インキは，北米から大豆油を運ぶため輸送にCO_2が多く排出されます。しかし，国内産の米ぬか油を使用することで，CO_2の排出量を削減することができるため，（　1　）の達成に寄与すると考えられます。

また，Bのマークはバイオマスマークといい，生物由来の資源を活用している商品に付与できるマークです。日本では，2020年からレジ袋の有料化が義務づけられましたが，バイオマスプラスチックの配合率が25%以上のレジ袋は有料義務化の対象外となっています。バイオマスは「再生可能な，生物由来の有機性資源で化石資源を除いたもの」と定義されるため，（　2　）の達成に繋がると考えられます。他にも，レジ袋の有料化は海洋プラスチックごみ問題の課題解決も理由の1つとして挙げられており，この点から見ると，（　3　）の達成に繋がると考えられます。

環境問題の解決のためには，私たち消費者が意識を変えることも大切であり，人や社会・環境に配慮した消費行動であるエシカル消費が求められています。SDGsでも，（　4　）として掲げられており，日頃の生活から意識することが大切です。

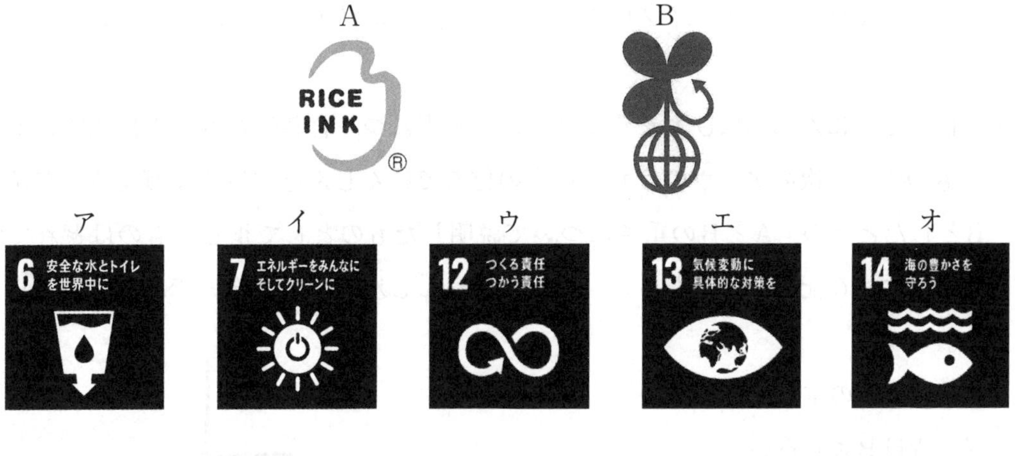

6　2021年10月から，土曜日におけるはがきなどの普通郵便の配達が取りやめになりました。あなたは，これに賛成ですか，反対ですか。社会的な背景をふまえ，その理由を50字以内で説明しなさい。

【理　科】〈特待生選抜試験〉（30分）〈満点：50点〉

1　次の問１～問８に答えなさい。

問１　表１は，ヒトが吸った息の成分の体積の割合を調べた結果をまとめたものです。表２のア～エのうち，ヒトがはいた息の成分の体積の割合として最も適当なものはどれですか，１つ選び記号で答えなさい。

酸素	ちっ素	その他
約21%	約78%	約1%

表１

	酸素	二酸化炭素	ちっ素	その他
ア	なし	約99%	なし	約1%
イ	なし	約21%	約78%	約1%
ウ	約17%	約4%	約78%	約1%
エ	約17%	約82%	なし	約1%

表２

問２　植物には種子でなかまをふやすものや，ほう子でなかまをふやすものがいます。次のア～エのうち，種子でなかまをふやすものとして正しいものはどれですか，１つ選び記号で答えなさい。

ア．アカマツ　　イ．イヌワラビ　　ウ．ゼニゴケ　　エ．シイタケ

問３　図１は，にんじんにひもをくくりつけ，水平につり合わせたものを模式的に示したものです。次のア～ウのうち，ひもの位置でにんじんを切った左側をA，右側をBとしたときの，AとBの重さについて説明したものとして正しいものはどれですか，１つ選び記号で答えなさい。ただし，にんじんの密度は均一であるものとします。

ア．AとBの重さは等しい。

イ．AはBより重い。

ウ．AはBより軽い。

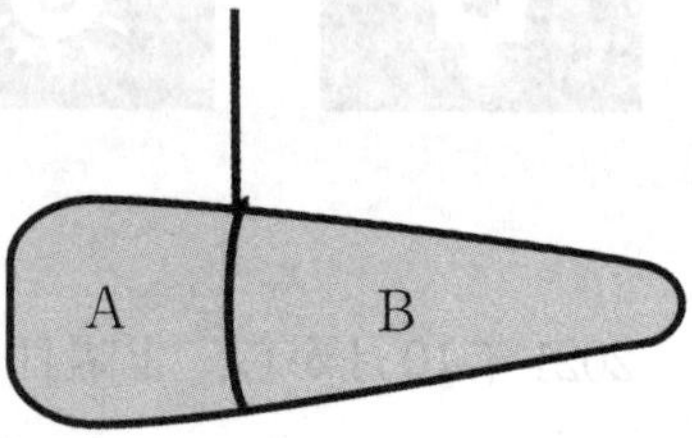

図１

問４　図２は，導線とそのまわりに置いた方位磁針Ａ～Ｄを模式的に示したものです。導線に電流を流さない状態では，すべての方位磁針のＮ極は北を指していました。方位磁針Ａ～Ｄのうち，図２の矢印の向きに電流を流したときにＮ極の指す向きが変わらないものはどれですか，１つ選び記号で答えなさい。

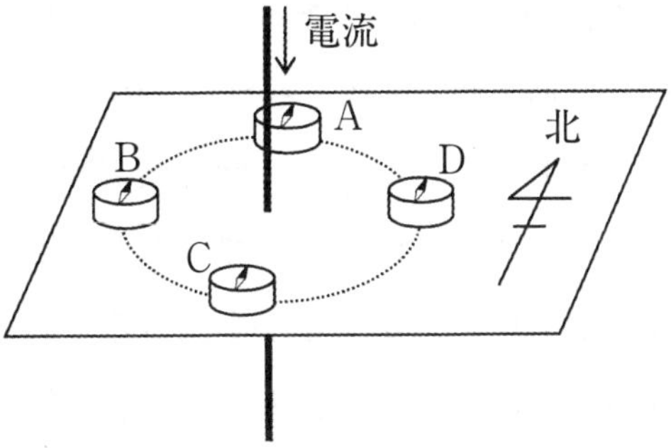

図２

問５　次のア～オのうち，太陽系のわく星の中で最も太陽の近くを公転するものはどれですか，１つ選び記号で答えなさい。

ア．火星　　イ．水星　　ウ．木星　　エ．金星　　オ．土星

問６　全国各地に約1300か所あり，降水量，風向・風速，気温，しつ度などの観測を自動的におこなう装置を何といいますか，名称をカタカナ４文字で答えなさい。

問７　ペットボトルを水で満たし，ふたをして，こおらせました。次のア～カのうち，水をこおらせたペットボトルのようすを説明したものとして最も適当なものはどれですか，１つ選び記号で答えなさい。ただし，ペットボトルの外側についた水てきなどの重さは考えないものとします。

ア．ペットボトルはふくらみ，重さは重くなる。

イ．ペットボトルはふくらみ，重さは軽くなる。

ウ．ペットボトルはふくらみ，重さは変わらない。

エ．ペットボトルはへこみ，重さは重くなる。

オ．ペットボトルはへこみ，重さは軽くなる。

カ．ペットボトルはへこみ，重さは変わらない。

問８　日本には火山が多く，箱根などにも多くの噴《ふん》気孔《こう》が見られます。噴気孔には「いおう」の結晶が生じていることがあります。次のア～エのうち，「いおう」の色として最も適当なものはどれですか，１つ選び記号で答えなさい。

ア．青色　　イ．黄色　　ウ．緑色　　エ．赤色

2 だ液のはたらきを調べるために，図1のように，大きなつぶは通さないが，小さなつぶは通す性質のあるセロハン袋，ヨウ素液およびベネジクト液を用いて，次のような実験をおこないました。図2は実験2の流れを，図3は実験3の流れを模式的に示したものです。これについて，あとの問1～問7に答えなさい。ただし，ベネジクト液は，溶液中に糖があるかを調べるために用いられ，糖がふくまれる溶液に加えて加熱すると，溶液の色が青色から赤かっ色に変化します。

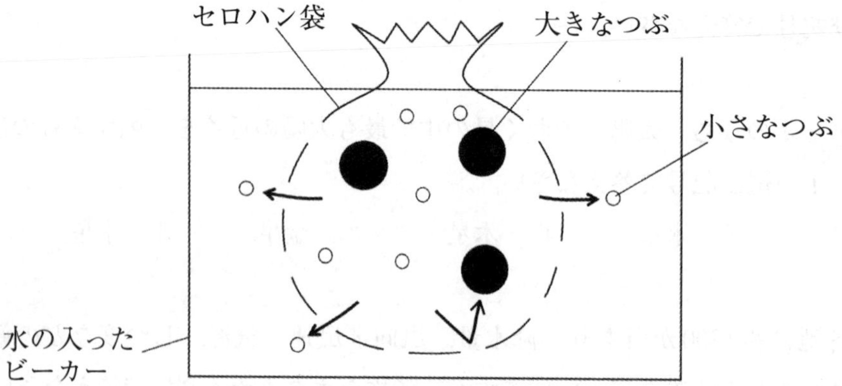

図1

【実験1】

① セロハン袋にでんぷんとブドウ糖をまぜた溶液を入れた。

② 水を入れたビーカーに①のセロハン袋を入れて，しばらくおいた。

③ セロハン袋をとり出したあと，ビーカーに残った液体を2本の試験管に少量ずつとり，一方の試験管にはヨウ素液を加えた。もう一方の試験管には，ベネジクト液を加えて加熱した。それぞれの溶液について色の変化を観察し，結果を表1にまとめた。

	試験管の溶液のようす
ヨウ素液を加えた結果	茶色のままであった
ベネジクト液を加えて加熱した結果	赤かっ色になった

表1

問１　表のア～カのうち，だ液にふくまれる消化酵《こう》素《そ》の名称と，ブドウ糖が吸収される器官の名称の組み合わせとして最も適当なものはどれですか，１つ選び記号で答えなさい。

	消化酵素	吸収される器官
ア	アミラーゼ	口
イ	アミラーゼ	胃
ウ	アミラーゼ	小腸
エ	ペプシン	口
オ	ペプシン	胃
カ	ペプシン	小腸

問２　次のア～エのうち，実験１からわかることとして最も適当なものはどれですか，１つ選び記号で答えなさい。

ア．でんぷんもブドウ糖もセロハン袋を通る。

イ．でんぷんはセロハン袋を通るが，ブドウ糖は通らない。

ウ．でんぷんはセロハン袋を通らないが，ブドウ糖は通る。

エ．でんぷんもブドウ糖もセロハン袋を通らない。

問３　実験１でビーカーからとり出したセロハン袋の中の溶液に，ヨウ素液を加えて色の変化を観察しました。次のア～エのうち，ヨウ素液を加えたあとの溶液の色として最も適当なものはどれですか，１つ選び記号で答えなさい。

ア．白色　　イ．茶色　　ウ．緑色　　エ．青むらさき色

【実験２】

① 1%でんぷん溶液を，試験管Ａ～Ｄに２ cm^3 ずつとった。

② 試験管Ａ，Ｂには水でうすめただ液１ cm^3 を，試験管Ｃ，Ｄには水１ cm^3 をそれぞれ加えた。

③ 試験管Ａ～Ｄを37 ℃の湯に入れ，30分間おいた。

④ 試験管Ａ，Ｃに，ヨウ素液を加えた。また，試験管Ｂ，Ｄにベネジクト液を加えて加熱した。それぞれの溶液について色の変化を観察し，結果を表２，３にまとめた。

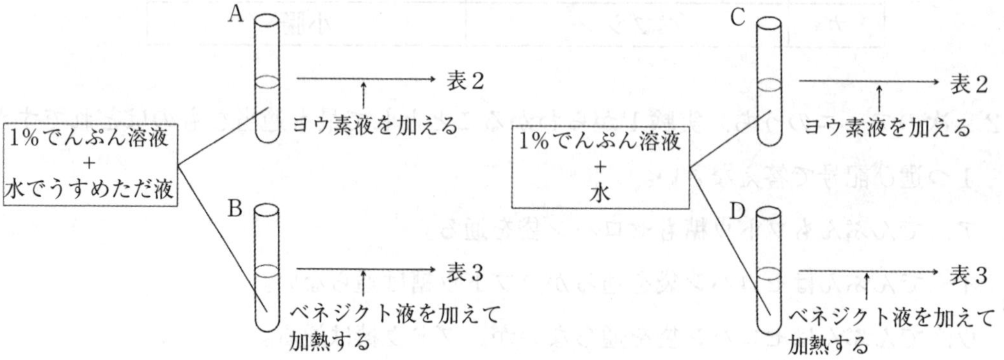

図２

	試験管Ａ	試験管Ｃ
ヨウ素液を加えた結果	茶色のままであった	青むらさき色になった

表２

	試験管Ｂ	試験管Ｄ
ベネジクト液を加えて加熱した結果	赤かっ色になった	青色のままであった

表３

問４ 実験２の結果から，だ液にはでんぷんを他の物質に変えるはたらきがあることがわかります。試験管Ａ～Ｄのうち，どの２つの試験管を比べればよいですか，２つ選び記号で答えなさい。

問５ 実験２の結果から，だ液とでんぷんから糖がつくられることがわかります。試験管Ａ～Ｄのうち，どの２つの試験管を比べればよいですか，２つ選び記号で答えなさい。

【実験３】

① 1%でんぷん溶液を，試験管Ｅ～Ｈに２ cm³ずつとった。

② 試験管Ｅ，Ｇには水でうすめただ液１ cm³を，試験管Ｆ，Ｈには水１ cm³をそれぞれ加えた。

③ 試験管Ｅ，Ｆを０ ℃の氷水の入ったビーカーに，試験管Ｇ，Ｈを90 ℃の湯が入ったビーカーに入れ，それぞれ温度を保ったまま30分間おいた。

④ 試験管Ｅ～Ｈを37 ℃の湯が入ったビーカーに移し，温度を保ったまま30分間おいた。

⑤ 試験管Ｅ～Ｈの溶液の一部をそれぞれとり出し，ヨウ素液を加えて色の変化を観察し，結果を表４にまとめた。

⑥ 残った試験管Ｅ～Ｈに，ベネジクト液を加えて加熱し，色の変化を観察し，結果を表５にまとめた。

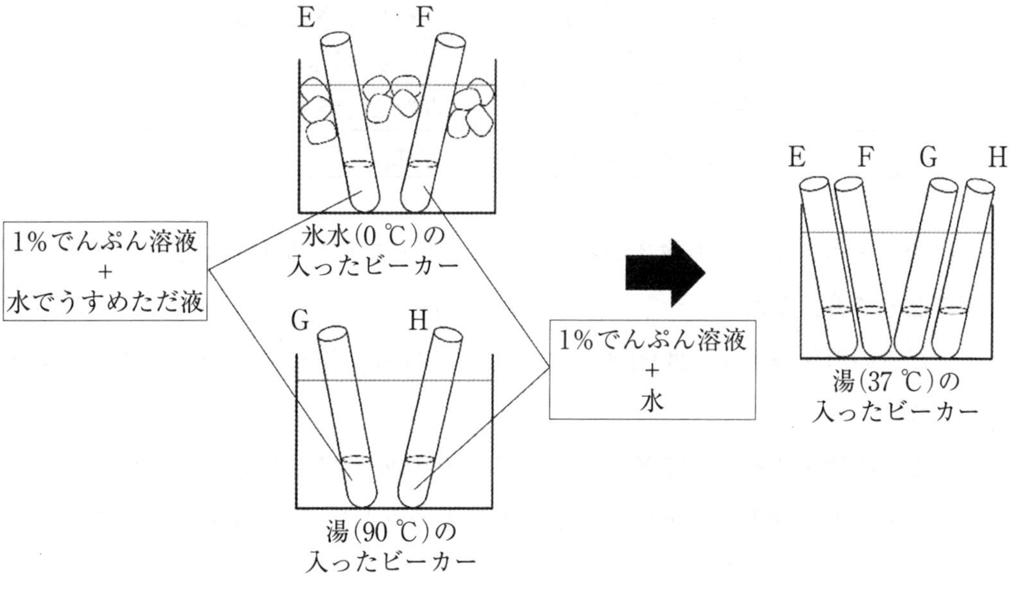

図３

	試験管E	試験管F	試験管G	試験管H
ヨウ素液を加えた結果	茶色のままであった	青むらさき色になった	結果①	結果②

表4

	試験管E	試験管F	試験管G	試験管H
ベネジクト液を加えて加熱した結果	赤かっ色になった	青色のままであった	青色のままであった	青色のままであった

表5

問6　表のア～エのうち，表4の結果①，②に入る溶液の色の組み合わせとして最も適当なものはどれですか，1つ選び記号で答えなさい。

	結果①	結果②
ア	青むらさき色になった	青むらさき色になった
イ	青むらさき色になった	茶色のままであった
ウ	茶色のままであった	青むらさき色になった
エ	茶色のままであった	茶色のままであった

問7　次のア～エのうち，実験3からわかることとして適当なものはどれですか，2つ選び記号で答えなさい。

ア．だ液の消化酵素は一度90 ℃にしても，そのあと37 ℃にするとはたらくようになる。

イ．だ液の消化酵素は一度90 ℃にしたら，そのあと37 ℃にしてもはたらかない。

ウ．だ液の消化酵素は一度0 ℃にしても，そのあと37 ℃にするとはたらくようになる。

エ．だ液の消化酵素は一度0 ℃にしたら，そのあと37 ℃にしてもはたらかない。

3 光の進み方について，次のような実験をおこないました。これについて，あとの問１～問６に答えなさい。

【実験１】

① 図１のように，紙面上に点Oを中心とする半径12 cmの円とOを通りたがいに垂直に交わる直線X，Yをかいた。半径が12 cmの半円形のガラス板を用意し，ガラス板の円の中心をOに合わせ，直線部分が直線Yに重なるように置いた。

② ガラス側からOに向かって光線を入射させたところ，Oで光の屈折と反射が見られた。光線がガラスに入射した点をA，屈折した光線と円の交点をB，反射した光線と円の交点をCとし，A, Bから直線Xまでの距離をそれぞれa, bとした。

③ 光線を入射させる位置を変えてa, bの長さをはかり，結果を表１にまとめた。

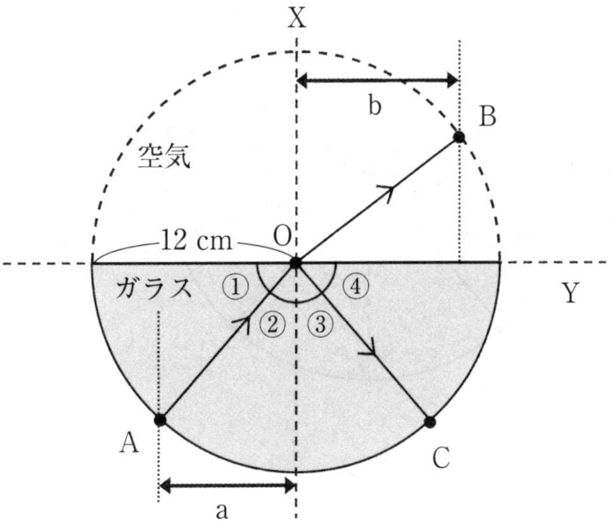

図１

a[cm]	1	2	3	4
b[cm]	1.5	3	4.5	6

表１

【実験２】

実験１と同様の実験を，ガラスではなく，同じ半円形の容器を水で満たしたものを用いておこない，結果を表２にまとめた。

a[cm]	1	2	3	4
b[cm]	1.3	2.6	3.9	Z

表２

問１　図１の角①～④のうち，入射角と反射角として正しいものはどれですか，それぞれ１つずつ選び番号で答えなさい。

問２　表２のZに入る数値を答えなさい。

問３　図２は，図１の状態からガラス板だけをOを中心に10度だけ左回りに回転させたものを模式的に示したものです。OCは回転する前の，ODは回転したあとの反射光の道すじです。このとき，OCとODのなす角Pの大きさは何度ですか。

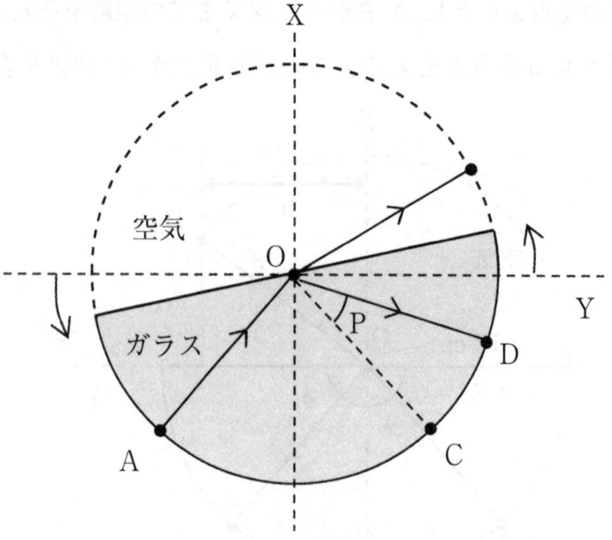

図２

問４　実験１において，aの値をある長さL以上にすると，屈折光がなくなり，反射光のみとなります。この現象を全反射といいます。Lの長さは何cmですか。

問５　次のア～エのうち，全反射に関係がある現象として最も適当なものはどれですか，１つ選び記号で答えなさい。

ア．望遠鏡を用いて遠くのものを見ることができる。

イ．水の入ったコップに入っているストローが折れ曲がって見える。

ウ．スプーンのくぼんだ側をのぞくと，上下左右逆の自分の顔が映る。

エ．光ファイバーに光を入射させると，光が外にもれずに進んでいく。

【実験3】

① 図3のように，水上に半径13 cmの黒い円ばんをうかべた。

② 円ばんの中心の真下に小さい物体Qを置き，空気側から物体Qを観察した。

③ 物体Qを徐々に真上に移動させていくと，ある点Rより円ばんに近くなったときに空気側のどの位置から見ても物体Qは見えなくなった。

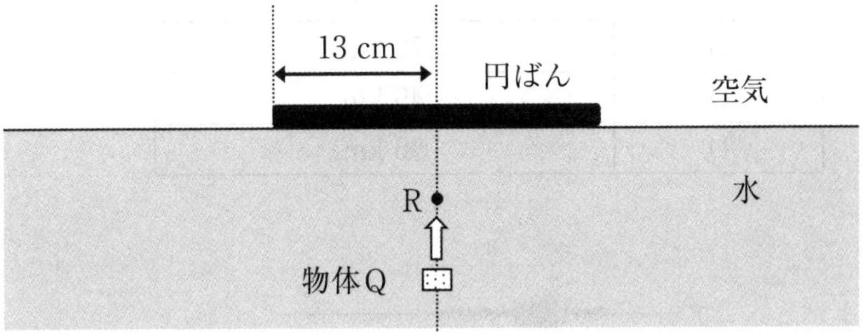

図3

問6 次のア～エのうち，Rのある位置として正しいものはどれですか，1つ選び記号で答えなさい。ただし，下図の点線で表した1マスは1 cmで，円ばんの中心の真下に点S～点Wをとっており，破線は円ばんのはしを中心とする半径13 cmの円の一部とします。

ア．点Sと点Tの間　　イ．点Tと点Uの間

ウ．点Uと点Vの間　　エ．点Vと点Wの間

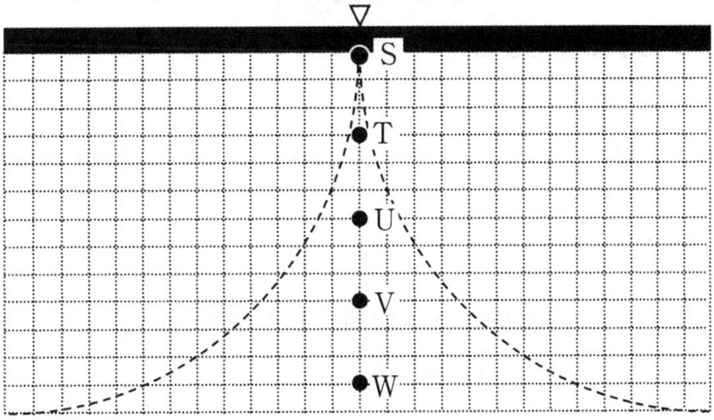

4　ある地域で地震《しん》がおこりました。観測地点Aでは，その地震のゆれはじめの時刻は4時48分9秒でした。表は，観測地点A～Dと震源から観測地点までの距離をまとめたものです。また，図1のア～エは観測地点A～Dのいずれかで観測された地震計の記録を示しています。これについて，あとの問1～問7に答えなさい。

観測地点	震源から観測地点までの距離
A	120 km
B	72 km
C	45 km
D	96 km

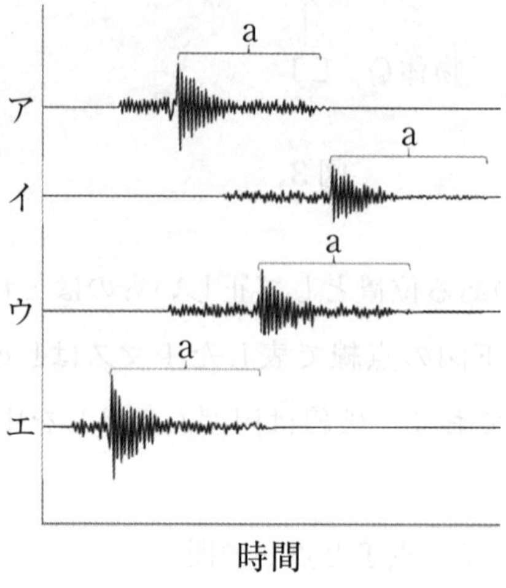

図1

問1　観測地点A～Dのうち，ゆれが最も大きかった地点として適当なものはどれですか，1つ選び記号で答えなさい。

問2　図1の地震計の記録において，aのゆれを引きおこす地震波はP波・S波のどちらですか。

問3　図1のア～エのうち，観測地点Dで観測された地震計の記録として最も適当なものはどれですか，1つ選び記号で答えなさい。

図2は，地震が発生してからP波・S波が届くまでの時間と震源からの距離との関係をグラフに表したもので，２つの直線はP波・S波のいずれかを示しています。ただしP波・S波はそれぞれ一定の速さで伝わるものとします。

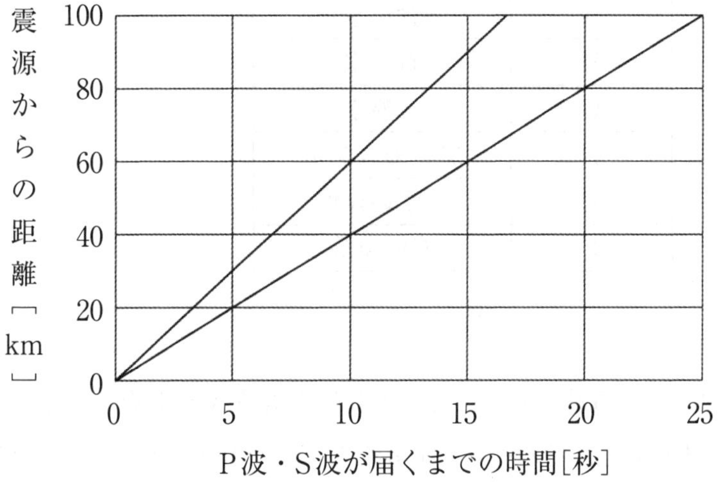

図2

問４　P波の伝わる速さは秒速何kmですか。

問５　次のア～オのうち，この地震が発生した時刻として最も適当なものはどれですか，１つ選び記号で答えなさい。

ア．4時47分19秒　　イ．4時47分29秒　　ウ．4時47分39秒

エ．4時47分49秒　　オ．4時47分59秒

問６　次のア～カのうち，観測地点Bでこの地震のS波を観測した時刻として最も適当なものはどれですか，１つ選び記号で答えなさい。

ア．4時47分52秒　　イ．4時47分57秒　　ウ．4時48分2秒

エ．4時48分7秒　　オ．4時48分12秒　　カ．4時48分17秒

問７　観測地点Bでこの地震のP波が観測された１秒後に，観測地点Aで緊急《きんきゅう》地震速報を受信しました。観測地点Aでは，緊急地震速報を受信してから何秒後にS波が観測されますか。

5 表1の水溶液A～Fを用いて，次のような実験をおこないました。これについて，あとの問1～問7に答えなさい。

水溶液	種類
A	食塩水
B	石灰水
C	炭酸水
D	アンモニア水
E	うすい塩酸
F	濃い塩酸

表1

【実験1】青色リトマス紙を5枚用意し，それぞれに水溶液A～Eをつけた。

【実験2】試験管を5本用意し，それぞれに水溶液A～Eを10 cm^3ずつとり，BTB溶液を加えた。

【実験3】蒸発皿を5枚用意し，それぞれに水溶液A～Eを3 cm^3ずつとり，加熱して液体を蒸発させた。

【実験4】ビーカーを10個用意し，水溶液E，Fを10 cm^3，20 cm^3，30 cm^3，40 cm^3，50 cm^3ずつとり，それぞれにスチールウールを1 gずつ入れた。水溶液の体積と発生した気体の体積を表2にまとめた。

水溶液Eの体積[cm^3]	10	20	30	40	50
発生した気体の体積[cm^3]	100	200	300	400	400

水溶液Fの体積[cm^3]	10	20	30	40	50
発生した気体の体積[cm^3]	160	320	400	400	400

表2

問1　水溶液A～Eのうち，実験1において青色リトマス紙の色を赤色に変化させるものはどれですか，すべて選び記号で答えなさい。

問２　水溶液Ａ～Ｅのうち，実験２において水溶液の色が青色に変化するものはどれですか，すべて選び記号で答えなさい。

問３　水溶液Ａ～Ｅのうち，実験３において液体が蒸発したあとに固体が残るものはどれですか，すべて選び記号で答えなさい。

問４　スチールウール8 gをすべてとかすのに必要な水溶液Ｅの体積は，少なくとも何cm^3ですか。

問５　スチールウール1 gを水溶液Ｆ 10 cm^3に入れたとき，とけきれずに残るスチールウールの重さは何gですか。

問６　スチールウール8 gをすべてとかすのに必要な水溶液Ｆの体積は，少なくとも何cm^3ですか。

問７　水溶液Ｆ 100 cm^3に何cm^3の水を加えると，水溶液Ｅと同じ濃度になりますか。

イ　「美月」にとってとても大事なぬいぐるみを破ってしまったことがわかり、「美月」または「陽子」に怒られるだろうと想像したから。

ウ　自分が踏みつけてしまったぬいぐるみが、友達からのプレゼントだったことがわかり、大切な物を破ってしまったと反省したから。

エ　わざとではないがぬいぐるみを破ってしまい、そのことで涙を見せる「美月」を見て、彼女を泣かせたのは自分だと勘違《かんちが》いしたから。

問八　――部⑥「おまもりの効き目、確かにあったみたいだよ」とありますが、この時の「おまもりの効き目」の説明として最も適当なものを、次の**ア**～**エ**の中から一つ選んで、記号で答えなさい。

ア　新しい街に馴染《なじ》むことができるということ。

イ　「恵美菜」の本心を理解するということ。

ウ　クラスの男子たちとの仲が改善されること。

エ　引越し先の学校で友達ができるということ。

問九　本文の内容に関する説明として最も適当なものを、次の**ア**～**エ**の中から一つ選んで、記号で答えなさい。

ア　本文中の10行目・16行目・21行目・77行目にそれぞれ出てくる四度の「ため息」は、いずれも「美月」の人間関係が原因で出ているものであり、「美月」の晴れない心情を間接的に表している。

イ　本文52行目「ほんとうの友だちだった」・53行目「大好きな友だちだった」という表現は、「美月」にとって心から信頼《しんらい》できる友達と言えるのは「恵美菜」ひとりであり、彼女との別れが将来に大きな影響《えいきょう》を及《およ》ぼすことを暗示している。

ウ　本文１３３～１３４行目「美月と陽子の～声をあげて笑った」は、本文48行目～51行目「二人同時に～大笑いしてしまった」を受けた表現となっており、「美月」にとってこの先「陽子」が、「恵美菜」と同じくらい大切な友達になっていくことがうかがえる。

エ　本文１３６行目「今日帰ったら、手紙を書こうと思った」という表現は、これまで全く手紙を書く気がなかった「美月」が「恵美菜」のおまもりの伝言を見て、真逆の方向に気持ちが変わったことを示している。

エ 「ああ美月。こっちは楽しくやってるよ。友だちもたくさんできたし。うん、毎日、すごく楽しいの。じゃあね」なんて冷たくされたら……、

問五 ――部③「恵美菜はバイバイと手を振って走り去ってしまった」とありますが、この場面について大宮開成中学校の生徒と先生が話し合いました。これを読んで、後の各問いに答えなさい。

先生 この場面で、なぜ「恵美菜」はこんなに［X］態度を取ったのでしょう。みんなで考えてみましょう。

大場さん まさか「恵美菜」は、「美月」が思っているように、**ア**□□□□□□(六字)わけがないと思います。

宮沢さん 「恵美菜」のこの態度は、二人がしばらくの間ほとんど**イ**□□□□□□□□(八字)になっていて、気まずい関係にあったことが原因なんじゃないかな。

開藤さん それもあるだろうし、この時「恵美菜」は素直に本心を出すことができず、強がっていたということもあると思うな。

成田さん にも関わらず「恵美菜」は「美月」におまもりを渡した。えらいと思うよ。僕《ぼく》ならできないかも。

先生 では次に、そんな「恵美菜」の本当の気持ちについて考えてみましょう。大場さんわかりますか?

大場さん 僕は、本当は［Y］んじゃないかと思います。

先生 そうですね。後で明らかになる、おまもりの中の紙に書かれたことばを見ると、そこに「恵美菜」の本心が表れていますね。

(i) ［X］に当てはまる最も適当なものを、次の**ア**～**エ**の中から一つ選んで、記号で答えなさい。

ア 不機嫌《ふきげん》な **イ** そっけない
ウ ちぐはぐな **エ** 緊張《きんちょう》した

(ii) **ア**・**イ**の□に当てはまることばを、それぞれ本文中からぬき出しなさい。

(iii) ［Y］に当てはまる最も適当なものを、次の**ア**～**エ**の中から一つ選んで、記号で答えなさい。

ア 「恵美菜」も「美月」と一緒《いっしょ》で、素直になれなくて、相手から話しかけられるのを待っていた
イ 「恵美菜」の方が「美月」よりも大人で、開き直って、自分から正直な気持ちを伝えようと決めた
ウ 「恵美菜」の方が「美月」よりも大人で、あまり深く考えず、いつか二人の関係は元に戻《もど》ると予測していた
エ 「恵美菜」も「美月」と一緒で、別れが悲しくて、最後にちゃんと正直な気持ちを伝えたかった

問六 ――部④「ふいに涙があふれた」とありますが、この時の「美月」の心情を説明した次の文の□に当てはまることばを、それぞれ本文中からぬき出しなさい。

おまもりの中の紙には、「恵美菜」の**ア**□□□□□□□(七字)本心が書かれており、それを知って感激しているのと同時に、「恵美菜」のことを**イ**□□□(三字)人間だと決めつけてしまったことに対して申し訳ないと思っている。

問七 ――部⑤「『あっ、あの、おれ……悪かった。ほんと、悪かった』」とありますが、「少年」はなぜ謝ったと考えられますか。最も適当なものを、次の**ア**～**エ**の中から一つ選んで、記号で答えなさい。

ア 「美月」のぬいぐるみを踏みつけて破ったことにより、彼女《かのじょ》が怒ってしまったため、本当に申し訳ないことをしたと思ったから。

「何だよ、そんなに笑うことないだろう」
少年が**b**くちびるをとがらせて、起き上がった。
「ごめんなさい」
美月と陽子の声が重なった。二人は顔を見合わせ、また、声をあげて笑った。
破れ、汚れたおまもりをそっとにぎりしめる。
今日帰ったら、手紙を書こうと思った。
恵美菜、⑥おまもりの効き目、確かにあったみたいだよ。ありがとう。
そう書こうと思った。

（あさのあつこ「おまもり」による）

問一 ══部**a**「身がすくむ」・**b**「くちびるをとがらせて」の本文中での意味として最も適当なものを、それぞれ後の**ア**～**エ**の中から一つずつ選んで、記号で答えなさい。

a「身がすくむ」
ア 不安で後ずさりする
イ 驚《おどろ》きで力が入らなくなる
ウ 恐怖《きょうふ》で体が動かなくなる
エ 怒《いか》りで体に力が入る

b「くちびるをとがらせて」
ア 照れた顔になって
イ 不満げな表情をして
ウ 文句を言って
エ 言い訳をして

問二 ――部①「よくわかっているけれど、言われる度に美月の胸はちくちく痛む」とありますが、この時の「美月」の説明として最も適当なものを、次の**ア**～**エ**の中から一つ選んで、記号で答えなさい。

ア 「お母さん」の言うことはその通りだと理解はしているものの、積極的な性格でない自分は友達を作れるはずがないと、不安になっている。
イ 「お母さん」が心配してくれる気持ちは理解しているものの、友達などすぐに作れるものではないと思っており、心理的な負担になっている。
ウ 親の都合で見知らぬ土地の中学校に転校してきたのに、毎日のように友達を作りなさいと言ってくる「お母さん」に対して、怒りを覚えている。
エ 自分は引っ込み思案で簡単に友達など作ることができないが、「お母さん」の思いに早く応えなければならないと思い、焦《あせ》りを感じている。

問三 ――部②「恵美菜が急に遠ざかった気がした」とありますが、「美月」はなぜこのように感じたのですか。本文中のことばを用いて四十五字以内で答えなさい。

問四 **A** に入る最も適当なものを、次の**ア**～**エ**の中から一つ選んで、記号で答えなさい。

ア 「ああ美月。新しい友だちはできたけど、やっぱり美月がいなくなってとてもさびしいの。うん、今すぐにでも会いたいよ」なんて悲しまれたら……、
イ 「ああ美月。今さら連絡をよこしてきて何よ。どれだけ心配したと思ってるの。なに、私たちの友情ってその程度のものだったんだね」なんて怒られたら……、
ウ 「ああ美月。連絡が遅《おそ》いよ。そう、そっちはそんなに楽しいんだね。よかったね。じゃあもう会わなくても大丈夫《だいじょうぶ》じゃん」なんて突き放されたら……、

できなかった。
　美月は四度目のため息をついていた。
　通学カバンの中から白くまのヌイグルミをとりだす。手のひらにすっぽりおさまるほどの大きさだ。十センチもないだろうか。卒業式の日、恵美菜が渡《わた》してくれた。
「美月、これ、おまもりだから」
「おまもり？　何の？」
「向こうの学校で新しい友だちができるためのおまもり」
　それだけ言うと、③恵美菜はバイバイと手を振って走り去ってしまった。
　白い小さなくまは恵美菜の手作りらしい。ふわふわした布の体と黒いボタンの目をしている。
　恵美菜、恵美菜みたいな友だちなんて、もう二度とできないよ。
　くまにそっと語りかける。
「五時間目は音楽です。音楽室に移動してください。リコーダーを忘れないで」
　日直当番が声を張り上げている。すらりと背の高い、声の美しい少女だ。たしか高梨《たかなし》陽子という名前だった。
　美月は立ち上がった。ロッカーからリコーダーを持ってこようと思ったのだ。とたん、後ろから誰かがぶつかってきた。手から白いくまが転げ落ちる。ぶつかってきたのは、さっき言い争いをしていた少年だった。まだいらいらしていたのか、乱暴な動作で美月の横を通り抜《ぬ》ける。足が白くまを踏《ふ》みつけた。
「あっ」
　思わず叫《さけ》んでいた。慌《あわ》てて拾い上げる。踏みつけられた白くまは無残に胴体《どうたい》が破れ、片方の目がとれかかっていた。そのうえ、足型が黒くついている。白いだけに汚《よご》れが目立った。
「……ひどい」
　一瞬《いっしゅん》でこんな姿になるなんて。
「どうしたの？」
　美しい声がした。陽子が手元をのぞきこんでいる。
「あっ、破れちゃってる。かわいそうに」
　陽子の指が白くまのお腹をなでた。
「あれ？　藤野さん、中に何かあるよ」
「え？」
　破れ目から小さく折りたたまれた紙がのぞいている。美月はそっと引っ張り出してみた。紙を開く。
『おまもり　美月、いつまでも大好きだよ。忘れないで。また必ず会おうね。』
　恵美菜からの伝言だった。口にしなかった思いが書かれていた。
「これ、お友だちからのプレゼントだったの？」
　陽子がささやくように問いかけてきた。うなずく。④ふいに涙《なみだ》があふれた。
　恵美菜、ごめんね。冷たいなんて思ってごめんね。ごめんね。
「すごくいい友だちだね」
　陽子がぽんと美月の背中をたたいた。笑った口元が少し恵美菜に似ている。
⑤「あっ、あの、おれ……悪かった。ほんと、悪かった」
　少年がひょこりと頭を下げる。その拍子《ひょうし》に額を机の角にぶつけた。
「うわっ、いてて」
　額を押《お》さえてよろめいたはずみに、今度は足を滑《すべ》らせてしりもちをついてしまった。
　おかしくて吹き出してしまう。
　隣《となり》で陽子も笑っていた。

美月は争いごとが嫌《きら》いだった。なぐったり、けったりはもちろん、乱暴な言葉づかいや大声を聞いただけでａ身がすくむ。怖《こわ》い。それに、おしゃべりも苦手だ。しゃべるより、黙《だま》って聞いている方が性に合っている。

「美月、中学生になったらもっと、積極的にならなきゃだめよ」

入学式の前に、お母さんから何度も言われた。

「何でも積極的な子の方が、早くお友だちを作れるでしょ」

お父さんの仕事のつごうで、小学校を卒業してすぐに、このＳ市に引っ越《こ》してきた。引っ越してきて三日目が中学校の入学式だった。

お母さんは、入学式の後、毎日のように早くお友だちを作りなさいと言っている。引っ込み思案な美月を心配してのことだ。①よくわかっているけれど、言われる度に美月の胸はちくちく痛むのだ。

友だちなんて、そんなに簡単に作れるものじゃないよ。

お母さんにそう伝えたい。

美月だって、同じクラスの人とちょこちょこと話をしたり、「おはよう」や「さようなら」のあいさつぐらいはする。でも、ほんとうの友だちなんて誰《だれ》とでもなれるものじゃない。

恵美菜、どうしているかな。

牧原恵美菜の丸い顔が浮《う》かんでくる。幼稚園《ようちえん》のときから、不思議に気が合った。恵美菜には何でも話せたし、恵美菜からいろんな話を聞いた。お母さんに一方的に叱《しか》られて悔《くや》しかったこと、好きになった男の子のこと、将来の夢や不安、ドラマや本やアイドルの話……たくさんのたくさんのおしゃべりをした。いっしょに泣いたり、笑ったりした。本気でケンカをしたこともあった。恵美菜とは本気でケンカができたし、ケンカの後、ちゃんと仲直りもできた。短かったら一時間ぐらい、長くても三日以内に、どちらかが「ごめん。冷静に考えたら、あたしが悪かった」と謝るのだ。二人同時に頭を下げ、「ごめんなさい」と謝ったこともある。頭を下げる動作も「ごめんなさい」のひと言も練習したみたいにぴたりと重なった。あのときは、顔を見合わせて大笑いしてしまった。

ほんとうの友だちだった。

大好きな友だちだった。

引越し、そして転校が決まったとき、恵美菜と別れなければならないことが何より悲しかった。耐《た》えられないぐらいつらかった。悲しくて、つらくて、さびしくて、心細くて、布団をかぶってわんわん泣いた。それなのに恵美菜は笑いながら、

「もう中学生だもんね。それぞれ、新しい学校でガンバレってことなのかもね。うん、そうだよ、美月。おたがいガンバローだ」

なんて、言ったのだ。いっしょに悲しんでくれる、「行かないで」と泣いてくれると信じていたのに。

恵美菜はあたしとちがって、明るいし、誰とでもすぐ打ち解けられるし、はきはきしている。友だちだって他にもたくさんいる。あたしがいなくなっても、さびしくないんだ。

そう思うと胸の中に冷たい風が吹《ふ》き通っていくような気がした。②恵美菜が急に遠ざかった気がした。

それから、あまり口もきかないまま別れてしまった。

Ｓ市に来て二ヶ月以上が過ぎたけれど、恵美菜には手紙も出していないし、電話もしていない。住所も電話番号も知らせていないから、恵美菜から連絡《れんらく》がくることもない。

「恵美菜ちゃんに電話ぐらいしたら。手紙も出してないんでしょ。あんなに仲が良かったんだもの。何の連絡もしないなんておかしいわよ」

お母さんは咎《とが》めるような口調で言うけれど、もし、電話して［Ａ］手紙に返事がこなかったら……、そう考えると何も

う。筆者は7～11段落で、動物と違って人間が親密な関係をつくることができるのは［X］からだと言っていますね。

開藤さん　そう考えると、鳴き声を使って侵入者の情報を互いに理解しているプレーリードッグにも、その条件が当てはまりますよね。

先生　夢のある話ですが皆さんは大事なことを忘れていますよ。**【文章Ⅱ】**の中のプレーリードッグたちの「ことば」は、あくまでも［Y］であり、人間と違って［Z］していません。

成田さん　ああ、大前提を忘れていました。いまの私たちの親密な関係は、［Z］した過去から始まったんだね。

先生　ことばがあるからこそ私たちは相手のことを思いやることができ、その結果、素敵な友達も増えていくのです。皆さんの友情はことばがつくり出したものであると考えると、ことばの大切さがよくわかりますね。

(i)［X］には、人間が親密な関係をつくることができる理由が入ります。この理由を本文中のことばを用いて四十五字以内で答えなさい。

(ii)［Y］に当てはまる最も適当なものを、次の**ア**～**エ**の中から一つ選んで、記号で答えなさい。

ア　危険を仲間へ知らせるためだけの一方的なもの
イ　既《すで》に知っているものしか表現できない限定的なもの
ウ　侵入者を大まかにしか描写できない抽象的《ちゅうしょうてき》なもの
エ　外部からの刺激に反応するだけの無意識的なもの

(iii)［Z］に当てはまる最も適当なものを、次の**ア**～**エ**の中から一つ選んで、記号で答えなさい。

ア　相手から返事をもらう目的でことばを使用
イ　相手の姿を詳細《しょうさい》に描写する目的でことばを使用
ウ　お互いに関係を築こうとする目的でことばを使用
エ　未知のものを想像し、表現する目的でことばを使用

三　次の文章を読んで、後の問いに答えなさい。

窓の外は雨だった。

もう三日も降り続いている。

今朝は久しぶりに雲がきれ、青空がのぞいていた。このまま晴れるかもしれないと期待していたのに、お昼近くなって、また、ぽつりぽつりと雨が降り出したのだ。昼休みが終わろうとしている今、雨脚《あまあし》はさらに強く、風まで出てきた。

まだ五月半ばだというのに、一年二組の教室はむっとするほど暑く、座っているだけで汗《あせ》がにじむ。たぶん、雨の湿気《しっけ》のせいだ。

からっと晴れてくれたらいいのに。

藤野美月はガラスに流れる雨粒《あまつぶ》を見ながら、小さくため息をついた。そのとき、

ガタタターンッ。

大きな物音がした。振《ふ》り返った美月の目に、倒《たお》れた机とイス、その横で言い争っている二人の男子生徒がうつった。

またか……。

もう一度、ため息をついてみる。この数日、男子たちはしょっちゅう小さないざこざを起こしていた。ケンカというほどではないが、にらみ合ったり、声を荒《あら》げたり、怒鳴《どな》ったりしているのだ。雨に閉じ込《こ》められたようで、いらいらしているのだろうか。

いやだなぁ。

三度目のため息がもれた。

の中から一つ選んで、記号で答えなさい。

ア　映画を見るときと小説を読むときでは、私たちが見ているものが映像と文字という点で別々なものであるため、同一化の種類は異なる。

イ　患者がからだのある部分の痛みを訴えたとしても、医者が同様にその部分の痛みを経験していなければ想像することはできない。

ウ　私たちは共感や同一化がどのように発生するかわかっているからこそ、動物と異なりことばを使った親密な人間関係を築くことができる。

エ　「ともに笑い、ともに泣く」、「貰い泣き」、「釣りこまれる」という表現は、すべて人間同士の間ではたらく共感の作用を表すことばだといえる。

問七　【文章Ⅰ】について大宮開成中学校の生徒と先生が話し合いました。これを読んで、後の各問いに答えなさい。

生徒たち　先生、先ほど図書館で本を読んでいたら次のような文章をみつけました。【文章Ⅰ】と合わせて考えてみると、プレーリードッグ同士も人間のようにことばを使用して親密な関係をつくっているのではないでしょうか。

【文章Ⅱ】

※1プレーリードッグは侵入者《しんにゅうしゃ》によって音声を使い分ける。音声で、侵入者が空からくるのか、地上から近づくのかが示される。空か地上かで違う対応が必要なので、声にこの情報を含めると役に立つわけだ。だがそれだけではない。侵入者を詳《くわ》しく描《びょう》写《しゃ》することもできる。侵入者が人間なら、それは人間であり、その人間はどのぐらいの大きさか、何色の服を着ているか、傘《かさ》や銃《じゅう》を所持しているかどうか、といったことを表現する。イヌなら、大きさと色、形について述べ、さらにどんなスピードで近づいてきているかにも言及《げんきゅう》する。声の要素の順番が違うときには、声の各部分の意味が変わる。これは簡単な文法のようなものだ。彼《かれ》らは意味のある構文で動詞や名詞、副詞を使う。また、「卵形の未知の危険物」というような新しい組み合わせも作れる。

（エヴァ・メイヤー　著　安部恵子　訳『言葉を使う動物たち』による）

※1　プレーリードッグ…リス科の哺乳類《ほにゅうるい》。集団ですみ、地下に複雑な巣穴を作る。ときどき後ろ足で立って伸《の》びあがり見張りをする。

先生　面白い文章を見つけましたね。皆《みな》さんはどうしてプレーリードッグ同士も親密な関係をつくることができると思ったのですか？

大場さん　まず【文章Ⅱ】によると、プレーリードッグは仲間へ鳴き声を使って侵入者を知らせるとあります。さらに、意味のある構文の中で動詞や名詞、副詞を使い、新しい組み合わせも作ることができるそうです。

宮沢さん　これは人間と同じようにことばを使っているといっても過言ではないと思うのです。

開藤さん　しかも、そのような仲間の鳴き声を聴《き》き、侵入者の種類や容姿を判断し、さらに自分達が危険にさらされていることに気づくということは、単なる条件反射ではなく、ことばを理解しているといってもよいのではないかと考えました。

宮沢さん　これらの特徴《とくちょう》が【文章Ⅰ】で筆者が主張している、人間が親密な関係をつくることができる条件に当てはまると考えたので、彼らも人間と同様に親密な関係を築けると思ったのです。

先生　なるほど。では、【文章Ⅰ】をもう一度読み返してみましょ

17 共感、あるいは同一化がどんなふうにしてわれわれの内部で発生するのかはよくわかっていない。［Ⅲ］、われわれは事実の問題、あるいは体験の問題として、共感の現象があることを知っている。われわれは「相手の身になる」能力をもっているのである。

（加藤秀俊『人間関係』による）

※1 威嚇…力を示して相手をおどすこと。
※2 例の西部劇のシーン…この本文以前に西部劇についての記述があり、それを指している。
※3 投影…ある物事が他の物事に反映して現れ出ること。

問一 ——部①「刎頸の交わり」とありますが、同じ意味の慣用句として最も適当なものを、次の**ア**〜**エ**の中から一つ選んで、記号で答えなさい。

ア 犬猿《けんえん》の仲　**イ** 水魚の交わり
ウ 同じ穴の狢《むじな》　**エ** 鬼《おに》に金棒

問二 ——部②「ことばの使用をぬきにして、人間関係を論じることは不可能だ」とありますが、その理由として最も適当なものを、次の**ア**〜**エ**の中から一つ選んで、記号で答えなさい。

ア 人間は親しい相手とより仲良くなるために、人間以外の動物とは違《ちが》って、「ことば」を使用する唯一の生き物だから。
イ 人間は親しい相手と意志疎通《そつう》をはかるときに、相手の現在の心理的状態を直感的に判定し、ことばを交わす生き物だから。
ウ 人間は知らない相手と出会ったときに、ことばを使うことで警戒心が薄れ、関係性ができあがっていく生き物だから。
エ 人間は知らない相手との関係性を築くために、相手の言動から相手がどんな人物かを日常的に判断する生き物だから。

問三 ——部③「動物の『ことば』と人間のことばのちがい」とありますが、筆者は二つがどのように違っていると述べていますか。そのことを説明した次の文の**ア**〜**エ**の□に当てはまることばを、それぞれ本文中からぬき出しなさい。

動物の「ことば」が**ア**□□□□□（五字）に対するほぼ**イ**□□□□□□（六字）に近いものであるのに対し、人間が使うことばは相手の身になることを可能にする作用のあるものであり、二つは使用した際に**ウ**□□□（三字）の間で**エ**□□□□□□（六字）がはたらくかどうかで違っている。

問四 ［Ⅰ］〜［Ⅲ］に当てはまることばとして適当なものを、それぞれ次の**ア**〜**エ**の中から一つずつ選んで、記号で答えなさい。ただし、同じ記号を二回以上選ぶことはできません。

ア たとえば　**イ** ただし
ウ しかし　**エ** なぜなら

問五 ——部④「『わかる』」とありますが、「わかる」とはどういうことですか。最も適当なものを、次の**ア**〜**エ**の中から一つ選んで、記号で答えなさい。

ア ある人間がことばで表現したからだの内部についての情報を、もう一方の人間がことばを同じように使い他の人に伝えること。
イ ある人間が置かれている状況や、その人間のからだの中の状態を、もう一方の人間がことばで説明し、再現をしてみせること。
ウ ある人間がことばで表現した自身の置かれた状況や内部の状態とよく似ている状況・状態を、もう一方の人間が想像すること。
エ ある人間のからだの内側に発生している状態ととてもよく似ている状態を、もう一方の人間の内側にも発生させ体験させること。

問六 本文の内容に関する説明として最も適当なものを、次の**ア**〜**エ**

8 それではいったい、④「わかる」というのはどういうことなのか。たぶん心理学者のいう共感という考え方が、この問題を考える場合、有力な手がかりのひとつになる。

9 たとえば、お医者さんと患者《かんじゃ》との関係を考えてみよう。患者は、からだのある部分の痛みを訴《うった》えている。かれは医師に、その患部が「痛い」という。その「痛い」ということばをきいたとき、医師の内部ではひとつの過程が発生する。それは、患者が「痛い」ということばによって表現しているからだの状態に似た状態を、みずからの体験に即《そく》して想像する過程である。

10 医師みずからは、べつだんその部分に痛みを感じるわけなのではない。しかしかれは、患者が痛い、ということばによって表現しようとしているからだの状態がどのような性質のものであるかを知っているのである。

11 ひとりの人間の内部に発生している状態ときわめてよく似た状態がもうひとりの人間の内部に生ずる過程、それが共感である。そして、それはしばしば、生理的な次元でも発生する。たとえば、前記の痛みの経験だが、母親と子どもといったこまやかな関係のなかでは、痛みはたんに想像上経験されるだけでなく、実際の生理的な痛みとして体験されることがある。子どもが「痛い」というたんびに、母親もその部分がほんとうに痛くなったりするのだ。

12 もっと単純な生理的共感は、[Ⅱ]、乳離《ちばな》れしたばかりの幼児にものを食べさせたりするときの親子の情景を思いうかべてみればよくわかる。子どもにアーンと口をあけさせるとき、しぜんに親の口も、そんなふうにひらかれてしまう。親が口をあけるから子どもがそれを模倣《もほう》しているのだともみえるが、子どもが口をあけるのにつりこまれて、親が口をあけてしまうようにもみえる。そんな経験は、誰《だれ》でももっているはずである。

13 親しい人間同士を形容して「ともに笑い、ともに泣く」という表現が使われるのは、このような共感能力と関係する。ある人間のよろこびがそのままもうひとりの人間のよろこびになる、というのは、ふたりの人間のあいだに高度の共感が成立するということだ。ひとの悲しい経験に「貰《もら》い泣き」したり、面白い話に「釣《つ》りこまれ」たり、という表現は、すべて、人間同士のあいだではたらく共感のふしぎな作用をあらわしているといってよい。

14 この共感作用は「同一化」ということばで記述される過程とかさなりあう。同一化とは、相手方の置かれている状況《じょうきょう》だの、相手方の内部で発生している状態だのと似た状況や状態を体験することだ。それは、われわれが小説を読んだり、映画を見たりするときのことを思い出してみたらいい。

15 たとえば、手に汗《あせ》をにぎるような大活劇というのがある。映画館のスクリーンのうえでは、ビルの屋根のうえをとんで渡《わた》ったり、スポーツ・カーで追跡《ついせき》をしたり、という活劇が展開している。それを見ているうちに、われわれはその活劇に釣りこまれる。スポーツ・カーが走りまわっている場面では、あたかも自分がその自動車を運転しているような気持になって、目のまえに突然《とつぜん》ガケがあらわれたりするとハラハラしてしまう。ビルの屋上に追いつめられて、隣《となり》のビルにとび移る場面では胸がドキドキする。まさしく「手に汗をにぎる」のである。そして、そのときのわれわれは、映画のなかの登場人物に自分自身を置きかえているとはいえないか。

16 小説を読んでいるときもそうだ。主人公の境遇《きょうぐう》だの、人生の設計の仕方だの、われわれは小説を読みすすめるにつれて、主人公の立場と自分とを密着させてしまう。主人公が悲しければ、読者であるわれわれも悲しくなる。主人公がよろこべば、われわれもよろこぶ。われわれは主人公の「身になって」しまうのである。

二　次の文章を読んで、後の問いに答えなさい。

【文章Ⅰ】

1　もういちど、まえの章のはじめにあげた、農民と旅人の出あいの過程を思い出してみよう。そこにあったのは、警戒《けいかい》がだんだんに解けて、ふたりの人間が親しくなってゆく過程なのであった。じっさい、われわれの人間関係というのは、ふしぎなものだ。はじめは、まったく互《たが》いに知らん顔をしていた人間同士が、つきあいが深くなると、ほとんど一心同体のような親密さをもつようになってしまう。これはいったいどういうわけなのであろうか。

2　見知らぬ人間同士のあいだに最初にうまれるのは、警戒の姿勢である、とまえに書いた。それは、イヌやネコの※1威嚇《いかく》の姿勢に似ているのかもしれない、とも書いた。しかし、イヌやネコは、人間みたいなこまやかな関係をつくることはできない。「①刎頸《ふんけい》の交わり」ということばがある。首を切られても悔《く》いの残らないような親しい友人関係のことだ。それほどにまで、人間は親密になれる。だが、イヌやネコは、そんなに深いまじわりをもつことはできない。人間関係ということばがあるのだから、いちおう、イヌ関係、ネコ関係というのも想定することはできようが、どうも、イヌやネコの関係と人間関係とのあいだには大きなひらきがあるように思える。

3　なぜ、このひらきができているのか。それは人間が「ことば」を使う唯一《ゆいいつ》の動物であるということとたぶん関係している。われわれがお互いに親しくつきあえるのは、ことばを使うことができるからなのである。

4　※2例の西部劇のシーンをふりかえってみればこの事情がよくわかるだろう。旅人と農夫は、相手方を直観的に判定しながら、すぐにことばを交わす。互いに名前をあきらかにして、自分自身についての情報を交換《こうかん》する。そして、「話題」をさがし出して、お互い同士へのとっかかりをつくってゆく。

5　ことばというのは、考えれば考えるほど巧妙《こうみょう》な、人間の発明品である。ことばを使うと、われわれは、わかりあうことができるのである。②ことばの使用をぬきにして、人間関係を論じることは不可能だ。人間関係とは、ことばを通じての関係ということである。そのことは、われわれの日常のもののいい方のなかにも※3投影《とうえい》されている。ひとが「ことばをかける」「声をかける」というのは、人間関係をつくろうとしている、ということだ。「声もかけてくれない」「口もきかない」というのは、その当事者同士が人間関係をつくろうとしていない、ということだ。時と場合によっては、われわれは、ひとに「声をかけられる」だけでもうれしい。

6　ことばを使うことが、人間だけの特技であるかどうかについては疑問がないわけではない。動物学者たちは、トゲウオやカモメ、そしてさらには、人間にひじょうにちかいサルの群れなどを観察して、これら動物の世界で、人間のことばとたいへん似た過程が進行しているという事実を発見している。そして、そのような発見についての報告を読めば読むほど、③動物の「ことば」と人間のことばのちがいは程度の差にすぎないのではないか、と考えたくもなる。しかし、かりに程度の差であるとしても、人間の使っていることばと、動物のそれとのあいだには、大きな割れ目があるようだ。

7　[　Ⅰ　]、人間同士ことばを使うことによって、お互いに「わかる」ことができるからである。動物の社会にも、ことばに似た現象はあるが、人間がことばによって「わかる」のとおなじような作用は、動物にはない。そこにあるのは、とりわけ下等動物になればなるほど特定の刺激《しげき》にたいするほとんど本能的な反応のようなものであって、人間同士のあいだにはたらく「理解」作用ではけっしてないのだ。

二〇二二年度 大宮開成中学校

【国　語】〈特待生選抜試験〉（五〇分）〈満点：一〇〇点〉

注意　字数制限のある問いでは、句読点や符号（、。「」など）も一字と数えます。

一　次の各問いに答えなさい。

問一　次の各文の――部のカタカナを漢字に直しなさい。

① この問題にシュウシフを打つ。
② サンミの強いジャム。
③ オウチャクな態度を直さない。
④ 祖父のカタミ分けをする。
⑤ 試験範囲《はんい》からジョガイする。
⑥ みかんをシュッカする。
⑦ 元日の日の出をオガむ。
⑧ 平静をヨソオう。

問二　次の慣用句・ことわざについて、□に当てはまる漢字を答えなさい。

① 揚《あ》げ□（一字）を取る
② 対岸の□□（二字）

問三　次の各文の――部が直接かかる部分を以下の例のようにぬき出しなさい。ただし、句読点は含《ふく》みません。

（例　雨が　降ったので、洗濯物《せんたくもの》が　ぬれた。　答え　降ったので）

① 彼女《かのじょ》は　おだやかな、それで　いて　実直な　性格を　持つ。
② 彼《かれ》は　少しでも　その　体を　動かすと、苦痛に　顔を　ゆがめた。

問四　次のグラフ中の東京の平均気温の変化に着目し、そこから読み取れることを一つあげ、三十字程度で書きなさい。その際、（注意事項《じこう》）の1・2にしたがうこと。

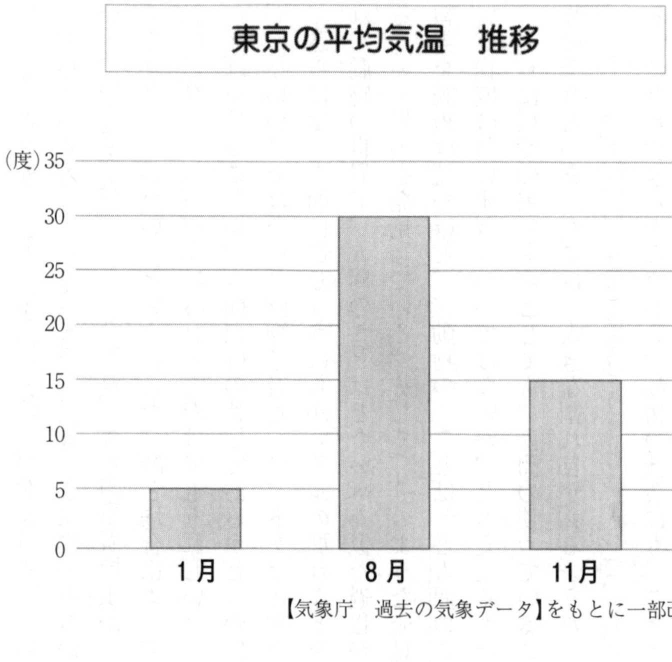

【気象庁　過去の気象データ】をもとに一部改変

（注意事項）
1　文の主語を明らかにすること。
2　数字を表記する際、次の例を参考にすること。
（例　二十五度　二十度　十二月）

2022年度

大宮開成中学校　▶解説と解答

算　数　＜特待生選抜試験＞（50分）＜満点：100点＞

解　答

1 (1) 11　(2) 50.4　(3) 1　(4) $\frac{4}{9}$　2 (1) 17人　(2) 210人　(3) 28枚　(4) 25分　(5) 5日　3 (1) 66度　(2) $26.24cm^2$　(3) $2200cm^3$　4 (1) 150cm　(2) 48cm　5 (1) 12番目　(2) 2200022　6 (1) 分速160m　(2) 7時18分　7 (1) $3\frac{1}{3}$m　(2) $4\frac{31}{36}m^2$

解　説

1 四則計算，逆算

(1) $\{(6+11)\times 3+20\div 5\}\div 5=(17\times 3+20\div 5)\div 5=(51+4)\div 5=55\div 5=11$

(2) $12.6\times 4+2.52\div 0.25-0.504\times 4\times 5=50.4+2.52\div\frac{1}{4}-0.504\times 5\times 4=50.4+2.52\times 4-2.52\times 4=50.4$

(3) $0.375\times 4-\left\{\left(1-\frac{1}{3}\right)\times\frac{1}{2}+\frac{1}{6}\right\}=\frac{3}{8}\times 4-\left(\frac{2}{3}\times\frac{1}{2}+\frac{1}{6}\right)=\frac{3}{2}-\left(\frac{1}{3}+\frac{1}{6}\right)=\frac{3}{2}-\left(\frac{2}{6}+\frac{1}{6}\right)=\frac{3}{2}-\frac{3}{6}=\frac{3}{2}-\frac{1}{2}=\frac{2}{2}=1$

(4) $2\frac{2}{3}\times\left(1\frac{3}{8}+0.5\right)-4=\frac{8}{3}\times\left(\frac{11}{8}+\frac{1}{2}\right)-4=\frac{8}{3}\times\left(\frac{11}{8}+\frac{4}{8}\right)-4=\frac{8}{3}\times\frac{15}{8}-4=5-4=1$，$1-0.25=1-\frac{1}{4}=\frac{3}{4}$より，$1-\frac{3}{4}\times\square=\frac{2}{3}$となる。よって，$\frac{3}{4}\times\square=1-\frac{2}{3}=\frac{3}{3}-\frac{2}{3}=\frac{1}{3}$より，$\square=\frac{1}{3}\div\frac{3}{4}=\frac{1}{3}\times\frac{4}{3}=\frac{4}{9}$

2 約数，比の性質，つるかめ算，ニュートン算，仕事算

(1) 赤玉51個と，白玉，190－3＝187(個)を子どもにそれぞれ同じ数ずつ配ることができたので，子どもの人数は51と187の公約数である。51＝3×17，187＝11×17より，51の約数は1，3，17，51で，187の約数は1，11，17，187だから，51と187の公約数は1，17となる。よって，子どもの人数は1人か17人だが，白玉が3個余ったので，子どもの人数は3人より多い。したがって，17人とわかる。

(2) (大人の人数)$\times\frac{2}{3}$＝(子どもの人数)$\times\frac{4}{7}$だから，(大人の人数)：(子どもの人数)＝$\left(1\div\frac{2}{3}\right):\left(1\div\frac{4}{7}\right)=\frac{3}{2}:\frac{7}{4}=\frac{6}{4}:\frac{7}{4}=6:7$とわかる。この比の，6＋7＝13にあたる人数が390人なので，比の1にあたる人数は，390÷13＝30(人)となる。よって，子どもの人数は，30×7＝210(人)と求められる。

(3) 94円切手だけを50枚買うと，合計金額は，94×50＝4700(円)となり，実際よりも，4700－4420＝280(円)高い。94円切手を84円切手と1枚かえるごとに，合計金額は，94－84＝10(円)ずつ安くなるから，280円安くするには，280÷10＝28より，94円切手28枚を84円切手28枚とかえればよい。よって，84円切手は28枚買ったとわかる。

⑷　初めに並んでいる人数は450人で，150分で列に加わる人数は，12×150＝1800(人)だから，入場口を１つ開けて行列が150分でなくなるとき，入場口１つから150分で入る人数は，450＋1800＝2250(人)である。よって，入場口１つから１分間に入れる人数は，2250÷150＝15(人)とわかる。すると，入場口を２つ開けるとき，１分間に入れる人数は，15×２＝30(人)だから，行列の人数は毎分，30－12＝18(人)の割合で減っていく。したがって，行列は，450÷18＝25(分)でなくなる。

⑸　この仕事を毎日６人で行うと12日かかるので，予定の日数は12日である。また，１人が１日に行う仕事の量を１とすると，この仕事全体の量は，６×12＝72となる。６人で５日仕事をすると，６×５＝30，５人で３日仕事をすると，５×３＝15の仕事ができるから，残りの量は，72－30－15＝27となり，これを３人で仕上げると，あと，27÷３＝９(日)かかる。よって，かかった日数は，５＋３＋９＝17(日)とわかり，予定よりも，17－12＝５(日)のびたことになる。

3　角度，面積，体積

⑴　右の図１で，五角形の内角の和は，180×(５－２)＝540(度)なので，正五角形の１つの内角の大きさは，540÷５＝108(度)である。よって，三角形ABCで，角Aの大きさは108度だから，内角と外角の関係より，カの角の大きさは，150－108＝42(度)となる。また，三角形DEBで，角Dは正三角形の１つの内角だから60度であり，キの角の大きさはカの角と同じ42度なので，クの角の大きさは，180－(60＋42)＝78(度)となり，ケの角の大きさも78度となる。したがって，四角形EFGHに注目すると，アの角の大きさは，360－108×２－78＝360－216－78＝66(度)と求められる。

図１

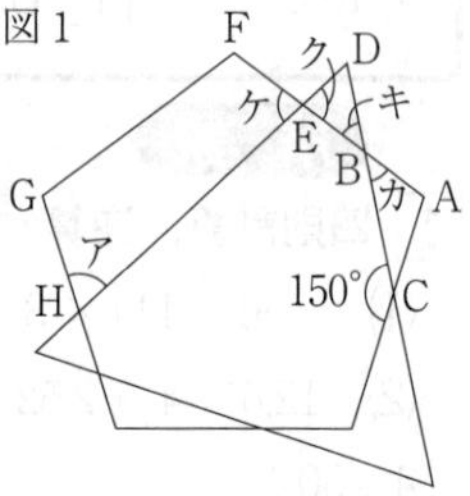

⑵　半径４cmの円の面積は，４×４×3.14＝50.24(cm^2)である。また，３つの正方形の対角線の長さは，いずれも円の半径と等しいので，４cmであり，正方形の面積は，(対角線)×(対角線)÷２で求められるから，３つの正方形の面積はそれぞれ，４×４÷２＝８(cm^2)となる。よって，斜線《しゃせん》部分の面積は，50.24－８×３＝26.24(cm^2)と求められる。

⑶　右の図２で，影《かげ》をつけた面を底面とみると，側面は展開図で表したとき，縦が20cmで，横が底面の周(図２の太線部分)の長さと等しい長方形になる。太線部分は，その一部を矢印のように移動すると，縦12cm，横15cmの長方形の周になるから，太線部分の長さは，(12＋15)×２＝54(cm)とわかる。よって，側面積は縦20cm，横54cmの長方形の面積と等しいから，20×54＝1080(cm^2)である。さらに，(底面積)×２＋(側面積)＝(表面積)だから，(底面積)×２＝1300－1080＝220(cm^2)より，底面積は，220÷２＝110(cm^2)となる。したがって，この立体の体積は，110×20＝2200(cm^3)と求められる。

図２

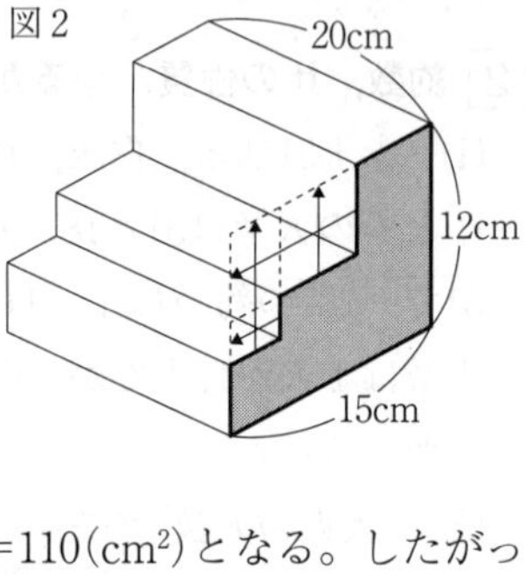

4　相当算

⑴　出ている部分は杭《くい》の長さの$\frac{2}{5}$だから，土の中に入っている部分は杭の長さの，$1-\frac{2}{5}=\frac{3}{5}$である。よって，杭の長さの，$\frac{3}{5}-\frac{2}{5}=\frac{1}{5}$が30cmだから，杭の長さは，$30\div\frac{1}{5}=150$(cm)とわかる。

⑵　⑴より，４回打ったときに土の中に入っている部分の長さは，$150\times\frac{3}{5}=90$(cm)である。また，１回目に打ったときに入った長さを１とすると，２回目に入った長さは$\frac{1}{2}$，３回目に入った長さは

$\frac{1}{4}$，4回目に入った長さは$\frac{1}{8}$となる。よって，$1+\frac{1}{2}+\frac{1}{4}+\frac{1}{8}=\frac{15}{8}$にあたる長さが90cmとなるから，1にあたる長さ，つまり，1回目に打ったときに入った長さは，$90\div\frac{15}{8}=48$(cm)と求められる。

5 数列

(1) 1けたの整数は0，2の2個，2けたの整数は20，22の2個，3けたの整数は200，202，220，222の4個並ぶ。その後，4けたの整数は，2000，2002，2020，2022，…と並ぶので，2022は4けたの整数の中の4番目となる。よって，小さい方から数えて，$2+2+4+4=12$(番目)である。

(2) 4けたの整数は，千の位が2で，百・十・一の位はそれぞれ0か2の2通りだから，$2\times2\times2=8$(個)並ぶ。同様に，5けたの整数は，$2\times2\times2\times2=16$(個)，6けたの整数は，$2\times2\times2\times2\times2=32$(個)並ぶので，6けた以下の整数は，$2+2+4+8+16+32=64$(個)並ぶ。よって，小さい方から100番目の数は，7けたの整数の中で，$100-64=36$(番目)の数となる。また，7けたの整数のうち，「20」で始まるものは，一万・千・百・十・一の位がそれぞれ0か2の2通りだから，$2\times2\times2\times2\times2=32$(個)並ぶ。したがって，7けたの整数のうち，「22」で始まるものの中で，$36-32=4$(番目)の数を求めればよいから，2200000，2200002，2200020，2200022，…より，2200022となる。

6 旅人算

(1) A君とB君は7時に出発してから7時40分に出会うまでの40分間で，合わせて9600m進んだから，A君とB君の速さの和は分速，$9600\div40=240$(m)とわかる。よって，B君の速さは分速，$240-80=160$(m)となる。

(2) C君がA君に追いついてからB君と出会うまでの8分間で，C君とB君は合わせて，$(320+160)\times8=3840$(m)進んだから，C君がA君に追いついたとき，C君とB君との距離《きょり》は3840mである。つまり，A君がC君に追いつかれたとき，A君とB君との距離は3840mだったことになる。A君とB君が合わせて3840m進むのにかかる時間は，$3840\div240=16$(分)だから，A君がC君に追いつかれた時刻は，A君とB君が出会った7時40分よりも16分前となり，7時40分－16分＝7時24分とわかる。よって，A君がC君に追いつかれた地点はP地点から，$80\times24=1920$(m)のところであり，C君は1920mを進むのに，$1920\div320=6$(分)かかるから，C君が出発した時刻は，7時24分－6分＝7時18分と求められる。

7 立体図形―相似，長さ，面積

(1) 棒B，棒Cを立てたときに影ができるようすは，それぞれ下の図①，図②のようになる。図①の三角形ADEと図②の三角形FGHは相似で，FH：FG＝AE：AD＝40：90＝4：9だから，FH$=3\times\frac{4}{9}=\frac{4}{3}$(m)となる。また，図②の影の長さは地面と壁《かべ》を合わせて5mなので，アの長さは，$5-3=2$(m)である。よって，棒Cの高さは，$2+\frac{4}{3}=\frac{10}{3}=3\frac{1}{3}$(m)とわかる。

(2) 下の図③で，点K，点L，点Nを通った光が壁とぶつかる点をそれぞれK′，L′，N′とする。まず，点I，点Jから壁までの距離は点Aから壁までの距離と同じで，点K，点Lの下からの高さは図②の棒Cの長さと同じだから，点K′，点L′の下からの高さは図②のアと同じ2mとなる。また，図③で，AMの長さは，$1\div2=\frac{1}{2}$(m)だから，点Mから壁までの距離は，$3-\frac{1}{2}=\frac{5}{2}$(m)である。ここで，図②のFHの長さを求めたときと同じように考えると，点N′は点Nよりも，$\frac{5}{2}\times\frac{4}{9}=\frac{10}{9}$(m)低いので，点N′の下からの高さ(図③のイの長さ)は，$\frac{10}{3}-\frac{10}{9}=\frac{20}{9}$(m)とわかる。よって，壁にできる影は，上底$\frac{20}{9}$m，下底2m，高さ，$1\div2=\frac{1}{2}$(m)の台形を2つ合わせた形になるから，その面積は，$\left(2+\frac{20}{9}\right)\times\frac{1}{2}\div2\times2=\frac{19}{9}$($m^2$)となる。さらに，地面にできる影は，縦1m，横3mの長方形から，三角形IJMを除いた形なので，その面積は，$1\times3-1\times\frac{1}{2}\div2=3-\frac{1}{4}=\frac{11}{4}$($m^2$)となる。したがって，地面と壁にできる影の面積は，$\frac{11}{4}+\frac{19}{9}=\frac{175}{36}=4\frac{31}{36}$($m^2$)と求められる。

図①

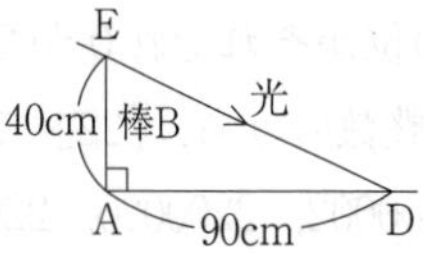

図②

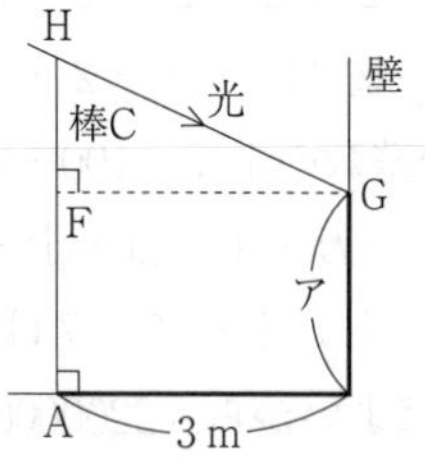

図③

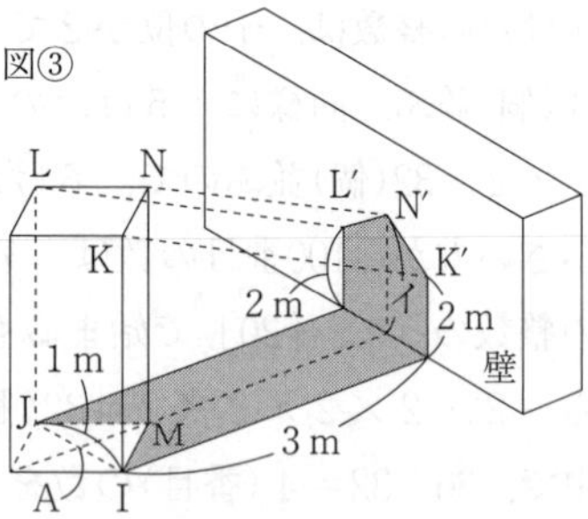

社 会 ＜特待生選抜試験＞（30分）＜満点：50点＞

解 答

1 問1 イ 問2 ウ 問3 (例) 農地改革により自作農が増加し，稲作の近代化が進んだ。また，品種改良も進み，寒さに強い種類が増えたため。 問4 もも 問5 ウ 問6 エ，航空 問7 (1) カ (2) (例) リアス式海岸であったため，津波の強さが増幅されてしまったから。 問8 イ 問9 ア 2 問1 エ 問2 (1) イ (2) ア (3) 寝殿造 問3 エ 問4 イ 問5 (例) 伊勢神宮への参詣者が多かったことから，神社の関係者や参詣者を相手にする商工業者が集まり，その結果都市が形成された。 問6 ウ 3 問1 ウ 問2 ノルマントン 問3 ア 問4 エ 問5 (1) イ (2) (北緯)38(度) 問6 ウ 問7 (例) 沖縄がアメリカから返還された結果，交通ルールが変わり，自動車が右側通行から左側通行になった。 4 問1 議院内閣 問2 A ア B エ C ウ D イ 問3 エ 問4 イ 5 問1 流通 問2 ア，イ，オ 問3 ア 問4 1 エ 2 イ 3 オ 4 ウ 6 (例) 私は賛成です。働き方改革の一環として，郵便配達をする人たちにも週休2日制が定着すると思います。

解 説

1 東北地方の自然や産業についての問題

問1 白神山地(青森県・秋田県)は1993年，紀伊山地の霊場《れいじょう》と参詣道《さんけいみち》(和歌山県・奈良県・三重県)は2004年，富岡製糸場と絹産業遺産群(群馬県)は2014年，知床《しれとこ》(北海道)は2005年に，それぞれユネスコ(国連教育科学文化機関)の世界遺産に登録された。よって，登録年を時代順に並べ替えると，ア→イ→エ→ウとなる。

問2　東北地方の太平洋側では，梅雨の時期から真夏にかけて，やませとよばれる北東風が吹《ふ》く。やませは寒流の千島海流(親潮)の上を吹き渡ってくるため冷たく湿っており，長く続くと日照不足になったり気温があまり上がらなくなったりする。これが農作物の生育をさまたげ，冷害を引き起こす原因となる。

問3　第二次世界大戦後，日本ではGHQ(連合国軍最高司令官総司令部)の指導のもとでさまざまな民主化政策が進められ，その一つとして農地改革が行われた。これは，その土地に住んでいない地主(不在地主)の土地など，小作地の大部分を政府が強制的に買い上げ，土地を持たない小作農に安く売り渡すというもので，これによって多くの自作農が創出された。こうした農村の民主化・近代化への動きは，戦後の農業発展のきっかけとなった。また，冷害による被害を防ぐため，寒さに強い品種への改良が進められたことや，農業機械の導入は，稲作の生産性を大きく向上させた。

問4　Fには福島県，Eには山形県があてはまる。ももの収穫《しゅうかく》量は山梨県が全国で最も多く，福島県，長野県，山形県がこれにつぐ。統計資料は『日本国勢図会』2021／22年版による(以下同じ)。

問5　北緯40度の緯線は，スペインの首都マドリードや中国の首都北京《ペキン》，アメリカ合衆国最大の都市ニューヨークなどを通るが，エジプト，メキシコ，韓国(大韓民国)は，これよりも南に位置している。なお，秋田県大潟村では，東経140度の経線と北緯40度の緯線が交差している。

問6　文章に，貨物輸送量が1990年以降増加しているとあることなどから，資料のなかで唯一《ゆいいつ》，1990年よりも2018年の貨物輸送量のほうが多いエがあてはまると判断できる。資料が国内の貨物輸送量を示したものであることと，小型で軽い「IC(集積回路)などの電気部品」などをおもに運んでいることから，航空機の貨物輸送量はほかの交通機関に比べて少なくなっている。なお，アは鉄道，イは自動車，ウは船舶《せんぱく》。

問7　(1)　①について，庄内《しょうない》平野は山形県北西部，能代《のしろ》平野は秋田県北西部，秋田平野は秋田県中西部にある。②について，田沢湖は秋田県中東部にあり，十和田湖は秋田県と青森県にまたがっている。③について，北上高地は東北地方の太平洋側，出羽山地は東北地方の日本海側，奥羽山脈は東北地方の中央部を，いずれも南北に走っている。④について，横手盆地は秋田県南東部，山形盆地は山形県中東部にあり，北上盆地は岩手県西部で南北に広がっている。X—Yは秋田県と岩手県の沖合を結んでおり，①～④のうち２つが特定できれば，カが選べる。　(2)　青森県南部から宮城県南部の太平洋岸には三陸海岸がのびており，南部では出入りの複雑なリアス式海岸が見られる。リアス式海岸は入り江が湾内に深く入りこんでいるため，津波が押し寄せると湾内に津波の力が集中して増幅《ぞうふく》され，急激に潮位が上がる。2011年に起こった東北地方太平洋沖地震のときも，津波によって大きな被害が出た。

問8　Aは青森県で，県庁所在地の青森市は，冬の降水(雪)量が多い日本海側の気候に属している。また，東北地方の北部に位置しているため，冬の寒さが厳しい。なお，アは静岡市，ウは東京，エは高知市の雨温図で，いずれも太平洋側の気候に属している。

問9　Bは岩手県，Cは宮城県で，両県の太平洋岸にのびる三陸海岸では，波の穏《おだ》やかなリアス式海岸の特徴《とくちょう》をいかした養殖業がさかんに行われている。特にわかめとこんぶの養殖がさかんで，わかめの収穫量は岩手県が全国第１位，宮城県が第２位，こんぶの収穫量は全国第１位の北海道についで岩手県が第２位，宮城県が第３位となっている。なお，のりの収穫量は佐賀県，真珠の収穫量は愛媛県が全国第１位。

2 各時代の歴史的なことがらについての問題

問１　弥生時代になって本格的に稲作が始まると，貧富や身分の差が生まれるとともに，収穫物や土地，水などをめぐって集落どうしの争いが起きるようになった。そこで，外敵の侵入《しんにゅう》を防ぐために集落の周りを濠《ほり》や柵《さく》で囲んだ環濠《かんごう》集落や，眺《なが》めがよく守りやすい高台に高地性集落がつくられた。なお，三内丸山遺跡は縄文時代，岩宿遺跡は旧石器時代の遺跡。

問２　⑴ ア，イ　特にことわりがないことから，図の上が北にあたると考えられる。また，Ｄには都の中枢《ちゅうすう》部である平城宮があり，天皇の日常生活の場である内裏《だいり》や役所などが置かれた。平城宮は南を向くようにつくられ，Ｂの朱雀《すざく》門からＡの羅城《らじょう》門まで，Ｃの朱雀大路がのびていた。　ウ　都の左右は平城宮から見た方向で決められ，Ｅの西市があったほうが右京，Ｆの東市があったほうが左京とよばれた。また，平城京には，左京の外側に外京がつくられた。　エ　平城京は，唐(中国)の都・長安を手本としてつくられた。　⑵ 794年，桓武天皇はアの位置(現在の京都市)につくられた平安京に遷都《せんと》し，律令政治の立て直しを目指して政治を行った。なお，イは難波《なにわの》宮《みや》，ウは平城京，エは藤原京の位置。　⑶ 寝殿造《しんでんづくり》は平安時代の有力貴族の邸宅《ていたく》に用いられた建築様式で，主人の住む寝殿という建物を中心に，家族の住む対屋《たいのや》などを透渡殿《すきわたどの》などとよばれる渡り廊下《ろうか》でつなぎ，屋敷《やしき》の南側に池のある庭園を設けることなどを特色とした。

問３　備中鍬《びっちゅうぐわ》は江戸時代に発明された耕作用の農具で，脱穀《だっこく》用の千歯こきや選別用の唐箕《とうみ》などの農具とともに，農業の生産性向上に役立った。

問４　ア　室町幕府の第８代将軍足利義政は，京都東山に銀閣を建てた。金閣は，第３代将軍の足利義満が京都北山に築いたものである。　イ　室町時代には『浦島太郎』や『一寸法師』などのお伽草子《とぎぞうし》が書かれ，民衆の読み物として広がった。よって，正しい。　ウ　世阿弥《ぜあみ》は，父の観阿弥とともに，田楽や猿楽などの伝統芸能を融合《ゆうごう》させて能(能楽)を大成させた。　エ　千利休は，織田信長や豊臣秀吉に仕えた安土桃山時代の人物で，わび茶(茶道)を大成させた。

問５　宇治山田(三重県)は，伊勢神宮の門前町として形成された。江戸時代には伊勢神宮への参詣(お蔭《かげ》参り，お伊勢参り)がさかんになり，それまで以上に参拝客が多く訪れるようになったことから，商工業者も神社の周辺や参道に集まり，宇治山田は大いに栄えた。

問６　史料は，1577年に織田信長が安土城下に出した楽市令である。この法令では，商工業者の同業組合である座を廃止するとともに，商工業者の営業や移動を自由化し，商工業者にかける営業税も廃止した。また，史料の三つめの内容からわかるように，安土城下では徳政(令)は適用されないと定められた。

3 明治時代以降の外交についての問題

問１　明治政府は，1875年の江華島《こうかとう》事件をきっかけとして朝鮮に開国をせまり，翌76年，日本にとって有利な不平等条約である日朝修好条規を結んだ。また，明治政府は1871年に清(中国)との間で日清修好条規を結んだが，これは対等な条約であった。

問２　1886年，和歌山県沖でイギリスの貨物船ノルマントン号が沈没《ちんぼつ》したさい，イギリス人の船長や乗組員は救命ボートで脱出して無事だったが，日本人乗客は全員見殺しにされた。船長はイギリス領事による裁判で軽い刑にしかならず，賠償《ばいしょう》金もまったく支払われなかったため，この事件をきっかけに不平等条約を改正し，領事裁判権(治外法権)の撤廃《てっぱい》を求める国民の声が大きくなった。なお，領事裁判権は1894年に外務大臣陸奥宗光《むつむねみつ》がイギリスとの交渉《こうしょう》で撤廃に成功した。

問3　ア(第一次世界大戦への参戦)は1914年，イは1909年，ウ(韓国併合《へいごう》)は1910年，エ(三・一独立運動)は1919年のできごとなので，時代順にイ→ウ→ア→エとなる。

問4　臥《が》薪《しん》嘗《しょう》胆《たん》は，復讐《ふくしゅう》のため，あるいは目的を達成するためにつらいことを我慢《がまん》するという意味の故事成語である。1895年，日本は日清戦争の講和条約として下関条約を結び，これによって遼東《リャオトン》半島をゆずり受けた。しかし，日本の大陸進出を警戒《けいかい》したロシアがフランス，ドイツをさそって三国干渉を行い，遼東半島を返還するよう日本に求めてきた。これらの国々に対抗するだけの力を持っていなかった日本はくやしい思いをこらえてこれに応じたが，このときに「臥薪嘗胆」という言葉が国民の間で広がった。

問5　(1)　朝鮮戦争は1950～53年のできごとなので，1951年のできごとであるイが正しい。なお，アは1954年，ウは1956年，エは1947年のできごと。　(2)　1953年，板門店で朝鮮戦争の休戦協定が結ばれ，北緯38度線を基準として軍事境界線が定められた。

問6　1972年，田中角栄首相(ウの写真の中央の人物)が中国の首都北京を訪問し，周恩来首相(田中角栄首相の右側の人物)と会談して日中共同声明に調印した。これによって，日本と中国の国交が正常化された。なお，アは1951年に行われたサンフランシスコ平和条約の調印のようすで，署名しているのは吉田茂《しげる》首相。イは2002年に小泉純一郎首相(左の人物)と北朝鮮の金正日《キムジョンイル》国防委員長(右の人物)との間で行われた日朝首脳会談のようす，エは2015年に安倍晋三首相(左の人物)と韓国の朴槿恵《パククネ》大統領(右の人物)の間で行われた日韓首脳会談のようす。

問7　資料Ⅰの写真では自動車は右側通行になっているが，資料Ⅱの写真では左側通行になっている。これは，1972年に沖縄がアメリカ合衆国から日本に返還されたのにともない，日本の交通ルールに変更されたからである。

4 各国の国家形態と政治制度についての問題

問1　日本やイギリスは，行政権を持つ内閣が，立法権を持つ議会(国会，日本では特に衆議院)の信任にもとづいて成立するという議院内閣制を採用している。議院内閣制において，行政の長である首相は議会(国会)の中から指名される。

問2　**A，B**　衆議院は内閣不信任・信任案を議決することができるが，これに対し，内閣は衆議院の解散を決定する権限を持っている。　**C**　内閣は内閣総理大臣と内閣総理大臣が任命する国務大臣で構成され，内閣総理大臣は国務大臣を罷免《ひめん》(辞めさせること)することもできる。　**D**　内閣は国会の信任にもとづいて成立し，国会に対し連帯して責任を負う。

問3　2020年に行われたアメリカ合衆国大統領選挙では，共和党で現職のトランプ大統領が敗北し，民主党のバイデン氏が当選した。

問4　連邦《れんぽう》国家では地方分権が進み，独自の法律を制定しているところも多いが，国家をまとめる憲法も存在し，たとえばアメリカ合衆国にはアメリカ合衆国憲法がある。

5 経済活動とSDGsについての問題

問1　生産者から消費者に商品やサービスを届けるしくみを，流通という。一般に，卸売《おろしうり》・小売業や運送・倉庫業などがこれにあたる。

問2　公共料金とは，電気やガス，水道など，公共性の高いものやサービスにかかわる料金のことで，国民生活に大きな影響を与えることから，国や地方自治体が決定したり認可したりすることになっている。交通機関の運賃や郵便料金，固定電話の通話料などは公共料金にふくまれるが，演劇の鑑賞《かんしょう》料金や携帯《けいたい》電話の通話料はこれにふくまれない。

問３　ア　不況《ふきょう》(不景気)のときには，国民に積極的にお金を使ってもらうことが必要になるので，政府は減税をすることが多い。よって，正しい。　イ　一般に，不況のときには政府は，雇用《こよう》を増やしたり産業を活性化したりするため，公共事業への支出を増やす。　ウ，エ　通貨量の調整は，日本銀行の行う金融政策の一つである。また，通貨の流通量を増やすためには，金利を引き下げることが必要となる。

問４　**１**「CO_2の排出量を削減《さくげん》することができる」とあるので，CO_2(二酸化炭素)が大きな要因とされる地球温暖化に関連した，「13　気候変動に具体的な対策を」があてはまる。　**２**　バイオマスは「生物由来の有機性資源」で，再生可能エネルギーの一つでもあるので，その活用は「7　エネルギーをみんなに　そしてクリーンに」の達成に繋《つな》がる。　**３**「海洋プラスチックごみ問題の課題解決」に繋がるのだから，「14　海の豊かさを守ろう」があてはまる。　**４**「消費行動」とはものやサービスをつかうことにあたるので，「12　つくる責任　つかう責任」が選べる。

6 普通郵便の土曜日配達の取りやめについての問題

2021年10月から，それまでの日曜・祝日に加えて土曜日も，手紙やはがきなどの普通郵便の配達が取りやめとなった。インターネットや携帯電話，スマートフォンの普及《ふきゅう》にともなって普通郵便の取りあつかい量は減少し続けているため，土曜日配達の取りやめもやむをえないといえる。また，近年，私生活と仕事の良好なバランスをはかる「ワーク・ライフ・バランス」や，その実現に向けた働き方改革への取り組みが進んでいる。土曜日の配達がなくなれば，配達や仕分けなど，郵便事業にたずさわる人たちの労力を減らすことができるが，公共サービスが低下するという側面もある。社会的な背景をふまえ，利点や欠点も考えたうえで，理由とともに自分の意見を述べればよい。

理　科　＜特待生選抜試験＞（30分）＜満点：50点＞

解　答

1 **問１**　ウ　**問２**　ア　**問３**　イ　**問４**　B　**問５**　イ　**問６**　アメダス　**問７**　ウ　**問８**　イ　**2** **問１**　ウ　**問２**　ウ　**問３**　エ　**問４**　A，C　**問５**　B，D　**問６**　ア　**問７**　イ，ウ　**3** **問１**　**入射角**…②　**反射角**…③　**問２**　5.2　**問３**　20度　**問４**　8 cm　**問５**　エ　**問６**　エ　**4** **問１**　C　**問２**　S波　**問３**　ウ　**問４**　秒速 6 km　**問５**　エ　**問６**　エ　**問７**　17秒後　**5** **問１**　C，E　**問２**　B，D　**問３**　A，B　**問４**　320 cm^3　**問５**　0.6 g　**問６**　200 cm^3　**問７**　60 cm^3

解　説

1 小問集合

問１　ヒトが吸った息にふくまれる気体のうち，酸素は体内に取りこまれるので割合が減り，二酸化炭素は体外に放出されるので割合が増える。なお，ちっ素は呼吸に関係しないので，吸う息とはく息で体積の割合はほとんど変化しない。

問２　種子でなかまをふやす植物を種子植物といい，ここではアカマツがあてはまる。これに対して，イヌワラビやゼニゴケ，シイタケはほう子でなかまをふやす。

問3　ニンジン全体の重心(ひものかかった部分にある点)からAの重心までの距離《きょり》をP，Bの重心までの距離をQとすると，(Aの重さ)×P＝(Bの重さ)×Qの関係が成り立つ。ここでは，PよりQのほうが大きいと考えられるから，AはBより重いとわかる。

問4　導線のまわりには，電流の向きに対して時計回りの磁界ができる。方位磁針のN極は磁界の向きを示すので，方位磁針のN極は，Aでは東，Bでは北，Cでは西，Dでは南を指す。したがって，Bに置いた方位磁針のN極は北を指したまま向きが変わらない。

問5　太陽のまわりを公転しているわく星は8つある。わく星を太陽に近いものから順にならべると，水星，金星，地球，火星，木星，土星，天王星《てんのうせい》，海王星となる。

問6　アメダスは地域気象観測システムのことで，降水量，風向・風速，気温，しつ度などの観測を自動的に行う。

問7　水が液体から固体に状態変化するとき，体積は大きくなり，重さは変わらない。したがって，ペットボトルに水を十分に入れてこおらせたとき，ペットボトルはふくらむが，重さは変わらない。

問8　火山から噴出《ふんしゅつ》されるガスには硫化《りゅうか》水素や二酸化いおうがふくまれ，それが冷えるといおうの結晶《けっしょう》が生じる。いおうの結晶は黄色をしている。

2　だ液のはたらきについての問題

問1　でんぷんは，だ液にふくまれるアミラーゼという消化酵素《こうそ》などによって，最終的にブドウ糖にまで分解され，小腸で毛細血管内に取りこまれる。

問2　ヨウ素液はでんぷんがあると青むらさき色を示す(この反応をヨウ素でんぷん反応という)。表1より，ヨウ素液を加えても茶色のままであったことから，ビーカーに残った液体にはデンプンがないことがわかり，ベネジクト液を加えて熱すると赤かっ色になったことから，ブドウ糖があることがわかる。したがって，セロハン袋《ぶくろ》をでんぷんは通ることはできないが，ブドウ糖は通ることができるとわかる。

問3　セロハン袋の中の溶液にはでんぷんがあるので，ヨウ素液を加えると青むらさき色になる。

問4　ヨウ素でんぷん反応は，だ液を加えた試験管Aでは見られず，水を加えた試験管Cでは見られたことから，試験管Aと試験管Cを比べることによって，だ液にはでんぷんを他の物質に変えるはたらきがあることが確かめられる。

問5　だ液を加えた試験管Bではベネジクト液を加えて熱すると赤かっ色になり，水を加えた試験管Dでは青色のままであったことから，試験管Bと試験管Dを比べることで，だ液とでんぷんから糖がつくられるとわかる。

問6　表5より，試験管G，試験管Hでは糖がないことがわかり，でんぷんが変化していないとわかる。したがって，結果①，結果②ともヨウ素液が青むらさき色になったと考えられる。

問7　表4，表5の試験管Eの結果から，だ液の消化酵素は一度0℃にしても，そのあと37℃にするとはたらくことがわかり，試験管Gの結果から，一度90℃にしたら，そのあと37℃にしてもはたらかないことがわかる。

3　光の進み方についての問題

問1　図1では，入射角は境界面に垂直な線と入射光線がなす角なので②，反射角は境界面に垂直な線と反射光線がなす角なので③である。

問2　表2より，aが2倍，3倍になるとbも2倍，3倍になることから，aとbは比例の関係にあることがわかる。したがって，aが4cmのときのb(Z)は，1.3×4＝5.2(cm)になる。

問3　ガラス板を10度だけ左回りに回転させると入射角が10度大きくなり，反射角も10度大きくなる。このため，回転させたあとの反射光の道すじは，もとの反射光の道すじより，10＋10＝20(度)左回りにずれる。

問4　bがガラス板の半径と等しい12cmになるとき，屈折《くっせつ》光はガラスと空気の境界面を進むため，屈折光がなくなり，反射光のみとなる。このときのa(L)は，$1\times\frac{12}{1.5}=8$(cm)となる。

問5　光ファイバーに光を入射させると，光が全反射して外にもれずに遠くまで進んでいく。なお，望遠鏡は種類によるが，望遠鏡で遠くを見ることができるのは光の屈折や反射，水の入ったコップに入っているストローが曲がって見えるのは光の屈折，スプーンのくぼんだ側をのぞくと上下左右逆の自分の顔が映るのは，光の反射に関係がある現象である。

問6　表2でいうbが13cmになるとき，実験3で屈折光は水と空気の境界面を進むため，屈折光がなくなり，反射光のみとなる。このとき，表2でいうaは，$13\times\frac{1}{1.3}=10$(cm)で，光の道すじは右の図のようになり，Rのある位置は点Vと点Wの間になる。

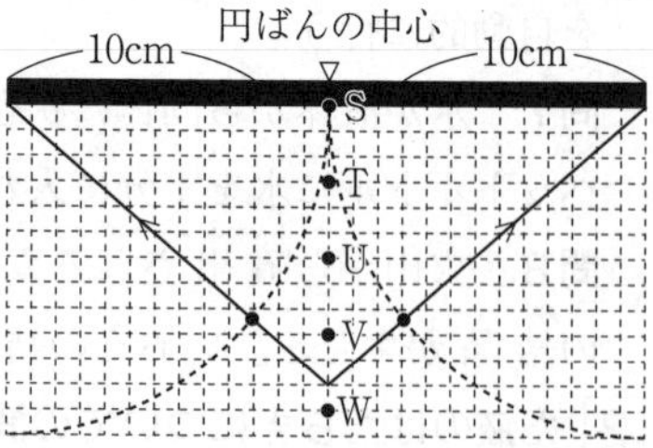

4 地震《じしん》波の伝わり方についての問題

問1　地震のゆれの大きさは，一般《いっぱん》に震源から観測地点までの距離が小さいほど大きい。

問2　aのゆれを主要動という。地震が発生すると，地震波のＰ波とＳ波が同時に発生し，主要動は速さのおそいほうのＳ波が届くことによって起こる。

問3　aのゆれの前に起こる小さなゆれを初期微動《しょきびどう》といい，初期微動が続く時間を初期微動継続《けいぞく》時間という。初期微動継続時間は震源からの距離に比例し，観測地点Ｄは観測地点Ａ～Ｄの中で震源から3番目に遠いので，初期微動継続時間が3番目に長くなる。

問4　Ｐ波はＳ波より伝わる速さが速い。図2より，Ｐ波の伝わる速さは，60÷10＝6より，秒速6kmとなる。

問5　Ｐ波が観測地点Ａに届くまでにかかった時間は，120÷6＝20(秒)である。したがって，この地震が発生した時刻は，4時48分9秒－20秒＝4時47分49秒である。

問6　図2より，Ｓ波の伝わる速さは，60÷15＝4より，秒速4kmである。これより，Ｓ波が観測地点Ｂに届くまでにかかった時間は，72÷4＝18(秒)となる。よって，観測地点Ｂでこの地震のＳ波を観測した時刻は，4時47分49秒＋18秒＝4時48分7秒である。

問7　観測地点ＢでＰ波が届くまでにかかった時間は，72÷6＝12(秒)となる。これより，観測地点Ａで緊急《きんきゅう》地震速報を受信した時刻は，4時47分49秒＋12秒＋1秒＝4時48分2秒とわかる。また，観測地点ＡでＰ波が届くまでにかかった時間は，120÷4＝30(秒)となり，観測地点ＡでＳ波が観測された時刻は，4時47分49秒＋30秒＝4時48分19秒である。したがって，この地点で緊急地震速報を受信してからＳ波が観測されるまでの時間は，4時48分19秒－4時48分2秒＝17(秒)と求められる。

5 水溶液《すいようえき》の性質，スチールウールと塩酸の反応についての問題

問1　青色リトマス紙は酸性の水溶液をつけると，色が赤色に変化する。食塩水は中性，石灰水と

アンモニア水はアルカリ性，炭酸水とうすい塩酸は酸性の水溶液である。

問2　BTB溶液の色を青色に変化させるのはアルカリ性の水溶液で，ここでは石灰水とアンモニア水があてはまる。

問3　加熱して液体を蒸発させたときに固体が残るのは，固体がとけている水溶液である。それぞれの水溶液にとけている物質とその状態は，食塩水は食塩で固体，石灰水は消石灰で固体，炭酸水は二酸化炭素で気体，アンモニア水はアンモニアで気体，うすい塩酸は塩化水素で気体である。

問4　表2で，水溶液の体積を増やしても発生した気体の体積は$400cm^3$より増えないため，スチールウール1gと過不足なく反応する水溶液Eの体積は，$10\times\frac{400}{100}=40(cm^3)$とわかる。したがって，スチールウール8gをすべてとかすのに必要な塩酸Eの体積は，$40\times 8=320(cm^3)$になる。

問5　スチールウール1gと過不足なく反応する水溶液Fの体積は，$10\times\frac{400}{160}=25(cm^3)$である。したがって，スチールウール1gを水溶液F$10cm^3$に入れたとき，とけきれずに残るスチールウールの重さは，$1-1\times\frac{10}{25}=0.6(g)$と求められる。

問6　スチールウール8gをすべてとかすのに必要な水溶液Fの体積は，$25\times 8=200(cm^3)$となる。

問7　スチールウール1gと過不足なく反応する水溶液の体積は，水溶液Eは$40cm^3$で，水溶液Fは$25cm^3$である。したがって，水溶液F$100cm^3$に水を加えて水溶液Eの濃《こ》さと同じにするとき，水溶液全体の体積を，$100\times\frac{40}{25}=160(cm^3)$にすればよい。よって，加える水の体積は，$160-100=60(cm^3)$と求められる。

国　語　＜特待生選抜試験＞（50分）＜満点：100点＞

解　答

一　**問1**　下記を参照のこと。　**問2**　①　足　②　火事(災)　**問3**　①　性格を　②　動かすと　**問4**　(例)　東京の平均気温は，一月から八月にかけて二十五度上昇している。

二　**問1**　イ　**問2**　ウ　**問3**　**ア**　特定の刺激　**イ**　本能的な反応　**ウ**　お互い　**エ**　「理解」作用　**問4**　Ⅰ　エ　Ⅱ　ア　Ⅲ　ウ　**問5**　ウ　**問6**　エ　**問7**　(i)　(例)　ことばを用いて，相手の内部に発生した状態と似た状態を想像し，互いに理解しあうことができる(からだ)　(ii)　ア　(iii)　ウ

三　**問1**　**a**　ウ　**b**　イ　**問2**　イ　**問3**　(例)　自分と違って「恵美菜」は別れを寂しがっていないと感じ，自分との間に距離を感じたから。　**問4**　エ　**問5**　(i)　イ　(ii)　**ア**　さびしくない　**イ**　口もきかないまま　(iii)　エ　**問6**　**ア**　口にしなかった　**イ**　冷たい　**問7**　ウ　**問8**　エ　**問9**　ウ

●**漢字の書き取り**

一　**問1**　①　終止符　②　酸味　③　横着　④　形見　⑤　除外　⑥　出荷　⑦　拝(む)　⑧　装(う)

解　説

一　**漢字の書き取り，慣用句の知識，ことばのかかり受け，資料の読み取り**

問1　①　「終止符」は，文の終わりに打たれる符号のこと。「終止符を打つ」で，“ものごとを終わりにする”という意味になる。　②　すっぱい味。　③　ずうずうしいこと。ずるいこ

と。　④　死んだ人や別れた人が残した思い出となる品物。　⑤　取りのぞくこと。　⑥　商品を市場に送り出すこと。　⑦　音読みは「ハイ」で，「参拝」などの熟語がある。　⑧　音読みは「ソウ」「ショウ」で，「装置」「衣装」などの熟語がある。

問2　①「揚《あ》げ足を取る」は，人のちょっとした言いまちがいや言葉づかいをとらえて，なじったりからかったりすること。　②「対岸の火事」は，自分には関係がなく，なんの苦痛もないできごとのこと。

問3　ことばのかかり受けでは，直接つなげてみて意味のまとまる部分が答えになる。　①「おだやかな」→「性格を」となる。　②「少しでも」→「動かすと」となる。

問4　グラフなどの資料を読み取るときには，数値などが大きく変化している部分に着目し，その増減などをおさえていくとよい。

[二] **出典は加藤秀俊《かとうひでとし》の『人間関係—理解と誤解』による。**人間がお互《たが》いに親しい関係をつくれるのは「ことば」を用いるからであることや，「ことば」を用いてお互いを「わかる」ことで「共感」を生み出すことができると解説している。

問1「刎頸《ふんけい》の交わり」について，「首を切られても悔《く》いの残らないような親しい友人関係のこと」だと筆者は述べている。アの「犬猿《けんえん》の仲」は，非常に仲が悪い関係のこと。イの「水魚の交わり」は，非常に親密な交際のこと。ウの「同じ穴の貉《むじな》」は，一見すると関係がないように見せかけているが，実は悪いことをする同類や仲間であるということ。エの「鬼《おに》に金棒」は，強いうえにもいっそう強さが増すこと。

問2「人間関係」について，筆者は[2]段落で「見知らぬ人間同士のあいだに最初にうまれるのは，警戒《けいかい》の姿勢」だと述べている。そのうえで[4]段落では「ことばを交《か》わす」ことで，「自分自身についての情報を交換《こうかん》」したり，「『話題』をさがし出して，お互い同士へのとっかかりを」つくったりして親しくなり，親密な「人間関係」ができていくと述べている。この内容がウの内容に合っている。

問3　**ア〜エ**「動物の『ことば』と人間のことばのちがい」については，[7]段落で説明されている。動物の「ことば」について，筆者は「特定の刺激《しげき》にたいするほとんど本能的な反応のようなもの」であると述べる一方で，人間のことばには「お互いに『わかる』ことができる」という「人間同士のあいだにはたらく『理解』作用」があると述べている。

問4　Ⅰ　文末に「〜からである」という理由を示す表現があることに着目する。直前の部分で「人間の使っていることばと，動物のそれとのあいだには，大きな割れ目があるようだ」と筆者は述べているが，そのように考える理由を示しているので「なぜなら」があてはまる。　Ⅱ「もっと単純な生理的共感」の具体例として「乳離《ちちばな》れしたばかりの幼児にものを食べさせたりするときの親子の情景」を示しているので，「たとえば」があてはまる。　Ⅲ　前の一文では「よくわかっていない」ことについて述べ，後の一文では「知っている」ことについて述べている。よって，前のことがらを受けて，それに反する内容を述べるときに用いる「しかし」があてはまる。

問5「わかる」という問題を考えるうえで，筆者は「心理学者のいう共感という考え方」が「有力な手がかりのひとつになる」と述べている。「共感」について，筆者は「お医者さんと患者《かんじゃ》との関係」を例にあげながら，[11]段落で「ひとりの人間の内部に発生している状態ときわめてよく似た状態がもうひとりの人間の内部に生ずる過程」であると述べている。よって，ウが選べる。

問6　エの内容が13段落の内容と合っている。「映画のなかの登場人物に自分自身を置きかえ」ることを説明した後に「小説を読んでいるときもそうだ」と述べられているためアは誤り。イは「医者が同様にその部分の痛みを経験していなければ想像することはできない」が誤り。医者がその部分の痛みを経験しているかどうかは関係がない。17段落で「共感，あるいは同一化がどんなふうにしてわれわれの内部で発生するのかはよくわかっていない」とあるため，ウも誤り。

問7　(i)　7～11段落で，筆者は人間が親密な関係をつくることができるのは「お互いに『わかる』ことができるから」だと述べている。そのうえで「共感という考え方」と関連させて，「わかる」とは，相手のことばを，「みずからの体験に即して想像する過程」を通じて，相手の「内部に発生している状態ときわめてよく似た状態がもうひとりの人間の内部に生ずる過程」だと説明している。　(ii)　【文章Ⅱ】では，プレーリードッグは「侵入者《しんにゅうしゃ》」について「意味のある構文で動詞や名詞，副詞」を使って，「詳《くわ》しく描写《びょうしゃ》することもできる」ことが示されている。しかし，先生は，【文章Ⅰ】の筆者の主張をふまえたうえで，プレーリードッグのことばは，人間同士が「ことばを使うことによって，お互いに『わかる』ことができる」のとは異なり，「危険を仲間へ知らせるためだけの一方的なもの」だと述べている。「卵形の未知の危険物」のように「未知」のものでも表現できるので，イの「既《すで》に知っているものしか表現できない」は合わない。「詳しく描写することもできる」ので，ウの「侵入者を大まかにしか描写できない」は合わない。エは「無意識的なもの」が合わない。侵入者によって，音声や，声の要素の順番を意識的に使い分けているのである。　(iii)　筆者が，人間がことばを使うのは「人間関係」をつくるためであると論じていることをおさえる。

三　**出典は『飛ぶ教室　第25号』所収の「おまもり　あさのあつこ作」による。**父親の仕事のつごうで小学校を卒業してすぐに引っ越《こ》した美月《みつき》は，新しい中学校でなかなか友だちを作ることができないでいる。

問1　a　「身がすくむ」は，恐怖《きょうふ》などで体を前へ進めることができなくなったり，体がこわばって動かなくなったりすること。　b　「くちびるをとがらせる」は，不平不満のある顔つきをしたり，不満そうにものを言ったりするようす。

問2　お母さんが「引っ込《こ》み思案な美月を心配して」，「毎日のように早くお友だちを作りなさいと言っている」のが，「よくわかっている」ことにあたる。しかし，「友だちなんて，そんなに簡単に作れるものじゃないよ」という思いがあり，なかなか友だちを作れないことに胸を痛めているのである。

問3　直前の一文の「そう思うと」に着目する。美月は「ほんとうの友だち」だと思っていた恵美《えみ》菜《な》と別れるときに，「いっしょに悲しんでくれる，『行かないで』と泣いてくれると信じていた」。ところが，予想に反して「もう中学生だもんね。それぞれ，新しい学校でガンバレってことなのかもね」と言って，さほど悲しむそぶりを見せてくれなかった。そんな態度を見た美月は「あたしがいなくなっても，さびしくないんだ」と思い，恵美菜との間に心の距離《きょり》を感じて「遠ざかった気がした」のである。

問4　美月と別れることに対して，恵美菜がさびしがってくれなかったことが美月にはショックだった。空らんの直後に「手紙に返事がこなかったら」とあるように，恵美菜に電話をして，冷たい対応をされたときのことを考えると，それがこわくて手紙も出せないし，電話もかけられないでいることがわかる。

問５　(i)「そっけない」は，相手への思いやりが感じられないような態度や行動であるようす。　(ii)　**ア**　美月は恵美菜に別れを告げたときにいっしょに悲しんでくれなかったことで「あたしがいなくなっても，さびしくないんだ」と思ってしまっていたことをおさえる。　**イ**　恵美菜が「おまもり」だと言って「白くまのヌイグルミ」を手渡《わた》してくれたのは「卒業式の日」である。恵美菜に転校のことを告げてから，卒業式の日まで「あまり口もきかないまま」別れてしまったと書かれている。　(iii)「おまもりの中の紙」には，「美月，いつまでも大好きだよ。忘れないで。また必ず会おうね」と書かれていた。このことばから美月は，恵美菜も美月と別れるのが悲しかったのだということを知ったのである。

問６　**ア**　おまもりの中に入っていた紙に書かれた文面について，美月は「恵美菜からの伝言だった。口にしなかった思いが書かれていた」ととらえている。　**イ**　恵美菜も別れを悲しく思ってくれていたことを理解した美月は，「恵美菜，ごめんね。冷たいなんて思ってごめんね」と，自分の思い違《ちが》いを心の中で謝罪している。

問７　「少年」は美月のヌイグルミを踏《ふ》みつけて破ってしまったことを謝っている。アは「彼女が怒《おこ》ってしまったため」が合わない。美月は強いショックを受けているが，怒ってはいない。イは「『美月』または『陽子《ようこ》』に怒られるだろうと想像したから」が合わない。この内容は本文からは読み取れない。エは「彼女《かのじょ》を泣かせたのは自分だと勘違《かんちが》いした」が合わない。

問８　「おまもり」は，恵美菜が美月に対して「向こうの学校で新しい友だちができるためのおまもり」と言って渡《わた》したものである。今回の事件を通じて，ショックを受けた美月のことをなぐさめてくれた陽子に対して「笑った口元が少し恵美菜に似ている」と感じていることや，恵美菜との思い出の中の「二人同時に頭を下げ，『ごめんなさい』と謝ったこともある。頭を下げる動作も『ごめんなさい』のひと言も練習したみたいにぴたりと重なった。あのときは，顔を見合わせて大笑いしてしまった」ということが，陽子との間でも起こったことに着目する。「陽子」と友だちになれるかもしれないという予感が，美月の心の中に生まれ，「おまもりの効き目」があったと感じていることがわかる。

問９　アは，７行目の「ため息」が「このまま晴れるかもしれないと期待していたのに」，「雨脚《あまあし》はさらに強く，風まで出てきた」ことによるものであり，「『美月』の人間関係が原因」のものではないので合わない。イは，「彼女との別れが将来に大きな影響《えいきょう》を及《およ》ぼすことを暗示している」が合わない。美月は恵美菜と別れてから，ずっとそのことが気にかかり，新しい学校でもなかなか友だちを作れないでいたのである。エは，「『美月』が『恵美菜』のおまもりの伝言を見て，真逆の方向に気持ちが変わった」が合わない。手紙を書けなかったのは，恵美菜から冷たい反応が示されることがこわかったためであり，恵美菜を「冷たい」と思いながらも，「恵美菜，恵美菜みたいな友だちなんて，もう二度とできないよ」という言葉から恵美菜のことを大切に思う気持ちは失っていなかったことがわかる。

2025年度用
中学スーパー過去問

■編集人　声の教育社・編集部
■発行所　株式会社　声の教育社
〒162-0814　東京都新宿区新小川町8-15
☎03-5261-5061(代)　FAX03-5261-5062
https://www.koenokyoikusha.co.jp

※本書の内容についての一切の責任は当社にあります。内容・解説・解答・その他は当社ホームページよりお問い合わせ下さい。

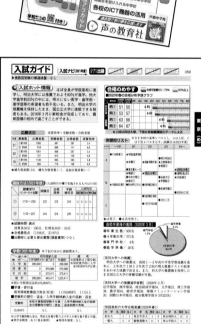

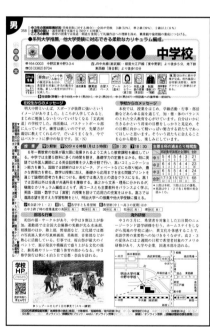

カコを追いかけ
ミライをつかめ

よくある解答用紙のご質問

01

実物のサイズにできない

　拡大率にしたがってコピーすると，「解答欄」が実物大になります。配点などを含むため，用紙は実物よりも大きくなることがあります。

02

A3用紙に収まらない

　拡大率164％以上の解答用紙は実物のサイズ（「出題傾向＆対策」をご覧ください）が大きいために，Ａ３に収まらない場合があります。

03

拡大率が書かれていない

　複数ページにわたる解答用紙は，いずれかのページに拡大率を記載しています。どこにも表記がない場合は，正確な拡大率が不明です。

04

１ページに２つある

　１ページに２つ解答用紙が掲載されている場合は，正確な拡大率が不明です。ほかの試験回の同じ教科をご参考になさってください。

大宮開成中学校

【別冊】入試問題解答用紙編

禁無断転載

※　実際の解答欄の大きさで練習するには、指定の倍率で拡大コピーしてください。なお、ページの上下に小社作成の見出しや配点を記載しているため、コピー後の用紙サイズが実物の解答用紙と異なる場合があります。

●入試結果表

年度	回	項目	国語	算数	社会	理科	4科合計	合格者
2024	第1回	配点(満点)	100	100	50	50	300	最高点
		合格者平均点	60.5	71.0	31.8	35.2	198.5	260
		受験者平均点	54	61	29	31	175	最低点
		キミの得点						Tクラス 194 Sクラス 176
	特待生選抜	配点(満点)	100	100	50	50	300	最高点
		合格者平均点	67.3	66.7	31.9	34.8	200.7	261
		受験者平均点	61	56	29	30	176	最低点
		キミの得点						211(特待)
2023	第1回	配点(満点)	100	100	50	50	300	最高点
		合格者平均点	60.3	63.0	29.2	29.6	182.1	257
		受験者平均点	54.6	53.3	26.1	26.9	160.9	最低点
		キミの得点						Tクラス 176 Sクラス 158
	特待生選抜	配点(満点)	100	100	50	50	300	最高点
		合格者平均点	67.6	68.8	28.6	28.8	193.8	262
		受験者平均点	61.0	61.9	25.4	25.6	173.9	最低点
		キミの得点						203(特待)
2022	第1回	配点(満点)	100	100	50	50	300	最高点
		合格者平均点	76.1	73.0	30.3	28.0	207.4	259
		受験者平均点	70.9	64.0	26.3	24.8	186.0	最低点
		キミの得点						Tクラス 205 Sクラス 191
	特待生選抜	配点(満点)	100	100	50	50	300	最高点
		合格者平均点	77.3	78.2	28.5	34.7	218.7	260
		受験者平均点	71.1	69.1	24.9	30.3	195.4	最低点
		キミの得点						226(特待)

※　表中のデータは学校公表のものです。ただし、4科合計は各教科の平均点を合計したものなので、目安としてご覧ください。

２０２４年度　大宮開成中学校

算数解答用紙　第１回

番号		氏名		評点	／100

1

(1)	(2)

2

(1)	(2)	(3)	(4)
個	点	日間	日

3

(1)	(2)
cm^2	cm^3

4

(1)	(2)
%	：

5

(1)	(2)
	個

6

(1)	(2)
：	分

7

(1)	(2)
cm^2	cm^2

（注）この解答用紙は実物を縮小してあります。Ｂ５→Ｂ４（141%）に拡大コピーすると、ほぼ実物大の解答欄になります。

〔算　数〕100点（学校配点）

1～3　各６点×８　4　(1)　６点　(2)　７点　5　(1)　６点　(2)　７点　6　(1)　６点　(2)　７点
7　(1)　６点　(2)　７点

２０２４年度　大宮開成中学校

社会解答用紙　第１回

番号		氏名		評点	／50

1

問 1	山脈	山脈	山脈			
問 2	平野	問 3				
問 4	（1）	産業	（2）			
問 5		問 6				
問 7						
問 8						
問 9	ア		イ		ウ	

2

問 1		問 2	遺跡	問 3				
問 4	天皇（上皇）	問 5		問 6				
問 7		問 8						
問 9								
問 10								
問 11		問 12				協力法		

3

A	問 1		問 2	（1）		（2）	問 3	
B	問 1		問 2		問 3		問 4	

4

（注）この解答用紙は実物を縮小してあります。Ｂ５→Ａ３（163%）に拡大コピーすると、ほぼ実物大の解答欄になります。

〔社　会〕50点（学校配点）

1　問１　２点<完答>　問２～問６　各１点×６　問７，問８　各２点×２<問８は完答>　問９　各１点×３　2　問１　２点　問２　１点　問３　２点　問４　１点　問５，問６　各２点×２<問６は完答>　問７　１点　問８　２点　問９　１点　問10　３点　問11　２点　問12　１点　3　Ａ　問１　２点　問２，問３　各１点×３　Ｂ　問１～問３　各１点×３　問４　２点　4　５点

２０２４年度　　大宮開成中学校

理科解答用紙　第１回

番号		氏名		評点	／50

1

問 1		問 2		問 3	
問 4		問 5			
問 6		問 7		問 8	

2

問 1	cm	問 2	cm	問 3	
問 4	cm	問 5	g	問 6	cm
問 7	cm				
問 8	おもりの重さ	g	X	cm	

3

問 1		問 2		問 3		問 4	g
問 5	記号		数値		問 6		
問 7							

4

問 1	銅		酸化マグネシウム		問 2		
問 3	g	問 4	g	問 5			
問 6		問 7	g				

（注）この解答用紙は実物を縮小してあります。Ｂ５→Ｂ４(141%)に拡大コピーすると、ほぼ実物大の解答欄になります。

〔理　科〕50点(学校配点)

1　問１～問３　各１点×３　問４～問８　各２点×５＜問５，問６は完答＞　2　問１～問３　各１点×３　問４～問７　各２点×４　問８　各１点×２　3　問１，問２　各１点×２　問３～問７　各２点×５＜問５は完答＞　4　問１，問２　各１点×３　問３，問４　各２点×２　問５　１点　問６，問７　各２点×２

２０２４年度　大宮開成中学校

国語解答用紙　第一回

番号　　氏名　　評点　／100

一

問一　①　②　③　④　⑤　⑥　⑦　ねる　⑧　れた

問二　①　②

問三　①　②

問四

二

問一　ア　イ　ウ

問二　問三　Ⅰ　Ⅱ　Ⅲ　Ⅳ

問四　問五　問六　問七　問八

問九

問十

問十一　ア　イ　ウ　エ

三

問一　a　b　c　問二

問三　ア　イ　ウ　問四　問五

問六

問七　ア　イ　ウ　エ

問八　問九　ア　イ　ウ

問十

（注）この解答用紙は実物を縮小してあります。175％拡大コピーをすると、ほぼ実物大の解答欄になります。

〔国　語〕100点(学校配点)

一 問１　各１点×８　問２，問３　各２点×４　問４　４点　二 問１　ア，イ　各１点×２　ウ　２点　問２　３点　問３　各１点×４　問４　２点　問５　３点　問６～問８　各２点×３　問９　８点　問10　４点　問11　ア，イ　各１点×２　ウ，エ　各２点×２　三 問１　各１点×３　問２～問５　各２点×６　問６　５点　問７　各２点×４　問８　３点　問９　各２点×３　問10　３点

2024年度　大宮開成中学校

算数解答用紙　特待生選抜

番号		氏名		評点	／100

1

(1)	(2)

2

(1)	(2)	(3)	(4)
箱	個	日	分

3

(1)	(2)
:	cm^3

4

(1)	(2)
%	%

5

(1)	(2)

6

(1)	(2)
km	時間

7

(1)	(2)
cm	cm^2

(注) この解答用紙は実物を縮小してあります。Ｂ５→Ｂ４(141%)に拡大コピーすると、ほぼ実物大の解答欄になります。

〔算　数〕100点(学校配点)

1～3　各６点×８　4　(1)　６点　(2)　７点　5　(1)　６点　(2)　７点　6　(1)　６点　(2)　７点
7　(1)　６点　(2)　７点

２０２４年度　　大宮開成中学校

社会解答用紙　特待生選抜

番号		氏名		評点	／50

1

問 1		問 2	(1)					な開発目標	
問 2	(2)								
問 2	(3)								
問 3									
問 4	埼玉県→茨城県→		県→		県→		県→		県→青森県→北海道
問 5		問 6			問 7		問 8		

2

問 1		問 2				問 3					
問 4											
問 5		問 6		問 7							
問 8	(1)		(2)		問 9						
問 10					問 11		問 12		%		

3

A	問 1		問 2					問 3		
	問 4									
B	問 1		問 2							
	問 3	X		Y		Z				

4

（注）この解答用紙は実物を縮小してあります。Ｂ５→Ａ３（163%）に拡大コピーすると、ほぼ実物大の解答欄になります。

〔社　会〕50点（学校配点）

1　問１　１点　問２　(1)　２点　(2)　１点　(3)　２点　問３，問４　各２点×２<問４は完答>　問５～問７　各１点×３　問８　２点　2　問１　２点　問２，問３　各１点×２　問４　３点　問５，問６　各２点×２　問７，問８　各１点×３　問９　２点　問10　１点　問11　２点　問12　１点　3　Ａ　問１～問３　各１点×３　問４　２点　Ｂ　各１点×５　4　５点

２０２４年度　大宮開成中学校

理科解答用紙　特待生選抜

番号		氏名		評点	／50

1

問 1			問 2		問 3	
問 4		問 5		問 6		
問 7		問 8				

2

問 1	cm/秒	問 2		問 3	cm/秒
問 4		問 5	g	問 6	
問 7					

3

問 1		問 2		問 3		問 4	
問 5		問 6					
問 7		問 8					

4

問 1		問 2				
問 3	cm^3	問 4	%	問 5	g	
問 6	X		Y			
問 7	G		I			

（注）この解答用紙は実物を縮小してあります。Ｂ５→Ｂ４(141%)に拡大コピーすると、ほぼ実物大の解答欄になります。

〔理　科〕50点(学校配点)

1　問1　2点＜完答＞　問2　1点　問3～問6　各2点×4　問7，問8　各1点×2　2　問1　1点　問2～問6　各2点×5　問7　1点　3　問1，問2　各1点×2　問3，問4　各2点×2　問5　1点　問6，問7　各2点×2＜各々完答＞　問8　1点　4　問1　1点＜完答＞　問2～問5　各2点×4＜問2は完答＞　問6，問7　各1点×4

２０２４年度　大宮開成中学校

国語解答用紙　特待生選抜

番号　　氏名　　評点　／100

一

問一　①　②　③　④　⑤　⑥　⑦　ら　⑧　ぐ

問二　①　→　②　→

問三　①　②

問四

二

問一　Ⅰ　Ⅱ　Ⅲ　Ⅳ　問二

問三　(ⅰ)　ア　イ　ウ　エ　オ　カ　(ⅱ)

問四　A　B

問五

問六　問七

三

問一　a　b　問二　問三

問四

問五　問六　問七　(ⅰ)　(ⅱ)

問八　ア　イ　ウ　エ

（注）この解答用紙は実物を縮小してあります。169%拡大コピーをすると、ほぼ実物大の解答欄になります。

〔国　語〕100点(学校配点)

一 問１　各１点×８　問２，問３　各２点×４　問４　４点　二 問１　各１点×４　問２　３点　問３　(ⅰ) ア，イ　各１点×２　ウ～カ　各２点×４　(ⅱ)　３点　問４　各３点×２　問５　７点　問６　３点　問７　４点　三 問１　各２点×２　問２　３点　問３　４点　問４　６点　問５，問６　各４点×２　問７　(ⅰ)　３点　(ⅱ)　４点　問８　各２点×４

2023年度　　大宮開成中学校

算数解答用紙　第１回

番号		氏名		評点	／100

1

(1)	(2)	(3)	(4)

2

(1)	(2)	(3)
：　：	人	年前

(4)	(5)
冊	日間

3

(1)	(2)	(3)
度	：	cm

4

(1)	(2)
g	g

5

(1)	(2)
回	

6

(1)	(2)
分速　m	分速　m

7

(1)	(2)
回	cm^2

（注）この解答用紙は実物を縮小してあります。Ｂ５→Ｂ４（141%）に拡大コピーすると、ほぼ実物大の解答欄になります。

〔算　数〕100点（学校配点）

1～7　各５点×20

2023年度　大宮開成中学校

社会解答用紙　第1回

番号		氏名		評点	／50

1

問 1		問 2				
問 3	釧路湿原		谷津干潟			
問 4		問 5		問 6		
問 7						
問 8			問 9			
問 10	記号		都市名			

2

問 1	(1)		(2)		(3)		
問 2			問 3				
問 4		問 5					
問 6							
問 7			問 8		問 9	→ → →	
問 10	(1)	庁	(2)				

3

A

問 1	X		Y		Z		
問 2		問 3			問 4		

B

問 1		問 2		問 3		問 4	

4

（注）この解答用紙は実物を縮小してあります。B５→A３(163%)に拡大コピーすると、ほぼ実物大の解答欄になります。

〔社　会〕50点(学校配点)

1　15点　2　20点　3　10点　4　5点　(以下推定配点)　1　問1～問6　各1点×7　問7～問9　各2点×3　問10　各1点×2　2　問1　各1点×3　問2　2点　問3～問5　各1点×5　問6，問7　各2点×2　問8　1点　問9　2点<完答>　問10　(1)　2点　(2)　1点　3　各1点×10　4　5点

２０２３年度　大宮開成中学校

理科解答用紙　第１回

番号		氏名		評点	／50

1

問 1			問 2		問 3	
問 4		問 5		問 6	問 7	cm^3
問 8						

2

問 1		問 2		問 3		問 4	
問 5		問 6		問 7			

3

問 1	cm	問 2	g	問 3	g
問 4	cm	問 5	cm	問 6	
問 7					

4

問 1		問 2	よう岩円頂丘		たて状火山		
問 3		問 4		問 5		問 6	

5

問 1			問 2		問 3	g
問 4	実験B	実験E	問 5			
問 6	g					

（注）この解答用紙は実物を縮小してあります。Ｂ５→Ｂ４(141%)に拡大コピーすると、ほぼ実物大の解答欄になります。

〔理　科〕50点(学校配点)

1　各１点×8＜問１は完答＞　2　問１～問３　各１点×3＜問２は完答＞　問４～問７　各２点×4　3　問１，問２　各１点×2　問３～問７　各２点×5　4　問１，問２　各１点×3　問３　２点　問４，問５　各１点×2＜問４は完答＞　問６　２点　5　問１，問２　各１点×2＜問１は完答＞　問３　２点　問４　各１点×2　問５，問６　各２点×2

二〇二三年度　大宮開成中学校

国語解答用紙　第一回

番号		氏名		評点	/100

一

問一　①　②　③　④　⑤　⑥　⑦　く　⑧　みに

問二　①　②

問三　①　②

問四

二

問一　A　B　問二　問三

問四　ア　イ　ウ

問五　ア　イ　ウ　エ

問六　問七

問八　i　ア　イ　ii　iii

三

問一

問二　A　B

問三　ア　イ　ウ　エ　オ

問四　問五　問六　A　B

問七　〜

問八

（注）この解答用紙は実物を縮小してあります。B5→A3（163%）に拡大コピーすると、ほぼ実物大の解答欄になります。

〔国　語〕100点（学校配点）

一　問1　各1点×8　問2，問3　各2点×4　問4　4点　二　問1　A　1点　B　2点　問2〜問4　各2点×5　問5　各3点×4　問6，問7　各2点×2　問8　i，ii　各3点×3　iii　2点　三　問1　3点　問2　各4点×2　問3　各2点×5　問4〜問6　各3点×4　問7　4点　問8　3点

2023年度　　大宮開成中学校

算数解答用紙　特待生選抜

番号		氏名			評点	／100

1

(1)	(2)	(3)	(4)

2

(1)	(2)	(3)
cm		日間

(4)	(5)
分	袋

3

(1)	(2)	(3)
度	cm^2	cm^3

4

(1)	(2)
%	%

5

(1)	(2)
通り	通り

6

(1)	(2)
:	m

7

(1)	(2)
cm	回

（注）この解答用紙は実物を縮小してあります。Ｂ５→Ｂ４(141%)に拡大コピーすると、ほぼ実物大の解答欄になります。

〔算　数〕100点(学校配点)

1〜7　各５点×20

2023年度　　大宮開成中学校

社会解答用紙　特待生選抜

番号		氏名		評点	／50

1

問1	(1)		(2)				
問2	(1)	→ → →	(2)		問3		
問4	山地	問5		問6			
問7							
問8							

2

問1	(1)		(2)		問2		問3
問4		問5	①		②		問6
問7		問8		問9			
問10							
問11		問12					

3

A	問1		問2				
	問3	(1)		(2)			
B	問1						
	問2	制度	問3	A		B	
	問4						

4

（注）この解答用紙は実物を縮小してあります。B５→A３(163%)に拡大コピーすると、ほぼ実物大の解答欄になります。

〔社　会〕50点(学校配点)

1　15点　2　20点　3　10点　4　5点　(以下推定配点)　1　問1　各1点×2　問2　(1)　2点＜完答＞　(2)　1点　問3　1点　問4，問5　各2点×2　問6　1点　問7，問8　各2点×2＜問8は完答＞　2　問1〜問4　各1点×5　問5　各2点×2　問6，問7　各1点×2　問8〜問11　各2点×4　問12　1点　3　各1点×10＜Aの問2は完答＞　4　5点

２０２３年度　大宮開成中学校

理科解答用紙　特待生選抜

番号		氏名	

評点	／50

1

問 1		問 2		問 3		問 4	
問 5		問 6		問 7		問 8	

2

問 1		問 2		問 3			
問 4		問 5		問 6		問 7	
問 8							

3

問 1	秒速　　m	問 2	m	問 3	秒間
問 4	m	問 5	m	問 6	秒間

4

問 1		問 2		問 3		問 4	
問 5		問 6		問 7			

5

問 1		問 2	倍	問 3	
問 4	%	問 5	cm^3	問 6	cm^3

（注）この解答用紙は実物を縮小してあります。Ｂ５→Ｂ４(141%)に拡大コピーすると，ほぼ実物大の解答欄になります。

〔理　科〕50点(学校配点)

1　各１点×8<問１は完答>　2　問１～問３　各１点×3　問４　２点<完答>　問５～問７　各１点×3　問８　２点　3　問１　１点　問２～問６　各２点×5　4　問１～問３　各１点×3　問４　２点　問５　１点　問６，問７　各２点×2　5　問１　１点　問２～問６　各２点×5

二〇二三年度　大宮開成中学校

国語解答用紙　特待生選抜

番号		氏名		評点	/100

一

問一　①　②　③　④　⑤　⑥　⑦　える　⑧　んだ

問二　①　→　②　→

問三　①　②

問四

二

問一　記号　読み　問二

問三

問四　Ⅰ　Ⅱ　Ⅲ　Ⅳ　Ⅴ

問五　ア　イ

問六　問七　X　Y　Z

三

問一　(i)　ア　イ　(ii)

問二

問三　ア　イ　ウ

問四　a　b　問五　問六

問七

問八

問九　ア　イ　ウ　エ　オ

（注）この解答用紙は実物を縮小してあります。B５→A３（163%）に拡大コピーすると、ほぼ実物大の解答欄になります。

〔国　語〕100点（学校配点）

一　問１　各１点×８　問２，問３　各２点×４　問４　４点　二　問１　各２点×２　問２　各３点×２　問３　８点　問４　各１点×５　問５　各２点×２　問６　４点　問７　X　３点　Y　２点　Z　４点　三　問１～問６　各２点×11　問７　６点　問８，問９　各２点×６

２０２２年度　　大宮開成中学校

算数解答用紙　第１回

番号		氏名		評点	／100

1

(1)	(2)	(3)	(4)

2

(1)	(2)	(3)
日	円	円

(4)	(5)
分	日

3

(1)	(2)	(3)
度	倍	cm^3

4

(1)	(2)
%	%

5

(1)		(2)
ア	イ	

6

(1)	(2)
分速　　m	m

7

(1)	(2)
cm^2	cm^2

（注）この解答用紙は実物を縮小してあります。Ｂ５→Ｂ４（141%）に拡大コピーすると、ほぼ実物大の解答欄になります。

〔算　数〕100点(学校配点)

1～7　各５点×20＜5の(1)は完答＞

２０２２年度　　大宮開成中学校

社会解答用紙　第１回

番号		氏名		評点	／50

1

問 1					
問 2	(1)		(2)	問 3	
問 4		問 5		問 6	
問 7					
問 8	(X)		(Y)	問 9	
問 10					

2

問 1					
問 2					
問 3	(1)		(2)	問 4	
問 5		問 6	(1)	(2)	

3

問 1	→ →	問 2	
問 3		問 4	→ → →
問 5		問 6	
問 7			
問 8	万延小判は,		

4

問 1		問 2	
問 3		問 4	

5

問 1	→ → →	問 2	
問 3		問 4	

6

（注）この解答用紙は実物を縮小してあります。Ｂ５→Ａ３（163%）に拡大コピーすると、ほぼ実物大の解答欄になります。

〔社　会〕50点（学校配点）

1　15点　2，3　20点　4～6　15点　（以下推定配点）　1　問１　２点＜完答＞　問２～問６　各１点×６　問７　２点　問８，問９　各１点×３　問10　２点　2　問１　１点　問２　２点　問３　各１点×２　問４　２点　問５，問６　各１点×３　3　問１　２点＜完答＞　問２～問７　各１点×６＜問４は完答＞　問８　２点　4　問１～問３　各１点×３　問４　２点　5　問１　２点＜完答＞　問２～問４　各１点×３　6　５点

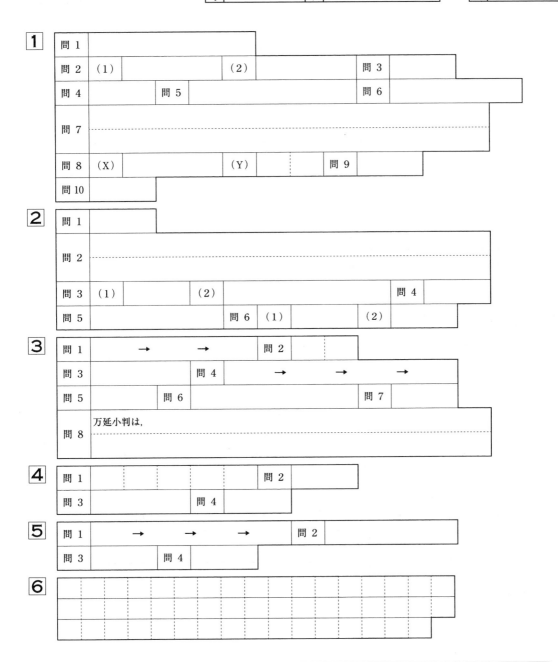

２０２２年度　大宮開成中学校

理科解答用紙　第１回

番号		氏名		評点	／50

1

問 1		問 2		問 3		問 4	
問 5		問 6		問 7		問 8	

2

問 1		問 2		問 3		問 4	
問 5		問 6		問 7			

3

問 1		問 2	実験	問 3	
問 4		問 5		問 6	個
問 7					

4

問 1		問 2		問 3		問 4	
問 5		問 6		問 7		問 8	

5

問 1		問 2		問 3	g
問 4	g	問 5		問 6	g
問 7	g				

（注）この解答用紙は実物を縮小してあります。Ｂ５→Ｂ４（141％）に拡大コピーすると、ほぼ実物大の解答欄になります。

〔理　科〕50点(学校配点)

1　8点　2　10点　3　11点　4　10点　5　11点　(以下推定配点)　1　各1点×8＜問5は完答＞　2　問1～問4　各1点×4　問5～問7　各2点×3＜問7は完答＞　3　問1～問4　各1点×6　問5　2点＜完答＞　問6　1点　問7　2点＜完答＞　4　問1　2点＜完答＞　問2～問7　各1点×6　問8　2点　5　問1～問3　各1点×3　問4～問7　各2点×4

二〇二二年度　大宮開成中学校

国語解答用紙　第一回

番号		氏名		評点	／100

一

問一　①　②　③　④　⑤　⑥　⑦　く　⑧　つ

問二　①　②

問三　①　②

問四

二

問一　Ⅰ　Ⅱ　Ⅲ

問二

問三

問四

問五　ア　イ

問六

問七

問八　ⅰ　ア　イ　ウ　エ　ⅱ

問九

三

問一

問二

問三　ア　イ　ウ　エ　オ

問四

問五　A　B　C

問六　ア　イ

問七　ア　イ　ウ

問八

問九

問十

（注）この解答用紙は実物を縮小してあります。175％拡大コピーすると、ほぼ実物大の解答欄になります。

〔国　語〕100点（学校配点）

一　20点　二　40点　三　40点　（以下推定配点）　一　問1　各1点×8　問2，問3　各2点×4　問4　4点　二　問1，問2　各2点×4　問3　6点　問4　3点　問5　各2点×2　問6，問7　各3点×2　問8　各2点×5　問9　3点　三　問1～問8　各2点×17　問9　4点　問10　2点

2022年度　大宮開成中学校

算数解答用紙　特待生選抜

番号		氏名		評点	／100

1

(1)	(2)	(3)	(4)

2

(1)	(2)	(3)
人	人	枚

(4)	(5)
分	日

3

(1)	(2)	(3)
度	cm^2	cm^3

4

(1)	(2)
cm	cm

5

(1)	(2)
番目	

6

(1)	(2)
分速　　m	時　　分

7

(1)	(2)
m	m^2

（注）この解答用紙は実物を縮小してあります。B５→B４（141%）に拡大コピーすると、ほぼ実物大の解答欄になります。

〔算　数〕100点（学校配点）

1～7　各５点×20

2022年度　大宮開成中学校

社会解答用紙　特待生選抜

番号		氏名		評点	／50

1

問 1		問 2					
問 3							
問 4		問 5					
問 6	記号		交通機関名		問 7	（1）	
（2）							
問 8		問 9					

2

問 1		問 2	（1）		（2）		（3）
問 3		問 4					
問 5							
問 6							

3

問 1		問 2		問 3		問 4	
問 5	（1）		（2）	北緯　　度	問 6		
問 7							

4

問 1							
問 2	A		B		C		D
問 3		問 4					

5

問 1		問 2		問 3			
問 4	（1）		（2）		（3）		（4）

6

〔社　会〕50点（学校配点）

1 15点　2，3 20点　4～6 15点　（以下推定配点）　1 問1，問2 各1点×2　問3 2点　問4 1点　問5 2点　問6 各1点×2　問7 (1) 1点 (2) 2点　問8 1点　問9 2点　2 問1～問4 各1点×6　問5，問6 各2点×2　3 問1～問4 各1点×4　問5 (1) 1点 (2) 2点　問6 1点　問7 2点　4 問1 1点　問2 2点＜完答＞　問3，問4 各1点×2　5 問1～問3 各1点×3＜問2は完答＞　問4 2点＜完答＞　6 5点

2022年度　大宮開成中学校

理科解答用紙　特待生選抜

番号		氏名		評点	／50

1

問 1		問 2		問 3		問 4	
問 5		問 6		問 7		問 8	

2

問 1		問 2		問 3	
問 4		問 5		問 6	
問 7					

3

問 1	入射角	反射角		問 2	
問 3	度	問 4	cm	問 5	
問 6					

4

問 1		問 2	波	問 3	
問 4	秒速　　km	問 5		問 6	
問 7	秒後				

5

問 1		問 2		問 3	
問 4	cm^3	問 5	g	問 6	cm^3
問 7	cm^3				

〔理　科〕50点（学校配点）

1 8点　2 11点　3 10点　4 10点　5 11点　（以下推定配点）　1 各1点×8　2 問1～問3 各1点×3　問4～問6 各2点×3　問7 各1点×2　3 問1 各1点×2　問2～問4 各2点×3　問5，問6 各1点×2　4 問1，問2 各1点×2　問3，問4 各2点×2　問5，問6 各1点×2　問7 2点　5 問1～問3 各1点×3＜各々完答＞　問4～問7 各2点×4

二〇二二年度　大宮開成中学校

国語解答用紙　特待生選抜

番号		氏名		評点	／100

一

問一　①　②　③　④　⑤　⑥　⑦　う　⑧　む

問二　①　②

問三　①　②

問四

二

問一

問二

問三　ア　イ　ウ　エ

問四　Ⅰ　Ⅱ　Ⅲ

問五

問六

問七　ⅰ　（からだ）　ⅱ　ⅲ

三

問一　a　b

問二

問三

問四

問五　ⅰ　ⅱ　ア　イ　ⅲ

問六　ア　イ

問七

問八

問九

（注）この解答用紙は実物を縮小してあります。179％拡大コピーすると、ほぼ実物大の解答欄になります。

〔国　語〕100点(学校配点)

一　20点　二　40点　三　40点　（以下推定配点）　一　問1　各1点×8　問2，問3　各2点×4　問4　4点　二　問1，問2　各3点×2　問3，問4　各2点×7　問5，問6　各3点×2　問7　（ⅰ）　8点　（ⅱ），（ⅲ）　各3点×2　三　問1　各2点×2　問2　3点　問3　8点　問4　3点　問5，問6　各2点×6　問7，問8　各3点×2　問9　4点

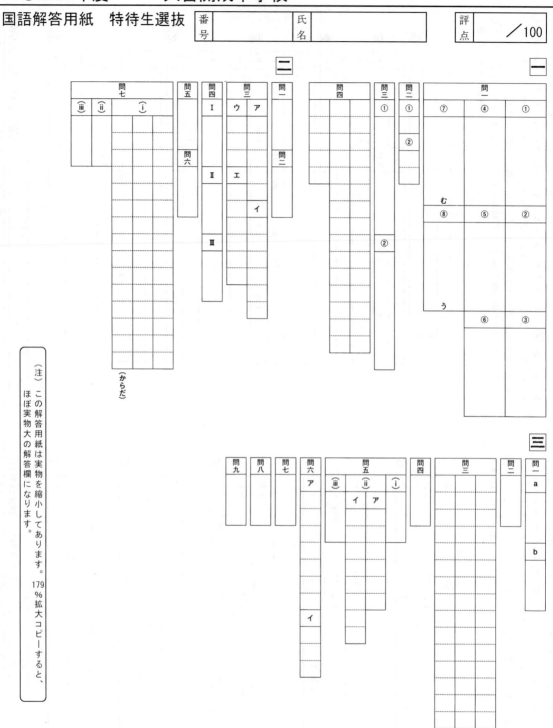